|1902-1979|

中国公证史编年

蔡煜　著

上海人民出版社

伪满洲国东省特别区域地方法院第一公证事务所福多罗甫公证人1933年出具的委任状

辽宁财政厅 1930 年出具的买契公证费收据

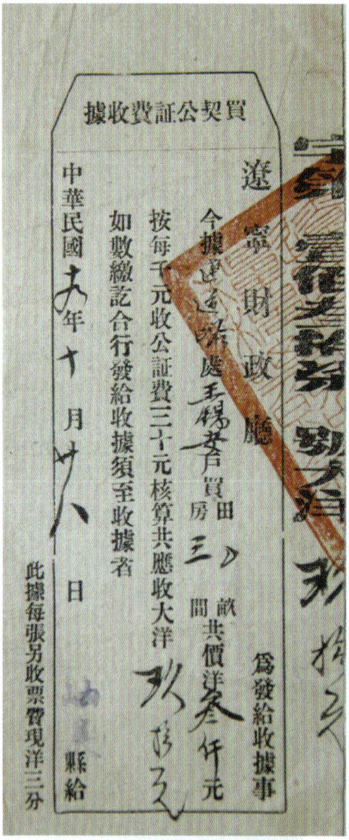

買契公証費收據

遼寧財政廳 為發給收據事

今據　　處　　户買田房　　畝間共價洋叁仟元

按每千元收公証費三十元核算共應收大洋

如數繳訖合行發給收據須至收據者

中華民國　年十月廿八日　　縣給

此據每張另收票費現洋三分

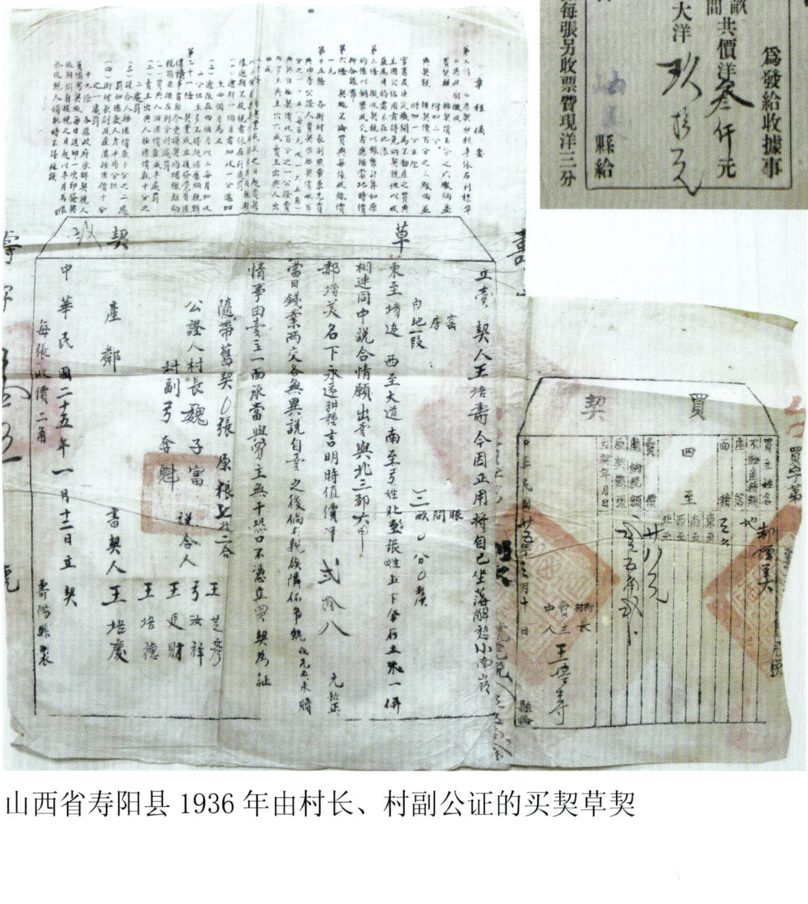

山西省寿阳县 1936 年由村长、村副公证的买契草契

中華民國法學會主編

中華法學雜誌

新編第一卷第五六號合刊

中國司法制度專號

要目

正中書局發行

刊登翁腾环所写的《改良公证制度之我见》的中华法学杂志新编第一卷第五、六号合刊（1937 年出版）封面

等因。奉此，合行令仰該員知照，此令。

此令。

院長

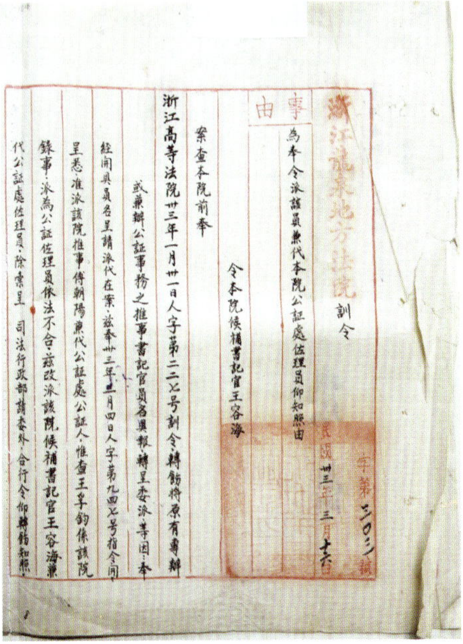
浙江龍泉地方法院訓令

事由 為本令派該員兼代本院公証處佐理員仰知照由

令本院候補書記官王容海

案查本院前奉

浙江高等法院卅三年一月卅一日人字第二七号訓令轉飭將原有專辦或兼辦公証事務之推事書記官員名冊報轉呈委派等因，奉經開具員名呈請派代在案。茲奉卅三年二月四日人字第九四七号指令開：呈悉，准派該院推事傅朝陽兼代公証處公証人，惟查王孚鈞係該院錄事，派為公証佐理員依法不合，應改派該院候補書記官王容海兼代公証處佐理員，除彙呈司法行政部請委外，合行令仰轉飭知照。

民國卅三年三月十六日

浙江龙泉地方法院 1944 年任命王容海兼代公证处佐理员的训令

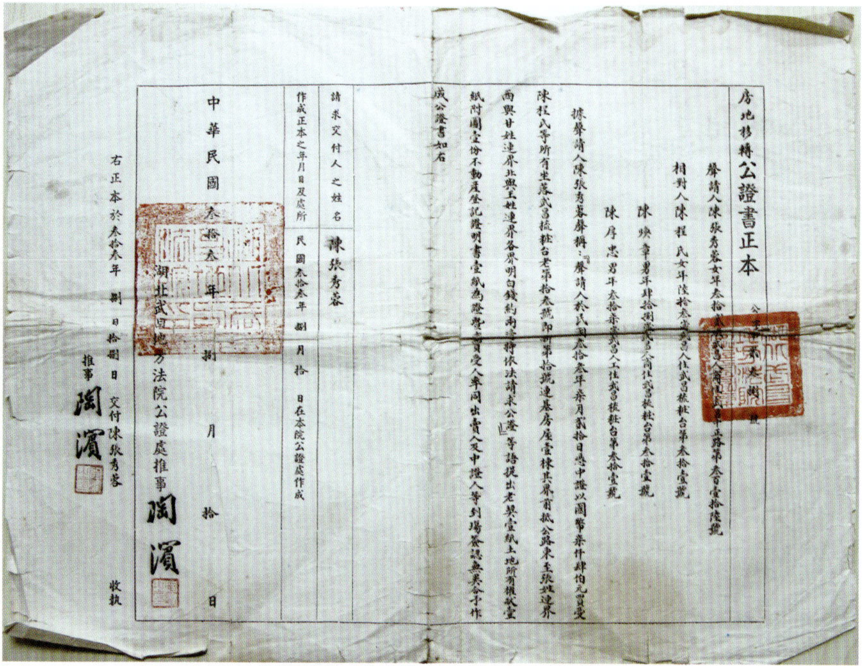
房地移轉公證書正本

聲請人陳張秀蓉 女 年叁拾[illegible]歲 武昌人 [illegible]路第叁百壹拾陸號

相對人陳扛氏 女 年陸拾叁歲 武昌人 住武昌梳粧台第叁拾壹號

陳煥章 男 年肆拾捌歲 武昌人 商 住武昌梳粧台第叁拾壹號

陳序忠 男 年叁拾柒歲 武昌人 工 住武昌梳粧台第叁拾壹號

據聲請人陳張秀蓉聲稱：『聲請人於民國叁拾叁年柒月貳拾日憑中證以國幣柒仟肆佰元買受陳扛氏等所有坐落武昌梳粧台老第拾叁號即新第拾號連基房屋壹棟其界前抵公路東至張姓連界西與甘姓連界北與王姓連界各界明白錢約兩清特依法請求公證』等語提出老契壹紙土地所有權狀壹紙附圖壹份不動產登記證明書壹紙為證[illegible]買受人率同出賣人及中證人等到場簽認無異合予作成公證書如右

請求交付人之姓名 陳張秀蓉

作成正本之年月日及處所 民國叁拾叁年捌月拾 日在本院公證處作成

中華民國叁拾叁年捌月拾 日

湖北武昌地方法院公證處推事 陶濱

右正本於叁拾叁年捌月拾捌日交付陳張秀蓉收執

推事 陶濱

汪伪湖北武昌地方法院 1944 年出具的房地移转公证书

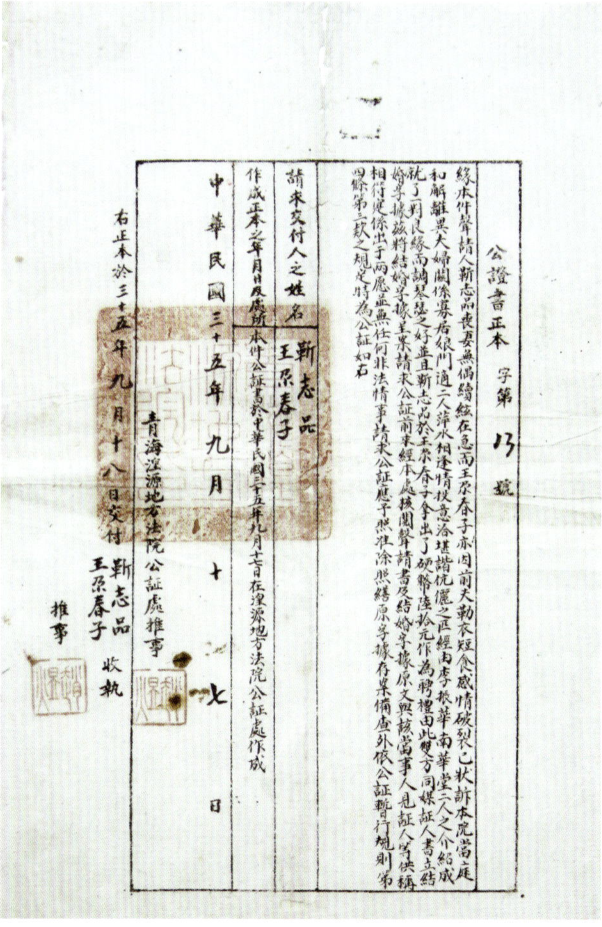

公證書正本　字第13號

緣本件聲請人靳志品喪妻無偶續絃在急而王眾春子亦因前夫勒衣短食感情破裂已狀訴本院當庭和解離異夫婦關係寡居娘門適二人萍水相逢情投意洽堪諧伉儷之匹經由李振華南華堂二人之介紹成就了一對良緣而諧琴瑟之好並且靳志品於王眾春子拿出了硬幣陸拾元作為聘禮由此雙方同媒証人書立結婚字據茲將結婚字據呈案請求公証前來經本處核閱聲請書及結婚字據原文與該當事人是証人等供稱相符是係出于兩願並無任何非法情事請求公証應予照准除照繕原字據存案備查外依公証暫行規則第四條第三款之規定特為公証如右

請求交付人之姓名	靳志品 王眾春子
作成正本之年月日及處所	本件公証書於中華民國三十五年九月十七日在湟源地方法院公証處作成

中華民國三十五年九月十七日

青海湟源地方法院公証處推事

右正本於三十五年九月十八日交付

靳志品
王眾春子　收執

推事

青海湟源地方法院1946年出具的公证结婚公证书

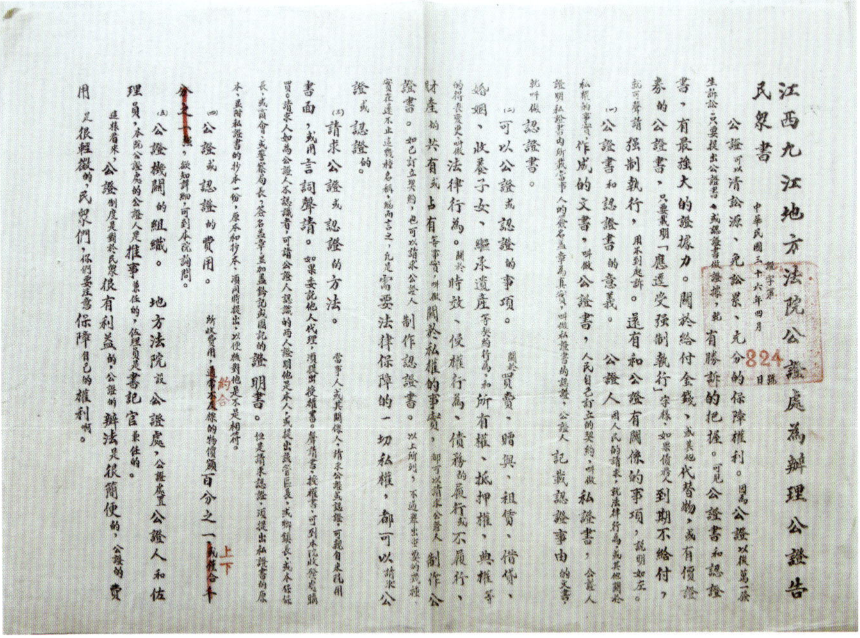

江西九江地方法院公證處為辦理公證告民衆書

中華民國三十六年四月 日 字第824號

公證可以清訟源、免訟累、充分的保障權利。因為公證以後萬一發生訴訟，只要提出公證書或認證書做證據，就有勝訴的把握。可見公證書和認證書，有最強大的證據力。關於給付金錢，或其他代替物，或有價證券的公證書，只要載明「應逕受強制執行」字樣，如果債務人到期不給付，就可聲請強制執行，用不到起訴。還有和公證有關係的事項，說明如左。

(一)公證書和認證書的意義。公證人因人民的請求，就法律行為或其他關於私權的事實，作成的文書，叫做公證書，人民自己訂立的契約，叫做私證書，公證人證明私證書由所載當事人的簽名蓋章為真實，叫做私證書的認證，公證人記載認證事由的文書，就叫做認證書。

(二)可以公證或認證的事項。關於買賣、贈與、租賃、借貸、婚姻、收養子女、繼承遺產等契約行為，和所有權、抵押權、典權等的得喪變更，叫做法律行為。關於時效、侵權行為、債務的履行或不履行、財產的共有或占有等事實，叫做關於私權的事實，都可以請求公證人制作公證書。如已訂立契約，也可以請求公證人制作認證書。以上所列，不過舉出重要的幾種，實在遠不止這幾種名稱，總而言之，凡是需要法律保障的一切私權，都可以請求公證或認證的。

(三)請求公證或認證的方法。當事人或其關係人，請求公證或認證，可親自來院用書面，或用言詞聲請。如果委託他人代理，須提出授權書。聲請書、授權書，可到本院收發處購買。請求人如為公證人不認識者，可請公證人認識的兩人證明他是本人，或提出該管區長、或鄉鎮長、或本保保長、或商會、或警察局長，簽名蓋章並加蓋鈐記或圖記的證明書。但是請求認證，須提出私證書的原本，並附私證書的抄本一份，原本和抄本，須同時提出，以便核對他是不是相符。

(四)公證或認證的費用。所收費用，約合[illegible]標的物價額百分之一上下[illegible]，欲知詳細，可到本院詢問。

(五)公證機關的組織。地方法院設公證處，公證處置公證人和佐理員，本院公證處的公證人是推事兼任的，佐理員是書記官兼任的。

這樣看來，公證制度是對於民衆很有利益的，公證的辦法是很簡便的，公證的費用是很輕微的，民衆們，你們要注意保障自己的權利啊。

1947 年江西九江地方法院公证处为办理公证告民众书

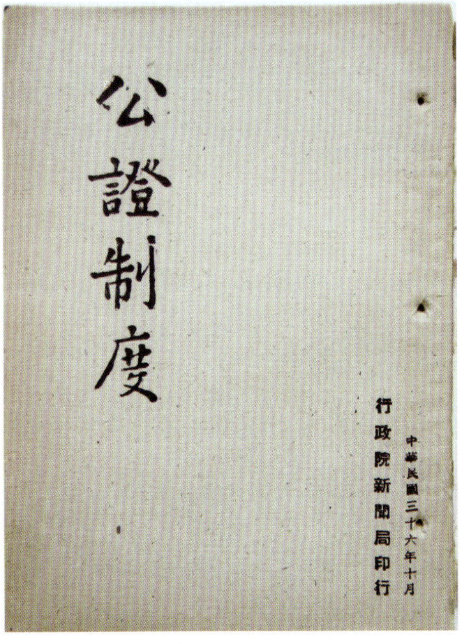

行政院新闻局 1947 年印行的《公证制度》封面

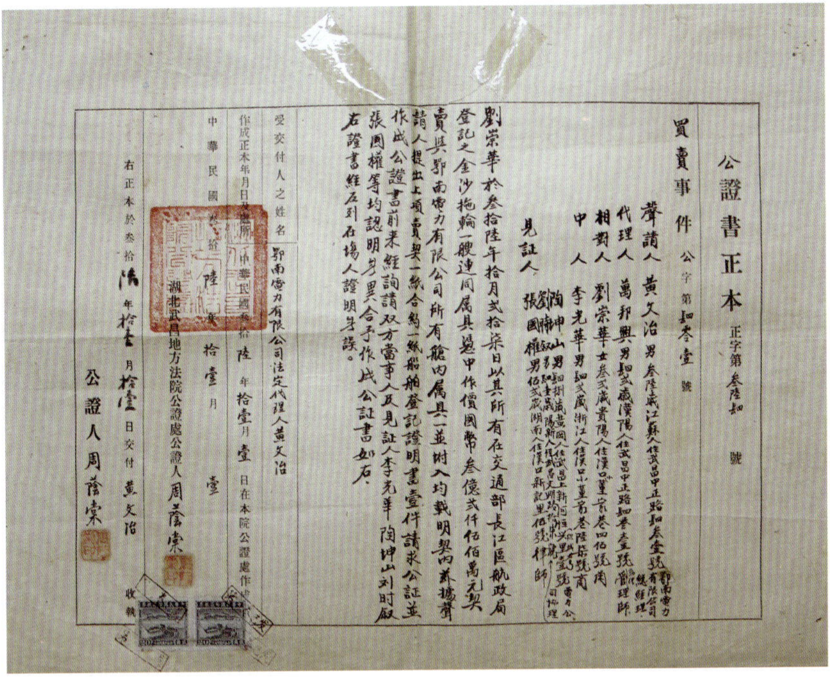

公證書正本 正字第叁陸卌號

買賣事件 公字第卌叁壹號

聲請人 黄文治 男叁陸歲江蘇人住武昌中正路卌叁壹號 鄂南電力有限公司總經理

代理人 萬邦興 男卌弍歲漢陽人住武昌中正路卌叁壹號律師

相對人 劉崇華 女叁弍歲貴陽人住漢口董家巷四伍號內

中人 李光華 男卌弍歲浙江人住漢口小董家巷叁陸號內

見証人 陶坤山 劉时叙 張國權

劉崇華於叁拾陸年拾月弍拾柒日以其所有在交通部長江區航政局登記之金沙拖輪一艘連同屬具惪中作價國幣叁億弍仟伍佰萬元契賣與鄂南電力有限公司所有船內屬具一並附入均載明契內茲據聲請人提出上項賣契一紙合為一紙船舶登記證明書壹件請求公証並作成公證書前來經詢請双方當事人及見証人李光華陶坤山刘时叙張國權等均認明無異合予作成公証書如右

右證書經在場人證明無誤。

受交付人之姓名 鄂南電力有限公司法定代理人黄文治

作成正本年月日及處所 中華民國叁拾陸年拾壹月壹日在本院公證處作成

中華民國叁拾陸年拾壹月壹日

湖北武昌地方法院公證處公證人周蔭棠

右正本於叁拾陸年拾壹月拾壹日交付黄文治收執

公證人周蔭棠

湖北武昌地方法院公证处 1947 年出具的买卖事件公证书

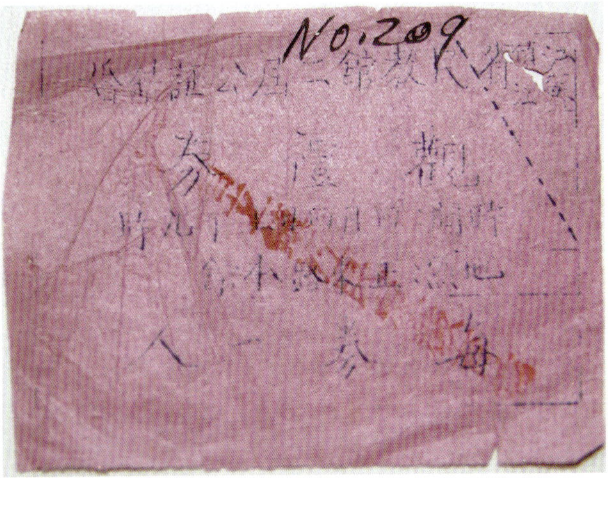

NO.209

江苏省立镇江民众教育馆 1948 年第二届公证结婚观礼券

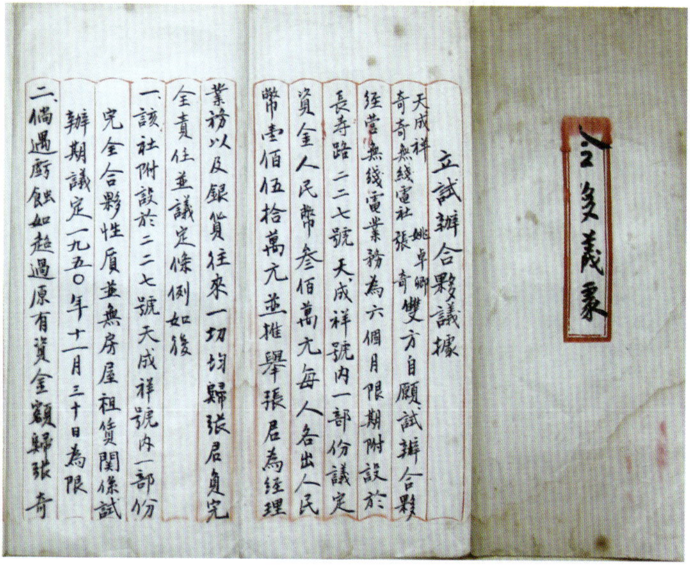

合夥議據

立試辦合夥議據
天成祥 姚卓卿
奇奇無線電社 張奇 雙方自願試辦合夥
經營無線電業務為六個月限期附設於
長壽路二二七號天成祥號內一部份議定
資金人民幣叁佰萬元每人各出人民
幣壹佰伍拾萬元並推舉張君為經理
業務以及銀貨往來一切均歸張君負完
全責任並議定條例如後
一、該社附設於二二七號天成祥號內一部份
完全合夥性質並無房屋租賃關係試
辦期議定一九五〇年十一月三十日為限
二、倘遇虧蝕如超過原有資金額歸張奇

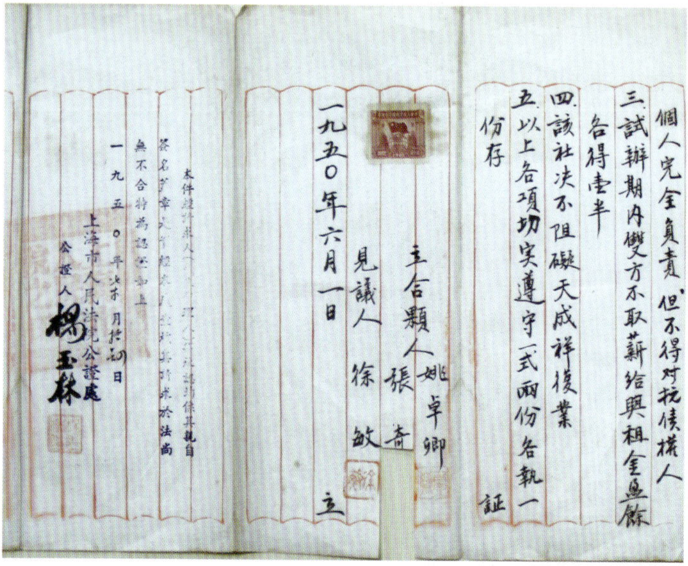

個人完全負責但不得對抗債權人
三、試辦期內雙方不取薪給與租金盈餘
各得壹半
四、該社决不阻礙天成祥復業
五、以上各項切实遵守一式兩份各執一
份存 証

立合夥人 姚卓卿
張奇
見議人 徐敏
一九五〇年六月一日 立

本件經[illegible]
簽名[illegible]
無不合特為認証如上
一九五〇年六月[illegible]日
上海市人民法院公證處
公證人 楊玉林

上海市人民法院公证处 1950 年出具的认证书

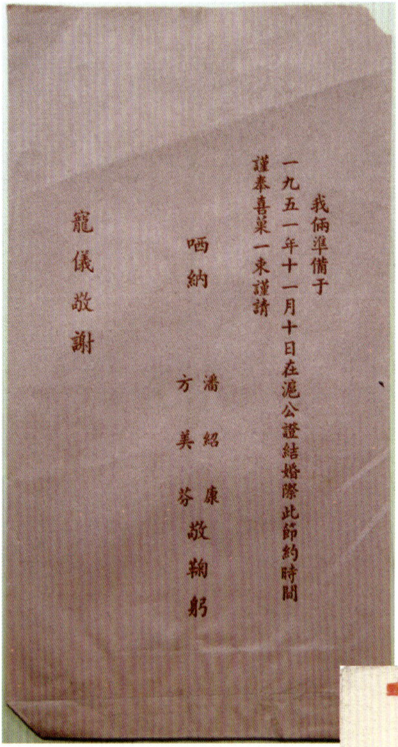

1951年印制的装喜果的纸袋

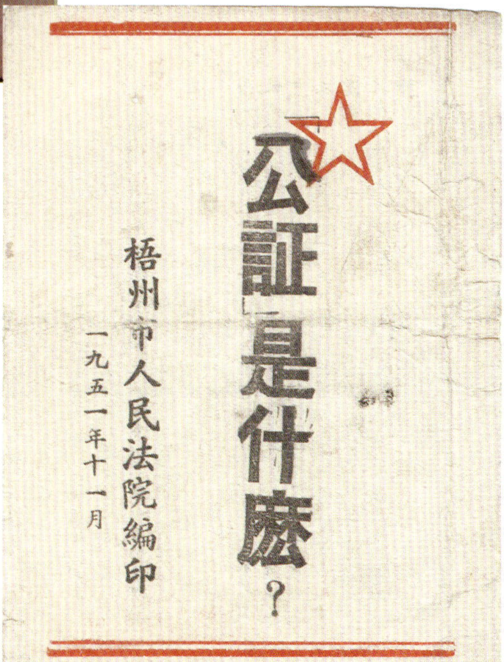

1951年梧州市人民法院编印的公证宣传资料

貴陽市公證處證卷宗

年度字號	收件日期	歸結日期	事由	公證組長	公證員	執行開始日期	執行終結日期
一九五六年度證〈一〉字第一六八號		一九五六年六月廿日	貸款契約		高濬正		

當事人姓名（或單位）名：
甲方 人民銀行南明區辦事处
代理人 張永清
乙方 貴州農具厂
代理人 魏子明

粮食丰收國富強 鋼水淹死美國狼

歸檔日期
保存期間

贵阳市公证处 1956 年度证〈一〉字第一六八号卷宗封面

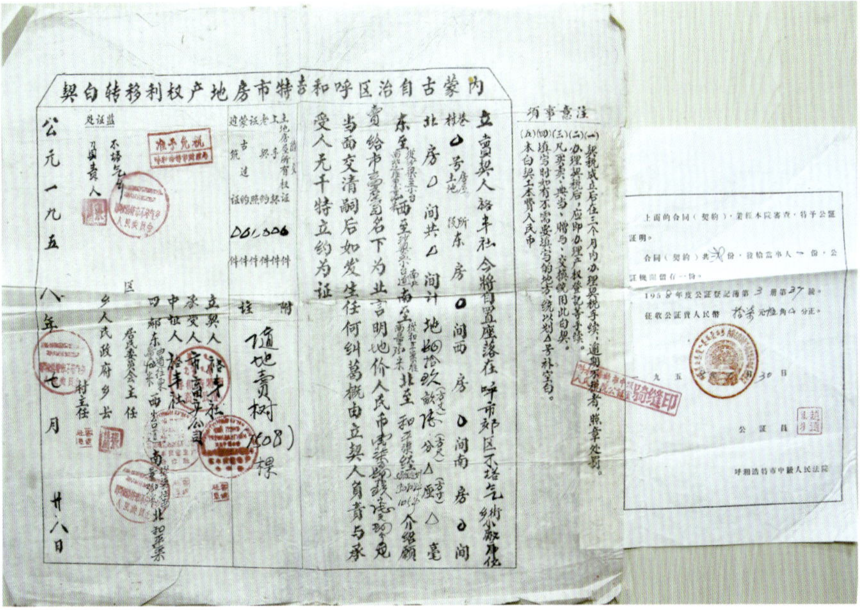

内蒙古自治区呼和浩特市中级人民法院 1958 年出具的公证书

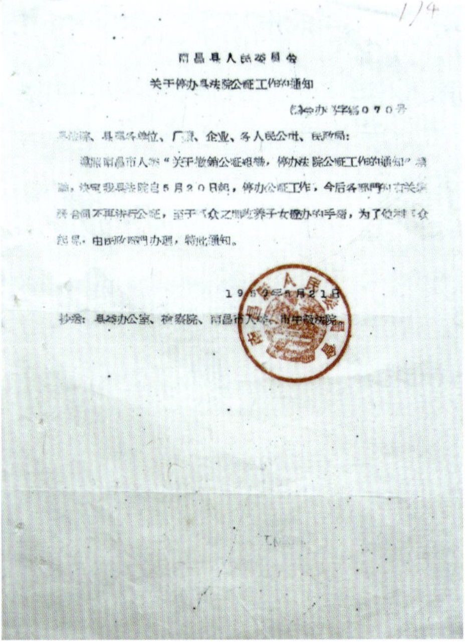
南昌县人民委员会

关于停办县法院公证工作的通知

(59)办字第070号

县法院、县属各单位、厂矿、企业、各人民公社、民政局：

遵照南昌市人委"关于撤销公证机构，停办法院公证工作的通知"精神，决定我县法院自5月20日起，停办公证工作，今后各部门对有关经济合同不再进行公证，至于群众之间收养子女登办的手续，为了便利群众起见，由民政部门办理，特此通知。

1959年5月21日

抄送：县委办公室、检察院、南昌市人委、市中级法院。

南昌市人民委员会 1959 年关于停办县法院公证工作的通知

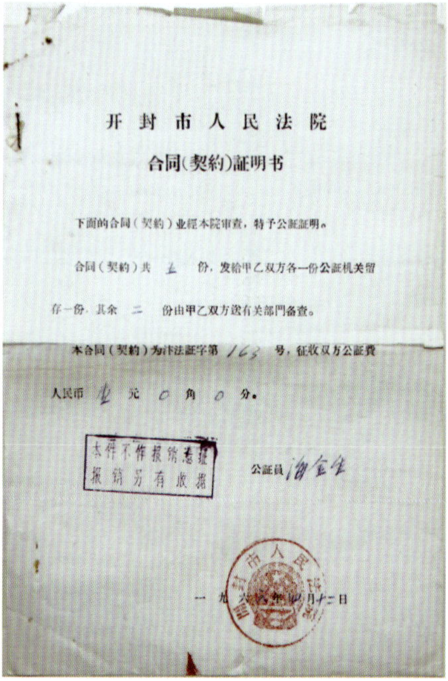

开封市人民法院

合同(契約)証明书

下面的合同（契約）业經本院审查，特予公証証明。

合同（契約）共 五 份，发给甲乙双方各一份公証机关留存一份，其余 二 份由甲乙双方送有关部門备查。

本合同（契約）为汴法証字第 163 号，征收双方公証费人民币 壹 元 0 角 0 分。

本件不作报销凭据
报销另有收据

公証员 [illegible]

一九六六年[illegible]月十二日

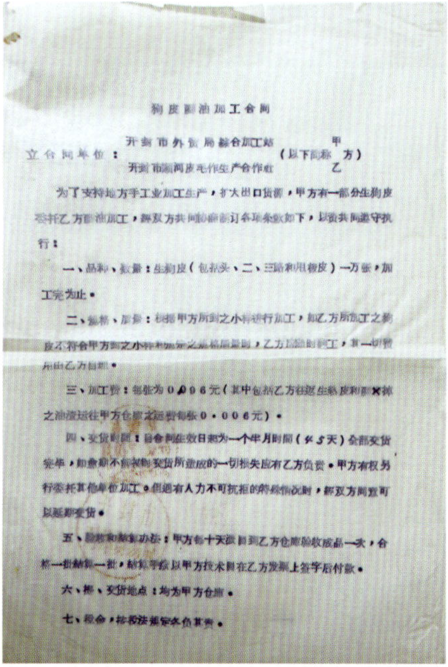

狗皮[illegible]油加工合同

立合同单位：开封市外贸局综合加工站（以下简称甲方）；开封市[illegible]皮毛作生产合作社（以下简称乙方）

为了支持地方手工业加工生产，扩大出口货源，甲方有一部分生狗皮委托乙方[illegible]油加工，经双方共同协商[illegible]订本项条款如下，以资共同遵守执行：

一、品种、数量：生狗皮（包括头、二、三路和[illegible]皮）一万张，加工完为止。

二、[illegible]、[illegible]：根据甲方所给之小样进行加工，如乙方所加工之狗皮不符合甲方[illegible]之小样[illegible]，乙方[illegible]，其一切[illegible]由乙方自[illegible]。

三、加工费：每张为0.096元（其中包括乙方往返生熟皮和[illegible]之油渣运往甲方仓库之运费每张0.006元）。

四、交货时间：自合同生效日起为一个半月时间（45天）全部交货完毕，如[illegible]不[illegible]交货所造成的一切损失应有乙方负责。甲方有权另行委托其他单位加工。但遇有人力不可抗拒的[illegible]情况时，经双方同意可以延期交货。

五、[illegible]办法：甲方每十天派[illegible]到乙方仓库验收成品一次，合格一批[illegible]一批，[illegible]以甲方技术[illegible]在乙方发票上签字后付款。

六、[illegible]、交货地点：均为甲方仓库。

七、[illegible]：[illegible]负其责。

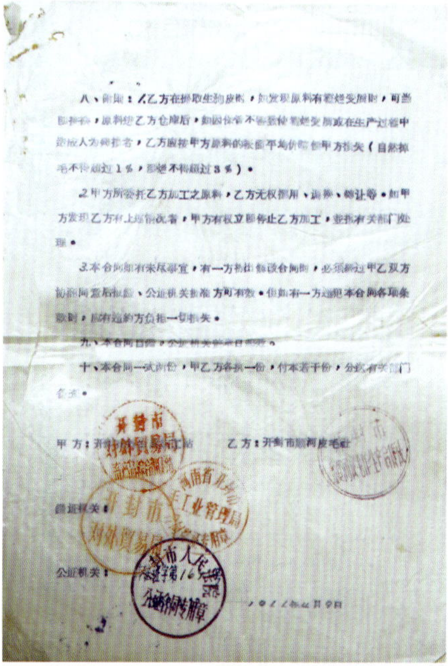

八、附则：1.乙方在[illegible]取生狗皮[illegible]，[illegible]原料有[illegible]变质时，可当[illegible]，原料进乙方仓库后，如因保管不善[illegible]变质或在生产过程中[illegible]人为[illegible]者，乙方应按甲方原料的[illegible]平均价[illegible]甲方损失（自然损毛不得超过1%，[illegible]不得超过3%）。

2.甲方所委托乙方加工之原料，乙方无权挪用、调换、转让等。如甲方发现乙方有上述情况者，甲方有权立即停止乙方加工，并报有关部门处理。

3.本合同如有未尽事宜，有一方[illegible]修改合同时，必须[illegible]甲乙双方协商同意后[illegible]、公证机关[illegible]方可有效。但如有一方违犯本合同各项条款时，应由违约方负担一切损失。

九、本合同自[illegible]，公证机关[illegible]。

十、本合同一式[illegible]份，甲乙方各执一份，付本若干份，分送有关部门备查。

甲方：开封[illegible]站　　乙方：开封市[illegible]皮毛社

[illegible]机关：

公证机关：

开封市人民法院1966年出具的合同（契约）证明书

序　言

作为一名公证员，终日琐事缠身，难得一闲，个中压力与滋味，只有自知，不足为旁人道也。我爱好不多，常以点滴时间读书、抄书、访书自娱。五年多前，曾参与中国公证协会的一个课题研究，分配给我的任务是从中国公证制度历史发展角度来研究公证制度的功能。课题虽结项，从那时起，遂专心留意中国公证制度史料，每有所见所听，或记或抄或买或复印，数年所得，也小有可观。2017年春，薛凡老师来约《东方公证法学》稿件，原打算以摘录几位老一辈无产阶级革命家关于公证的论述为选题，与薛老师几次沟通后，感觉如简单摘录论述，似乎单薄了些。为了更客观地展现中华人民共和国成立初期中国公证制度发展全貌，我决定还是采用编年史写法，撰写《新中国公证纪事（1949—1959）》一文。前后大约花了三个多月，边写边查证资料，经过五次痛苦的校对，并得薛老师精心编辑，居然也凑成了一篇六万余字的长文。得此鼓励，我想陋室中所积资料尚有一些，与其束之高阁，不如将之整理出来，以供同好参考。知易行难，前后花了快两年时间，才勉强整理出来现在这样的版本。本书的目的，在于客观地描述自清末到1979年中国公证制度的发展历程，以期把这样"一个年青的制度介绍给公众。使每个人都能对这个不很熟悉，但又确实存在于我们日常生活中的职业，对它存在的理由、它的活动和它的规章有所了解"。[1]

1 ［法］让·里乌福尔、弗朗索瓦·里科：《法国公证》，王立宪、徐德瑛译，法律出版社1989年版，第2页。

本书按年月日先后顺序依次写作，述而不评，不断章取义，以期更客观、公正地展现中国公证制度发展历程。许多历史资料中标点符号、用词、字的写法上均与现在不同。为遵循出版体例，除旧式引号直接改为新式引号，部分数字用法作了统一，繁体字、异体字一般改为规范简体字，部分资料为阅读方便，加现行标点符号外，其余一般不作改动，尽可能照原资料录，力求最大程度保存文献原貌。原文献字迹模糊辨认不清的，以“□”代替，不擅加。在所录事件与人物选择上，以学术研究价值为准，或全文照录或摘录一二，不拘事件大小，人物尊卑。同时为力求多层次地反映中国公证制度历史发展全景，本书除收录了陕甘宁边区、解放区的公证史料，伪满洲国、汪伪政权、伪中华民国临时政府、伪中华民国维新政府等伪政权的公证史料，本书也予以收录，并从国内一些民法学者没有找到的“伪满洲国《亲属继承法》”文本中找到了有关公证史料。除中文资料外，本书还引用了英文、日文历史资料，使读者视野更为开阔。并且为使读者对中国公证制度发展有更直观的印象，本书写作也采用了图文互证的方式。我特地从所见资料中精选了特别有意思的资料，配上彩照，作为文字资料的补充。有的资料，虽极有研究价值，考虑到版权问题等因素，故只能放弃。

本书在写作中注意前后呼应，一些人物、地区、重要公证事项前后多次出现，以期更全面反映历史全貌。如关于公证结婚事项，既有民国时期主流媒体《申报》《中央日报》的报道，又有专业媒体《法律评论》《法声》与其他媒体《上海新民报晚刊》《和平日报》《一月妇女》等报纸、期刊的报道。既有肯定公证结婚的报道，也有质疑公证结婚的评论，并且还配上民国时期公证结婚的公证书彩照、公证结婚观礼券彩照。同时为了更全面客观介绍公证结婚这一业务历史沿革，本书又辑录了上海解放后，有关上海市人民法院公证处公证结婚办理、群众的建议、法院对群众建议的覆函、影剧工作者白杨、蒋君超公证结婚的报道和上海市人民法院公证结婚业务结束的新闻，以及之后有关部门对结婚公证的相关规定，再配上1951年印制的装喜果的纸袋，使读者对20世纪40—70年代中国公证结婚业务的变迁有全景式了解。

例如，明明民国时期青海办理的公证结婚时间比上海早，但因为没有引起媒体关注，默默无闻。反而因媒体披露，上海抢了头筹。虽然上海地方法院办理公证结婚时困难重重，但经《申报》《中央日报》等当时主流媒体宣传，居然一度成为青年结婚男女时尚。明明依据司法院1943年5月24日致司法行政部的《院字第二五二四号公函》，明确“兹经本院统一解释法令会议议决，公证暂行规则于公证法施行时失其效力”，[1]但在1946年9月17日青海湟源地方法院公证处出具的公证结婚公证书上，推事赵煜就是不引用1944年1月1日起施行的《公证法》条文出具公证书，依然引用的是已经失效的《公证暂行规则》。其撰写的公证书证词虽文采飞扬，但又适用法律错误，是赵煜推事的法律素养低下，还是其他原因，个中原因值得思考。

书写完了，照理怎么读，是读者的事。不过作为作者，唠叨几句，也可为读者提供一个参考。首先，可以把这本书当作大事记一类资料来读。作为一本参考工具书，本书提供了许多中国公证史料线索，纠正了许多中国公证史研究领域的错讹，发现、挖掘了许多珍贵中国公证史料，从陕甘宁边区公证史料到伪政权公证史料，全书此类亮点比比皆是，绝非自夸。其次，本书记载了自清末以来到

1　司法院公函（院字第二五二四号），《司法公报》（渝）第五七五号至五八七号。

1979年的重要公证事件与人物。单以人物而言，有曾以“东省特别区域地方法院所属公证人事务所”书记官身份掩护所从事的革命活动及维持一家人生活的革命烈士、党的革命文艺战士金剑啸，因要从事公证工作而被提拔为推事职务的著名法学家、后来成为联合国国际法院法官的倪徵㬢先生，有1956年至1958年活跃在中国公证界的内蒙古呼和浩特市中级人民法院赵德公证员，语言诙谐的原司法部公证律师司许烈副司长，后来成为中国公证界权威的陈六书先生，才华横溢的翁腾环先生，曾编、译多种公证资料的法官张育海，墓志铭中记载着对公证事业贡献的谢冠生，曾兼任国民政府浙江龙泉地方法院公证处佐理员的红色传奇人物王容海等。人物命运与中国公证制度发展跌宕起伏，值得读者进一步深思与研究。最后，本书对研究中国近现代司法制度史、近现代对外关系、婚姻家庭法、中国近现代法律文化等领域，也具有一定的参考价值。

本书选用文献众多。不仅选用了各类报纸、期刊、志书、文集、年谱、档案、法律规章汇编，而且选用了各历史时期司法机关编印的各种手册、杂志、宣传资料、告示。这些资料大多源于国内一些公共图书馆如上海市图书馆、国家图书馆、哈尔滨市图书馆、南京市图书馆、上海社会科学院图书馆、上海市杨浦区图书馆、重庆市图书馆、北京大学图书馆，以及上海市档案馆、哈尔滨市档案馆、重庆市档案馆、南京市档案馆、中国第二历史档案馆的图书、资料、档案，黑龙江省哈尔滨市哈尔滨公证处、云南省昆明市明信公证处、老同志如上海市司法局原公证管理处处长朱光明先生也提供了宝贵资料。另外我还选用了民间保存的公证文书、公证档案与公证有关的物品等资料，这主要来源于自己购买的旧报纸、旧期刊、旧书籍、旧资料等文献，构成了本书的资料基础。

由于资料等原因，本书没有收录同时期我国香港、澳门地区的重要公证编年史料，我国台湾地区的公证制度编年也着墨不多。因未曾与俄罗斯学者交流，为谨慎起见，本书也未引用俄罗斯研究者的研究成果。[1] 一些重要的与公证有关的历史档案，因分散各地或受有关规定所限，不便查阅，因此本书所录文献还有不少疏漏。加上资料众多，版本各异，错漏之处，还希读者批评指正，以待日后再版时订正。另需说明的是，个人以为，中国公证制度源自域外，与中国古代官方证明制度、中人制度有较大差异，故本书不述中国古代官方证明制度、中人制度，直接从清末述起，1980 年以来的中国公证编年史留待将来再述。

2019 年是我从事公证工作的第 21 个年头，年岁日增，一无所成，常愧家人。这本小书勉强可以作为自己的一个小小成果。最后抄录一句鲁迅先生在《中国小说史略》题记中的一句话，作为本序言的结尾。“大器晚成，瓦釜以久，虽延年命，亦悲荒凉，校讫黯然，诚望杰构于来哲也。”[2]

蔡煜

二〇一九年三月十日之夜

---

1 俄国阿涅夫·维达里·尼古拉耶维奇等人对清末民国时期哈尔滨公证制度进行了深入研究，有《俄罗斯公证人在哈尔滨开展公证业务的介绍（1904—1937）》等研究成果。

2 鲁迅：《中国小说史略》题记，《鲁迅全集》第九卷，人民文学出版社 1981 年版，第 3 页。

目　录

目　录

1902年

7月8日，德国占领者在胶澳地区发布《文约执照盖印告示》，称：

大德钦命护理总督胶澳文武事宜大臣贺

出示晓谕盖印事。照得欲辨真伪，须先清其源……

凡有华人或一人或数人订立华文合同、收单、契据及各约者，似宜缮两分，送呈该管副臬司衙门，一分存于该署，一分原人领回。其领回之一分，该管副臬司先行校对明晰，应于其上盖印、签字及注明某年某月某日呈递。至存留之一分，亦注明某年月日呈递，及某华人领回盖印之一分。其留署之一分，应存五年之久。当未赴该副臬司衙门禀请盖印以前，应先觅有名望殷实之人一名，随同投署，佐证其人姓名。俾得该管副臬司，确悉投到之人本名与所立文约内书写之姓名实属相符无讹。

凡欲订立前列各件者，或一人或数人均当按名，每名纳捐费洋五角。此款应于未曾领回盖印之一分以前缴清。至于西人欲令华人给予收单，亦可仿此办法。为此，仰诸色人等一体知悉，切勿自误。特示。[1]

1 ［德］谋乐辑，青岛市档案馆重刊：《青岛全书》，青岛出版社2014年版，第26—27页。原文无标点，为阅读方便，加现行标点符号。

1903年

2月18日，在青岛设立的“青岛德国总督府”发布《帝国首相关于胶州湾地区公证人职权范围的法令》。[1]

5月，在青岛设立的“青岛德国胶州帝国法院”发布《关于公证人员职权的规定》。[2]

12月18日，“台湾总督”男爵儿玉源太郎颁布《公证规则》（律令第十二号）。[3]

12月27日，“台湾总督”男爵儿玉源太郎颁布《公证费用规则》（府令第八十三号）。[4]

1904年

2月2日，“台湾总督”男爵儿玉源太郎颁布《公证规则施行细则》（府令第六号）。[5]

1907年

2月左右，在商务印书馆光绪三十三年正月出版的由钱恂、董

1　山东省司法厅编：《山东司法大事记》，1989年印刷，无出版信息，第3页。

2　山东省司法厅编：《山东司法大事记》，1989年印刷，无出版信息，第4页。

3《公证规则》（律令第十二号），《府报》第千四百四十八号。另有资料记载，1898年7月16日，日本政府公布律令第九号《关于民事商事及刑事之律令施行规则》规定“民法施行法，商法施行条例，非讼事件手续法中属于公证人之职务者，暂由办务署长执行之”。其中日本政府余以为是指“台湾总督府”，“台湾省文献委员会”编：《台湾省通志卷三政事志司法篇》，众文图书公司1972年印行，第229页。

4《公证费用规则》（府令第八十三号），《府报号外》1903年12月27日。

5《公证规则施行细则》（府令第六号），《府报》第千四百七十号。

鸿祎编辑的《新译日本法规大全（附解字一册）》中对公证人和公证证书分别作如下解释：

公证人　代书民间契约之证券者。曰公证人。公证人由司法大臣任之。援据法律。以代书证券。为公吏之一种。其所作证券。谓之公正证书。（参看公证人规则一八。民事诉讼法五五九。）

公正证书　指遗书之遣公证人代作者而言。作公正遗书之方式。详第一千零六十九条中。按公正证书。固为遗书款式之一种。然民间各种契约。凡遣公证人代作者。均谓之公正证书。（参看公证人注民法一〇六九、民法施行法五。）[1]

3 月 1 日，依据当年日本天皇第二一三号敕令发布的《关东州裁判事务处理令》规定：关东州[2]内不动产中的建筑物登记和公证确定日期及附与请求，从 1907 年 3 月 1 日起，由“民政署长”或“民政支署长”负责。当时，关东州办理公证的机关有“大连民政署”“旅顺民政署”“金州民政署”和“普兰店、貔子窝民政支署”。具体办理公证事务的官员称“公证官吏”。[3]

1　钱恂、董鸿祎编辑：《新译日本法规大全（附解字一册）》，商务印书馆光绪三十三年正月初版，第 15 页。笔者所见是宣统二年十月十四版。

2　“关东州”为日本对我国旅顺、大连租借地之命名，下设大连、旅顺、金州三个“行政区”。参见东北沦陷十四年史总编室、日本殖民地文化研究会编：《伪满洲国的真相——中日学者共同研究》，社会科学文献出版社 2010 年版，第 4—5 页。

3　大连市史志办公室编：《大连市志·司法行政志》，大连出版社 2000 年版，第 105 页。

7月10日，《法政学报》丁未年第五号发表了安徽张倬所译的《日本公证人规则》，共四十七条，未完全刊载，其所译《日本公证人规则》第一条规定：

第一条　公证人以应人民嘱托。作关于民事之公正证书为职务。[1]

1910年

2月7日，清廷颁行《法院编制法》，其中第三条规定：

第三条　审判衙门按照法令所定，管辖登记及其他非讼事件。[2]

1911年

1月24日，清修订法律大臣沈家本等奏进《大清刑事诉讼律草案》，其中第一百二十七条、第一百五十三条分别规定如下：

第一百二十七条　僧道、医师、药剂师、药材商、产婆、律师、公证人或曾居此等地位之人，因受职业上

1　张倬译：《日本公证人规则》，《法政学报》丁未年第五号。该《日本公证人规则》共79条，系明治十九年（1886年）八月十一日颁布，中里道造编辑：《大日本登记法公证人规则》，又玄堂1886年10月7日刻成，第18、48页，原规则名为《公证人规则》。

2　颁行日期即宣统元年十二月二十八日。怀效锋主编：《清末法制变革史料（上下卷）》上卷，中国政法大学出版社2010年版，第492页。上谕内容见同书第376页。

委托所持有之物，如关职业上秘密者，非经本人承诺，不得实施扣押或保管。

第一百五十三条　应行讯问之事实，遇有下列各款情形，得拒绝证言：

第一、僧道、医师、药剂师、药材商、产婆、律师、公证人或曾居此等地位之人，因受职业上委托应守秘密者；

第二、……[1]

1月25日，清宣统帝上谕：资政院议决新刑律总则，会同军机大臣具奏缮单呈览请旨裁夺一折。新刑律总则第十一条之十五岁，著改为十二岁，第五十条或满八十岁人之上，著加入“未满十六岁人”字样，余依议。又据宪政编查馆奏，新刑律分则并暂行章程，资政院未及议决，应否遵限颁布，缮单呈览请旨办理一折。新刑律颁布年限，定自先朝筹备宪政清单。现在开设议院之期已经缩短，新刑律尤为宪政重要之端，是以续行修正清单，亦定为本年颁布。事关筹备年限，实属不可缓行，著将新刑律总则、分则暨暂行章程，先为颁布，以备实行……据此，颁布的《钦定大清刑律》第三百六十三条规定：

第三百六十三条　僧道、医师、药剂师、药材商、产婆、律师、公证人或曾居此等地位之人，因其职业得

1　怀效锋主编：《清末法制变革史料（上下卷）》上卷，中国政法大学出版社 2010 年版，第 515、517 页。沈家本等职务据同书第 543 页。沈家本等进奏时间据《1911 年刑事诉讼律（草案）》一书编辑说明，吴宏耀、郭恒编校：《1911 年刑事诉讼律（草案）：立法理由、判决例及解释例》，中国政法大学出版社 2011 年版。

知他人之秘密，无故漏泄者，处五等有期徒刑、拘役或一百圆以下罚金。无故公表者，处四等以下有期徒刑、拘役或三百圆以下罚金。[1]

1月27日，清军机大臣钦奉谕旨：修订法律大臣沈家本等奏民事诉讼律草案编纂告竣缮册呈览一折，著宪政编查馆复核具奏，册并发。钦此。[2]在民事诉讼律草案中，第三百八十四条、第四百十六条、第四百十九条、第四百二十条、第四百三十七条、第四百三十八条分别规定如下：

第三百八十四条　官吏、公吏或曾为官吏、公吏之人为证人者，若就其职务上应秘密之事项受讯问得拒绝证言。

前项规定，于国会议员、僧道、医师、药剂师、药材商、产婆、律师、辩护人、公证人或曾居此等地位之人为证人者准用之。

前二项所列各人，若已无秘密责任不得拒绝证言。

第四百十六条　私证书以有当事人签名或审判衙门或公证人之认证者为限，有证明当事人已为该证书内陈述之效力，但仍得举出反证。

第四百十九条　公证书应提出其原本或缮本。

1　怀效锋主编:《清末法制变革史料（上下卷）》下卷，中国政法大学出版社2010年版，第4、495页。另据《钦定大清刑律》第三百六十六条规定，犯本章之罪者，得褫夺公权。同书第495页。

2　怀效锋主编:《清末法制变革史料（上下卷）》上卷，中国政法大学出版社2010年版，第543页。沈家本等奏具体时间该书未记载。

私证书应提出其原本，但只因书状之效力或解释有争论者，得提出缮本。

第四百二十条　审判衙门得命立证人提出公证书或私证书之原本。如不能提出者得命声叙事由。

立证人不从前项之命者，审判衙门以自由心证判决所提出缮本之证据力。

第四百三十七条　得认作公证书之书状应推定其为真正。

书状之真伪有可疑者，审判衙门得命签名于该书状之人陈述其真伪。

第四百三十八条　外国所作公证书之真伪，受诉审判衙门应详审各种情形判断之。但经驻紮该国之中国公使或领事证明者，应推定其为真正。[1]

10月26日，清修订法律大臣、头品顶戴、仓场侍郎俞廉三等进呈民律前三编草案，在第一百八十九条、第一百九十条、第一百九十一条、第四百四十四条、第五百九十条中分别规定：

第一百八十九条　依本律规定以书件为意思表示者，作书件人须署名。

契约当事人须署名于同一书件。但一契约而作书件数分者，各当事人只须署名于送交相对人之书件。

第一百九十条　当事人若不能署名，须捺拇印，受

1　怀效锋主编：《清末法制变革史料（上下卷）》上卷，中国政法大学出版社2010年版，第653、659、662、663页。

官署或公署之认证。

第一百九十一条　前二条之书件，得以审判上或公证上之书件代之。

第四百四十四条　有证书之债权清偿人于全部清偿时，得请求清偿领受证书，并请求其返还证书。

债权人不能返还前项证书者，清偿人得请求承认债权消灭之公正证书。

前项公正证书之费用，归债权人担负。

第五百九十条　卖主对于买主负有就买卖标的物之法律关系为必要之说明，并交出可证明权利书件之义务。但其书件不归卖主占有者，不在其限。

前项情形，其书件尚须备他事件之用者，卖主惟负交付其公证节本之义务。[1]

是年，清法律馆拟《大清民律草案第五编继承附理由书》，该草案第三十七条、第四十条分别规定如下：

第三十七条　所继人有不谙文字不能自立遗嘱者得指定证人二人在公证人前口授意旨使证人笔记宣读讲解经所继人认可后记载年月日同行签名若所继人不能签名证人须将其事由记明有添注涂改者适用前条后段之规定。

第四十条　左列各人不得为证人：

……

1　怀效锋主编：《清末法制变革史料（上下卷）》下卷，中国政法大学出版社 2010 年版，第 504、505、538、582、607 页。

七、公证人之同居人或其直系亲属。[1]

1912 年

7月24日，中华民国大总统公布《司法部官制》，其中第一条、第六条、第七条分别规定：

第一条　司法总长管理民事刑事非讼事件户籍监狱及出狱人保护事务并其他一切司法行政事宜监狱所辖各官署及司法官。

第六条　司法部置左列各司

民事司

1　修订法律馆编辑：《法律草案汇编》，修订法律馆、司法公报处发行，1926年版，《大清民律草案第五编继承附理由书》第19、21页。文中标点符号系遵出版体例增。修订法律馆是清政府为进行法制改革而设立的专门法律编制机构。光绪二十八年（1902年）宣布成立。北洋政府也设有此机构，系法律编制机构。1918年7月由法律编查会改建而成。法典编纂会是民国初年的法典编纂机关。1912年7月南京临时政府设法典编纂会与法制局。掌理“编纂民法、商法、民事诉讼法、刑事诉讼法，并上例附属法及其余各项法典”。法律编查会是北洋政府设立的法律编制机构。1914年2月由法典编纂会改建而成，隶属司法部，以司法总长兼任会长，并聘请日本人参与法典编纂工作。1918年7月由修订法律馆所取代。司法讲习所是北洋政府时期司法部为培养司法人才而设立的机构，于1914年成立，后因经费原因停办。司法储才馆是北洋政府时期为培植司法人才准备收回法权起见而设立的专门机构，于1927年1月17日举行开学典礼，1928年10月，经国民政府决定，将该届储才馆办理完毕，1929年3月共有135名学员参加最后分派，随之结束司法储才馆办理。参见华东政法学院《简明法制史词典》编写组：《简明法制史词典》，河南人民出版社1988年版，第273—274页。俞江：《近代中国的法律与学术》，北京大学出版社2008年版，第285、291、292页。《政府公报》第八百八十二号、第三千八百十八号、第四千四十五号。

刑事司

监狱司

第七条　民事司掌事务物如左

（一）关于民事事项

（二）关于非讼事件事项

（三）关于民事诉讼审判及检察事务事项

（四）关于公证事项

（五）关于户籍登记事项[1]

10月，商务印书馆编译所编纂的《英德法日政法名词表》第207页中记录Public notary（英），Notar（德），Notaire（法），公證人（日）；Public register（英），Notariat（德），Enregis-trement public（法），公證（日）；第208页中记录Public registered document（英），Notariatsur-kunde（德），Document inscrit public（法），公證文書（日）。[2]

12月2日，司法部参事马德润[3]在中央司法会议上提议《诉讼费用及律师各等公费应以法令规定案》，其中提出：

……故以为法律审判，欲人民真受其保障，而不至转为其所蹂躏者，尚须规定各法令者如下：

一　诉讼费用法

1　大总统公布：《司法部官制》，《司法公报》第一年第一期，司法部公报处、司法院秘书处等编：《司法公报（全八十八册）》，国家图书馆出版社2011年版，第44—46页。文中句号系遵出版体例增。

2　商务印书馆编译所编纂：《英德法日政法名词表》，商务印书馆1912年版，第207—208页。

3　《会员录》，司法部：《中央司法会议报告录》，1913年4月8日，第1页。该书只写司法部出版。

二　律师公费法

三　执达吏公费法

四　公证人公费法

五　证人鉴定人公费法

六　法医酹报金法

但兹事体大，条文繁缛，断非仓猝所能藏事，且民诉、刑诉、破产各法未完备时，亦苦无从着手。窃先将其大体提出，本会讨论，如其可行，一俟各法由参议院议决颁行，即由司法部分别起草，提交国会议决施行……[1]

审查报告：

查原案提出法令，共六种。一诉讼费用法、二律师公费法、三执达吏公费法、四公证人公费法、五证人鉴定人公费法、六法医酹报金法，此外尚有司法总分支库等法。以上各法类，以第一种为本法，余皆准之以为增省。且此种法令，既不宜沿前清诉讼费用章程及现在律师公会所定收费章程，不办诉讼手续繁简皆用概括规定，势不能不依民、刑诉讼法为根据，按照各种程序，详加厘订。不然仅就原有章程略加削减或加以限制，仍非原案提出立法例之本意。闻民、刑诉讼法现已由司法部咨送国务院提交参议院从速通过，作为暂行法律，其颁布之期已计日可待，故本会审查结果：以律师公费法在原案所举各法中尤为切要，一俟参议院将民、刑诉讼法议决施行时，即依本会章程第九条，请由司法总长饬

1 《议案录》，司法部：《中央司法会议报告录》，1912 年 4 月 8 日，第 2 页；同书《议事录》第 1—3 页。该书只写司法部出版，未提供其他信息。原文无标点，为阅读方便，加现行标点符号。

部刻期规定，以部令提前颁布是否敬候，

公决。[1]

当日讨论结果：赞成原案附审查者三十九人（到会六十二人），原案附审查赞成律师费用法，由司法部即行规定颁布者四十七人（到会六十二人）。

议长王黻炜：审查共分五股，何案应交何股审查，将来由书记官分配可也。[2]

1913年

是年，法典编纂会所拟的《票据法草案》在第六十一条规定如下：

第六十一条　执票人值债务者拒绝承诺或拒绝付款时须作成公正证书以确定之。

拒绝付款证书不得作于拒绝付款之当日但须于当日以后两日内作成之。[3]

1915年

5月，重刊前清宣统元年十二月二十八日奏准的《法院编制

1　具体审查时间不详，《议案录》，司法部：《中央司法会议报告录》，1912年4月8日，第20页。该书只写司法部出版，未提供其他信息。原文无标点，为阅读方便，加现行标点符号。

2　议长系王黻炜，参见《议事录》，司法部：《中央司法会议报告录》，1912年4月8日，第1、4页。该书只写司法部出版，未提供其他信息。原文无标点，为阅读方便，加现行标点符号。

3　修订法律馆编辑：《法律草案汇编》，修订法律馆、司法公报处发行，1926年版，《票据法第一次草案》第11页。文中句号系遵出版体例增。

法》，内容有一定删改，其中第三条规定：

第三条　审判衙门按照法令所定管辖登记及其他非讼事件。[1]

是年，法律编查会所拟的《强制执行律草案》在第二十六条、第三十条、第九十一条涉及公证人，其中第二十六条、第三十条分别规定如下：

第二十六条　强制执行以左列各款名义亦得为之：

一　依民事诉讼律规定所为之裁判但以仅得依抗告声明不服者为限

二　执行命令

三　依民事诉讼律规定所为之和解

四　公证人于其权限内作成之证书但以其请求之目的为支付一定金额或有定数之代替物有价证券而记载可以强制执行之旨者为限。

第三十条　公证人所作证书之执行正本由保存证书之公证人付与之但官署保存其证书时由该官署付与执行正本。

关于执行正本异议之裁判或要求同一执行正本之裁判由公证人事务所所在地或前项官署所在地之初级审判厅管辖。

1　司法部参事处编纂：《司法例规续编》，1915年铅印本，殷梦霞、邓咏秋选编：《民国司法史料汇编》第18册，国家图书馆出版社2011年版，第351—352页。是何单位重刊《法院编制法》，暂未详。另有资料记载于此系民国四年六月二十日经司法部呈准重刊，似不一致，《法院编制法草案》：《法律评论》第五十五期（1924年7月13日出版）。重刊时间有待于进一步查证。文中句号系遵出版体例增。

执行正本付与之诉属债务人普通审判籍所在地之审判衙门管辖若无此项审判衙门时依民事诉讼律第三十条之规定定其管辖。[1]

法律编查会所拟的《破产法草案》在第二百十二条规定如下：

第二百十二条　破产管财人应于审判衙门书记官承发吏或公证人到场时作制破产财团之财产总目录。

作制财产目录并须破产者之到场但有不得已事故时不在此限。

财产目录须记载财产之价格此时得使鉴定人评价。[2]

1916 年

是年，法律编查会所拟的《修正刑法草案》在第三百七十七条规定如下：

第三百七十七条　僧道医师药剂师药材商产婆律师公证人或曾居此等地位之人因其职业得知他人之秘密无故漏泄者处五等有期徒刑并科或易科一百圆以下罚金。

无故公表者处四等有期徒刑或三百圆以下三十圆以上罚金。[3]

1　修订法律馆编辑：《法律草案汇编》，修订法律馆、司法公报处发行，1926年版，《强制执行律草案》第4、12、13页。文中句号系遵出版体例增。

2　修订法律馆编辑：《法律草案汇编》，修订法律馆、司法公报处发行，1926年版，《破产法草案》第26页。文中句号系遵出版体例增。

3　修订法律馆编辑：《法律草案汇编》，修订法律馆、司法公报处发行，1926年版，《修正刑法草案附理由书》第63页。文中句号系遵出版体例增。

1918年

5月16日，司法部发出第四四五一号《核示司法讲习所改革及进行各节令》指令，对司法讲习所呈的及所拟的课程表认为均属妥善。在司法讲习所所拟的《司法讲习所民刑事班各学期课程预定表》中设置了法院行政及实务登记公证附课程。[1]

是年，修订法律馆所拟的《刑法第二次修正案》在第三百二十六条规定如下：

> 第三百二十六条　宗教师医师药剂师药材商产婆律师辩护人公证人及其业务上佐理人或曾居此等地位之人无故泄漏因业务知悉或持有他人之秘密者处一年以下有期徒刑拘役或五百元以下罚金。[2]

是年左右，陈瑾昆译日本法学家岩田一郎讲述的《公证法及实务学》作为司法讲习所讲义。该书分绪论公证人法之必要、第一章公证人资格、第二章公证人之职务权限、第三章证书制作之程序、第四章公正证书之内容、第五章公正证书之方式、第六章证书原簿、第七章证书之阅览及缮本之交付、第八章公正证书之效力、第九章私署证书之认证、第十章依公证人法以外法律之职务、第十一章收件簿、第十二章公证人之代理兼职及接收、第十三章公证人之

1　司法部《核示司法讲习所改革及进行各节令》(指令第四四五一号）及原呈,《司法公报》第九十二期。原相关课程为“登记法规及实务讲述”与“法院内部行政”，司法部《司法讲习所规程》(司法部饬第七百六十九号)，1914年10月15日,《政府公报》第八百八十二号。

2　修订法律馆编辑:《法律草案汇编》，修订法律馆、司法公报处发行，1926年版,《刑法第二次修正案》第107页。文中句号系遵出版体例增。

监督及惩戒，另附《公证法及实务学勘误表》。讲义在绪论中言：

> ……公证人者，公吏之一种，而以受私人嘱托，以制作关于契约或其他关于私权事项之书状，或认证私人所制作之书状，为职务者也。
>
> 公证人所制作之书状，或所认证之书状，为公正证书，有公之证据力，并有无论何人不得否认其制作之效力。
>
> 公证人之职务，既如斯重大，其执行之当否，自影响于私人之权利者甚大。苟非能公平诚实以执行职务之人，实不得使充公证人。故凡关于公证人之资格、任免、监督及职务执行之程序、制作证书之程式及违背职务之制裁等均有以法律规定之必要。
>
> 日本现行公证人法，依自明治四十一年四月施行，本讲义仅述其概要而已。[1]

---

1 原书所印的"第三章公证人之职务权限"标题有误，应为"第二章公证人之职务权限"，本书已改。岩田一郎讲述、陈瑾昆译：《公证法及实务学》，无出版信息，第1—2页。岩田一郎，广岛县人。明治元年（1868年）生，明治二十八年东京帝国大学法科大学德法科卒业法学士。大正九年得法学博士，平生历任各级法院推事，氏可谓法学者而兼实务家者矣。郑竞毅、彭时编著：《法律大辞书补编》世界法家人名辞典，商务印书馆1936年1月初版、3月再版，第110页。陈瑾昆1887年5月3日出生，1959年5月14日去世，其于1917年7月完成日本东京帝国大学法律系学业，获法学学士学位，1918年4月奉派去日本考察司法，12月从日本回国后，调任新成立的修订法律馆纂修，1919年年初任大理院推事，兼任司法讲习所讲师。中国中共党史人物研究会编：《中共党史人物传》第82卷，中国人民大学出版社2017年版，第135—164页。根据司法讲习所1918年5月左右设置法院行政及实务登记公证附课程及陈瑾昆1919年年初兼任司法讲习所讲师推断，此书可能在1918年陈瑾昆赴日本期间翻译，在1919年年初付印。原文无标点，为阅读方便，加现行标点符号。

1919年

4月20日，《来复报》第五十四号刊登以山西省省长名义公布的《街村长副兼充田房交易公证人规则》，共七条，自当年7月1日实行，其中第一条至第五条分别规定：

第一条。凡典卖田房。应于缔结契约时。邀同公证人书名盖戳。以凭税契。

前项公证人。由各街村长副兼充。

第二条。公证人准依第三条之规定抽收手数料。

第三条。公证人应收手数料如左。

（一）卖契按契价收千分之十五。

（二）典契按契价收千分之十。

前项手数料。由买卖主分担。买主出六成。卖主出四成。

第四条。前条所收手数料。十分之四为公证人办公费。其余十分之六。按月呈缴县公署。核明发交公款局。专备县地方国民教育及咨遣留学外国之用。

第五条。自本规则公布实行后。如有田房交易之契约。未经公证人盖戳查明属实者。应照规定之手数料。加倍抽收。仍须公证人补盖戳记。[1]

是年，修订法律馆所拟的《改定刑法第二次修正案》在第三百四十条规定如下：

1 《来复报》第五十四号。

第三百四十条　医师药师药商产婆宗教师律师辩护人公证人及其业务上佐理人或曾居此等地位之人无故泄漏因业务知悉或持有之他人之秘密者处一年以下有期徒刑拘役或五百圆以下罚金。[1]

1920年

10月11日，领衔西班牙[2]白公使说略：

驻京各国公使，对于本年九月二十三日停止俄使领待遇之命令所开各节，与中国有约各国公使研究关于各国在中国利益上有何影响，外交团各使请本领衔公使通知中政府，请将各公使与外交总长关于此事会谈各节，正式照会领衔公使。来照内声明令开办法，中政府万不能永远取消俄人按约在中国所享之利益，此不过暂时办法。俟俄国将来政府成立，经各国承认时，再行议订一切。外交团愿助中政府办理令开各节，因此本领衔公使代表各公使，请中政府与外交团商订暂时管理俄人在中国之利益办法。[3]

10月22日，外交部致领衔西班牙白公使照会，其中提出：

1　修订法律馆编辑：《法律草案汇编》，修订法律馆、司法公报处发行，1926年版，《改定刑法第二次修正案》第47页。此处句号系遵出版体例增。

2　原文中为“日斯巴尼亚国”，正文中改为西班牙。

3　《外交公报》第一期，王建朗主编：《民国时期外交史料汇编（全一百四十册）》第52册，国家图书馆出版社2014年版，第221页。原文无标点，为阅读方便，加现行标点符号。

俄领事裁判权当然中止，但如中国法庭审理他国人控告俄人案件，可引用俄律以与中国法权不相抵触者为度，或延用精通俄律专员备法庭顾问亦无不可。此等办法，中政府于维护俄国人民固有利权委曲求全，当为各国公使所谅解，自无再与外交团另订暂时管理俄人办法之必要。惟各国在中国利益，如因停止俄使领待遇而或有可受影响之处，本部极愿与驻京各公使随时接洽，以解除一切困难也，相应照复。[1]

11月18日，领衔西班牙公使照会外交部，其中提出“中国政府对于俄国在华人民于中国所承认俄国正式政府未成立以前所拟暂时办法，仍将关于俄人应行厘定之各问题，如民事及公证人各状、认人册、护照、正式契约等事留而未定，乃管理以上各事，将归何项文官之职权一层，对于常与侨居华境多数俄人有交易之各外国人最重之利权有关也。以上各节，经外交团详为核议。兹为保护公共利益起见，拟将中国政府已施之各办法略为变更如下”，其中提出：

（丙）公证人及行政各职权

中国侨居多数俄民之各地方，于交涉员公署内设置俄国顾问。对于俄国人民行政及公证人之各职权，其外交部内应设俄务总局派中国办事大员一员主持其事，并

1 《外交公报》第一期，王建朗主编：《民国时期外交史料汇编（全一百四十册）》第52册，国家图书馆出版社2014年版，第221页。原文无标点，为阅读方便，加现行标点符号。有书称，系中国外长照会，出处亦是《外交公报》第一期，但未知其依据。张忠绂编著：《中华民国外交史：1911—1921》，华文出版社2012年版，第254页。

由中国政府委任俄国顾问，以资统一及监视上列之各机关自然有益也。[1]

11 月 29 日，外交部致领衔西班牙白公使照会，其中提出：

此外，外国律师得在上指之特别法庭出庭辩护，而俄国公证人 Notaires publics 仍许继续其职务……

兹并将贵公使团所拟变更办法，分别解释如下

……

（丙）俄国旧有公证人已许其继续职务

……

现在俄国党派纷歧，非但召集时，必致发生枝节，酿生许多困难问题，且事属本国主权以内之事，本国认为碍难照办谅为贵公使团所喻解。

……[2]

12 月 11 日，司法部发出第九〇七号《前筹备处呈报登记所继续办理情形应准备案令》训令令东省特别区域高等审判厅，提出：

为训令事。据前东省特别区域法院筹备处呈报调查，哈埠俄人登记所已令继续办理等因到部，应准备

1 《外交公报》第一期，王建朗主编:《民国时期外交史料汇编（全一百四十册）》第 52 册，国家图书馆出版社 2014 年版，第 222—225 页。原文无标点，为阅读方便，加现行标点符号。张忠绂编著:《中华民国外交史: 1911—1921》，华文出版社 2012 年版，第 254—256 页。

2 《外交公报》第一期，王建朗主编:《民国时期外交史料汇编（全一百四十册）》第 52 册，国家图书馆出版社 2014 年版，第 225—228 页。原文无标点，为阅读方便，加现行标点符号。张忠绂编著:《中华民国外交史: 1911—1921》，华文出版社 2012 年版，第 256—257 页。

案。此令。[1]

12月14日，领衔西班牙白公使照会外交部，就数事质询中国政府，其中提出：

（乙）中国于一九一八年八月五日公布之法律适用条例，仅以外国民事法局部适用为限，则中国政府拟于何种案件，以何手续及经由何机关适用俄国法律。

（丙）俄国公证人不过于中东铁路界内继续执行其职务，惟中国他处公证人之问题将来如何解决。

乙丙段内所列之问题，其性质尤关紧要，应详为解明，以便各国使馆得随时将关于此问题之办法，令各关系之本国人周知。[2]

12月26日，外交部收直隶交涉署快邮代电：

北京外交部钧鉴：

二十四日十码电谨悉。查前奉钧部抄发十一月二十九日答复使团照会，声明东省铁路界内特别区域组织特别法庭，得委用外国人为咨议或调查员，外国律师得在特别法庭出庭辩护，俄国公证人仍许继续其职务等语，似专指特别法庭而言。天津非特别法庭，且向无俄

1 司法部《前筹备处呈报登记所继续办理情形应准备案令》（训令东省特别区域高等厅第九〇七号），《司法公报》第一百三十一期。原文无标点，为阅读方便，加现行标点符号。

2 《外交公报》第一期，王建朗主编：《民国时期外交史料汇编（全一百四十册）》第52册，国家图书馆出版社2014年版，第229—230页。原文无标点，为阅读方便，加现行标点符号。张忠绂编著：《中华民国外交史：1911—1921》，华文出版社2012年版，第257—258页。

国公证人，自无职务可以继续。即使天津法庭亦应援照特别法庭之例，得许公证人行其职务，事属司法范围，应请由司法部核定饬遵……[1]

12月，《司法公报》第一百二十八期（司法公报临时增刊）上刊登了司法部公报发行所的《外国法典丛书出版广告》，共涉及书籍六种，其中第三种为《俄罗斯公证章程》，其云：

东省特别区域法院，刻正需用此项章程。本部特请精通俄文人员译出，提前付梓，以供参考。俄国公证法令颇为完备。兹并将其关系法令择要译之，作为附录，如交易所定约记证人及交易所公证人章程、农人总章、农人地税银行协助购买之土地汇表、俄国公证文书章程等凡十余种，刻在印刷中，约月内出版。特此预告。[2]

1921年

2月2日，领衔西班牙白公使函外交部，云：

径启者：本领衔公使于去年十二月十四日照复贵

---

1 “中央研究院近代史研究所”编印：《中俄关系史料：一般交涉民国九年（一九二〇）》，附录《中俄关系史料（停止俄使领待遇中华民国九年）》，“中央研究院近代史研究所”1968年版，第244页。

2 《司法公报》第一百二十八期，系司法公报临时增刊，未见发行日期。该广告之后在《司法公报》上多次刊载。因《司法公报》第一百二十七期系1920年11月30日出版，《司法公报》第一百二十九期系1920年12月31日出版，故推断发行时间在1920年12月。原文无标点，为阅读方便，加现行标点符号。

部，为侨居华境俄民法律上之位置一事，请解明各问题见复等因，迄今月余尚未见复。兹特函请贵总长查照，从速复知为盼。此颂。

日祉。[1]

2月16日，外交部致上海特派交涉员电：

江苏特派交涉员八日电悉。接收俄领馆办法，本日准领衔使文称，已得各使同意，希速与领团接洽，即日实行。至诉讼问题，俟司法部复到，再行电知。外交部十六日。

附江苏交涉员拟定接收上海俄领职权办法大纲

一　上海俄总领事署应名为中华民国特派管理上海俄侨通商事务局。

……

六　会办理一切公证事务及船务、地契事宜，准事酌情遵循旧例，但事关重要者，须得总办同意，至生产、死亡、结婚、注册等事亦同。

……[2]

2月28日，外交部致领衔西班牙白公使照会，其中称：

来函请解明各问题见复等因备悉，兹将各该问题分

1 《外交公报》第一期，王建朗主编：《民国时期外交史料汇编（全一百四十册）》第52册，国家图书馆出版社2014年版，第230页。原文无标点，为阅读方便，加现行标点符号。原文中“盼”字似应为“盼”字。

2 《外交公报》第二期，王建朗主编：《民国时期外交史料汇编（全一百四十册）》第52册，国家图书馆出版社2014年版，第388—389页。原文无标点，为阅读方便，加现行标点符号。

条解明如左：

……

（丙）俄国公证人在中东路界以内，业已许其继续执行职务。此外津汉各租界内，俄国公证人职务向为领事兼理者，已令代行领事职务之交涉员继续办理，并令俄国顾问襄理此项职务。[1]

3月9日，抚顺地区因中日商租盛行，经奉天省议会议决，将公证机构暂行附设在各县农商会，每个公证处推举公证员三至四人，开办赛街房基公证事务，“委为调查而免弊端，以昭核实”。[2]

4月，江苏交涉员递《抄送俄侨通商事务局组织大纲请鉴核呈》报外交部，该呈所附《上海俄侨通商事务局组织大纲》共十二点，业经北京各国公使同意，由领衔公使知照外交部在案，特派江苏交涉公署于二月十七日奉外交部电令于三月一日遵照施行，其中第六点规定：

六　会办理一切公证事务及船务、地契事宜，准事酌情遵循旧例，但事关重要者须得总办同意，至生产、死亡、结婚、注册等事亦同。[3]

---

1 《外交公报》第一期，王建朗主编：《民国时期外交史料汇编（全一百四十册）》第52册，国家图书馆出版社2014年版，第230—231页。原文无标点，为阅读方便，加现行标点符号。

2 抚顺地区当时属于奉天省。据不完全统计，当时抚顺地区共有公证员10人左右，辽宁省地方志编纂委员会办公室主编：《辽宁省志·司法行政志》，辽宁民族出版社2003年版，第140、143页。

3 《外交公报》第二期，王建朗主编：《民国时期外交史料汇编（全一百四十册）》第52册，国家图书馆出版社2014年版，第391—392页。原文无标点，为阅读方便，加现行标点符号。

5月1日，司法公报发行所发行了由王之相、张弢、贺之俊翻译并经司法部参事厅审订的《俄国公证章程》。此书分为第一编关于公证事务之组织、第二编公证人及权限之程序、第三编公证长行为之权限及程序、第四编公证事项之纳费、第五编瓦萨司法区域之各省内之公证事项、第六编沿波罗的海各省之公证事项以及附件俄国公证章程施行规则、俄国交易所定约记证人及交易所公证人规则、俄国交易所公证人证明文书表告时应用程序之规则。[1]

5月30日，司法部发出第五四七号《颁发公证章仰饬应用令》训令令东省特别区域高等审判厅，提出：

为训令事。查公证人为人出具文件，具有法律上证明效力。东省特区公证人钤章图记，闻仍沿用俄国旧章，殊属不合务，须整齐划一，以昭慎重。东省法院既经收回，此项章记亟应制定。兹由部制就公证章二件发交该厅，仰即转饬应用，并将启用日期呈报备案。此令。[2]

9月29日，哈尔滨第三登记所登记员萨果维次（中文名又译为萨果维赤、沙果维赤）呈文东省特别区域地方法院，报告：

……司法部批准予在哈开设登记所等因，奉此，现择本埠道里中国大街三十九号房为登记所址，自本年

1　王之相、张弢、贺之俊译，司法部参事厅审订：《俄国公证章程》，司法公报发行所1921年版。

2　司法部《颁发公证章仰饬应用令》（训令东省特区高审厅第五四七号），《司法公报》第一百四十三期。

十一月一日起开始营业，每日以上午九时至下午三时为办公时间，如遇紧急事项当随时接办……[1]

10月21日，东省特别区域高等审判厅发出第一〇八六号训令令东省特别区域地方审判厅厅长石福钱，提出：

查登记一事□[2]收入，为所长者非有相当之保证金不足以昭慎重。兹查第一、第二两登记所，虽经准其继续办理各在案。惟该两所长均未交有保证金，殊属不合，亟令该厅长迅速饬令该两所长各交保证金现洋四千元，以昭慎重。毋违□□，[3]此令。[4]

10月28日，哈尔滨第二登记所代理登记员吉米特利也夫（中文名又译为吉米得力也夫）按东省特别区域高等审判厅第一〇八六号训令如数呈缴保证金四千元。[5]

11月1日，哈尔滨第一登记所登记员乌曼斯基（中文名又译为乌曼斯吉）按东省特别区域高等审判厅第一〇八六号训令如数呈缴保证金四千元。[6]

1 关于第三公证所成立案，哈尔滨档案馆LD005-001号档案，案卷号失记。原文无标点，为阅读方便，加现行标点符号。

2 据笔者摘抄哈尔滨市档案馆笔记，此处字迹模糊，疑为关。原文无标点，为阅读方便，加现行标点符号。

3 据笔者摘抄哈尔滨市档案馆笔记，此处摘抄字迹模糊，现难以辨认。原文无标点，为阅读方便，加现行标点符号。

4 东省特别区域高等审判厅训令第一〇八六号令地方审判厅厅长石福钱，哈尔滨档案馆LD005-001号档案，案卷号失记。原文无标点，为阅读方便，加现行标点符号。

5 关于第一、二公证所成立案，哈尔滨档案馆LD005-001号档案，案卷号失记。

6 关于第一、二公证所成立案，哈尔滨档案馆LD005-001号档案，案卷号失记。

1922年

5月4日，东省特别区域高等审判厅发出第一二八三号训令令东省特别区域地方审判厅厅长石福錢，提出：

查哈埠三登记所公证人各经缴有保证金肆千元，共为壹万贰千元。内计本厅收存贰千元，该厅收存壹万元。兹值统一会计事务，此项保证金应即统由本厅转存中国银行，以便保管而昭慎重。合亟令仰该厅长即便遵照办理。此令。[1]

5月21日，大总统令公布《登记通例》，其中第一条规定：

第一条　左列事项已经登记者除法令有特别规定外有完全之公证力

一　关于不动产权利者

二　关于法人或其他民商事团体者

三　关于商业或商号者

四　关于民商法律行为或其他事实者

五　关于船舶者

六　关于管理财产者

七　其他依法令应行登记者。[2]

1　东省特别区域高等审判厅训令第一二八三号令特区地方审判厅厅长石福錢，哈尔滨档案馆LD005-001-806号档案。原文无标点，为阅读方便，加现行标点符号。

2　《登记通例》(教令第六号)，《政府公报》第二千二百三十四号。该《登记通例》施行日期、地域有区分，最晚者为1923年1月1日。《司法部令》(第五九六号)，《政府公报》第二千三百十五号。此处句号系遵出版体例增。

7月27日，司法部发出第一〇五八号《各登记所公证文件应一律贴用司法印纸令》训令令东省特别区域高等审判厅，提出：

查公证事务关系綦要，其出具文件尤多供司法衙门以证明之效力。东省特区法院各登记所自接收以来，暂仍前俄旧制，更为推行其所办公证文件，虽间有不尽属于司法范围者，惟在公证法规未经制定颁布以前，该各登记所所有各项公证文件自应一律贴用司法印纸，以昭划一。为此，令仰该厅转饬遵照，并转令知之。此令。[1]

是年，修订法律馆所拟的《票据法第二次草案》在第十三条、第八十九条、第九十条、第九十六条分别规定如下：

第十三条　凡因行使或保全票据上权利对于利害关系人应为之行为应在其营业所为之无营业所者在其住所或居所为之但有当事人合意时不在此限。

利害关系人之营业所住所或居所不明时应由作成拒绝证书之公证人询问其地之警察署或邮务局若仍不明时得于公证人事务所作成拒绝证书。

第八十九条　拒绝证书由执票人请求公证人作成之。

第九十条　拒绝证书应记载左列各款事项由公证人签名。

……

1　司法部《各登记所公证文件应一律贴用司法印纸令》(训令第一〇五八号),《司法公报》第一八四期。原文无标点，为阅读方便，加现行标点符号。

第九十六条 拒绝证书有脱漏或错误者公证人得增加或更正之但应于增加或更正处盖章并记载其旨公证人作成拒绝证书时应就证书全文作成抄本保存之于事务所。

拒绝证书灭失时利害关系人得请求公证人交付抄本抄本与原本有同一之效力。[1]

1923 年

2 月 13 日，哈尔滨第一登记所公证人乌曼斯基向东省特别区域地方审判厅厅长请假，提出：

……窃公证人现因家务，拟自二月二十日起三月二十日止，请假一个月，于请假期间内代行公证人职务，拟请派公证人之子夫拉吉米尔乌曼斯吉。查此人系一九一六年于莫斯克大学法科毕业，自到哈后，即于哈埠前俄法庭管辖区域充当诉讼代理人，且于一九二零年往上海习学英语。前于职所办理一切登记事务，现英语习毕复又回哈……仍在职所办理事务，对于该员代理职务期内钱款上之责任及伊一切之行为，公证人担负完全责任。兹随呈附将该员之同意结奉上伏乞……[2]

1 修订法律馆编辑:《法律草案汇编》，修订法律馆、司法公报处发行，1926 年版，《票据法第二次草案附理由书》第 6、7、40、41、43 页。文中句号系遵出版体例增。

2 关于一所杂件案卷，哈尔滨档案馆 LD005-001-794 号档案。原文无标点，为阅读方便，加现行标点符号。档案中公证人中文名为乌曼斯吉。

5月26日，《国际公报》第二十六周刊刊登《俄国新设公证机关》新闻：

莫思科十六日电　俄国最近新设国家公证机关，以处理民间事务。此项机关之数月由各省地方执行委员会定夺，再由国民司法委员会批准。目前各城市、村镇已酌手组织，计由三百所以上。每处人员均须经过一定试验合格者，方得充任公证员云。[1]

8月11日，东省特别区域高等审判厅发出第三二九八号训令令东省特别区域地方审判厅厅长朱树声，提出：

查公证人乌曼斯吉、萨果维赤、吉米得力也夫等同在本区首埠执行职务，前缴保证金各仅大洋四千元。按之前前俄旧例已属较少，现在职务益繁，应各加缴保证金大洋二千元，以昭慎重。合亟令仰该厅长转饬各该公证人，遵于文到五日内如数缴由本厅会计科收存，毋得延误。此令。[2]

9月23日，《法律评论》第十三期刊登要闻《青岛续办印鉴证明及公证制度》，云：

青岛在德日管理时代，向有印鉴证明及公证制度，其成绩甚为可观。此次我国接管之后，以此种制度在该

1 《俄国新设公证机关》，《国际公报》第二十六周刊。原文无标点，为阅读方便，加现行标点符号。

2 东省特别区域高等审判厅训令第三二九八号令特别区域地方审判厅厅长朱树声，哈尔滨档案馆LD005-001-806号档案。原文无标点，为阅读方便，加现行标点符号。

处行之已久，不但无扞格难行之处，且在公证上实为良好之制度。故已决定继续试办，并闻将其收入为添设李邨分庭之经费云。[1]

11月11日，奉天省长公署发出第四九四号训令令财政厅、各道尹、各县知事缓办区村十一县并怀德、昌图、梨树、辽源、康平、辽中、营口、凤城除外：

案据锦县知事呈称，案查前呈议覆典卖田房手数料改归契税征收、尚称便利一案。奉钧署指令第二一四九号内开，呈悉。既据称该县典卖田房手数料改归契税处征收□属便利，仰即布告各村屯人民一体遵照此令等因，奉此，除布告周知外，惟查□县城关典卖田房手数料，前经呈准在市制未实行以前，暂由地方公款主任充当公证人直接经收。现在此项手数料既改由契税处一并征收，则城关典卖田房可否仍由地方公款主任继续充当公证人之处，理合具文，呈请核示等情。除指令，据呈已悉，城关典卖田房在市制未实行以前仍应由地方公款主任继续充当公证人，仰即遵照，并候分令各属知照此令等因。印发并分行外，合行令仰该厅、道尹、知事，知照。此令。[2]

12月15日，山东青岛地方审判厅所拟《公证试办规则》奉司法部指令公布施行。该《公证试办规则》主要对证书原本及附属

1 《要闻五则》,《法律评论》第十三期。原文无标点，为阅读方便，加现行标点符号。

2 奉天省长公署《训令》(第四九四号),《奉天公报》第四千一百九十六号。原文无标点，为阅读方便，加现行标点符号。

书类的保管、证书用纸及声请书的制作发售、分等级缴纳公证费用等作了具体规定，[1]《公证试办规则》共十一条，第一条、第二条、第三条、第六条分别规定如下：

第一条　关于公证书之作成，应由当事人向山东青岛地方审判厅声请之，其私署证书确定日期之声请亦同。

第二条　依本规则作成之公证证书得为完全之证据，确定日期之私署证书自其声请作成之日起有完全之证据力。

第三条　公证证书之关系人应于公证证书上署名，如不能署名时，得由公证官吏代署之，但代署时应附记其事由。

第六条　声请作成公证证书之当事人，应照法律行为之目的价格按照下列等级缴纳公证费用。

（一）百元未满一元；

（二）二百五十元未满一元五角；

（三）五百元未满二元；

（四）千元未满三元；

（五）三千元未满四元；

（六）五千元未满五元；逾五千元者每千元征收公证费洋一元，不满千元者以千元计算。[2]

1　山东省司法厅编：《山东司法大事记》，1989年12月印刷，无出版信息，第24页。山东省司法厅编：《山东司法行政志》，1989年12月印刷，无出版信息，第168—169页。

2　山东省司法厅编：《山东司法行政志》，1989年12月印刷，无出版信息，第174—175页。第六条（六）中有“洋”一字，疑有误。因之前均未有，仰或之前均遗漏“洋”，待考。另条文中“公证证书”是否为“公正证书”之误，亦待考。

12月20日，司法部发出第九八五一号《核准公证人收费表令》指令东省特别区域高等审判厅，认为“呈悉该厅所拟公证人收费表十七项尚无不合仰即照行原件存此令”，在东省特别区域高等审判厅所拟的《公证人收费表》中第一条规定：

一　公证人或代行人所为之职务上行为，除当事人请求制作各种公证文书，得以合意约定收费外，均应按照本表之规定（俄国公证章程第二〇八条）。[1]

是年，修订法律馆所拟的《票据法第三次草案》在所述《商法草案理由之说明第二编》中有云：

第八节　第六十条及六十一条规定拒绝承受或拒绝付款之公正证书此种证书习惯上名为拒绝证书 Protet 中国既无公证制度则此种拒绝证书似由邮政管理员作成为适当暹罗法典亦有以邮政管理员代公证人之规定至由邮政管理员作成拒绝证书之详细手续如征收费用等当从细讨论。[2]

1924年

1月15日，胶澳商埠督办公署发出第一五号公函致青岛总商会，提出：

1　司法部《核准公证人收费表令》（指令第九八五一号），《司法公报》第一百八十七期。原文无标点，为阅读方便，加现行标点符号。

2　修订法律馆编辑：《法律草案汇编》，修订法律馆、司法公报处发行，1926年版，《票据法第三次草案》第5页。文中句号系遵出版体例增。

径启者：案准青岛地方审判厅第一八号函开，查敝厅拟试办印鉴证明及公证一案，业经分别拟具规则，呈请核示在案。兹奉山东高等审判/[1]检察厅第五二四五号训令转奉司法部第九六八九号指令，呈据青岛地方厅所拟公证及印鉴各规则均尚可行，准予备案。此令。等因。奉此查文书暨印章为民商事件往来必需之具，该二者有无伪造假冒情事，影响交易之安全权利之保障甚大。敝厅有见于此，故试办公证及印鉴证明，以预杜流弊。惟事属初办，人民智识幼稚，非由最高行政官署力予提倡，诚恐难收速效。特定于本年一月一日为开始施行日期，除布告外，相应抄送公证及印鉴证明规则各一份，请钧署鉴察，并予鼎力提倡，无任感盼等因，并送印鉴公证试办规则各一份到署。准此，查该厅试办印鉴公证，既经部令照准，本埠商民为谋交易之安全计，自应一体遵行。除函复外，相应抄录规则二份函请，

查照。此致。

青岛总商会[2]

8月21日，胶澳商埠督办公署发出第七八五号公函致青岛地方审判厅，提出：

径复者接准：

大函并修订公证试办规则一份到署，准此具见。

贵厅长法理精详，无微不至，曷胜佩服，除饬科存

1　原文无“/”符号，检察审判四个字系分别左右排列。

2　胶澳商埠督办公署公函（第一五号），《胶澳公报》第九十九期。原文无标点，为阅读方便，加现行标点符号。

案备查，暨刊登公报宣布外，相应函复，即希查照为荷。此致青岛地方审判厅。[1]

是年，修订法律馆所拟的《票据法第四次草案》在所述《票据法草案简单报告》中有云：

第九十条对于拒绝承受或付款证书加一重要的修正。

法国票据法草案（第六十条）关于拒绝证书仿效暹罗法典以所送递挂号信札于付款人即为作成拒绝证书第二草案规定由公证人作成此二制度似于中国未尽适当盖对于前者须改良邮政则票据法施行之日必至延缓对于后者中国尚无公证制度之规定且公证制度决不能行于国中因国人向不知其为何物也鄙人以商事公断处之职务敏捷经验宏富且有判决专权对于拒绝证书之作成必然克尽厥职故本草案制度即依此意规定。

第一百零一条及一百零四条系与第九十九条内所采用制度有关。第一百零四条规定商事公断处得于作成拒绝证书日或其翌日将拒绝证书之事实通知被拒绝人。

第二草案第九十六条第一节未曾列入于本草案其文曰凡拒绝证书上之一切错误与忽略得由公证人改正。[2]

《票据法第四次草案》第十二条、七十八条分别规定如下：

---

1 胶澳商埠督办公署公函（第七八五号），《胶澳公报》第一百五十七期。原文无标点，为阅读方便，加现行标点符号。

2 修订法律馆编辑：《法律草案汇编》，修订法律馆、司法公报处发行，1926年版，《票据法第四次草案》票据法草案简单报告，第26—27页。文中句号系遵出版体例增。

第十二条　为行使或保全票据上权利对于票据关系人应为之行为应在其营业所为之无营业所者在其住址或寓所为之但有特约者不在此限。

票据关系人之营业所住址或寓所不明者得因作成拒绝证书请求其地之公证机关该管法院或商会调查其人之所在其所在仍不明者得在该公证机关法院或商会作成之。

第七十八条　拒绝证书由执票人请求付款地之公证机关该管法院或商会作成之。[1]

1925年

1月25日，《法律评论》第八十二、八十三期刊载了陈瑾昆的《就改进司法计画略陈鄙见》，其中提出：

欲求诉讼减少，唯有使确定私权之手段增多，不必专恃裁判程序。现时关于不动产权利之确定手段，固己有不动产登记条例，以外如非讼事件法，公证人法，公断法，亦为确定私权，减少争执最良之法规，实宜即行订定……[2]

是年，修订法律馆所拟的《民律草案总则编》在第一百九十八条规定如下：

1　修订法律馆编辑：《法律草案汇编》，修订法律馆、司法公报处发行，1926年版，《票据法第四次草案》第1、2、10页。文中句号系遵出版体例增。

2　陈瑾昆：《就改进司法计画略陈鄙见》，《法律评论》第八十二、八十三期。文中“己”字似应“已”字。

第百九十八条　左列各款之请求权因三年间不行使而消灭。

……

五　律师公证人承发吏之报酬及小费

六　律师公证人承发吏所收当事人物件之交还。[1]

1926年

8月10日，司法部发出第四二四六号《东省特区公证事务所办事章程及收费规则》指令令东省特别区域高等审判厅，认为："呈悉查所拟公证事务所办事章程及征收司法印纸费规则均尚可行应准备案"，但对《公证事务所办事章程》内容作了一定修改，该《公证事务所办事章程》第一条、第二条、第三条、第九条分别规定：

第一条　公证人因当事人之请求，就法律行为及其他关于私权之事件，制作公证文书或认证私证文书。

第二条　公证人制作之文书，非具备本章程及其他法令所定之要件不生公证效力。

第三条　公证人非有正当理由，不得拒绝当事人之请要。

第九条　公证人由高等审判厅长委任，呈报司法部备案。[2]

1　修订法律馆编辑：《法律草案汇编》，修订法律馆、司法公报处发行，1926年版，《民律草案总则编》第23页。文中句号系遵出版体例增。

2　司法部《东省特区公证事务所办事章程及收费规则》（指令第四二四六号），《司法公报》第二百二十六期。原文无标点，为阅读方便，加现行标点符号。

10月26日，大总统发出第三百九十四号指令令署司法总长罗文干，准予备案《司法储才馆章程》公布施行。在备案的《司法储才馆章程》第九条规定：

第九条　本馆学员应修之科目如左：

民事审判实务（强制执行人事附）、刑事审判实务、破产案件实务、检察及司法警察实务、监狱学及实务、法院行政及实务（登记公证附）……[1]

11月28日，下午外交部正式公布《法权会议报告书》中第四编及中国委员宣言，其中法权报告第四编建议中第二款规定：

中国政府应采纳下列之计画。以期改良现有法律司法与监狱之制度。

（甲）中国政府应参酌本报告书第二及第三编关于中国法律及司法警察监狱制度各节。容纳其意见。认为有改良之必要者。实行改良。

（乙）中国政府应完成及公布左列法律。

一　民事法典。

二　商事法典（包括票据法海商法及保险法）。

三　第二次刑法修正案。

四　银行法。

五　破产法。

1　大总统《指令》（第三百九十四号），《政府公报》第三千七百八十五号。罗文干呈及《司法储才馆章程》，《政府公报》第三千八百十八号。原文无标点，为阅读方便，加现行标点符号。

六　专利法。

七　土地收用法。

八　公证人法。

（丙）……[1]

12月27日，司法部发出第七二四四号《修正东省特区公证收费规则》指令令东省特别区域高等审判厅，认为：

呈悉。所拟将公证收费规则第三条、第六条、第七条、第十三条修正之处，尚属可行，应准如拟办理。仰即转令遵照。原件存。此令。[2]

是年，修订法律馆编的《民律草案继承编》在第一百二十五条、第一百二十七条、第一百三十六条、第一百八十七条分别规定如下：

第一百二十五条　遗嘱人得依左列方法之一为遗嘱

一　自立证书

二　公正证书

三　代笔证书

四　口授遗嘱

第一百二十七条　遗嘱人欲以公正证书立遗嘱者得指定证人二人以上在公证人前口述意旨使公证人笔记宣读讲解经遗嘱人认可后记载年月日由公证人证人及本人

1　尚一：《外部发表法权会议报告书及中国委员宣言》，《太平导报》第一年周刊第四十期，原刊系第一年周刊第四十期、四十一期合刊。

2　司法部《修正东省特区公证收费规则》（指令第七二四四号），《司法公报》第二百三十期。原文无标点，为阅读方便，加现行标点符号。

同行签名若遗嘱人不能签名公证人须将其事由记明并依前条第二项规定令本人加盖手模。

遗嘱人自提出遗嘱书请求公证人认证时准用前项之规定。

第一百三十六条　左列各人不得为证人：

……

七、公证人之同居人助理人雇人或其直系亲属。

第一百八十七条　遗嘱人以公正证书立遗嘱后欲行撤销者须向公证人请求注销原案。[1]

1927年

3月18日，司法储才馆在导师室召开第三次教务会议，其中议决将学员应修科目酌量删并，删除了检察及司法警察实务、法院行政及实务、公证、华洋诉讼、法制史、审判心理学、犯罪心理学课程。[2]

3月25日，武汉国民政府司法部在《汉口民国日报》公布《司法行政计划及政策》，提出：

（一）政策　依照去年九月间中央政治会议议决之司法行政方针，实行党化革命化司法，夺回军阀官僚及存留乡村封建势力所操纵之司法权，并以司法为工具，拥护农工利益，及保护被压迫之妇女。

1　修订法律馆编辑：《法律草案汇编》，修订法律馆、司法公报处发行，1926年版，《民律草案继承编》第17、18、19、24页。文中句号系遵出版体例增。

2　《纪事》，《司法储才馆季刊》1927年第一期（第壹号）。

……

（三）编订各种司法法规　由司法部设立改造司法法规审查委员会，延聘专门人才，分别拟定左列各种法规案，提出中央政治会议：

（甲）法院组织法案，于一个月内草定，

（乙）民事诉讼法，刑事诉讼法，各案，于三月内草定，

（丙）刑法亲属法继承法各案，于六月内草定，

（丁）民法总则及债权暨各案，于八月草定，

（戊）物权法公证法各案，于一年内草定，

（巳）商法附订于民法内，其不能附入者，为单行条例案，随时草定，

……[1]

3月，东省特别区长官公署将美国驻哈尔滨领事翰森的函件批转给特别区域高等审判厅，指令高等审判厅予以答复。美领事的函件陈述哈尔滨美国花旗银行向特别区域地方审判厅不动产登记所申办登记而被要求补办公证证明一事，请求允许以该领署印信证明为依据，不必再觅公证人盖章。[2]

1　司法部《司法行政计划及政策》，《汉口民国日报》1927年3月25日。国民政府于1926年12月由广州迁至武汉，到1927年7月15日汪精卫叛变和9月20日宁汉正式合流止，武汉国民政府存在约九个月的时间，史称武汉国民政府时期。湖北政法史志编纂委员会编：《武汉国共联合政府法制文献选编》，农村读物出版社1987年版，序言、第528—530页。

2　黑龙江省地方志编纂委员会：《黑龙江省志·司法行政志》，黑龙江人民出版社1998年版，第275—276页。该书还简要摘录美领馆与东省特别区域高等审判厅的往来函，惟日期有误。

4月22日，东省特别区域高等审判厅答复美国领事，指出领事馆“非法律上公证人，其签字证书不能认有公证效力”。前案准许花旗银行登记免予公证，是考虑到售主已不在哈埠之特殊情况，而不是因为该行转移契纸签订时曾在该领署证明过，所以“其他登记不能援以为例”。至于领事馆监签证书，依法更是“不得采取，尤无疑义”。[1]

6月8日，东省特别区域高等审判厅发出第一三五一号训令令地方审判厅厅长朱树声，提出：

> 案据于廉基呈称：窃查公证事务所办事章程，业蒙钧厅呈奉司法部颁施有案。惟现任公证人均属俄籍，因语言文字之隔阂，法律制度之悬殊，吾国人民感其不便已非一日。自应亟谋组设华人正式公证所以救其弊。廉基原任黑龙江第一高等审判分厅推事，因地隶边陲，恳请辞职。核与同章程第十条第一项第三款之资格相当，并无第十一条情形。兹拟在东省特别区域地方审判厅管辖区域内执行公证人职务，设立事务所于哈尔滨道里中国四道街十五号。理合依同章程第九条规定具呈，恳请钧厅准予委任，并报部备案等情。据此，查该于廉基，

1　黑龙江省地方志编纂委员会：《黑龙江省志·司法行政志》，黑龙江人民出版社1998年版，第275—276页。另据该书记载，东省特别区域高等审判厅经查实确认，东省特别区域不动产登记章制向以公证文件为登记基础。哈尔滨美国花旗银行楼房地基于1925年由英国商人手中购置之时未经公证人证明情况属实，但买卖契约订立在两年前，售主早已离开哈埠，再觅其回来重新公证确有困难，为此函复美国领事可“准其取具妥实铺保，免予补行公证手续”。函复时间也写4月22日，疑有误。该书中此处未标明美国领事名字，疑为“翰森”。

是否合于公证章程第十条所列资格，有无公证章程第十一条所列情事，合行令仰该厅查明呈覆，以凭核办。此令。[1]

6月16日，东省特别区域高等审判厅发出第一四三六号训令令地方审判厅厅长朱树声，提出：

查第二公证事务所公证人吉米得力也夫，业经案撤惩，所遗之缺派于廉基接充，应即遵章缴纳公证人保证金四千元，代卖期票印纸保证金贰千元，限五日内将公证人保证金呈缴该厅。核收代卖期票印纸保证金呈缴本厅核收，并将开办日期暨事务所地址呈报该厅呈条案。至公证人印章业经电部，提前饬铸，一俟颁发到厅，即行转发应用。除分行外，合亟令仰该厅知照。此令。[2]

7月13日，东省特别区域高等审判厅发出第一六四〇号训令令地方审判厅厅长朱树声，提出：

查公证人于廉基应用印章尚未奉部颁发。兹由本厅

1 东省特别区域高等审判厅训令第一三五一号令地方审判厅厅长朱树声，哈尔滨档案馆LD005-001-1164号档案。据笔者摘抄哈尔滨市档案馆笔记，东省特别区域地方审判厅经查，“该于廉基，最近曾任本区域第三分庭检察官、黑龙江第一高等审判分厅推事等职，核与公证章程第十条第一项、第三项任用公证人之资格相符”，后以东省特别区域地方审判厅呈稿一三三五号上报东省特别区域高等审判厅，惟时间失记，档案号同。原文无标点，为阅读方便，加现行标点符号。

2 东省特别区域高等审判厅训令第一四三六号令地方审判厅厅长朱树声，哈尔滨档案馆LD005-001-1164号档案。原文无标点，为阅读方便，加现行标点符号。

暂刊公证人印章一颗，文曰：哈尔滨公证人于廉基，除径发外，合亟令仰该厅知照。此令。[1]

7月14日，哈尔滨第二公证事务所公证人于廉基向东省特别区域地方审判厅厅长朱树声呈报，其云：

……廉基，遵于本月十五日开始办公，启用印章，事务所设在本埠道里中国四道街十五号楼上。理合备具印鉴，具文呈请

钧厅鉴核，转呈备案谨呈

东省特别区域地方审判厅厅长朱

计呈印鉴壹纸

哈尔滨第二公证事务所公证人于廉基谨呈

中华民国十六年七月十四日[2]

7月23日，东省特别区域高等审判厅发出第一七六二号训令令地方审判厅厅长朱树声，提出：

司法部第二七八号训令内开，前据该厅电请颁发哈埠公证人印章等情，业经本部电准在案。现在该项印章业已铸就，曰：东特区地审厅公证人印，合行令发该厅，仰即转发该公证人具领应用。此令等因。奉此，合将印章令发该厅，仰即转发具领，并饬将启用日期呈报，前

1　东省特别区域高等审判厅训令第一六四〇号令地方审判厅厅长朱树声，哈尔滨档案馆LD005-001-1164号档案。原文无标点，为阅读方便，加现行标点符号。

2　哈尔滨第二公证事务所公证人于廉基呈报，哈尔滨档案馆LD005-001-1164号档案。原文无标点，为阅读方便，加现行标点符号。

发印章缴还注销。此令。计发公证人印章一颗。[1]

7月26日，大元帅令：兹制定司法储才馆条例公布之此令。在公布的《司法储才馆条例》第十一条规定：

第十一条　司法储才馆学员应修科目如左：

民事审判实务（强制执行人事及非讼附）、刑事审判实务、破产案件实务、检察及司法警察实务、监狱学及实务、法院行政及实务（登记公证附）……[2]

甘肃省政府第十四号公布令公布《甘肃省政府司法厅暂行组织法》，其中第三条、第六条分别规定：

……

第三条　司法厅置总务民事刑事监狱四科。

……

第六条　民事科管理左列事项：

一　关于民事事项

二　关于非讼事件及公证事项

三　关于民事诉讼审判之行政事项

四　关于登记事项。[3]

1　东省特别区域高等审判厅训令第一七六二号令地方审判厅厅长朱树声，哈尔滨档案馆LD005-001-1164号档案。原文无标点，为阅读方便，加现行标点符号。

2　大元帅《令》及《司法储才馆条例》，《政府公报》第四千四十五号。原文无标点，为阅读方便，加现行标点符号。

3　甘肃省地方史志编纂委员会编纂：《甘肃省志·司法行政志》，甘肃人民出版社2009年版，第11、545—546页。文中句号系遵出版体例增。但第三条末，原书有句号。

8 月 9 日，国民政府公布修正后的《国民政府司法部组织法》，该法第一条、第二条、第四条分别规定：

第一条　司法部直隶于国民政府管理全国司法行政事务。

第二条　司法部置左列各司

总务司

民事司

刑事司

监狱司

第四条　民事司掌理事务如左

一　关于民事事项

二　关于非讼事件事项

三　关于民事诉讼审判之行政事项

四　关于公证事项

五　关于人口户籍登记事项。[1]

11 月 5 日，国民政府公布《国民政府司法部组织法》，该法第一条、第四条、第六条分别规定：

第一条　司法部直隶于国民政府管理全国司法行政事务。

第四条　司法部设左列各处司

秘书处

总务司

民事司

1　国民政府《国民政府司法部组织法》，《国民政府公报》宁字第拾壹号。文中句号系遵出版体例增。

刑事司

监狱司

第六条　民事司职掌如左

（一）关于民事事项

（二）关于非讼事件事项

（三）关于民事诉讼审判之行政事项

（四）关于公证事项

（五）关于人口户籍登记事项。[1]

12月15日，司法部公报处发行的《司法公报》创刊号上刊登了司法部公布的《国民政府司法部分科规则》，该规则共五条，其中第二条规定：

第二条　民事司置左列三科

……

第三科　掌理事务如左

一　关于户籍及公证事项

二　关于公断事项

三　关于诉讼费用事项。[2]

1928年

2月17日，最高法院民事第一庭判决上字第一五一号判决

1　国民政府《国民政府司法部组织法》，《国民政府公报》第五号。文中句号系遵出版体例增。

2　司法部《国民政府司法部分科规则》，《司法公报》创刊号，《司法公报》创刊号上未载《国民政府司法部分科规则》颁布时间。文中句号系遵出版体例增。

要旨：

审判笔录乃为公证书之一种。若当事人不能证明其笔录系出于错误或伪造者。法院即得认为真正。据为裁判之基础。继单非承继成立之要件。[1]

2月29日，司法总长姚震在《司法公报》第二百四十五期上发表其1月定稿的《整顿司法概要》，将1927年半年度司法部办事概略具述，共分二十个方面介绍，其中第十一个方面介绍如下：

十一　改定登记条例使为公证性质借以减息讼争

说明：讼争之事，苟有确切证明，虽以翻覆，则无谓之争自可减少。盖古来以无讼为尚。如于登记条例扩充范围，一切权利义务发生、消灭、变更之行为及事实，均准人民登记以为立案，则人民必甚便。无理者，不可争，即争，亦易断结矣。本部因改定登记条例业已具案，俟审查完竣，即当呈请施行。[2]

9月8日，上海出版的英文报纸《北华捷报》(《The NORTH-CHINA HERALD》) 上发表了《寻找公证人》(《THE SEARCH FOR A NOTARY PUBLIC》) 一文称：

1　郭卫、周定枚编辑：《最高法院民事判例汇刊》第一期，上海法学书局1934年版，第71—72页。

2　姚震：《整顿司法概要》，《司法公报》第二百四十五期。姚震于1927年6月25日就任司法总长，1928年3月2日就任大理院院长，1935年8月27日去世，见《政府公报》第四千十五号、四千二百五十二号、《时报》1935年8月28日。原文无标点，为阅读方便，加现行标点符号。

Common in London and Harbin, But None in Shanghai

"What is a notary public and where can I find one in Shanghai ?"

The questioner had received some documents from England, which had to be sealed in the presence of a notary public. He neither knew what it was nor where to look for it. Nor did the questioned. So the hunt began, with the following results.

……

However, Knowing now what a notary public is, it only remained to find one. And, so far as we can ascertain, there is no such thing in Shanghai—whether because, like the extinct moa, "there are no moa now", or because there never were any, we have no idea. In London they are said to be almost as plentiful as sparrows. In Harbin, of all places, we are told they swarm. But the most assiduous collector cannot secure a specimen in Shanghai.

An Adequate Imitation

But our friend who started us on this investigation may still get his documents witnessed in the desired form.

The Registrar at H.M.Consulate-General, and the Clerk of the U.S. Court are empowered to perform the duties of a notary public for Britons and Americans in Shanghai.

Other nationalities must be presumed to have no documents to sign. How can they, if they have never provided themselves even with an imitation notary public ? [1]

1 《寻找公证人》(《THE SEARCH FOR A NOTARY PUBLIC》),《北华捷报》(《The NORTH-CHINA HERALD》) 1928 年 9 月 8 日。

1929年

4月17日，国民政府公布《司法院司法行政部组织法》，该法共二十条，第一条、第四条、第七条分别规定：

第一条　司法行政部管理全国司法行政事务。

第四条　司法行政部置左列各司

一　总务司

二　民事司

三　刑事司

四　监狱司

第七条　民事司掌左列事项

一　关于民事诉讼审判之行政事项

二　关于非讼事件事项

三　关于公证事项

四　关于司法机关所管之登记事项

五　关于其他民事事项。[1]

10月30日，国民政府公布《票据法》，该法自公布日施行，其中第一百零三条规定：

第一百零三条　拒绝证书由执票人请求拒绝承兑地或拒绝付款地之公证人或法院商会银行公会作成之。[2]

1　国民政府《司法院司法行政部组织法》，《司法公报》第十六号。文中句号系遵出版体例增。

2　国民政府《票据法》，《司法公报》第四十五号。文中句号系遵出版体例增。

11月22日，国民政府公布《民法第二编债编》，其中第三百零八条规定：

第三百零八条　债之全部消灭者，债务人得请求返还或涂销负债之字据，其仅一部销灭或负债字据上载有债权人他项权利者，债务人得请求将销灭事由记入字据。

负债字据如债权人主张有不能返还或有不能记入之事情者，债务人得请求给与债务消灭之公认证书。[1]

1930年

2月10日，依据国民政府令，本年5月5日起为民法债编施行日期。[2]

5月3日，司法行政部公布《非讼事件征收费用暂行规则》，自公布日施行。[3]

5月9日，司法院发出指字第一八六号指令令代理司法行政部部长朱履龢，提出：

呈，为制定非讼事件征收费用暂行规则，缮呈备案由。

呈及规则均悉，应准备案。此令。[4]

1　国民政府《民法第二编债编》，《司法公报》第四十八号。文中句号系遵出版体例增。

2　国民政府《令》，《司法公报》第五十九号。

3　司法行政部《非讼事件征收费用暂行规则》，《司法公报》第七十一号。

4　司法院《指令》（指字第一八六号），《司法公报》第七十二号。原文无标点，为阅读方便，加现行标点符号。

7月13日、20日，《法律评论》第三百五十二期、三百五十三期连载了司法院草拟的《公证人法草案》。据该刊第三百五十二期所载《公证人法草案（一）》录张国辉附识云：

本草案系根据梁院长仁杰所编公证人法草案初稿，参用沈参事家彝所附签注。对于该草案初稿之章条、名词、文字均有所修改，并就管见所及，补充关于公证书之证据力及公证人应宣誓等条，附具理由。凡意义与原草案有改易之处，均上加红笔记号，以便往意。[1]

该草案共八章九十条，拟订了通则、公证人之资格及其任免、职务之执行、公证书之作成、私证书之认证、监督及惩戒、惩戒委员会及附则。其中第一条、第五条、第二十二条分别规定：

第一条　公证人受当事人或其他关系人之嘱托就法律行为及关于私权之事实有作成公证书及认证私证书之权。

公证书或经认证之私证书有完全之证据力但有反证时仍许反证。

（理由）查草案初稿系用“公正证书”及“私署证书”字样惟民事诉讼条例关于证书各条已有“公证书”及“私证书”等名词自应遵用以昭划一至第二项云云盖因公证人作公证书或认证私证书原为在法庭可提以作证

1 《公证人法草案》连载于《法律评论》第三百五十二期、三百五十三期。原文中“往意”疑为“注意”。原文无标点，为阅读方便，加现行标点符号。

之用草案初稿无证据力之规定似属缺点故依民事诉讼条例第四百条关于官吏于职务上按定式作成之文书有完全之证据力但仍反证之规定添加此项其意义与美国公证书之效力相同。

第五条　公证人执行职务以其所属地方法院之管辖区域为其管辖区域其地方法院应设置之公证人额数及各公证人所属之地方法院均由司法行政部定之。

地方法院管辖区域内如未设置公证人司法行政部得指令该法院书记官执行公证人职务。

书记官代行公证人职务所收办公费日费及旅费概归国库。

本法之规定于书记官代行公证人职务准用之。

第二十二条　公证人宣誓就职后应于三十日内在司法行政部指定之地方法院管辖区域内设立事务所。

公证人应在其事务所执行职务但因事件之性质不能在事务所执行或法律有特别规定者不在此限。

本条第一项期限司法行政部得因公证人之呈请延长之。[1]

12月26日，国民政府公布《民法第五编继承》，其中第一千一百八十九条、第一千一百九十一条、第一千一百九十二条、第一千一百九十八条分别规定：

---

1 《公证人法草案》连载于《法律评论》第三百五十二期、三百五十三期。文中句号系遵出版体例增。

第一千一百八十九条　遗嘱依左列方式之一为之

一　自书遗嘱

二　公证遗嘱

三　密封遗嘱

四　代笔遗嘱

五　口授遗嘱

第一千一百九十一条　公证遗嘱应指定二人以上之见证人在公证人前口述遗嘱意旨由公证人笔记宣读讲解经遗嘱人认可后记明年月日由公证人见证人及遗嘱人同行签名遗嘱人不能签名者由公证人将其事由记明使按指印代之。

前项所定公证人之职务在无公证人之地得由法院书记官行之侨民在中华民国领事驻在地为遗嘱时得由领事行之。

第一千一百九十二条　密封遗嘱应于遗嘱上签名后将其密封于封缝处签名指定二人以上之见证人向公证人提出陈述其为自己之遗嘱如非本人自写并陈述缮写人之姓名住所由公证人于封面记明该遗嘱提出之年月日及遗嘱人所为之陈述与遗嘱人及见证人同行签名。

前条第二项之规定于前项情形准用之。

第一千一百九十八条　左列之人不得为遗嘱见证人

一　未成年人

二　禁治产人

三　继承人及其配偶或其直系血亲

四　受遗赠人及其配偶或其直系血亲

五　为公证人或代行公证职务人之同居人助理人或受雇人。[1]

国民政府公布《民事诉讼法》，其中第三百四十七条规定：

第三百四十七条　私文书经本人或其代理人签名按指印盖章或画押或有法院或公证人之认证者推定为真正。[2]

1931年

3月11日，司法行政部作出批字第二四七号《批》致俄籍律师阿德米夫，认为：

原具呈人俄籍律师阿德米夫：

呈称，拟在天津为公证人请核准由。

两呈均悉，查公证人法规尚未制定，所请既无法律上之根据，碍难照准。此批。[3]

4月6日，司法行政部作出批字第三三一号《批》致俄籍律师亚丹米夫，认为：

具呈人俄籍律师亚丹米夫：

1　国民政府《民法第五编继承》，《司法公报》第一百零五号。文中句号系遵出版体例增。

2　国民政府《民事诉讼法》，《司法公报》第一百零六、一百零七、一百零八号。文中句号系遵出版体例增。

3　司法行政部《批》（批字第二四七号），《司法公报》第一百一十五号。原文无标点，为阅读方便，加现行标点符号。

呈称，拟执行公证人职务再请核准由。

呈悉，查公证人法规现时尚未制定，前于本年三月十一日业经明白批示，来呈所请仍难照准。此批。[1]

5月24日十二时，上海律师公会召开第八十次执监委员联席会议，讨论全国律师协会第三届代表大会提案，其中伍澄宇提请政府颁布律师得为公证人法规案。[2]

6月13日晚八时，上海律师公会召开第八十一次执监委员联席会议，主席李时蕊报告此次赴杭州出席全国律师协会情形，上海律师公会所提各案除公证人法、因与立法院立法意旨，及美英公证法有所冲突、未得同情外，其余概已通过。[3]

8月19日，司法行政部作出批字第七九七号《批》致亚德米夫，认为：

具呈人亚德米夫：

呈，为吴兴司基执行公证人职务特行举发由。

呈悉，查公证事务须公证人始得为之。凡未经依法认为有公证人资格者，其一切公证行为均不能认为有效，仰即知照。此批。[4]

是年，为了利用合法身份掩护所从事的革命活动及维持一家人

1 司法行政部《批》(批字第三三一号)，《司法公报》第一百一十八号。原文无标点，为阅读方便，加现行标点符号。

2 《申报》1931年5月25日。

3 《申报》1931年6月14日。

4 司法行政部《批》(批字第七九七号)，《司法公报》第一百三十八号。原文无标点，为阅读方便，加现行标点符号。

的生活，中国共产党党员金剑啸[1]进入“东省特别区域地方法院所属公证事务所”（开办公证人为俄人）[2]当书记官。[3]据时任中共满洲省委宣传部干事姜椿芳[4]回忆：“这个所就设在中央大街上，他在那

1 原名金承栽，号培之。1910年生，中国共产党党员，1936年8月15日英勇就义。金剑啸：《金剑啸集》，黑龙江大学出版社2011年版，第2、291页。金伦：《怀念父亲——金剑啸》，《新文化史料》2002年第2期。

2 在哈尔滨当时共有两家“俄人”办的公证事务所。一家为“东省特别区域地方法院第一公证事务所”，其地址据有关地方志记载，为道里中央大街34号二层楼上，公证人为福特劳夫。笔者所见，该公证人中文名还有福多罗甫（此中文名为其公证人章上的中文名，又译为福多罗夫）。另一家为“东省特别区域地方法院第三公证事务所”，当时地址与公证人情况暂不详。该所于1921年11月1日开张，创办公证人为萨果维次（又译为沙果维赤、萨果维赤），因舞弊被停职，由伊作多夫接任。伊作多夫是否仍在原址办公不得而知。伊作多夫后因不法，该所被查封，又由萨果维次于1934年9月恢复开办，地址设在中国十一道街，开办时间似为1934年9月18日或1934年9月10日。（《第三公证事务所已恢复开办》，《时报》1934年9月19日）原报纸上所登开办时间似有文字错误。哈尔滨市地方志编纂委员会：《哈尔滨市志・公安司法行政》，黑龙江人民出版社1996年版，第330页。余推断，金剑啸可能在“东省特别区域地方法院第一公证事务所”工作。公证人的国籍是否属于苏联或无国籍人，待考。在作者所摘的查阅哈尔滨市档案馆笔记中，在以哈尔滨第三公证事务所1931年10月3日呈送的《九月份地亩登记事件表》中，还出现一位公证人名字，为李静山，惜漏记档案号。

3 金剑啸在公证事务所所任职务有书记官、中文录事、书记、书记员、文牍员、文书多种说法，本书据萧军1936年9月所写的《未完成的构图》中确定，据该文记载，金剑啸自述自己“我还是三等的书记官咧！”。萧军：《未完成的构图》，《中流》第一卷第六期（发表时作者萧军署名为：田军，金剑啸名字以k代替）。金剑啸：《金剑啸集》附录，黑龙江大学出版社2011年版，第247、120、237、260、283、288页。金伦：《怀念父亲——金剑啸》，《新文化史料》2002年第2期。金剑啸刚进入公证事务所时，可能没有担任书记官。具体任职情况，有待于进一步查证。

4 姜椿芳：《金剑啸与哈尔滨革命文艺活动》，金剑啸：《金剑啸集》附录，黑龙江大学出版社2011年版，第101页。据此页注①，姜椿芳，原中央编译局顾问，中国大百科全书出版社总编、翻译家，原中共满洲省委宣传部负责人。但据此文正文中称，那时省委没有宣传部长，由组织部长小李（党内名）何成湘同志暂兼，其任宣传部干事。同书第109—110页。

里专做抄写状子的工作。如果我临时有紧急的需要，可以不去约定碰头的地方见面，而直接在他办公的时间到公证所去看他。”[1]

1932年

3月9日，伪满洲国执政溥仪公布伪《国务院各部官制》，其中第五十四条、五十五条、五十七条分别规定：

第五十四条　司法部总长监督法院及检察厅掌理关于民事刑事非讼事件及其他司法行政事项。

第五十五条　司法部置左开三司

总务司

法务司

行刑司

第五十七条　法务司掌管左开事项

一　关于法院设置废止及管辖区域事项

二　关于民事刑事非讼事件及裁判事务事项

三　关于检察事务事项

四　关于户籍登记供托调停及公证事项[2]

6月20日至25日，伪满洲国司法部召开“全国司法会议”。[3]

1　姜椿芳：《金剑啸与哈尔滨革命文艺活动》，金剑啸：《金剑啸集》附录，黑龙江大学出版社2011年版，第110页。

2　伪满洲国《国务院各部官制》，《“满洲国”政府公报》第一号，李茂杰主编：《伪满洲国政府公报全编》第1册，线装书局2009年版，第45、51、52页。文中句号系遵出版体例增。

3　程义明、木村辰雄、查厚墒、姜金书、松尾信市：《全国司法会议记录》，发行所：伪满洲国司法部总务司，1932年9月10日发行，殷梦霞、邓咏秋选编：《民国司法史料汇编》第14册，国家图书馆出版社2011年版，第500—501页。

6月23日，伪满洲国司法部召开的“全国司法会议”议程中伪满洲国吉林高等法院院长富春田提出第三十九案“全国普及公证制度”案、伪满洲国特别区域高等法院院长陈克正提出第六十九案“全国应普设公证事务所”案、伪满洲国奉天高等法院院长于宗海提出（即席说明）第八十四案破产法强制执行法户籍法及公证人法应请立法机关制定颁行案。[1]

富春田提出第三十九案全“满洲国”应普及公证制度，认为：

按公证制度，在列国已行之久矣，即我国东省特别区域法院管辖范围以内，亦试办多年。其利益所及，不惟法院于处理案件上收迅速正确之效果，即一般社会亦感受极多之便利，至增加国库收入尤其。余事兹以东省特别区域公证章程为基础，试就公证制度之内容及全国应予施行之理由，分别略述如左：

查公证制度者，乃受法院委任监督之公证人，因当事人之请求就法律行为及其他关于私权之事件，制作之公证文书，或认证私证文书之行为也。晰言之公证人之任用，系由高等法院院长择有相当资格学识者委任之，并受执行职务所在地方法院院长之监督。其所执行之职务，则为依当事人之请求就一切法律行为及其他关于私权之事件，制作公证文书或认证私证文书。二种，更分别举例明之。如当事人两造在公证人前缔结某种买卖

1 程义明、木村辰雄、查厚堉、姜金书、松尾信市：《全国司法会议记录》，发行所：伪满洲国司法部总务司，1932年9月10日发行，殷梦霞、邓咏秋选编：《民国司法史料汇编》第14册，国家图书馆出版社2011年版，第532—535页。于宗海提议内容该书未记载。

或定购货物之契约，及向公证人请求催告义务人履行义务，或声明占有，由公证人制成公证文书，并予登载公证簿册之行为，皆属于前者。又如预立遗嘱，在公证人前签字，或就文书副本与原本核对相符，由公证人加以认证，则属于后者。

前述公证人依法所制作之公证文书，或所为之认证在诉讼上诉讼外，皆生极强固之证明效力。不惟在诉讼上每每繁剧争端，当此迎刃而解，即可节省调查证据之时间，又可减免无味争执之拖累。在当事人受益良多，固不仅法院处务捷便已也，并在诉讼外，凡一般人间契约之订定、履行、解除以及一切私权取得、变更、消灭、抛弃等，亦皆因公证制度之施行，权义益臻明了，诉讼因而减除。凡此种种，皆为东省特别区域试行公证以来所生最为显著之成绩，惜其施行区域较小，以致合省向隅。当兹万政更始，亟应颁行全国，普及各地。今值会议，谨陈管见，是否有当，统希，

钧裁。[1]

陈克正提出第六十九案，“全国”应普设公证事务所。

查公之证明，原为保障人民权利之必要事件。举凡不动产所有权之授受、各种文件之节录与副本，以及证明文据上之签押、期票支付之拒绝，并收藏文据、析产

1　程义明、木村辰雄、查厚堉、姜金书、松尾信市：《全国司法会议记录》，发行所：伪满洲国司法部总务司，1932年9月10日发行，殷梦霞、邓咏秋选编：《民国司法史料汇编》第14册，国家图书馆出版社2011年版，第675—676页。原文无标点，为阅读方便，加现行标点符号。

证书与夫当事人间缔结之契约及其他关于遗嘱、送达、代理权等项、票据或催告等项均可适用公之证明办法。然后权利始臻，确实且有公证以为确据，法院既可免调查之烦，而利于诉讼进行。即在司法收入上亦可借增若干款项。其足以对抗第三人者，益无待言。因此之故，公证事务所，在全国均应有设置之必要也。[1]

6 月 24 日，伪满洲国司法部召开的“全国司法会议”中第二十一号会员伪满洲国最高法院院长林棨作审查报告：

六月二十三日二时，经二十、十四、二十一、二十九、十五号会员开审查会并推二十一号[2]为主席，对于第三十九及第六十九之应普设公证事务所一案审查结果报告如下：

此案，经审查委员会审查认为，公证制度确保人民权利便利诉讼进行，且不需用国家经费，而能增加司法收入。既经特区法院办理有效，应请由部将特区法院之公证章程审定后，令行全国一体施行。

1　程义明、木村辰雄、查厚堉、姜金书、松尾信市：《全国司法会议记录》，发行所：伪满洲国司法部总务司，1932 年 9 月 10 日发行，殷梦霞、邓咏秋选编：《民国司法史料汇编》第 14 册，国家图书馆出版社 2011 年版，第 700—701、707 页。原文无标点，为阅读方便，加现行标点符号。

2　二十号指伪满洲国特别区高等法院院长陈克正，十四号指伪满洲国吉林高等法院院长富春田，二十一号指伪满洲国最高法院院长林棨，二十九号指姜金书，十五号指原野是男。姜金书、原野是男该书未录其职务。程义明、木村辰雄、查厚堉、姜金书、松尾信市：《全国司法会议记录》，发行所：伪满洲国司法部总务司，1932 年 9 月 10 日发行，殷梦霞、邓咏秋选编：《民国司法史料汇编》第 14 册，国家图书馆出版社 2011 年版，第 538—539 页。原文基本无标点，为阅读方便，加现行标点符号。

议长[1]咨询　对审查报告有无异议

多数称无异议

原案全文列下

对于第三十九案及第六十九之应普设公证事务所一案，审查结果报告如下：此案经审查委员会审查认为，公证制度确保人民权利便利诉讼进行，且不需用国家经费，而能增加司法收入。既经特区法院办理有效，应请由部将特区法院之公证章程审定后，令行全国一体施行。谨此报告。[2]

10月28日，国民政府公布《法院组织法》，其中第十条规定：

第十条　地方法院管辖事件如左

一　民事刑事第一审诉讼案件但法律别有规定者不在此限

二　非讼事件。[3]

12月31日，《司法行政公报》第二十三、二十四号合刊登载

1　指伪满洲国司法总长冯涵清。程义明、木村辰雄、查厚堉、姜金书、松尾信市：《全国司法会议记录》，发行所：伪满洲国司法部总务司，1932年9月10日发行，殷梦霞、邓咏秋选编：《民国司法史料汇编》第14册，国家图书馆出版社2011年版，第516、537页。

2　程义明、木村辰雄、查厚堉、姜金书、松尾信市：《全国司法会议记录》，发行所：伪满洲国司法部总务司，1932年9月10日发行，殷梦霞、邓咏秋选编：《民国司法史料汇编》第14册，国家图书馆出版社2011年版，第616—617页。原文无标点，为阅读方便，加现行标点符号。

3　国民政府《法院组织法》，《司法院公报》第四十四号。此处句号系遵出版体例增。

了《司法行政部二十一年工作报告二十二年工作计划概要》，在后编《来年工作计划部分》“戊实行公证制度”中，提出：

民事争执，在争执之两造曲直必有所归。徒以直者无由证其直，曲者遂得而争之，此诉讼所由起也。如行公证之制，使为法律行为者由此得一确实之证明方法，人不敢妄与之争，诈取攘夺皆莫能行。利用公证者多，则诉讼必大为减少，即成诉讼，法院亦易判断其曲直，迅速结案。方今东西各国几莫不采行斯制。我国惟东省特别区域，前此俄国人所设之法院曾办公证。我国收回后亦□行至今，本部现拟将此制度推行于全国，已编成公证法案，俟颁布后，即先由各繁盛商埠试办。[1]

是年左右，为适应党的工作与谋求生活，金剑啸辞去“东省特别区域地方法院所属公证事务所”工作。在哈尔滨道里十五道街创办天马广告社，掩护革命活动，培养美术人才，帮助贫苦青年。在公证事务所任职期间，金剑啸[2]为党报《满洲红旗》等报纸、抗日宣传品画“宣传东北抗日事迹和揭露敌伪反动行为的图画”，[3]受中共哈尔滨市委书记张贯一（即杨靖宇）同志指示，与中共哈尔滨市

1　司法行政部：《司法行政部二十一年工作报告二十二年工作计划概要》，《司法行政公报》第二十三、二十四号合刊。原文无标点，为阅读方便，加现行标点符号。

2　金剑啸于1932年春任中共哈尔滨西区区委宣传委员。金剑啸：《金剑啸集》前言，黑龙江大学出版社2011年版，第2页。

3　姜椿芳：《金剑啸与哈尔滨革命文艺活动》，金剑啸：《金剑啸集》附录，黑龙江大学出版社2011年版，第110页。《满洲红旗》原书误刊为《满州红旗》。

东区宣传委员罗烽接洽，共同创办秘密发行的反满抗日油印报纸，并团结了一些“左翼”文化人，开展北满的革命文艺运动。[1]

1933年

1月下旬左右，杨兆龙在《中华法学杂志》第四卷第一号上发表《公证制度之探源》，文章开题云：

> 按公证制度最初产生于欧洲。后世各国之制度。莫不渊源于此。故欲研究其沿革。当自探求其在欧洲之变迁入手。本篇所述。即以此为主旨。顾公证制度在英国之发展与在他国不同。其经过情形，别饶兴趣。殊有分述之必要。爰附论之。借明其梗概。[2]

3月6日，伪满洲国财政部、民政部发布训令令伪奉天、吉林省公署，称：

> 为令遵事案。查关于日本人之土地商租办理方法

1 关于金剑啸辞去公证事务所职务的具体时间，有待于进一步查证。本书采用刘树声、里栋所编的《金剑啸年谱》中的说法。刘树声、里栋编：《金剑啸年谱》，金剑啸：《金剑啸集》附录，黑龙江大学出版社2011年版，第288页。据时任哈尔滨《国际协报》编辑中共地下党员方未艾回忆，1933年夏，其由时任中共满洲省委委员金伯阳带领下，到中央大街的一家公证事务所里与金剑啸接头。据此金剑啸似乎此时又未离职。方未艾：《诗人画家金剑啸》，金剑啸：《金剑啸集》附录，黑龙江大学出版社2011年版，第122页。

2 杨兆龙：《公证制度之探源》，《中华法学杂志》第四卷第一号。原刊未载具体出版日期。其中第一一八页中载有纽约一月廿六日电，应为是日或之后所发行。

一案，业经于大同二年三月六日，以财政部民政部会同训令第四三五号令行在案。惟前案之宗旨，乃指对于正当利用人准其有商租权之意，至关于该商租权取得之目的等，应先由日本国领事馆与以证明，然后根据此项证明再加以审查办理。倘涉及稍大面积之商租契约，及大同元年三月一日以前所缔结契约之公证事项，应随时呈请民政部总长核示，再行办理，合亟令仰，该省公署遵照并转饬所属各市县一体遵照可也。此令。[1]

6月24日，北平市社会局局长蔡元作出批示致牟德彬：

批具呈人牟德彬　呈为订立公证遗嘱请予备案由

呈件均悉。所请系属人事登记部分，可报由该管警区核办。仰即知照，遗嘱、保结发还。此批。

附遗嘱保结各一件。[2]

12月，哈尔滨第五公证事务所开办，公证人为日本人平田圭介。[3]

是年，司法行政部草拟《公证人法草案》，共七章七十二条，分为：第一章总则、第二章任用及所属、第三章职务之通则、第四

1　伪满洲国财政部、民政部《训令》[伪满洲国财政部训令第五八号、伪满洲国民政部训令第一一〇号（地字四三六号）]，《“满洲国”政府公报》第一百零六号，李茂杰主编：《伪满洲国政府公报全编》第5册，线装书局2009年版，第169页。原文无标点，为阅读方便，加现行标点符号。文中“大同”系伪年号。

2　北平市社会局局长蔡元批示，《北平市市政公报》第二百零五期。原文无标点，为阅读方便，加现行标点符号。

3　《第三公证事务所已恢复开办》，《时报》1934年9月19日。

章公证书之作成、第五章私证书之认证、第六章代理及交替、第七章监督及惩戒。[1]

1934年

6月15日，上海市政府作出《批》第一八九〇号致余九皋，认为：

具呈人余九皋：

为试设公证事务所呈请备案由

呈件均悉。应俟，

中央核准再行呈候核办可也，此批。件姑存。[2]

9月14日，伪满洲国新京特别市公署发出第五一三号指令令韩子元，提出：

呈一件为准予撤销公证文契仰具领由

呈保均悉。据恳撤销公证文契等情到署，当经查核尚属可行，仰即来署具领可也。此令。[3]

9月19日，《时报》刊登《第三公证事务所已恢复开办》一文，报道称：

1　翁腾环编著：《公证法释义与实务》，商务印书馆1937年版，第420—439页。

2　上海市政府《批》（第一八九〇号），《上海市政府公报》第一百四十六期。原文仅有部分标点符号，为阅读方便，增加标点符号。

3　伪满洲国新京特别市公署《指令》（第五一三号），《新京特别市公报》第十八号。该指令编号旁小字书：行财字第一八七号。原文无标点，为阅读方便，加现行标点符号。

北满特区地方法院第三公证事务所，公证人伊作多夫，前用侵蚀当事人买卖房地价款国币一万元，至期不能交付，隐匿不见，经当事人在特区法院告发，当经法院将第三公证所查封，并将伊作多夫传押听候讯办，更扣其所交押金抵偿当事人等情，曾志前报，顷闻第三公证所查封后，司法当局以哈市原有公证所五处，供过于需多无事情可办，初意第三不再恢复，故对于第三公证所之善后事宜，责令第一公部所福□夫代为处理，□最初创办第三公证所之沙果维赤（亦系因舞弊停职始由伊作多夫接办）疏通当局继续开办，已经呈奉司法部批准事务所设在中国十一道街，于昨十日已开始办公矣。查哈市公证事宜第一公证事务所为旧俄人福多罗夫，第三亦系旧俄人，前为伊作多夫，现已改任沙果维赤，因哈俄侨向有公证知识，无论大小事均须公证，故第一每月办事约在一百五十件左右，售出印纸约二千元收入，手续费约一千四五百元，第三办事每月约二百件，售出印纸达三四千元入收，手续费约二千余元，第二公证所公证人为满人于廉基附在特区市商会内，因转移房地之公证手续，必须经过商会，故该公证所事业亦颇不恶，每日办事在百件以上售出印纸，约二千余圆，收入手续费，约一千四五百圆，第四公证所，公证人为满人池龙师，设立历史以浅，满人又多无公证知识，每月办事不过数十件，售出印纸一千圆左右，收入手续费，亦仅六七百元，至第五公所，公证人为日人平田圭介，上年十二月始行开办，因日人方面之借贷抵押房地转移，及其他必须公证等事，绝对的由该公证所，公证□所每月办事在七八十件，“多系大事”售出印纸达七八千元，收入手续费，约四千元左右，该所虽列第五，而其营业之发达却居第一云。[1]

11月26日，最高法院抗字第一二七三号民事判例要旨：

送达证书为公证书之一种，除有反对证据外应推定为真正。[2]

是年左右，张育海编《公证人法》讲义，为司法院法官训练所讲义。该讲义分第一章总论、第二章公证机关、第三章特别公证机关、第四章公证人执行职务之通则、第五章公证书之作成、第六章私证书之认证、第七章其他法令所规定之职务，另附有勘误表与公证人法草案。其中言：

夫诉讼之解决、法律上贵使当事人根据诉讼程序、能完全主张权利、而满足其要求、此不仅于诉讼法中规定当事人就其事实、有举真实证据之责任、并须讲求良法、于诉讼未发之前、使其权利有比较完全之保障、此无他、即当其法律关系成立之时、为确保权利之实行起见、不仅以一私人所作成之私证书为已足、更使有公的信任及公正担保之国家机关、参加于其间、此所以现代各国制定公证制度、设立公证人之特别机关、使担任证书之作成也、公证人所作成之证书、为公正证书、法律

1 《第三公证事务所已恢复开办》，《时报》1934年9月19日。

2 最高法院民事判例（二十三年十一月二十六日抗字第一二七三号），《法律评论》第十二卷第四十六期。原文无标点，为阅读方便，加现行标点符号。

上有公正之效力、关于证书之方式，应有严格的规定、欲维持其证书之信用及其效力、必使为公证人者、有相当学识与经验、并须有高尚之品行。[1]

1935年

2月1日，国民政府公布《中华民国民事诉讼法》，其中第三百五十二条、第三百五十八条分别规定：

第三百五十二条　公文书应提出其原本或经认证之缮本

私文书应提出其原本但仅因文书之效力或解释有争执者得提出缮本。

第三百五十八条　私文书经本人或其代理人签名画押盖章或按指印或有法院或公证人之认证者推定为真正。[2]

7月1日，根据国民政府5月10日《令》，《中华民国民事诉

1　张育海于1930年2月8日被司法行政部聘为法官训练所讲师，司法行政部聘书（公字第四三号），《司法公报》第五十九号。张育海编：《公证人法》，无出版日期，目录、第2、6页，笔者所见版本，为上海社会科学院图书馆藏本，线装一册，蓝色封面，书名在绵纸上书。原讲义没有出版日期。出版日期系笔者依据讲义内容等线索推断，将另行文专论之。张育海于1935年6月24日署江苏上海第一特区地方法院推事，1936年8月31日病故，《立报》报道其历任财政部司长、法官训练所教授等职，廉洁自矢，身后萧条。现由其生平至好集资，于9月6日下午五时，在海格路中国殡仪馆大殓。《立报》1936年9月1日。《司法公报》第五十号。

2　国民政府《中华民国民事诉讼法》，《司法公报》第二十一号。文中句号系遵出版体例增。

讼法》本日起施行。[1]

根据国民政府6月11日《令》，《法院组织法》本日起施行。[2]

7月26日，国民政府发出第五九二号训令令司法院，提出：

中央政治会议二十四年七月十九日函开，

“查前准委员兼司法院院长居正提议，拟试行公证制度，拟具施行公证制度原则草案及公证暂行规则草案，请公决一案，经交法制组审查。兹据报告审查结果，认为司法院所拟公证暂行规则，大体尚妥，经将文字酌加修正，拟请准予备案，暂行试办等语。复经本会议第四六六次会议决议，公证暂行规则，准予备案，试办期间暂定为二年。相应录案并抄同原提案及公证暂行规则函达，即希查照转饬司法院遵办”。

等由，准此，自应照办。除函复外，合行检发附抄原提案及公证暂行规则，令仰该院遵照办理。

此令。[3]

7月30日，司法院公布《公证暂行规则》，共第四十七条，其中第一条、第二条分别规定：

第一条　地方法院为办理公证事务设公证处，有必要时，得于管辖区域内适宜处所设公证分处。

第二条　公证事务，由司法行政部指定地方法院推事专办或兼办。

1　国民政府《令》，《司法公报》第四十号。

2　国民政府《令》，《司法公报》第四十七号。

3　国民政府《训令》第五九二号，《国民政府公报》第一八〇五号。

前项推事有事故时，地方法院院长得派其他推事代理。[1]

8月24日，司法行政部发出训字第四四〇三号训令令各省高等法院院长、上海江苏高等法院第二三分院院长，提出：

为令饬事，案奉

司法院本年八月一日第四九一号训令内开：

“案奉　国民政府本年七月二十六日第五九二号训令内开”：“案准　中央政治会议二十四年七月十九日函开：‘查前准委员兼司法院院长居正提议，拟试行公证制度，拟具施行公证制度原则草案。及公证暂行规则草案，请公决一案，经交法制组审查，兹据报告审查结果，认为司法院所拟公证暂行规则，大体尚妥，经将文字酌加修正，拟请准予备案，暂行试办。等语，复经本会议第四六六次会议决议，公证暂行规则，准予备案，试办期间暂定为二年。相应录案并抄同原提案及公证暂行规则函达，即希查照转饬司法院遵办’等由，准此，自应照办。除函复外，合行检发附抄原提案及公证暂行规则，令仰该院遵照办理。此令。”等因。奉此，除公证暂行规则另以院令公布外，合行抄发原附各件，令仰该部知照，并转饬所属一体知照。此令。

等因。抄发原提案及公证暂行规则各一件；奉此，除公证暂行规则施行日期及区域另令饬知外，合行抄发原附各件，令仰该院知照并转饬所属一体知照。此令。

1　司法院《公证暂行规则》，《司法公报》第五十七号。

计抄发原提案及公证暂行规则各一件。[1]

9月，伪满洲国司法部召开“第四次全国司法会议”。伪满洲国司法部民事司司长青木佐治彦言：

兹逢第四次全国司法会议开会，得与全国司法机关之首领会聚一堂，协议司法事务，实深庆幸。兹就民事司所管之事务简单言之。关于民事法规之制定，如民法、商法、民事诉讼法由参事官直接当其冲，其他法令应行制定或应行改正者不少，均在民事司起草中或准备起草中。提存法于本年九月一日，业已公布。此外，拍卖法现在法制局审议中，非讼事件法、商业登记法大略脱稿。再公证人法、司法代书人法等正在准备起草中。关于法院事务，如法院书记官执务规程、法院处务规程等亦将脱稿，以上法令之大部分均预定于法院组织法施行同时，或于法院组织法施行后公布施行之……[2]

伪满洲国辽阳地方法院提出提案《公证人制度应及早施行案》，提出：

查公证人制度，既可减少法院调查证据之烦，又可免除诉讼人延缠诉讼之累，实为有利无弊之良法。我国司法制度日见整备，此种良法，似有及早施行之必要。

1　司法行政部《训令》(训字第四四〇三号)，《司法公报》第六十二号。

2　伪满洲国《民事司长指示》，伪满洲国司法部总务司文书科编：《第四次全国司法会议记录》，伪满洲国司法部总务司文书科1935年12月发行，第28页。会议召开的具体时间暂未查找到。依前书第1、11页记载，该会议由伪满洲国司法大臣冯涵清主席，如因事缺席时，由伪满洲国司法部总务司长古田正武代行之。原文无标点，为阅读方便，加现行标点符号。

是否可行，应请公决。[1]

伪满洲国司法部民事司解答云：

部中赞成提案之趣旨。公证人制度，期在最近施行，所以已在审议中。[2]

11月，在司法院编印的《司法院工作报告》中言：

公证制度，在欧美日本，施行已久，收效甚宏。我国现行法律，以认公证制度为前提者，亦不乏其例。盖人民就其所为法律行为，或其他关于私权之事实，苟有确实证明之方法，则诉讼自必减少，即成诉讼，法院亦易判结。况公证书有时可为执行法上之债务名义，得据以径行声请强制执行，尤属便利。本院为杜息人民争端计，认为有试办公证制度之必要，爰于本年七月间，拟订施行公证制度原则，及公证暂行规则四十七条，提经中央政治会议核准备案，并决议试办期间暂定为二年。其办法，则参照日本及普鲁士成例，所有公证事务，概由地方法院推事办理，不另设公证人。并择规模较大之地方法院数处，先行试办，逐渐推广，其施行区域及施

1 伪满洲国辽阳地方法院：《公证人制度应及早施行案》，伪满洲国司法部总务司文书科编：《第四次全国司法会议记录》，伪满洲国司法部总务司文书科1935年12月发行，第88页。原提案中无标点符号，采用空格方式。为阅读方便，加现行标点符号。

2 伪满洲国《司法部民事司解答》，伪满洲国司法部总务司文书科编：《第四次全国司法会议记录》，伪满洲国司法部总务司文书科1935年12月发行，第88页。原解答中无标点符号，采用空格方式。为阅读方便，加现行标点符号。

行日期，则由司法行政部酌量各地方情形定之。[1]

12月，《山西省政府行政报告》中华民国二十四年十二月中记载：

一总纲。查各县田房交易公证费，照章除街村长副留支二分之一办公费外，其余二分之一交财政局备充地方公款之用。迭经令饬遵办，并由财政局列归县地方概算有案。

二进行情形。财政厅近查此项二分之一公证费，仍多由县府征存，既不按月报厅，亦未发交财政局保管，殊有未合。当由该厅饬于每届月终列表呈报备查，并将征起之款，照数发交财政局，备充地方公款以资应用。

三结论。前案已由该厅制定公证费收支月报表式，通令各县一体遵照办理。嗣后，款归实用，当不至有所朦混矣。[2]

1936年

2月1日，《现代司法》第一卷第五期发表宝道[3]的《对于公证

1　司法院编印：《司法院工作报告》，1935年11月，第20页。

2《山西省政府十二月份行政报告》，山西省政府秘书处编印：《山西省政府行政报告》民国二十四年十二月份，第十二页。原文无标点，为阅读方便，加现行标点符号。

3　即Padoux，Georges，法国人，1867年生，1889年毕业于巴黎大学。1890—1896年在法国外交部任职，1914年来华任北洋政府审计院顾问，1919年任司法部顾问，1928年后为国民政府司法部顾问。参见中国社会科学院近代史研究所翻译室：《近代来华外国人名辞典》，中国社会科学出版社1981年版，第370页。时任似为立法院顾问，1935年3月14日监察院《训令》(第五七四号)，《审计部公报》第四十九期。

暂行规则之意见》与司法行政部民事司审查意见，司法行政部民事司采纳了宝道的部分意见。其中宝道在文章中提出：

东西各国对于公证事项均极重视，故关于公证之规定，多由立法机关制定法律，而不以行政权之普通法令为之。

若依近代盛行之学说："凡可影响于国家在社会上及政治上生活条件之制度，惟有法律始得创造，"则公证处之设，似应由法律规定为妥。

民国二十年之约法及现在之宪法草案，对于立法院所制定之法律与各院部所为之法规，初无确定之范围，而现在宪法草案仅规定凡与法律发生冲突之法规，一概无效；今于公证暂行规则内，并不见任何与法律冲突之点，故公证处之组织可视为完全合法。然此种组织，若由法律规定，则对于人民，可更有权威矣。[1]

2月14日，司法行政部公布《公证暂行规则施行细则》《公证费用规则》，其中《公证费用规则》第一条规定：

第一条　公证费用应依本规则购贴司法印纸缴纳之。[2]

司法行政部发出训字第八零二号训令令首都地方法院院长、各省高等法院院长、江苏高等法院第二三分院院长，称：

查公证暂行规则施行细则，公证费用规则，业经本

1　宝道：《对于公证暂行规则之意见》、司法行政部民事司审查意见，《现代司法》第一卷第五期。

2　司法行政部《公证暂行规则施行细则》《公证费用规则》及公布之部令，《司法公报》第九十八号。文中句号系遵出版体例增。

部制定公布。除分令外合亟抄发原规则，令仰知照并转饬所属一体知照。此令。[1]

司法行政部发出训字第八零三号训令令首都地方法院院长、各省高等法院院长、江苏高等法院第二三分院院长，称：

查公证暂行规则施行细则，公证费用规则，业经本部制定公布，并通饬知照各在案。兹制定公证簿册，书，表格式二十五种，随文颁发。仰即知照并转饬所属一体知照。此令。[2]

司法行政部发出训字第八零四号训令令首都地方法院院长、各省高等法院院长、江苏高等法院第二三分院院长，称：

查公证暂行规则，业经司法院院令公布。所有公证暂行规则施行细则，公证费用规则，公证簿册，书，表格式，并经本部制定，公布，通饬知照在案。兹依公证暂行规则第四十七条之规定指定首都地方法院管辖区域为公证施行区域，于二十五年四月一日施行。其他各重要地区法院可试行公证制度者，准由各该院院长察酌情形，呈明办理。仰即知照并转饬所属一体知照。此令。[3]

2月21日，司法院发出指字第一一九号指令令司法行政部部长王用宾，提出：

本月十四日呈一件呈报指定首都地方法院管辖区域

1 司法行政部《训令》(训字第八零二号)，《司法公报》第九十八号。
2 司法行政部《训令》(训字第八零三号)，《司法公报》第九十八号。
3 司法行政部《训令》(训字第八零四号)，《司法公报》第九十八号。

为公证制度施行区域于二十五年四月一日施行请鉴核备案由

呈悉。准予备案。此令。[1]

司法院发出指字第一二零四号指令令司法行政部部长王用宾，提出：

本月十四日呈送公证暂行规则施行细则及公证费用规则请鉴核备案由

呈件均悉。应准备案。惟查公证费用规则第二条各款对于价额适满万元者，收费尚无规定，应将第六款内万元未满四字，修正为万元以下，以资衔接。仰即遵照。此令。[2]

3月1日，司法行政部出版委员会编辑的《现代司法》第一卷第六期刊登了多种域外公证法规译文，分别为：

张育海所译的《日本公证人法》(法律第五十三号明治四十一年四月十四日公布)，分为总则、任免及隶属、执行职务之通则、证书之作成、认证、代理兼任及交替、监督及惩戒七章与一个附则，共九十五条。其所译日本公证人法第一条、第二条和第三条分别规定：

第一条　公证人因当事人或其他关系人之嘱托就法律行为或其他关于私权之事实有作成公证书及认证私证书权限。

1　司法院《指令》(指字第一一九号)，《司法公报》第九十八号。指令文号存疑，与同日发出的文号数字相比少一位。

2　司法院《指令》(指字第一二零四号)，《司法公报》第九十八号。

第二条　公证人所作成文书非具备本法及其他法律所定要件无公正效力。

第三条　公证人非有正当理由不得拒绝嘱托。[1]

鲍文所译的《日本公证人公费规则》(明治四十二年六月二十八日敕令第百七十四号)，分为三十八条与一个附则；《附关于公证人公费增额令》(大正八年五月十二日敕令第百九十四号）分为五条与一个附则；《日本公证人法施行细则》(明治四十二年七月十二日司法省令第十四号)，分为三十二条与一个附则。[2]

张育海所译的《法国公证人法》[共和历十一年风月（一八〇三年二月）二十五日公布一九〇二年八月十二日一九二六年二月二十一日及一九二八年二月二十四日三次修正]，共分公证人与公证书、公证人之职务、现任公证人三章与一个总则。在译文前，译者言：

读法国公证人法，有应注意者二事：(一）该法系革命时代颁布，内中所有之官制官名，(如诉追陪审团、第一执政官等等）现今多已删改；(二）法国公证人，与其他法佐缺，亦如我国从前之房科书办，可以承继买卖；此盖沿袭古制，自革命至今，未能改革，实为司法上一大弊政。其所译法国公证人法第一条、第二条和第三条分别规定：

1　张育海译：《日本公证人法》，《现代司法》第一卷第六期。文中句号系遵出版体例增。

2　鲍文译：《日本公证人公费规则》《附关于公证人公费增额令》《日本公证人法施行细则》，《现代司法》第一卷第六期。

第一条　公证人系公吏，凡当事人应使或欲使其证书及约据有公证之效力者，公证人应接受其委托，为之制作证书及确定其书据之年月日并保存其原本与发给正本副本。

第二条　公证人系终身职。

第三条　公证人遇有请求，应执行其职务。[1]

洪钧培所译的《比利时公证人法》修正条款，涉及第一条、第五条、第九条、第十条、第十一条、第十二条、第二十八条、第三十一条、第三十六条。在译文前，译者言：

按比国公证人法原与法国公证人法完全相同，嗣经一九二二年及一九二七年两次修正。今法国公证人法全文既已译出，爰将其修正之各条，译之如左：

第一条　公证人为公务员，凡当事人应使或欲使其证书及约据有公证之效力者，公证人应接受其请求，为之制作公证书，及确定其年月日，并保存其原本与发给正本副本。

（一九二七年四月十六日补充）除公务机关之权利外，仅公证人有主持不动产、年金债权及抵押债权之拍卖。此项拍卖，须售与出价最高及最后增价投标之人。

……[2]

桂裕所译的《英国公证人法》，原文据桂裕云译自 Halsbury：The Laws of England（Vol.21），共分定义及

1　张育海译：《法国公证人法》，《现代司法》第一卷第六期。

2　洪钧培译：《比利时公证人法》修正条款，《现代司法》第一卷第六期。

历史、类别及任用、印花税及费用、声请之驳回、除名、职务、公证行为之证据力七节。其中第一节定义及历史言：

公证人系依法任用之官员，司理契据及其他文件之制作或认证（通常以官印行之），凡动产不动产之让与证书及关于坐落在英国境内或海外英领地或外国之动产不动产之授权书均包括之；关于票据行为之认证；遗嘱或关于遗嘱文件之草拟；关于航海及货运之海难证明书或其他正式文书之制作。

公证制度已有极悠远之历史，（注一）凡文明国家无不承认之，且在国际法上公证人之行为，不论在何地均有信用。

……[1]

张企泰所译的《德国关于公证法规》，选译了《德国联邦非讼事件法案》、《民法》、《商法》、《民事诉讼法》相关条文。译者在译文前言：

查德国施行公证制度，未有独立法典，其重要之规定，均胪列于联邦非讼事件法（一八九八年五月十八日所颁布）及民法第二二二九条至二三〇三条之中。此外散见于商法民事诉讼法及其他法典，足为补充者，亦尚不少。爰摘其有关系之条文，分别译载如左，以备参稽。至于公证制度之组成，作成证书之程序，以及证书形式费用等项，则由各邦立法者自行规定，彼此不无出入，兹亦不复缕述，尚希阅者谅之。

1　桂裕译：《英国公证人法》，《现代司法》第一卷第六期。

在张企泰所译的《德国联邦非讼事件法案》第十章裁判上证书及公证书第一六七条规定：

第一六七条　就法律行为作成裁判上证书，及裁判上就花押为认证者，由初级法院管辖。[1]就签名为公证者，除公证人外，由初级法院管辖。其依民法第一七一八条及第一七二零条第二项之规定，对于父子关系之认诺作成公证书时，亦同。父子关系之认诺在通知小儿出生时或在父母结婚时为之者，其证书之作成，并由作成出生或结婚证书之户籍官管辖。[2]

司法行政部出版委员会编辑的《现代司法》第一卷第六期刊登了《司法行政部二十四年份工作报告（附二十五年计划大纲）》，其中在《二十五年计划大纲》中提出：

（一）实行公证制度之筹备。本部自奉　司法院令颁发公证暂行规则后，除抄发原规则通饬所属遵照外，并草订实施公证制度计画五项计：

（甲）指定施行区域。拟先指定南京、上海、青岛、天津、汉口各市为公证制度施行区域。

（乙）指定施行日期。拟在二十五年二三月间，于上开各都市内同时开办。

（丙）制定各项规则。关于公证事务各项规则，如公证费用规则、公证暂行规则施行细则等，均已草订完竣。

1　笔者所见文本此处有“乚”符号，余计衍文，故删去。张企泰译：《德国关于公证法规》，《现代司法》第一卷第六期。

2　张企泰译：《德国关于公证法规》，《现代司法》第一卷第六期。

（丁）制定各项簿册书式。关于公证事务各项簿册书式，如公证书、认证书、公证书登记簿、认证簿、公证事件声请书、公证事件报告表等二十余种均已草订完竣。

（戊）编订《公证制度浅说》。因一般人民间无公证习惯，故拟编订《公证制度浅说》，对于公证利益、公证程序作最浅进之说明，期家喻而户晓。[1]

3月4日，司法行政部发出训字第一一二四号训令令首都地方法院院长、各省高等法院院长、江苏高等法院第二三分院院长，称：

查公证费用规则第二条第六款内“万元未满”四字，应修正为“万元以下”四字。除分令外，仰即遵照并转饬所属一体遵照。此令。[2]

3月24日，司法行政部发出指字第六六二二号指令令试署首都地方法院院长汪兆彭，称：

二十五年三月十六日呈字第六五三零号呈为奉令于四月一日实施公证本院筹备大概情形，先行报请鉴核由。

呈悉。此令。[3]

3月28日，国民政府发出第七零七号指令令司法院，提出：

---

1 《司法行政部二十四年份工作报告（续）》，《现代司法》第一卷第六期。原文中“划”与“画”混用。原文无标点，为阅读方便，加现行标点符号。

2 司法行政部《训令》（训字第一一二四号），《司法公报》第一百零一号。

3 司法行政部《指令》（指字第六六二二号），《司法公报》第一百二十三号。

二十五年三月二十一日第七八号呈一件，据司法行政部呈报公证暂行规则施行细则及公证费用规则，业经分别制定公布，请鉴核备案前来，除指令准予备案，并将该公证费用规则第二条酌予修正外，缮具是项施行细则及费用规则，转呈鉴核备案由。

呈件均悉。准予备案。附件存。此令。[1]

4月1日，首都地方法院成立公证处，这是南京市最早的公证机构。[2]

4月2日，首都地方法院向司法行政部呈报该院公证处于4月1日正式成立，请求该部备案。[3]

4月7日，司法行政部发出指字第七八九七号指令令试署首都地方法院院长汪兆彭，提出：

二十五年四月二日呈字第七一五一号呈报本院公证处于四月一日正式成立，请备案由

呈悉。准予备案。此令。[4]

4月9日，司法行政部发出指字第八零七零号指令令试署江苏高等法院院长朱树声，提出：

呈悉。依照公证费用规则征收之公证费，阅览费，抄录费，送达费，应概括称为公证费用，列收入计算书

1 国民政府《指令》(第七零七号)，《司法公报》第一百零五号。

2 南京市地方志编纂委员会编：《南京司法行政志》，方志出版社2000年版，第129页。

3 司法行政部《指令》(指字第七八九七号)中记载，《司法公报》第一百二十三号。

4 司法行政部《指令》(指字第七八九七号)，《司法公报》第一百二十三号。

“国家行政收入”项下第一目第八节，（参看本部颁发收入计算书登记实例）原有第八节至第十二节，递改为第九节至第十三节。仰即转饬知照。此令。[1]

4月16日，司法行政部发出指字第八七零三号指令令福建高等法院院长童杭时，提出：

二十五年三月三十日呈字第八一一号呈据闽侯地方法院呈，拟于本年七月一日试办公证制度，转请鉴核令遵由。

呈悉。准如所拟办理。该地院办理公证事务之推事，应由该高等法院就原院人员内，遴员请派。仰即知照。此令。[2]

5月21日，司法行政部发出指字第一一八零五号指令令江苏高等法院院长朱树声，提出：

二十五年五月八日呈字第一七二三号呈报吴县地院拟自本年七月一日起试行公证制度，仰祈鉴核令遵由。

呈悉。查该地方法院所请自本年七月一日起，试办公证一节，尚属可行，应准如拟办理。其办理公证事务之推事，应由该高等法院就原院人员内，遴员请派。仰即知照。此令。[3]

1　司法行政部《指令》（指字第八零七零号），《司法公报》第一百零九号。

2　司法行政部《指令》（指字第八七零三号），《司法公报》第一百二十三号。原刊中指字第八七零三号印为指第字八七零三号。

3　司法行政部《指令》（指字第一一八零五号），《司法公报》第一百二十三号。

5月27日，司法行政部发出指字第一二三零零号指令令江西高等法院，提出：

二十五年五月十五日呈字第一一二三号呈为拟于本年六月一日为南昌地方法院施行公证日期，并请派陈心一办理该院公证事务，敬祈鉴核示遵由。

呈悉。准如所拟办理。此令。[1]

6月22日，司法行政部发出指字第一四四三一号指令令署江苏高等法院第二分院院长徐维震，其中提出：

呈及履历均悉。上海第一特区地方法院核准添设推事员缺，准以倪徵𣆀派署，并指定该员办理该地院公证事务。[2]

6月24日，江苏高等法院第二分院发出字第九七四四号训令令地院：

奉部令，准派倪徵𣆀署上海一特区地院推事，并指定办理公证事务由。[3]

---

1 司法行政部《指令》(指字第一二三零零号)，《司法公报》第一百二十三号，发文时间印为“民国二十五年五年二十七日”，据文意改。

2 司法行政部《指令》(指字第一四四三一号)，上海市档案馆Q181-1-589档案。

3 江苏高等法院第二分院《训令》(字第九七四四号)，上海市档案馆Q181-1-589档案。原文无标点，为阅读方便，加现行标点符号。倪徵𣆀(1906—2003)，中国当代国际法学家，东吴大学法学学士、美国斯坦福大学法学博士，新中国成立后曾任外交部条约法律司顾问、外交部法律顾问、联合国国际法委员会委员、联合国国际法院法官等职。摘自《淡泊从容莅海牙（增订版）》一书作者简介，倪徵𣆀：《淡泊从容莅海牙（增订版）》，北京大学出版社2015年版，作者简介。

7月3日，司法行政部部长王用宾向司法院院长居正呈送《司法行政部最近六个月工作报告（二十四年十一月起至二十五年六月止）》，其中报告了首都地方法院施行公证制度经过及武昌、汉口、南昌、闽侯、吴县地方法院筹备施行公证制度情形。据该报告记载，首都地方法院即由庭长闻人植、推事赵洪昌兼办公证事务，公证处地点设在该院登记处原址。李舜钦兼充武昌地方法院公证处推事，罗国昌兼充汉口地方法院公证处推事，南昌地方法院候补推事陈心一兼充该院公证处推事，闽侯地方法院庭长余高坚兼充该院公证处推事，吴县地方法院候补推事宣茂禾兼充该院公证处推事。[1]

7月22日，江苏上海地方法院发出布告，于院内设公证处，自本年8月1日起开始办公，并粘附公证制度浅说一份。在《公证制度浅说》中言：

> 公证制度，乃规定人民对于法律行为，或其他关于私权之事实，因请求法院公证处推事，作成公证书，或认证私证书，得有官厅公证力之良善制度也，兹将公证制度之利益，及程序，略述如左……[2]

7月，中央统计处所编的《中国国民党指导下之政治成绩统计》二十五年七月记载：

> 查公证制度既便人民，又可减少诉讼事件，东西各国行之已久，收效宏著……本月份成立者，计有吴县、

1 王用宾《司法行政部最近六个月工作报告（二十四年十一月起至二十五年六月止）》，《现代司法》第一卷第十一期。

2 江苏上海地方法院《布告》及《公证制度浅说》（廿五年度公字第一号），《航业月刊》第四卷第一期。

闽侯、厦门等三地方法院；呈准设立者，有上海地方法院及上海第一、第二两特区地方法院等三处。[1]

8月5日，伪满洲国哈尔滨地方法院院长查贵阳刊登《催告有权人声明之件》，称：

本院所属公证人平田圭介，因退职发还身元保证金。对该保证金有权利者，应于康德四年二月十五日止，向本院声明是荷。[2]

8月6日，司法行政部发出训字第三九四四号训令令（福建除外）首都地方法院院长、各省高等法院院长、江苏高等法院第二三分院院长，令云：

案据福建高等法院二十五年七月二十三日呈字第六二号呈称：

“窃于本月十四日据试署闽侯地方法院院长左赋才二十五年七月十四日呈字第六一号呈称：‘窃以公证制度，在吾国系属创设，欲使一般人民采用公证程序，愿意缴纳公证费用，其经过手续，非力图请求人各种便利，不易发达。查推事作成公证书及认证私证书，如不认识请求人时，依照公证暂行规则第十七条规定，虽得命请求人提出该管区长或商会警察署长之证明书或以推

1 中央统计处编：《中国国民党指导下之政治成绩统计》二十五年七月，第111页。

2 伪满洲国《政府公报》第七百四十一号，1936年9月5日。因刊登时间已经过1个月，余计《催告有权人声明之件》之前已经通过其他方式刊登。为存历史原貌，正文所录仍存伪康德年号。伪康德四年二月十五日，即1937年2月15日。原文无标点，为阅读方便，加现行标点符号。

事所认识之证人二人证明其实系本人以为弥补之方法，但当地请求人直接向上列机关请给证明书，须费若干时间，多感不便，如未能即时提出证明书，拟由本院函达上列各机关查复属实，该复函即视为证明书。又请求人觅与推事认识之证人二人证明，除以金钱延聘律师证明外，殊属不易，如遇有此种困难，拟由本院派员两人查报实系本人，亦即认为有证明效力，以免请求人时间经济有一不便之缺憾，而期公证制度推行无碍，是否有当？理合备文呈请察核，俯请转赐核示只遵’等情；据此，理合具文转呈鉴核，指令只遵”等情；据此，查所拟办法，尚属可行，应准如拟办理，除分令外，合亟令仰知照（并转饬所属一体知照）。此令。[1]

司法行政部发出指字第一七八八号指令令福建高等法院，令云：

二十五年七月二十三日，呈字第六二号呈一件，转呈闽侯地方法院所拟公证暂行规则第十七条变通办法请核示由，呈悉。准如所拟办理。此令。[2]

8月13日，司法行政部发出训字第四零七二号训令令首都地方法院院长、各省高等法院院长、江苏高等法院第二三分院院长，称：

查本部所颁公证簿册书表格式内之文句，有应修改

1　司法行政部《训令》（训字第三九四四号），《司法公报》第一百三十二号，原刊中“首都地方法院”误刊为“首部地方法院”。

2　司法行政部《指令》（指字第一七八八号），谢冠生：《战时司法纪要》，十二推行公证提存等制度，第4页。该书无出版信息，谢冠生自序时间为1948年1月17日。原文无标点，为阅读方便，加现行标点符号。

之处，合亟抄发修正表一纸，令仰知照并转饬所属一体知照。此令。

在司法行政部抄发的《公证簿册书表格式修正表》中声请公证文件收据存根簿中“某某地院公证员　某某”修正为“某某地院公证处。书记官　某某”。[1]

9月1日，上海出版的英文报纸《字林西报》(《The NORTH-CHINA DAILY NEWS》）上发表了《英译公证规则》(《ENGLISH TRANSLATION OF NOTARY REGULAIONS》）一文，称：

For the convenience of foreign residents and business men who may desire to utilize the newy enforced notary system，the Notary Office of the Shanghai First Special District Court has made an English translation of the Provisional Regulations relating to Notaries，the rules for the enforcement of these regulations，and the Regulations Governing Notarial Costs. Copies of the translation may be obtained at the Notary Office，191 North Chekiang Road，at ten cents a copy. The Chinese text with notarial formulae is also available at five cents a copy.[2]

9月13日，《法律评论》第六百七十期上发表了张蔚然《公证行为》一文，其中作者认为：

1　司法行政部《训令》(训字第四零七二号),《司法公报》第一百三十三号。

2《英译公证规则》(《ENGLISH TRANSLATION OF NOTARY REGULAIONS》),《字林西报》(《The NORTH-CHINA DAILY NEWS》) 1936年9月1日。

公证行为者，乃证明特定法律事实存在之国家行为也。例如各种登记登录，即系其中之最显著者。公证行为其与私法上之法律行为有关联者，乃法律行为为司法权与行政权所证明之者。在这种情形之下，此种公的证明，究如何影响于法律行为之效力，斯即吾人现时所讨论之问题也。[1]

9月，王中任编著的《公证制度》一书由上海人事公司发行，该书分总论、公证书之作成、私证书之认证和附录四个部分，该书认为：

公证制度就是规定人民对于法律行为，或其他关于私权的事实，因请求法院公证处推事，作成公证书或认证私证书，得有官厅公证力的良善制度。[2]

10月1日，司法院院长居正在《中华法学杂志》新编第一卷第二号发表《二十五年来司法之回顾与展望》。其中言：

公证制度，曾于九年施行于哈尔滨，惟以后并未推行。廿四年由司法院公布公证暂行规则，先在南京，汉口，武昌，吴县，闽侯，厦门等处试办。[3]

10月16日，《申报》刊登了新闻《公证要览表》，云：

上海第一特区地方法院、自本年八月一日成立公证

1 张蔚然：《公证行为》，《法律评论》第六百七十期。

2 王中任编著：《公证制度》，上海人事公司发行，1936年版，第1页。

3 居正：《二十五年来司法之回顾与展望》，《中华法学杂志》新编第一卷第二号。

处以来、前往请求公证者虽众、但因此制属初创、请求人容有未明手续、致感困难、该院当局为便利一般人民起见、特印制公证要览表、将吾国现行关于公证法令、就公证机关之组织、请求公证之程序等等、分列项目，提纲挈领、编制成表，以期阅者一目了然、闻现已印就略收工本费与公证规则、一并在该院公证收件处发售云。[1]

10月，平衡律师编纂的《公证规则释义》一书由上海中央书店出版。该书提出：

又公证制度。关系甚重。以严格之法律言。应依法律标准制定法。由国民政府交由立法院三读会之程序通过。经国民政府公布。定名曰公证法。以资国民永久遵守。然尚在试行时代。其成效如何。颇不易逆睹。而立法稍一疏虞。即将贻误全局。以故先由司法院参酌各先进国成规。公布此公证暂行规则。以资过渡。一俟施行稍久。即当制定正式法规。[2]

11月1日，伪满洲帝国警察研究学会主编的《最新袖珍法律辞典》发行，其中对公证、公证书、公证人等词，分别作如下释义：

公证　官吏公吏依其职务权限，以公定力证明特定之法律关系，或法律事实之行为也。

1 《公证要览表》，《申报》1936年10月16日。原文为顿号，遵出版体例改为句号。

2 平衡编纂：《公证规则释义》，上海中央书店1936年版，第3页。

公证书　证书之一，对于私证书而言，系以书状制作人为标准而区分之。公证书一称公正证书，即官署，或由制作一定证书之职权之官吏，按照法定程式，在其职权内所制作之书状也。此种证书，有完全之证据力。其具备要件，（1）由官吏，或官公署。（2）在其权限内。（3）依照法定程式作成之文书。即应认为公证书，有完全之证据力。外国官公吏，或官公署所作成之文书，苟系具备此三要件者，亦应以公证书论。

公证人　应当事人或其他关系人之嘱托，以作成关于民事之公正证书为职务之司法制度之补助机关也。立于司法机关监督之下，办理诉讼事件，我国公证人规则，尚附缺如。[1]

12月12日，《法律评论》第十四卷第八期发表姚镇甲的《对于公证暂行规则中证明人规定之评议》一文，认为：

愚意证明人之限制，勿须过于严格……兹拟法文如下：

“请求人如为推事所不认识时，应使其提出该管区长或商会或警察署长，或殷实店铺二家或在管辖区内执行职务之律师二人之证明书，或由推事认识之二人，或由法院派员二人调查具报，证明其实系本人。”[2]

1　伪满洲帝国警察研究学会主编：《最新袖珍法律辞典》1936年11月1日发行，第45、48、49页。该书由益智书店总发行。

2　姚镇甲：《对于公证暂行规则中证明人规定之评议》，《法律评论》第十四卷第八期。

1937年

2月，中华民国法学会主编的《中华法学杂志》新编第一卷第五、六号合刊《中国司法制度专号》，刊登了翁腾环于同月十一日写成的《改良公证制度之我见》一文，该文对1935年7月30日司法院公布的《公证暂行规则》及1936年2月14日司法行政部公布的《公证暂行规则施行细则》《公证费用规则》共提出二十二个方面修改意见，分别为：

（一）增订公证推事应负指示义务……

（二）增订乡镇长及律师得为证明请求人为本人，或由公证处以职权派员调查……

（三）增订公证推事，非有特别情事不得随时调动……

（四）增订公证处应设代书人员，为请求人代书声请书……

（五）增订扩充法定公证程序……

（六）增订无公证书之效力时，如具有其他条件，有私证书之效力……

（七）增订推事作成之公证书，应以正本交付于请求人……

（八）增订关于证明为本人，遇有急迫情形时，得于证书作成后一定期间内补正之……

（九）增订应行保存文件，编成卷宗……

（十）增订作成之公证书，同时得译成外国文……

（十一）增订公证处职员，于经办事件，得请求人之同意者，免守秘密义务……

（十二）增订遗嘱不得请求阅览交付缮本……

（十三）增订公证推事，应将管辖区域内之破产人及禁治产人姓名列表陈列于公证处……

（十四）增订拒绝请求之程序及请求书之程式……

（十五）增订驳回抗议处分书之程式。

（十六）增订本规则第四十条第二款下，应加请求交付人之姓名等字样……

（十七）增订本规则第二十五条第五款下，应加固有急迫情形，而未曾证明其实系本人者，其事由等字样……

（十八）删除本规则第二条第一项之兼办两字……

（十九）删除本规则第三十五条至第三十八条之规定……

（二十）删除本规则第四十四条第三项之第十四条及第四项等字样……

（廿一）修正本规则第十七条第二项之规定……

（廿二）修正本规则第三十一条再作成之正本之正本两字，改为誊本第字。[1]

2月，翁腾环编著的《公证法释义与实务》一书，由商务印书馆出版。该书正文分为绪论与本论两个部分，另有附录。绪论分为第一章公证之意义、第二章公证法之意义、第三章公证法之性质、第四章公证法之沿革。本论分为第一章总则、第二章公证书之作

1　翁腾环:《改良公证制度之我见》,《中华法学杂志》新编第一卷第五六号合刊《中国司法制度专号》。原文把司法院公布的《公证暂行规则》的时间误印为民国二十四年七月三十一日。

成、第三章私证书之认证。附录收录了公证暂行规则施行细则、公证费用规则、作成公证书之实例、认证私证书之实例、国民政府训令、委员兼司法院院长居正提议施行公证制度案、公证人法草案（民国十九年司法院草拟）、公证人法草案（民国二十二年司法行政部草拟）、公证暂行规则英译（司法行政部译）、公证暂行规则施行细则英译（司法行政部译）、公证费用规则英译（司法行政部译）。该书对公证的定义如此表述：

"公证"一语，英称Public registor，法称Nataise，德称Notariat，意称Registro Pu blico。其意义若何？学者间迄无定论，兹就管见所及，试拟其定义如下，"公证者，因保护私权，依国家权力，证明特定之法律行为或其他关于私权事实之法律制度也"。[1]

3月，"满铁产业部"编《满洲国不动产权利公证制度（法规上）》、《满洲国不动产权利公证制度（法规下）》一书，共二册。[2]

5月18日，司法行政部发出训字第二九七九号训令，令各省高等法院院长、江苏高等法院第二三分院院长，认为：

查公证制度。自去岁实施以来，其成绩虽已显著。惟因多数法院尚未开办公证，多数人民尚未明了公证之利益，亟应因势利导俾臻发达。此后该高等法/[3]分院，

1 翁腾环编著：《公证法释义与实务》，商务印书馆1937年版，第1页。

2 "满铁产业部"编：《满洲国不动产权利公证制度（法规上）》、《满洲国不动产权利公证制度（法规下）》，1937年3月，该书无出版信息，据内页记载印100，疑为印100部。

3 此符号系作者添，原文系左右排印。司法行政部《训令》（训字第二九七九号），《司法公报》第一百八十八号。

对于已开办公证之法院，应令其设法劝导，使一般人民咸知公证之利益，对于未开办公证之法院，应按照各地人民经济情况，拟定次第实施公证之计划，呈准施行，以期推广。而收保证私权，清理讼源之效。除分令外，合亟令仰遵照。此令。[1]

5月24日，司法行政部发出训字第三二四八号令，令首都地方法院，江苏、浙江、江西、湖北、福建、山东高等法院，江苏高等法院第二、三分院：

案据湖北高等法院二十六年四月三十日文字第一七六零号呈称。

“依照公证暂行规则施行细则第七条规定，增设公证检查簿，连同簿册式样，请鉴核”等情；并附簿式一份到部。查所拟各节，尚属可行，除分令外，合亟抄发原呈件，令仰遵照（并转饬所属办理公证各法院一体遵照）。此令。[2]

5月29日，《申报》刊登新闻《地方法院成立公证处　又设言词起诉处》，称：

上海地方法院遵照部令、成立公证处及言词起诉处、凡有证据上欲求预为发生效力、则向公证处登记、如民刑事诉讼、原告及自诉人因事体紧急、例如扭诉各

1　司法行政部《训令》（训字第二九七九号），《司法公报》第一百八十八号。

2　司法行政部《训令》（训字第三二四八号），《司法公报》第一百九十号。

情、则径向言词起诉处声诉、其办公处即在进法院二重门之口、依部章应各置推事一员、专责办理、是以卢益美院长特调刑庭推事李学灯专办公证事宜、推事邵钦植专办言词起诉事宜、所有递补刑庭推事两缺、则另派推事陈敬译等接替、临已分别视事也。[1]

6月2日，《法令周刊》第三六〇期刊登《沪地院设公证及言词起诉处》法讯，文云：

上海地方法院。自卢益美氏长院后。对于院务。多所改进，最近又设立公证处及言词起诉处。公证处事务委由推事李学灯推事主持言词起诉处。则委由邵钦植推事主持。以期便民云。[2]

6月17日，伪满洲国皇帝溥仪公布民法第一编、第二编、第三编，该法第一百五十五条、一百五十七条分别规定：

第一百五十五条　左列债权因五年间不行使而其消灭时效完成。

……

1 《地方法院成立公证处　又设言词起诉处》，《申报》1937年5月29日。

2 《沪地院设公证及言词起诉处》，《法令周刊》第三百六十期。李学灯，字炳南，江苏阜宁人，1944年任最高法院推事，1945年任贵州高等法院首席检察官，1946年任贵州高等法院院长，去台湾地区后，曾任“台湾高等法院院长”、“司法院”大法官等职。出生年有1910年或1911年二说。参见刘国铭主编：《中国国民党百年人物全书》（上），团结出版社2005年版，第874页。张豫光：《大法官李学灯先生》，滨海县政协文史工作委员会：《滨海文史资料》第3辑，1993年2月编，第42页。后者云李学灯系1910年出生。

四　对于律师、辨理士及公证人求关于其职务所交付之书类之返还之债权。

五　关于律师、辨理士及公证人之职务之债权。

……

第一百五十七条　因确定判决所确定之债权虽定短期之消灭时效者然因二十年间不行使而其消灭时效完成依破产手续所确定之债权并基于裁判上之和解、调停及公正证书之债权亦同

利息、扶养费、薪金、赁贷费其他以一年以内期间所定之定期给付之债权而其给付时期未到来者不适用前项之规定。[1]

6月21日下午四时，江苏上海第一特区地方法院在该院会客室举行年终会议，决定所有公证事件均由查推事良鉴办理，[2] 据此倪徵■不再办理公证事件。

6月22日，《申报》刊登新闻《地方法院推事迁调》，称：

上海地方法院前刑庭推事李学灯、邵钦植、曾经卢

1　伪满洲国《民法第一编第二编第三编》，1937年6月17日《政府公报号外》，李茂杰主编：《伪满洲国政府公报全编（全一百六十三册）》第44册，线装书局2009年版，第441—442页。该《政府公报号外》未载敕令编号。文中句号系遵出版体例增。

2　《江苏上海第一特区地方法院年终会议记录》，上海市档案馆Q180-1-5档案。查良鉴，1905年生，1994年去世，曾任江苏上海第一特区地方法院推事、司法行政部参事、重庆实验地方法院院长兼东吴大学法律系主任、上海地方法院院长等职，上海解放前夕去台湾。参见《上海审判志》编纂委员会编：《上海审判志》，上海社会科学院出版社2003年版，第489页。

院长调为公证处、及言词起诉处法官、现李学灯已奉调至民庭任推事、而邵钦植则奉部令调浙江吴兴地方法院检察官、所遗公证处及言词起诉处两缺、现调前书记官长黄观效兼任云。[1]

6月30日，伪满洲国皇帝溥仪公布《民事诉讼法》，该法第二百四十二条规定：

第二百四十二条　于左列情形证人得拒绝证言

一　第二百三十四条及第二百三十五条之情形

二　医师、齿科医师、药师、药商、助产士、律师、辨理士、辩护人、公证人、在宗教或□祀之职之人或曾在此等之职之人就职务上所知之事实应守□秘而受讯问者

三　关于技术或职业之秘密事项受讯问者

前项规定于证人被免□秘之义务者不适用之。[2]

伪满洲国皇帝溥仪公布《强制执行法》，该法第二条规定：

第二条　左列者为执行名义

……

七、公证人于其权限内依成规之方式所作之证书但限于就以金钱其他之代替物或有价证券之一定数量

1　《地方法院推事迁调》，《申报》1937年6月22日。

2　伪满洲国《民事诉讼法》，1937年6月30日《政府公报号外》，李茂杰主编：《伪满洲国政府公报全编（全一百六十三册）》第45册，线装书局2009年版，第361、387页。该《政府公报号外》未载敕令编号。文中句号系遵出版体例增。

之给付为标的之请求所作之证书而记载即可受强制执行者。[1]

6月，倪徵𣋉在东吴法学院出版的英文版《法学季刊》(《CHINA LAW REVIEW》) 十卷一期上发表文章《中国今日之公证制度》(《THE PRESENT SYSTEM OF NOTARIES IN CHINA》)，文中最后写道：

The present system of notaries, as has been carried out thus far, does not seem to import any definite evil. But an anomalous situation will arise when a notarial act drawn by and executed before a judge of the notary office is later adjudged by another judge of the same court to be void because it is found that the parties had made a fictitious declaration of intention under collusion and such juristic act is void according to Article 87 of the Civil Code. Furthermore, a notary usually acts in an advisory capacity, whereas a judge should always be reticent and self-reposed. The functions of the two are entirely incongruous. The requirement that an applicant unknown to the judge of the notary office should produce certificates of two witnesses known to the judge to prove the applicant's identity is extremely cumbersome and inconvenient. As judicial officials are restricted in their social intercourse with the general public, the applicant will be at a loss to find who are the persons qualified to sign the certificate for the proof of his identity. In some countries, judges

1 伪满洲国《强制执行法》，1937年6月30日《政府公报号外》，李茂杰主编：《伪满洲国政府公报全编（全一百六十三册）》第45册，线装书局2009年版，第408—409页。该《政府公报号外》未载敕令编号。文中句号系遵出版体例增。

are not allowed to act concurrently as notaries, and such prohibition is expressly provided in the laws relating to notaries. These countries include France, French Morocco, Italy, District of Columbia, in U.S.A., etc. If any change is to be introduced in regard to the notarial system in China, the best and most urgent reform is to separate the notary office from the court and to select the best qualified men for the service.

For the actual working of the notarial system, reference should be made to the Provisional Regulations Relating to Notaries, Rules for the Enforcement of the Provisional Regulations Relating to Notaries, and Regulations Relating to Notarial Costs, printed in Vol.IX, NO.2, September, 1936, of the China Law Review.[1]

7月，中国文化建设协会编辑的《十年来的中国》中收录了司法院院长居正的《十年来的中国司法界》一文，共分十部分和一个结论，在其“三、法典之颁布”中居正提出：

> 关于非讼事件者，则有公证暂行规则，于二十四年七月公布，二十五年四月分区施行。又有提存法，于二十六年一月公布施行。公证制度及提存制度，在他国行之已久，而在我国，则为创举。[2]

1　倪徵𣋉：《中国今日之公证制度》(《THE PRESENT SYSTEM OF NOTARIES IN CHINA》)，《法学季刊》(《CHINA LAW REVIEW》)，1937年6月。据1937年7月5日《申报》介绍，此文译成中文为《中国今日之公证制度》，载英文版《法学季刊》十卷一期。

2　居正：《十年来的中国司法界》，中国文化建设协会编辑：《十年来的中国》，商务印书馆1937年版，第76—77页。

9月16日，司法行政部发出训字第五七八二号训令，令首都地方法院院长，各省高等法院院长，江苏高等法院第二、三分院院长，提出：

案据湖北高等法院呈略称：

“如推事不认识请求人时，只须提出该请求人之本保联保主任或保长签名盖章，并加盖图记之证明书，即认为有证明效力，或则请求人邀同本保联保主任或保甲长亲来公证处，签名盖章，证明该请求人实系本人，亦即认为具备法定条件，是否可行。请鉴核。”等情；据此，查推事作成公证书及认证私证书，如不认识请求人时，除依公证暂行规则第十七条规定及本部二十五年八月六日第三九四四号所定办法外，应准依照湖北高院所拟变通办法办理，其经同业公会会长，警察局所官长证明者亦同。除分令外。合亟抄发原呈，令仰知照并转饬所属一体知照。此令。[1]

司法行政部发出指字第二二三九九号指令令湖北高等法院，令云：

……

呈悉。推事作成公证书及认证私证书，如不认识请求人时，除依公证暂行规则第十七条规定，及本部二十五年八月六日第三九四四号训令所定办法外，准如所拟办理。其经同业公会会长、警察局所官长证明者，

1　司法行政部《训令》(训字第五七八二号)，《司法公报》第二百十八号。

亦同。仰即知照，并转饬所属一体知照。此令。[1]

11月25日，伪满洲国皇帝溥仪发布第三一二号敕令，公布《强制执行法施行法》。该法第二条规定：

第二条　法院依公证法规定所作之证书有与强制执行法第二条第七款之执行名义同一之效力但就以金钱其他之代替物或有价证券之一定数量之给付为目的之请求所作之证书而记载可即受强制执行者为限。[2]

11月29日，伪满洲国皇帝溥仪发布第三百三十九号敕令，公布《公证法》，该法第一条、第三条、第四十九条分别规定如下：

第一条　就法律行为其他关于私权之事实之公正证书之作成及私署证书之认证由区法院管辖之。

第三条　法院得使其所属之执行官或书记官处理公证事务。

第四十九条　依从前之规定公证人所作成公正证书之原本、附属书类及账簿须于本法施行后迅速移交于管辖公证人事务所所在地之区法院。[3]

1　司法行政部《指令》(指字第二二三九九号)，谢冠生：《战时司法纪要》，十二推行公证提存等制度，第4页。该书无出版信息，谢冠生自序时间为1948年1月17日。原文无标点，为阅读方便，加现行标点符号。

2　伪满洲国《强制执行法施行法》，“满洲司法协会”编纂《满文新制定满洲帝国六法　最新考案加除式》，“满洲司法协会”1941年1月10日三版发行，第54页。文中句号系遵出版体例增。

3　伪满洲国《公证法》，《政府公报》第一千一百号，李茂杰主编：《伪满洲国政府公报全编（全一百六十三册）》第54册，线装书局2009年版，第33—39页。文中句号系遵出版体例增。

伪满洲国皇帝溥仪发布第三百四十号敕令，公布《公证手数料规则》。[1]

12月1日，伪满洲国《公证法》《民事诉讼法》《强制执行法》《强制执行法施行法》施行。[2]

依据当年日本天皇第七〇二号敕令发布的《关东州公证人令》规定：办理公证的机关由原来的“民政署”“民政支署”改为“地方法院”；办理公证事务的“公证官吏”改称为“公证人”；“公证人事务所”应挂出以某“公证人”姓名命名的“公证人事务所”牌匾；所做的证书及其他书面用纸需有“××地方法院管内××公证人事务所”字样。当时，关东州承办公证事务并设有“公证人事务所”的“地方法院”有“大连地方法院”“关东地方法院的旅顺出张所”“金州出张所”“普兰店出张所”“貔子窝出张所”，“公证人事务所”定员为2人，其编制由“大连地方法院”及“关东地方法院”各有关出张所内部调配。[3]

是年，日军占领南京后，首都地方法院公证处停办。[4]

---

1 伪满洲国《公证法》,《政府公报》第一千一百号，李茂杰主编:《伪满洲国政府公报全编（全一百六十三册）》第54册，线装书局2009年版，第39—42页。

2 伪满洲国《公证法》第四十八条规定：本法自康德四年十二月一日施行。伪满洲国《公证法》,《政府公报》第一千一百号，李茂杰主编:《伪满洲国政府公报全编（全一百六十三册）》第54册，线装书局2009年版，第39页。“满洲司法协会”编纂《满文新制定满洲帝国六法（最新考案加除式）》,“满洲司法协会”1941年1月10日三版发行，第43、54页。

3 大连市史志办公室编:《大连市志·司法行政志》，大连出版社2000年版，第105页。

4 南京市地方志编纂委员会编:《南京司法行政志》，方志出版社2000年版，第129页。

1938 年

1 月 1 日，伪“临时政府”公布《法部组织大纲》，其中第一条、第二条、第五条分别规定如下：

第一条　法部管理全国法制及司法行政事务。

第二条　法部置左列各局

一　总务局

二　编纂局

三　法务局

第五条　法务局掌左列事项

一　关于民刑事诉讼审判之行政事项

二　关于检察之行政事项

三　关于非讼事件及司法机关所管登记事项

四　关于公证事项

五　关于特赦减刑复权执行刑罚缓刑及保安处分事项

六　关于国际引渡犯罪事项

七　关于其他民刑事事项

八　关于监狱之设置废止及管理事项

九　关于监狱官吏之监督事项

十　关于犯罪人之感化卫生工作假释异同识别及出狱人保护事项[1]

1　伪“临时政府”《法部组织大纲》，《司法公报》，第一号。文中句号系遵出版体例增。

8月22日，司法行政部派骆盟雪、罗慕义、黄炎、邱怀瑾、翁腾环赴西康调查司法情况，包括在西康地区有无必要施行公证制度，司法院秘书刘爵凌旋也参加。[1]

9月22日，伪满洲国皇帝溥仪发布第二百四十号敕令，公布公证法中修正之件，规定：

公证法第三条改为如左

第三条　执行官或书记官处理公证事务者本法其他之法令中关于审判官执行公证事务之规定于执行官或书记官之准用。

附则

本法自康德五年十月一日施行。[2]

10月1日，修正后的伪满洲国《公证法》施行。[3]

10月21日，司法院咨请立法院审议《公证暂行规则案由》，

1　是年9月12日，刘爵凌、邱怀瑾随带当差一名先从重庆出发，黄炎、翁腾环随带勤务一名于次日从重庆出发，均往成都与骆盟雪、罗慕义会合。八人于9月21日从成都出发，12月24日回重庆。具体调查与人员情形，可见黄炎:《西康调查日志》,《旅行杂志》第十三卷第五号、第六号、第七号。该文中“骆盟雪”刊为“骆雪盟”。《调查西康司法报告书》,第1页。笔者所见系重庆图书馆所藏本之影印本，原报告书无出版信息，书前谢冠生所写序言落款时间为1940年1月。

2　伪满洲国《公证法中修正之件》,《政府公报》第一千三百三十九号，李茂杰主编:《伪满洲国政府公报全编（全一百六十三册）》第72册，线装书局2009年版，第422页。文中句号系遵出版体例增。“康德”系伪年号。

3　伪满洲国《公证法中修正之件》中附则规定：本法自康德五年十月一日施行,《政府公报》第一千三百三十九号，李茂杰主编:《伪满洲国政府公报全编（全一百六十三册）》第72册，线装书局2009年版，第422页。“康德”系伪年号。

其中提出：

为咨行事，据司法行政部本月十五日呈称，“……中央政治会议决议既系暂定试办期间为二年，钧院原提议试行公证案内，又曾载明办有成效，再体察实施状况，草拟公证法依立法程序办理。现在试办公证制度既已二年，而各地方法院办理亦有成效，按照上开决议案及原提案意见，实有将公证暂行规则改为正式法律之必要。除将各地方法院公证施行区域及期日另列一表备查外，拟请由钧院即将公证暂行规则转送立法院依立法程序制定颁行。是否有当，理合呈请鉴核施行”等情。据此，本院查公证制度试办以来，既据该部呈称尚有成效，自应查照原案办理。除将附表抄送外，相应照抄公证暂行规则施行公证制度原则，咨送贵院审议，并将有关各文件，一并录送，以供参考。此咨
立法院[1]

11月25日下午，立法院第四届第一百四十七次会议召开，其中讨论该院法制委员会审查公证暂行规则案，议决照审查意见通过，法制委员会的审查报告由代理委员长史尚宽作，要点有二：

佥以公证制度近今各国立法例□抵专设公证人办理公证事务，如依我国现行公证暂行规则，则由法院推事专办或兼办公证□此项办法，原系试办性质，曾经中央政治会议准予试办二年，其已呈准试办者，仅限于三十余处之地方法院，究竟得失利弊如何，尚难遂行认定，

1 《司法院咨请审议公证暂行规则案由》,《立法院公报》第九十九期。

此次司法院虽以本案送请本院以立法程序制定法律，然其公证办法仍拟照旧，并非推行于全国之法院，且就目前各省区情形，亦难普遍推行，似可仍照中央准予试办之旨趣径由司法院请准继续试办相当时间，以试办期内之成绩，为将来制定公证法时之参考，经函请司法院及司法行政部各派代表列席说明，意见亦属相同。是否有当，敬请提付会议公决等由，到会。当于本会第四届第七十二次会议提出讨论，结果议决照审查报告通过，公证暂行规则仍由司法院继续试办，暂时无庸制为法律，纪录在卷。奉令前因，理合备文呈请鉴核，提交大会公决。[1]

12月21日，国民政府发出渝字第七三七号训令令司法院，提出：

为令饬事，案准国防最高会议二十七年十二月十六日庆字第七六零号函开，

“据司法院函称，‘公证暂行规则，前经中央政治会议第四六六次会议决议，准予备案，并暂定试办期间为二年，由院于二十四年七月三十日以院令公布，并由司法行政部先后指定首都地方法院等三十八处施行公证制度。现在试办已及二年，办理颇有成效，并咨经立法院议决，公证暂行规则，仍由司法院继续试办，暂时无庸制为法律。自应将试办期间酌予延展，函请核定延展期间’等由。经本会议常务委员第一百零九次会议决

1 《国民政府立法院第四届第一百四十七次会议议事录》《本院法制委员会审查公证暂行规则案报告》，《立法院公报》第九十九期。

议，公证暂行规则试办期间，准予延展二年。相应录案函达，即希查照饬遵”等由，准此，自应照办。除函复外，合行令仰该院转饬遵照。

此令。[1]

12月29日，司法行政部发出训字第四九〇九号训令，令各省高等法院院长、首席检察官，江苏高等法官第二三分院院长、首席检察官，称：

查各法院□送统计材料时，对于不动产暨法人登记事项季报，及公证事件检察官检举案件（由各法院用季报汇编者）……往往有漏报情事，殊属不合，现在二十六年度司法统计材料造送期间，业已届满，所有前项各表，如有尚未编制者，应即赶速编送，即或未曾办理该项案件，亦应备文声明，以重计政，仰即转饬该院及所属各法院统计人员一体遵照。此令。[2]

1939年

1月1日，时任司法院院长居正在《中央周刊》第一卷第一、二期上发表《一年来司法之设施》，其中有云：

抗战以来，国内政治、军事各项设施多有所改革，司法工作平时为运用本国法律以保障人民权利及安定社

1　国民政府《训令》(渝字第七三七号)，《国民政府公报》渝字第一一二号。

2　司法行政部《训令》(训字第四九〇九号)，《司法公报》(渝)二百八十八、二百八十九号合刊。

会秩序，战时因适应环境需要及加强抗战力量，其必须调整与改造之处亦复不少。兹就本年度终了之际，谨将一年来司法方面之设施，缕陈其概要以就正于国人。[1]

整个司法工作可分为两大部门，第一为司法行政，第二为司法审判，其关于行政方面足资叙述者有下列各项：

……（二）法规之厘订与解释　公证制度，足以确保人民之私权，减少诉讼之争执，各国行之已久，惟在我国，尚属创举。司法院前为分区试办逐渐推进计，曾拟订公证暂行规则，于二十五年四月，先就首都施行，以次及于各省商埠及繁盛区域，尚著成效。试办期间，原定为二年，本年春即已届满，当饬司法行政部就实际经验所得，将原规则酌加修正，咨送立法院审议，经核复仍由司法院继续试办，并以四川之成都、重庆、万县、泸县等处，地域冲要，户口繁密，特先指定该处先行试办……[2]

2月4日，伪维新政府第四十次立法会议通过《司法行政部组织法》，其中第一条、第四条、第七条分别规定：

第一条　司法行政部掌理全国司法行政事宜。

第四条　司法行政部置左列各司

一　总务司

1　原文此处无句号，系遵出版体例增。

2　居正：《一年来司法之设施》，《中央周刊》第一卷第一、二期，1939年1月1日，陈三井、居蜜主编：《居正先生全集（上）》，“中央研究院近代史研究所”1998年版，第298—299页。

二　民事司

三　刑事司

四　监狱司

第七条　民事司掌左列事项

一　关于民事诉讼审判之行政事项

二　关于非讼事件事项

三　关于公证事项

四　关于司法机关所管之登记事项

五　关于其他民事事项[1]

2月，以四川重庆地方法院院长邓济安名义发布《四川重庆地方法院公证说明书》，其中提出：

公证之意义。公证系国家为保护人民私权。于地方法院。设立公证处。依国家权力。证明特定之法律行为，或其他关于私权事实之法律制度。[2]

4月6日，伪维新政府第四十九次立法会议通过《司法行政部组织法》，其中第七条规定：

第七条　民事司掌左列事项

一　关于民事诉讼审判之行政事项

二　关于非刑事事件事项

三　关于公证事项

1　伪维新政府《司法行政部组织法》，伪维新政府《司法公报》第壹号。文中句号系遵出版体例增。

2　四川重庆地方法院《四川重庆地方法院公证说明书》，重庆市档案馆0081-009-0071档案。

四　关于司法机关所管之登记事项

五　关于其他民事事项[1]

4月，在《陕甘宁边区土地租佃条例（草案）》中第二十九条规定：

第二十九条　双方约定缔结租佃契约者，须依本条例为依据，以字据为之，并得聘请合意之公证人。[2]

6月20日，伪维新政府行政院宣传局编制的《中华民国维新政府成立初周年纪念册》出版，其中刊载伪维新政府司法行政部部长胡礽泰的《维新政府成立一年间之回想》一文，其文提出：

其他应办事项。如筹设法医研究所。举办不动产登记。改进律师制度。设立公证处。废止县知事兼理司法。均在切实计划积极推行中。[3]

7月5日，司法行政部发出训字第二零九二号训令，令各省高等法院（新疆除外）院长，江苏高等法院第二、三分院院长，提出：

查公证暂行规则，自民国二十四年七月三十日司法

1　伪维新政府《司法行政部组织法》，“中华联合通讯社”南京本社编辑：《维新政府法令汇编》第一辑，“中华联合通讯社”1939年版，第46—48页。

2　发布单位不详。《陕甘宁边区土地租佃条例（草案）》，《中国的土地改革》编辑部、中国社会科学院经济研究所现代经济史组编：《中国土地改革史料选编》，解放军国防大学出版社1988年版，第19、21页。

3　胡礽泰：《维新政府成立一年间之回想》，伪维新政府行政院宣传局编制：《中华民国维新政府成立初周年纪念册》，1939年版，第28—29页。

院公布后，暂定试办期间为二年。在此期间之内，各法院呈请开办公证，并办有成效者，固有多处，惟办理未善及未开办之法院，为数尚属不少。揆厥原由，或以此种制度系属初创，难得人民之信仰，故已办者，多不肯切实推动，未办者遂存观望之心。须知公证制度，其主旨系在保护私权，澄清讼源，而公证费又可补助法收，苟能办理有方，于国于民，均蒙重大利益。本部核阅公证统计报告，有每季受理公证事件，近两百余起，收入公证费达八百元者，是已开办公证之法院，既已具此成绩，其尚未施行公证之法院，倘能极力进行，亦未始不可计日程功。现该规则，已于民国二十七年十二月十六日由国防最高会议决议试办期间准予延展二年，又值兹非常时期，社会经济，往往发生变化，人民所为之法律行为或其他关于私权事实，极须有明确之凭证，若多数法院及时施行公证制度，则人民遇有所为上述之行为或私权事实，即可向法院请求公证或认证而得保障，纵不得已而成诉讼，法院亦易调查裁判，因之推行公证制度，实属刻不容缓。嗣后凡已开办公证之法院，应由各该管院长认真整顿，以期人民多收公证之实益，其未开办公证之法院，统限于本年底一律成立公证处，并随时具报备核。万一有不能如期举办者，亦须陈明理由，以凭核夺。仰即转饬所属各地方法院遵照办理。此令。[1]

1　司法行政部《训令》（训字第二零九二号），《司法公报》（渝）第三二二号至三三九号合刊。

1940年

1月19日，国民政府公布《强制执行法》，自公布日施行，该法第四条规定：

第四条　强制执行依左列执行名义为之。

一、确定之终局判决。

二、假扣押，假处分，假执行之裁判，及其他依民事诉讼法得为强制执行之裁判。

三、依民事诉讼法成立之和解或调解。

四、依公证法作成之公证书，但以债权人之请求，系以给付金钱或其他代替物或有价证券之一定数量为标的而于证书上载明应径受强制执行者为限。

五、抵押权人依民法第八百七十三条之规定，为拍卖抵押物之声请，经法院为许可强制执行之裁定者。

六、其他依法律之规定得为强制执行名义者。[1]

1月，司法行政部部长谢冠生为《调查西康司法报告书》一书写序。该书系1938年司法行政部所派骆盟雪等人赴西康调查司法情况的报告，共分十三章，其中第十章为公证制度。该《调查西康司法报告书》认为：

综上观之，西康各地于短期间内，尚无施行公证制度之必要；惟康定为西康之省会，又为川藏贸易集

1　国民政府《强制执行法》及《国民政府令》，《司法公报》(渝）第三六四号至三六九号合刊。

中区，建省以来，汉人日多，该地康人，亦多染汉化，以前且有□产权得丧变更等事，向县政府声请备案者；（参阅民法第三节注一）审度情形，于康定地方法院成立后，先就该县试行公证制度似无不可；至初办时，难得良好之成绩，自在意中。

宁雅两属，有无类似公证之习惯，及此后能否施行公证制度，未经详查，不敢臆断。[1]

3月19日，伪维新政府司法行政部公布《司法行政部文卷保存规程》，其中第十条规定：

第十条　民事卷　凡民事司所办文件属之其类目如左

（一）人民陈诉门

（二）审判门

（三）执行门

（四）非讼事件门

（五）公证公断门

……[2]

3月22日，贵州郎岱地方法院在全县广贴公证通告，对公证

1 《调查西康司法报告书》，第173页。笔者所见系重庆图书馆所藏影印本，无出版信息，书前谢冠生所写序言落款时间为1940年1月。1942年西康省于雅安设公证处，1943年西康省于会理、西昌、康定三处设公证处。参见行政院新闻局印行：《公证制度》，1947年10月，第22—23页。

2 伪维新政府司法行政部《司法行政部文卷保存规程》，伪维新政府《司法公报》第十二号。

进行了通俗易懂的宣传。[1]

3月30日，司法行政部公布《修正司法印纸规则第七条条文》，规定：

> 第七条　左列司法收入应贴用司法印纸：
>
> ……
>
> 三　依公证费用规则征收之公证费抄录费阅览费
>
> ……[2]

3月，在司法院编印的《司法院最近工作概况》中言：

> （七）公证制度与不动产登记之督促推行
>
> 公证制度与不动产登记制度，均所以保障人民权利，施行以来，已收成效。关于公证制度，上年七月间，司法行政部曾通令各省推进，是年九月，该部复通令，凡未开办不动产登记之法院，应迅速筹设登记处，其已开办者，应多方切实推进，人民未了解登记意义者，须设法使其明了，并与当地税契机关取得联络，一面咨请财政部转饬各省税契机关厉行协助，务使不动产登记制度得顺利推行。自通令之后，新据各省法院呈报开办公证者十四处，已核准开办尚在筹备者十二处，又呈报开办不动产登记者六处，已核准开办尚在筹备者三处，其余除有特殊情形者外，均在督促中。[3]

1　贵州省地方志编纂委员会编：《贵州省志·司法行政志》，贵州人民出版社1999年版，第191页。

2　司法行政部《修正司法印纸规则第七条条文》，《司法公报》（渝）第三七六号至三八一号合刊。

3　司法院编印：《司法院最近工作概况》，1940年3月，第9—10页。

4月5日，伪满洲国皇帝溥仪发布第六十二号敕令，公布公证法中修正之件，并于同日施行，规定：

公证法中修正如左

一　第四条“或翻译官”删除之

二　第二十二条第六款中“或翻译官”删除之

附则

本法自公布日施行。[1]

5月21日，汪伪司法行政部公布并施行《司法行政部档卷室办事细则》，其中第九条规定：

第九条　民事卷　凡民事司所办文件属之其类目如左

（一）人事陈诉门

（二）审判门

（三）执行门

（四）非讼事件门

（五）公证公断门

……[2]

7月8日，汪伪国民政府修正公布《司法行政部组织法》，该法第四条、第七条分别规定：

1　伪满洲国《公证法中修正之件》，《政府公报》第一千七百八十四号，李茂杰主编：《伪满洲国政府公报全编（全一百六十三册）》第96册，线装书局2009年版，第185页。文中句号系遵出版体例增。

2　汪伪司法行政部《司法行政部档卷室办事细则》，汪伪《司法行政公报》第五号。

第四条　司法行政部置左列各司

一、总务司

二、民事司

三、刑事司

四、监狱司

第七条　民事司掌左列事项

一、关于民事诉讼审判之行政事项

二、关于非讼事件事项

三、关于公证事项

四、关于司法机关所管之登记事项

五、其他民事事项[1]

9月13日，司法行政部发出训字第二九八一号训令，令署四川高等法院院长谢盛堂，提出：

查公证制度，足以确保人民之私权，减少诉讼之争执，其意甚善，不容忽视。本部前以未开办公证之法院应按照各地人民经济情形，拟定次第实施公证之计划，呈准施行。曾于民国二十六年五月十八日以训字第二九七九号训令饬遵在案。现在时逾一年，该院拟定实施公证之计划如何，应即呈部审核。就四川情形观察，如成都，重庆，万县，泸县，均为重要地方，户口繁盛，关于私权应行公证之事项，自必甚多，为应事实之需要，各该地方法院亟应即行开办公证。至其他地方法

1　汪伪国民政府《司法行政部组织法》，汪伪《司法行政公报》第一三号。

院，能否实施此项制度，亦应从速查明呈复。仰即遵照办理，勿延。此令。[1]

10月14日，汪伪司法行政部公布并施行《司法行政部处务规程》，该《司法行政部处务规程》第八条规定：

第八条　民事司置左列三科

……

第三科　掌理事务如左

一　关于登记事项

二　关于户籍及公证事项

三　关于公断事项

四　关于其他非讼事件事项[2]

11月20日，甘肃酒泉地方法院公证处编印《公证须知》（一）、（二），其中《公证须知》（一）中提出：

公证制度的意义就是法院来给一般人民作证人，也就是通常所谓向法院立案。例如有人向你借粮食、借钱，通常免不了找人写一纸借约，或请人经手证明，将来对方不还本付息，你没有办法的时候，只有向法院起诉，经过一审、二审、甚至三审、判决，你胜诉了，这才能请求强制执行。可是现在本院公证处，奉令成立，可以不立借约，不请人经手，只要你同借钱借粮食的人，亲

1　司法行政部《训令》（训字第二九八一号），《司法公报》（渝）第二百六十六、二百六十七号合刊。

2　汪伪司法行政部《司法行政部处务规程》，汪伪《司法行政公报》第二、三号。

自或委托人，向本院公证处推事，用口头说明借债的情形，请求公证，推事便给你作成一种公证书，存在法院。将来债务万一不还本付息，你就马上可以根据公证书，直接请求本院实施强制执行，强迫债务人还本付息，再也不必起诉，不要判决，不知道省却多少是非，省却多少金钱、心血。这不过是一个例子，其实凡是有关民事上权利义务的情事，如动产及不动产的买卖、借贷、租赁、赠与、典当、抵押、雇佣、承揽、委托、和解、担保、合伙、经理、代办、寄托、结婚、离婚、收养子女、终止收养、委托监护、指定监护、召集亲属会议指定继承、分析家财、分割遗产、限制分割、书立遗嘱等等，以及其他情事，不问大小，都可以请求公证。可见这种制度实在有很大的利益，尤其对于平日怕受赖债欺骗的妇女或不识文字的人的权利，更是一种最强固有力的保障。本院很希望能普遍推行，使一般人民都受到这种制度的好处，文约有时可以遗失伪造，中人证人有时可以串通造假，都不一定靠得住，惟有请求法院公证才是永久保障权利最稳当可靠、有绝对证据力量的办法。请求手续非常简便，可以用声请书，可以用口头……[1]

《公证须知》(二)中则提出：

……况且许多公证须经详细审查，凡违法或法律规定无效的事情，都不准公证。一般人无法律知识，不知道那一件事情违法或无效，常常吃很大的亏。只要请求

1　甘肃省地方史志编纂委员会编纂：《甘肃省志·司法行政志》，甘肃人民出版社2009年版，第219—220页。

公证，推事就会明白告诉你，免得吃亏。在这种意义之下，可以说公证处的推事就是为一般人民尽义务的法律顾问……

……所收费用，全数贴用司法印纸，按旬汇解中央，不是法院可以动用，并且同其他司法收入一样，没有丝毫提成，足征本院竭力推行公证纯粹为人民谋福利，为国家效忠诚，绝不是法院人员有什么好处。[1]

1941年

1月9日，司法行政部发出训民字第七一号训令，令各省高等法院院长，提出：

查公证暂行规则第十七条规定，推事作成公证书，如不认识请求人时，应使其提出该管区长或商会或警察署长之证明书，或以推事所认识之证人二人证明其实系本人，嗣据福建暨湖北高等法院先后转呈闽侯襄阳两地方法院呈拟公证暂行规则第十七条变通办法前来，当经本部以该地院等所拟变通办法，系为谋请求人之便利，准如所拟办理等语予以指令，并于二十五年八月六日及二十六年九月十六日先后通令各法院转饬一体知照各在案，惟近年各省成立公证处之法院甚多，对于上项变通办法，或有未尽注意者，合再抄发福建湖北两高等法院原呈及本部指令，令仰该院转饬所属各法院一体知照。

1　甘肃省地方史志编纂委员会编纂：《甘肃省志•司法行政志》，甘肃人民出版社2009年版，第220—221页。

此令。[1]

1月11日，国民政府发出渝文字第二九号训令令司法院，称：

为令饬事，据本府文官处□呈称，

准国防最高委员会秘书厅三十年一月三日□纪字第一四□五□号公函开，案准司法院二十九年十二月十六日公字第八二四号函开……经陈奉国防最高委员会第四十九次常务会议决议，公证制度暂行规则试办期间准予再延展二年。相应□案函达，即希查照转陈饬□等由。理合□呈鉴核等情，据此，应即照办。除饬处函复外，合行令仰该院转饬遵照。[2]

1月16日，《中央周刊》第三卷第二十七期发表王焕的《公证制度之推行》一文。[3]

2月18日，汪伪国民政府公布并同日施行《强制执行法》，该法第四条规定：

第四条　强制执行依左列执行名义为之

一、确定之终局判决

二、假扣押假处分假执行之裁判及其他依民事诉讼法得为强制执行之裁判

三、依民事诉讼法成立之和解或调解

1　司法行政部《训令》(训民字第七一号),《司法公报》(渝)第四三六号至第四四一号合刊。

2　国民政府《训令》(渝文字第二九号),《国民政府公报》渝字第三二七号。

3　王焕:《公证制度之推行》,《中央周刊》第三卷第二十七期。

四、依公证法作成之公证书但以债权人之请求系以给付金钱或其他代替物或有价证券之一定数量为标的而于证书上载明应径受强制执行者为限

……[1]

4月3日，司法行政部发出训（民）字第一一一六号训令，提出：

案据甘肃高等法院呈。据临夏地方法院呈称，本院于二十九年元月一日成立公证处，初无若何成效，嗣集中精力从事整顿。一面商同本院检察官等组织公证推进委员会研讨推行办法，并督同院检全体职员一致负责，随时随地相机宣传劝导；一面陆续草拟宣传文件十余种，由院长利用县政府、商会、城内各学校及乡镇公所等机关各种集会公开讲演。复乘县政府派队宣传兵役之便，为本院对各乡民众，就公证制度之意义及利益声请手续等讲演数十次，并在全县各冲要地点，绘制简明之大幅墙壁标语。如此办理数月，收案收费已见渐增。迨至十二月一个月，即收公证、认证三百〇九起，交付公证书正本三百四十二起，收费一千三百余元。现仍加紧宣传劝导，徐图增进效率等情到部。查公证制度为近年施行之新政，一般人民对于公证及认证效用大多数不甚明了。办理公证之法院，自应因势利导，积极策励，以期逐渐发展。该临夏地方法院办理之时，即能注意推进之方，足见办事认真，至其所用宣传劝导之方法，亦不

1 汪伪国民政府《强制执行法》，汪伪《司法行政公报》第四三号。

无相当见地。合行令仰该院长转饬所属办理公证之法院，参酌办理。如更有较善宣传劝导之方法尽可并行采用，俾此种新制得以普遍贯澈。再已办理公证之各法院，二十九年全年办理之情形如何，以及用何方法向民间宣传，本部亟待明了。应于文到二月内详细声复，以后每一年度终了均须向部报告一次以备□[1]考，并仰转饬遵照办理。此令。[2]

4月16日，陕西高等法院发出文字第六八四号训令令各地方法院，提出：

查地方法院应设公证处办理公证事务，必要时并得于管辖区域内设公证分处，公证暂行规则第一条定有明文。本院遵奉司法行政部令，曾经先后转饬各院举办，并饬将办理公证人员呈候核派，俾利进行各在案。良以公证制度，原为保护私权、澄清讼源而设，所收公证费又可增补法收，办理得法，实于国家人民均有裨益。各地方法院自应遵照办理，乃查各院多以事属创办，不予切实推动。既与□令不合，且足影响库收，于国于民均属不利，亟应严加整顿，以收实效。为此，通饬遵照，仰该院长迅将公证事务切实推进，并将公证事项及其实益广予宣传，务使人民澈底了解。俾其遇有应行公证事项，得以声请公证。此

1　此处字迹模糊，疑为“查”。

2　司法行政部《训令》[训（民）字第一一一六号]，谢冠生：《战时司法纪要》，十二推行公证提存等制度，第4、5页。该书无出版信息，谢冠生自序时间为1948年1月17日。原文无标点，为阅读方便，加现行标点符号。

次通令之后，即将各院院长办理公证事务列作考成之一，幸勿视为具文。除分令外，合亟令仰遵照，并将遵办情形随时具报备查。切切，此令。[1]

5月24日，司法行政部公布《司法行政部办事细则》，其中第十二条规定：

第十二条　民事司置左列三科

第一科　掌理事务如左

一　关于人民陈诉民事事项

二　关于其他民事事项

第二科　掌理事务如左

一　关于民事诉讼迟延事项

二　关于民事管收事项

三　关于民事诉讼执行事项

四　关于登记公证及其他非讼事项

第三科　掌理事务如左

一　关于民事诉讼裁判事项

二　关于诉讼费用事项[2]

5月，吴学义在《司法建设与司法人才》一书提到：

公证制度，为证明私权之设定、保存、移转、变更、限制处分或消灭之良制。

1　陕西高等法院《训令》(文字第六八四号)，《陕西高等法院公报》第四期。原文无标点，为阅读方便，加现行标点符号。

2　司法行政部《司法行政部办事细则》，《司法公报》(渝)第四六〇号至四六五号合刊。

……然日本之公证人，由私人担任，与律师相似，而中国之公证人，则由推事书记官兼任，如普遍施行，可增加国库之收入，于公于私，均属有利。[1]

6月28日，江苏高等法院第二分院收到江苏上海第一特区地方法院关于该院公证处于民国二十九年办理情形及推进公证制度方法由的呈报，其中江苏上海第一特区地方法院呈报：

二十九年度计收一般案件二百五十一起，又拒绝证书三十四起。除拒绝证书由于特殊之原因不计外，综观一般公证及认证案件确有逐年递增之趋势，而以二十九年度为最多。此后仍当设法推行，以期民间普受实益。[2]

· 8月13日，军事委员会政治部编印的《抗战四年》收录了司法院院长居正的《抗战四年来之司法》一文，其文中就最近司法界之举措，撮其大者，揭橥了五个方面，“第一司法机构”共分五个小点论述，在第四点中言：

四曰公证与登记制度之推进也　公证制度及不动产登记制度，均所以保护人民私权，减少诉讼纠纷，亟应继续推行，曾通令督促，二十九年内，四川湖北江西等省，均有新成立之地方法院，复分饬从速设立公证处，如所在地尚未由地政机关举办土地登记者，并应同时设立不动产登记处，计二十九年内各省地方法院先后呈

1　吴学义：《司法建设与司法人才》，国民图书出版社1941年版，第22、24页。

2　江苏上海第一特区地方法院《遵令呈报本院公证处二十九年办理情形及推进公证制度方法由》，上海市档案馆G181-1-690档案。

报开办公证者，计广西十四处，广东十二处，四川十二处，贵州八处，江西青海各二处，河南三处，甘肃、云南各一处，共二十九处……[1]

8月15日，汪伪首都地方法院设立公证处。[2]

9月8日，汪伪国民政府司法行政部秘书处印行的《司法行政公报》第六四、六五、六六号合刊刊登了当年8月16日新任命的伪司法行政部部长赵毓松的施政方针，其中提出：

恢复公证处——公证制度，即公证书之作成、私证书之认证，在民事上极关重要。此制实行，可以杜息争端，减少讼累。兹悉首都地方法院于最近已将公证处恢复，而其他各法院尚未着手组织。兹拟就省会及商埠所在地之法院，先行恢复，此外，则依次推进，以便人民。[3]

9月，在司法院编印的《司法院工作报告　中华民国三十年三月至九月》记载：

公证制度与不动产登记两种制度，迭经司法行政部督促推行，本年一月以后，续据各省地方法院先后呈报成立公证处者，计有湖南之零陵地院，江苏之泰县地院，四川之大竹、绵阳两地院、河南之郑县、南

1　居正：《抗战四年来之司法》，军事委员会政治部编印：《抗战四年》，青年书店印刷所印刷，1941年版，第36—38页。

2　南京市地方志编纂委员会编：《南京司法行政志》，方志出版社2000年版，第130页。

3《部长发表施政方针》，汪伪《司法行政公报》第六四、六五、六六号合刊。原文无标点，为阅读方便，加现行标点符号。

阳两地院，宁夏之贺宁、河东、衡宁、惠平四地院、江西之临川、兴国两地院，贵州之桐梓地院等共十三处……[1]

11月15日，司法行政部发出第二〇八二号《核示公证及不动产登记法院应与税契机关互相协助令》训令令江西高院，称：

三十年九月二十日，第一零二零号呈一件。据宁都地院呈请，另颁关于公证及登记较有效力章则检同通告说明书等件，转请核示由

呈件均悉。查公证及不动产登记原则上应经人民声请，自不能不以实施劝导为推进之主要方法。该宁都地方法院办理上开公证及登记事务，既据呈报，尚能认真，自应饬其赓续努力期有成效。再查法院办理不动产登记应与税契机关互相协助，前经本部与广西等省政府议有成案。复于二十八年十一月间，咨准财政部咨行各省市政府转饬各税契机关与各该地方法院切实联系，并据四川成都地方法院与成都市政府及成都华阳两县征收局会订不动产登记与田房税契互助办法，呈准施行各在案。此项办法于促进登记颇为有利，兹随文抄发。仰即转饰参考，所请另颁有效章则一节，应毋庸议。附件存。此令。[2]

1　司法院编印：《司法院工作报告　中华民国三十年三月至九月》，第6页。

2　司法行政部《核示公证及不动产登记法院应与税契机关互相协助令》（训令第二〇八二号），司法院编译处编纂：《国民政府司法例规补编》，司法院秘书处1946年5月发行，第452页。原文无标点，为阅读方便，加现行标点符号。

11月19日，司法行政部发出第四〇四八号《登记公证声请书类售价得充办理不动产登记所需费用令》训令令各省高院，称：

案据四川陕西河南各省高院先后来呈，以各级法院办理不动产登记所需费用，现值物价昂贵，办公费内无法匀支，请求就所收登记费用提成补助等情到部。查预算外动用公款，为现行法令所不许。原有提成充用办法，自不适用。兹经另定变通办法，将向由司法机关发售之登记公证声请书类，由各该司法机关指定当地商店代售，售价由司法机关酌量其成本定之。声请书格式内某某地方法院登记处或公证处发行等字样，予以删除。除分令外，合行令仰，转饬所属遵照办理。此令。[1]

11月，在公布的《陕甘宁边区土地租佃条例（草案）》中第二十九条规定：

第二十九条　双方约定缔结租佃契约者，须依本条例为依据，以字据为之，并得聘请合意之公证人。[2]

1942年

2月，汪伪司法行政部发出民训字第一三六号训令，令汪伪江

1　司法行政部《登记公证声请书类售价得充办理不动产登记所需费用令》（训令第四〇四八号），司法院编译处编纂：《国民政府司法例规补编》，司法院秘书处1946年5月发行，第454页。原文无标点，为阅读方便，加现行标点符号。

2　此时间系有关部门考证出来，发布单位不详。《陕甘宁边区土地租佃条例（草案）》，陕西省档案馆、陕西省社会科学院合编：《陕甘宁边区政府文件选编》第四辑，档案出版社1988年版，第305、309页。

苏高等法院第二分院，提出：

查公证制度，原为保护私权，清理讼源而设。事变以前，择地施行，成绩显著。国府还都以后，各地恢复公证处者，仅有汉口、上海、首都等处，且所收受事件为数寥寥……欲推行公证制度，尤须特别注意认识请求人，藉免纷扰。除分令外，合亟令仰遵照，并转饬遵照。

2月19日，司法院公布《修正公证暂行规则第四十四条条文》。[1]

此令。[2]

3月6日，司法院快邮代电致广西高等法院申院长，对该院转呈苍梧地方法院所提问题，作了三点解释，其中提出：

苍梧地方法院□请解释一案，业经本院统一解释法令会议议决，（一）公证暂行规则施行细则第四条所称之公证处印章，在司法行政部未定办法以前，得由该地方法院自定式样，自行刻用……[3]

3月19日，司法行政部发出第一〇六四号《各地方法院须分批成立公证处令》训令令各省高院，提出：

1　司法院《修正公证暂行规则第四十四条条文》，《司法公报》（渝）第五一一号至第五一四号合刊。

2　汪伪司法行政部《训令》（民训字第一三六号），上海市档案馆R40-1-47档案。训令时间因字迹潦草，未能识，疑为“1942年2月24日”。原文无标点，为阅读方便，加现行标点符号。

3　司法院快邮代电（院字第二二□四号），《司法公报》（渝）第五一五号至五一九号合刊。

查公证，为证明特定法律行为或其他关于私权事实之制度。其宗旨在于保护私权，澄清讼源。我国人民缺乏法律知识，往往诈伪纷乘，滋生讼案。法院采证至为困难。为保护私权，清理讼源计，在平时已有施行公证制度之必要。况值此非常时期，社会经济随时发生变化，人民所为之法律行为或其他关于私权事实，极须有明确之凭证。因之推行此项制度，实为刻不容缓之图。在本部施行此项制度之初意，原拟使全国各地方法院一律成立公证处，俾各地人民均能收取公证之实益。是以于二十八年七月，即已通令各该院长对于已开办公证之法院应认真整顿，其尚未开办者，限期一律成立具报，万一有不能如期举办者，亦须陈明理由，以凭核办在案。兹本部为贯澈此种政策起见，凡各省尚未成立公证处之各地方法院，拟自本年七月一日起分批成立。每三个月成立一批，一批成立后即由该高等法院呈报一次，以两年为完成期间。届期全国各地方法院之公证处必须一律成立，并应注意宣传，务使人民周知公证之实益。各该院长应随时加以监督考核，毋令虚应故事，以收计日程功之效。再推行此项制度，现已列入本部中心工作之一，务望各该院长切实遵照办理，毋稍忽视为要。此令。[1]

7月28日，国民政府修正公布《司法行政部组织法》，该法第一条、第四条、第八条分别规定：

1　司法行政部《各地方法院须分批成立公证处令》(训令第一〇六四号)，司法院编译处编纂：《国民政府司法例规补编》，司法院秘书处1946年5月发行，第467—468页。原文无标点，为阅读方便，加现行标点符号。

第一条　司法行政部管理全国司法行政事务。

第四条　司法行政部置左列各司。

一　总务司。

二　人事司。

三　民事司。

四　刑事司。

五　监狱司。

第八条　民事司掌左列事项。

一　关于民事诉讼审判之行政事项。

二　关于非讼事件事项。

三　关于公证事项。

四　关于司法机关所管之登记事项。

五　其他民事事项。[1]

8 月 10 日，司法行政部公布《修正司法印纸规则》，其中第六条规定：

第六条　左列司法收入应贴用司法印纸但依法令应提奖之部分不在此限。

……

三、依公证费用规则征收之公证费抄录费阅览费。

……

八、其他依法令应贴用司法印纸之司法收入。[2]

1　国民政府《司法行政部组织法》，《司法公报》（渝）第五三三号至第五三六号合刊。

2　司法行政部《修正司法印纸规则》，《司法公报》（渝）第五三三号至第五三六号合刊。文中句号系遵出版体例增。

8月，在司法院编印的《司法院工作报告　中华民国三十年十月至三十一年八月》中记载：

至实施公证制度，应注意宣传劝导，务使人民对于公证制度之实益，澈底了解，庶能推行尽利，劝导人员前□有给奖办法，在征收公证费内提百分之六为奖金，现已生活程度增高，亦已将提奖成数改为百分之十，以资鼓励。[1]

司法行政部为发挥公证制度及民事调解之效用，编订区乡镇坊公所实行调解与宣传公证说明一种，并抄同有关各规则文件，咨请各省市政府印发各县市政府，转发各区乡镇坊公所暨民众教育馆，并饬就印发说明等件切实办理，及作为演讲资料。[2]

10月15日，司法行政部发出训（民）字第四一四五号训令，令各省高等法院院长（安徽除外），提出：

案据安徽高等法院电称，查公证施行细则第四条公证印章无分寸式样，由本院刊发，仰由地院自行刊用。乞电示只遵等情，到部。查公证处印章如何刊制，各省办法未能一致，亟应予以划一，以资适用。兹定公证处印章印文为某省某地方法院公证处等字，由各地方法院酌□分寸式样，自行刊用。其原有之印章，如印文与部定之内容相同者，即不必再行另刊，仍可照旧使用。并

1　司法院编印：《司法院工作报告　中华民国三十年十月至三十一年八月》，第10页。

2　司法院编印：《司法院工作报告　中华民国三十年十月至三十一年八月》，第10页。

仰将所用印章盖一样章□[1]呈本部备查除指令外合行令仰该院长转饬所属各地方法院遵照办理。此令。[2]

12月9日，在陕甘宁边区政府委员会第三次会议通过的《陕甘宁边区土地租佃条例草案》中取消了缔结租佃契约须聘请合意之公证人的相关规定，该《陕甘宁边区土地租佃条例草案》第十九条规定：

第十九条　租佃契约不论为书面为口头，应觅具见证人，或经当地乡长证明之。

在条例颁布前所订立之租佃契约，有与本条例相抵触者，应依本条例规定办理，其在本条例后订立之契约与本条例抵触者无效。[3]

12月29日，陕甘宁边区政府公布《陕甘宁边区土地租佃条例草案》。[4]

12月，“满铁调查部”出版《华北农村不动产权利变更公证制度》(《北支農村に於ける不動産權利變動に關する公證制度》一书)。该书分绪言、田房交易鉴证人制度、税契制度、过割制度与结语五个部分。[5]

1　字迹模糊，疑为“汇”。

2　司法行政部《训令》[训（民）字第四一四五号]，《司法公报》(渝）第五四二号至五四五号合刊。

3　《陕甘宁边区土地租佃条例草案（附说明)》，陕甘宁边区政府秘书处编印:《陕甘宁边区重要政策法令汇编》，1949年12月，第20、22页。

4　《陕甘宁边区土地租佃条例草案（附说明)》，陕甘宁边区政府秘书处编印:《陕甘宁边区重要政策法令汇编》，1949年12月，第20、24页。

5　“满铁调查部”:《北支農村に於ける不動産權利變動に關する公證制度》，1942年12月（第二十二卷第十二号）印刷。

1943年

1月11日上午，汪伪“全国司法行政会议”开幕。[1]

1月12日上午，汪伪“全国司法行政会议”讨论第二一九案汪伪江苏昆山地方法院首席检察官孙金章提议推行公证制度案（附件第五号）、第二二〇案汪伪浙江鄞县地方法院首席检察官陈公义提议推行公证制度案（附件第一三九号）、第二二一案汪伪江苏高等法院第二分院院长徐维震提议推行公证制度案（附件第一六四号）、第二二二案汪伪江苏高等法院第三分院院长吴宪仁提议拟请就全国各地方法院厘定期限普遍举办公证案（附件第一二号）、第二二三案汪伪首都地方法院院长严启昆提议公证制度应注意宣传以利推行案（附件第二〇七号）。[2]

孙金章提议第二一九案　推行公证制度案

议案原文：

查人民讼争，往往因证据效力，法院判断发生困难。若能推行公证制度，使人民得就法律行为或其他关于私权之事实，请求作成公证书或认证私证书，则法院自可依据此项合法证据判断，减少困难，人民权利亦赖有保障矣。是否有当，敬候，公决。[3]

1　汪伪“全国司法行政会议秘书处”编辑：《全国司法行政会议实录》，汪伪“司法行政部总务司”发行，1943年版，第31页。

2　汪伪“全国司法行政会议秘书处”编辑：《全国司法行政会议实录》，汪伪“司法行政部总务司”发行，1943年版，第41—43页。

3　汪伪“全国司法行政会议秘书处”编辑：《全国司法行政会议实录》，汪伪“司法行政部总务司”发行，1943年版，第199页。原文无标点，为阅读方便，加现行标点符号。

陈公义提议第二二〇案　推行公证制度案

议案原文：

理由：查公证制度，系保护人民私权。经公证后，即得法律保护，并可减少讼争。本院自民国二十五年推行，迄今尚著成效，亟应广为推行，以期无讼。

办法　请司法行政部通令各地方法院及县司法处，切实推行。[1]

徐维震提议第二二一案　推行公证制度案

议案原文：

按公证制度，为证明当事人之法律行为，臻于明确之良好办法。东西各国均厉行之，盖所以保障真正之权利，而泯息狡讼之恶风，实属法良意美。吾国公证暂行规则颁布未久，尚未普遍施行。即已施行之区域，其公证事件亦属为数寥寥。推原其故，实因人民未能了解此项制度之利益，以致视为无足重轻。故欲推行此项制度，宜先以晓谕人民为入手方法。一面于公证暂行规则中增订“关于法律行为以及财产上身份上之契约，如不经公证或认证者，于诉讼时法院得不认其有证据力”之法条，以唤起注意；一面由司法行政部撰具白话布告，颁发各省，由各省高等法院于施行公证制度之区域内，按户分送张贴通衢，使家喻户晓。庶几一般人民咸晓然于法律行为经过公证之利，不经过公证之害。如此，则公证事务必能臻于发达，日起有功，不独公证费用收入

1　汪伪“全国司法行政会议秘书处”编辑：《全国司法行政会议实录》，汪伪“司法行政部总务司”发行，1943年版，第199页。原文无标点，为阅读方便，加现行标点符号。

骤增，即于诉讼进行，无形中亦便利不少矣。是否有当敬请，公决。[1]

吴宪仁提议第二二二案　拟请就全国各地方法院厘定期限普遍举办公证案

议案原文：

查国家设立公证制度，立法意旨在使人民就其法律行为或其他关于私权事实，于法律上得有确实证明方法。一面并可防止第三人侵害其权利，纵使发生纠纷，构成诉讼，法庭亦可依据此项合法证据，判断曲直，便利良多。所谓保障人民权利与夫澄清讼源，均系乎此用。是先进国莫不注重，此种制度风行一时。我国在事变以前，各都市均已次第举办，成绩斐然。迨事变后，京外法院虽已规复，而对于公证一端能知注意者殊不多见。际此兵燹之余，人情狡诈，环境日非，为澈底保护良民计，自非亟图，就全国法院厘定期限，普遍举办公证不可。至于进行方法（一）应就各地方法院附设公证处；（二）由民庭派一推事一书记官一录事兼办公证处事宜；（三）开办伊始收案并不甚多，其应开支纸张笔墨等费用，即就地院经常费概算额匀支，以资撙节；（四）公证欲期逐渐发达，必须随时注重宣传。或印制公证白话须知，或出示简明布告，或刊登报端标语，必使民众一体周知。如果人人均能明了公证收费无多，受益独厚，则声请公证者，势必源源而来。其理至明，不

1　汪伪“全国司法行政会议秘书处”编辑：《全国司法行政会议实录》，汪伪“司法行政部总务司”发行，1943年版，第199—200页。原文仅有二处旧式引号，为阅读方便，改增现行标点符号。

言而喻。是否有当，只候，公决。[1]

严启昆提议第二二三案　公证制度应注意宣传以利推行案

议案原文：

理由：查公证制度，法良意美。如果推行渐广，不但可以消弭无谓之讼争，且当此民困未纾之秋，无形中亦可减少讼累。只因公证制度之良好，民众尚未周知。声请公证之手续，民众尚多隔阂。以故本院恢复公证处后，每月声请公证事件尚属无多，此非公证制度民不乐从，乃事先尚未尽指导与宣传之能事也。窃查宣传事务，如由各级法院自办，恐难划一，且经济人材两感不逮。管见所及，似宜由钧部选派部中人员组织推行公证宣传委员会，负责筹议推行方案，尽量制作宣传品，或为小册子，或为简明片，铅印多份，分月令颁。俾各法院于所在繁盛地方散发，以广宣传，而期户晓，所需编辑、印校、纸张、邮寄费用另拨专款开支，期以一年完竣。至公证费用，原定收额过轻，亦宜修改酌增。又施行公证制度，系司法中一种行政行为，并非司法行为，必须时常与民众接近，庶几适切周到。因之办公证之推事及书记官，似以专任为宜，兼任次之。是否有当，敬候，公决。

办法　一、拟由钧部组织宣传委员会，筹议推行方案，

1　汪伪“全国司法行政会议秘书处”编辑：《全国司法行政会议实录》，汪伪“司法行政部总务司”发行，1943年版，第200页。原文无标点，为阅读方便，加现行标点符号。

一、由委员会制作宣传品，分月，令发各级法院，于所在繁盛地方散发以广宣传，

一、公证费用原定收额过轻，似宜修改酌增，

一、办公证之推事及书记官以专任为宜，兼任次之。[1]

另有汪伪江苏无锡地方法院候补检察官李先进提议厉行公证制度案《建字第五号案》：

理由：社会事业日趋繁杂，而法律事实亦日益增多。为杜争端之发生，便利诉讼之进行，谋求法律现象之获得确切保障起见，实有厉行公证制度之必要。而法律复又赋与公证于一定条件之下有强制执行之效力，尤有便利简捷之功能。每观及内地无公证设施之区域，往往有当事人间发生法律关系而声请法院备案者。是乃公证制度之类似情形，斯亦足征公证制度实有厉行之必需。查各国公证制度，其方式大致可分为二：即国家直接公证制与国家间接公证制也。凡由国家单独设立公证机关或于司法机关内附设公证处所而办理公证事务者，属诸直接制；凡由国家赋与其公证权予一定条件资格之下公证人，而国家机关则处于监督地位者，属诸间接制。我国现行之公证暂行规则，系采直接制于法院内附设公证处，以办理公证事务。盖以我国人民之法律智识甚低，若不采行直接制，恐滋流弊多端。故也虽经指

1　汪伪“全国司法行政会议秘书处”编辑：《全国司法行政会议实录》，汪伪“司法行政部总务司”发行，1943年版，第200—201页。原文中除“办法一”后有顿号，无其他标点，为阅读方便，加现行标点符号。

定上海、首都等处为实验地区，试行办理。然而收效甚微，推究其源，盖以直接制度范围狭小，难以遍行故耳。是以公证制度实有改良之必要，不然殊难有发展之望也。

办法：考之间接制，其于公证之收益得有承办之公证人取得，则公证人等为谋求其收益之增多，必于公证事业为图谋改进普遍之努力，公证制度庶能有以发展也。惟我国人民法律智识尚弱，概采间接制恐不相宜，不妨折衷其制度。而于公证人之资格条件加以严格限制，国家机关于公证人之办理公证事务加以严格监督，诸凡公证人之办理公证，必立即向其主管监督机关署登记、经过其主管监督机关之查核等手续，则于直接、间接两制度之利可兼而有之矣。是否有当，提请，公决。[1]

1月13日上午，汪伪“全国司法行政会议”决议将审查报告中关于公证制度问题案五案与建议案（附件建字第五号）拟照原提案办法通过，修正为“原审查报告修正为照原提案办法通过，送司法行政部核办”。[2]

1月13日，汪伪司法行政部部长、“全国司法行政会议议长”罗君强在“全国司法行政会议”作闭会辞，他说：

此次提案共计二百六十余件，通过者约十之八，否

1 汪伪“全国司法行政会议秘书处”编辑:《全国司法行政会议实录》，汪伪“司法行政部总务司”发行，1943年版，第225页。原文无标点，为阅读方便，加现行标点符号。

2 汪伪“全国司法行政会议秘书处”编辑:《全国司法行政会议实录》，汪伪“司法行政部总务司”发行，1943年版，第67、73页。

决及保留者约十之二。各审查委员，均日夜辛劳，对所有提案，逐一与以精密之审查，而大会会员，对待决之各议案，复加以详细之讨论，分别缓急，付诸表决，务使坐而言者，均能见诸实行，不侈空谈，不骛高远，无论关于司法制度，司法经费，修订法规，诉讼程序，公证制度，少年审判，保安处分，法律教育…等等问题，无不有适当之方案，且总核各项议案施行之可能性，有一部分固须稍假时日，但不少能于短时期内，甚至在闭幕后立可着手办理者，并有第二日通过之重要议案，业已开始进行，在本会会员未曾离京之前，已有成效可睹者。[1]

2月20日，司法院发出明字第三四六号训令，令行政法院院长茅祖权、最高法院院长李芨、中央公务员惩戒委员会委员长王用宾，提出：

案奉　国民政府本年二月十三日渝文字第一零九号训令内开据本府文官处签呈称：准国防最高委员会秘书厅三十二年二月三日国纪字第三二七一四号公函开："准行政院本年一月二十日仁捌字第一八五一号公函开，据司法行政部呈称，案查公证暂行规则系民国二十四年七月三十日公布暂定试办期间为二年二十五年二月本部指定首都地方法院管辖区域为公证施行区域，于同年四月一日施行，其他各地方法院可试办公证制度者准予呈明办理嗣后试办期间已满经于二十七年十月二十九年

1　汪伪"全国司法行政会议秘书处"编辑：《全国司法行政会议实录》，汪伪"司法行政部总务司"发行，1943年版，第10页。

十二月先后二次呈准延展期间各二年在案，本年十一月本部以延展之期间又将届满……为使此种制度顺利推行兼增加人民之信仰计，爰即呈请司法院将公证暂行规则咨请立法院依照立法程序制定法律，旋奉指令，业经咨请立法院依法审议，惟查上开公证规则，立法院法制委员会甫于上年十二月二十六日开会审查，是该项法典，成立尚需相当时日，而其试办期间又业已届满，拟请钧院转呈国防最高委员会鉴核在公证法未制定前公证暂行规则仍予继续适用，以便各法院有所遵循，所拟是否有当，理合具文呈请钧院鉴核示遵、等情，据此，查公证暂行规则，在公证法未制定前确有继续适用必要，除指令照准外，相应函请转陈备案等由，到厅，经陈奉国防最高委员会第一百零二次常务会议决议，准予备案，相应函达，即请查照转陈饬知”，等由，理合签请鉴核，等情据此，除饬复暨分行外，合行令仰该院知照，并转饬知照。等因，奉此，除分令外，合行令仰该法院 /[1] 会知照，此令。[2]

3 月 13 日上午，立法院第四届第二百三十四次会议召开，其中讨论该院法制委员会审查修正公证暂行规则案，议决公证法照审查修正案通过，法制委员会的审查报告由委员长林彬作，其中提出：

一确定公证人资格审查……衡诸我国现时国情，若

1 原文无此符号，系法院与会并列。

2 司法院《训令》（明字第三四六号），《司法公报》（渝）第五五零号至五六一号合刊。

诉公证人自行设所，办理公证事务恐滋流弊……故本草案第二条规定：公证处置公证人，并确定其任用资格，而由司法行政部就具有各该款资格之一者遴充。俾得专任其事，但为兼顾经费人才之困难，仍于同条第二项规定，前项公证人得由地方法院推事兼充，以应事实需要。然此项推事在其办理公证事务之际，实已居于公证人之地位，故将原案其他各条所有推事字样，概改为公证人以资划一。

二确定公证范围。原案第四条仅规定“惟事因当事人或其他关系人之请求，得就法律行为或其他关于私权之事实作成公证书或认证私证书”，而何者为法律行为？何者为关于私权之事实？未有例示，此在具有法律智识者固能明了，然我国人民法律常识尚未普及，该条抽象规定，恐非社会民众所能了解。故本草案第四条各款就各种涉及私权之法律行为、第五条各款就各种有关私权之事实，分别增设示例之规定，庶使民众易于了解，固知请求公证实益，以符推行尽利预防争讼之旨……[1]

3月19日，汪伪司法行政部公布《修正司法行政部处务规程》，其中第十条规定：

第十条　民事司置左列三科

……

1 《国民政府立法院第四届第二百三十四次会议议事录》《本院法制委员会审查修正公证暂行规则案报告》，《立法院公报》第一二五期。原文仅有旧式引号，为阅读方便，加现行标点符号。

第三科　掌理事务如左

一　关于登记事项

二　关于户籍事项

三　关于公证及提存事项

四　关于公断事项

五　关于其他非讼事件事项[1]

3月31日，国民政府公布《公证法》。《公证法》分总则、公证书之作成、私证书之认证、附则四章，共五十二条。《公证法》第一条、第二条、第十条、第十一条分别规定：

第一条　公证事务于地方法院设公证处办理之必要时得于其管辖区域内适当处所设公证分处。

第二条　公证处置公证人委任或荐任办理公证事务由司法行政部就具有左列各款资格之一者遴充之

一　经公证人考试及格者

二　曾任推事检察官或县司法处审判官者

三　曾执行律师职务者

四　曾任法院书记官三年以上成绩优良者

五　在教育部认可之国内外专科以上学校修习法律学科得有毕业证书者

前项公证人得由地方法院推事兼充之。

第十条　公证人作成之文书非具备本法及其他法令所定之要件不发生公证效力。

1　汪伪司法行政部《修正司法行政部处务规程》，汪伪《国民政府公报》第四六八号。

第十一条　就以给付金钱或其他代替物或有价证券之一定数量为标的之请求所作成之公证书载明应径受强制执行者得依该证书执行之但债务人提起异议之诉时受诉法院得斟酌情形命停止执行。[1]

4月17日，司法行政部发出第二一七四号《办理不动产登记及公证未设劝导员者可聘请公正士绅担任并提奖金令》训令令各省高院，提出：

查各司法机关办理不动产登记及公证，首应注重宣传劝导，俾此良制得以顺利推行。本部为使各地劝导登记人员努力宣传劝导，曾准给与劝导人员百分之十之奖金，于三十一年二月十八日以训民字第五九六号训令通饬遵照在案。近来各地法院有以劝导公证人员与劝导登记事同一律，请援案给与奖金者，除指令照准外，用再通令以资划一。嗣后办理不动产登记及公证之司法机关，凡未设有劝导员者可酌量聘请当地公正士绅担任劝导员。如未与当地征收机关定有互助办法，并得聘请征收机关之征收员为劝导员。其由劝导员劝导而来之案件，即提给百分之十之奖金。至律师因职务关系，不得给与劝导员名义。又各司法机关职员中，如有明了登记公证意义，熟悉其程序者，只须不妨碍其职务之进行，自可随时帮同宣传劝导。惟不得兼劝导员名义，亦不得领取奖金。如其劝导得力，应依考绩法之规定，于考绩

1　国民政府《公证法》，司法院编译处编纂：《国民政府司法例规补编》，司法院秘书处1946年5月发行，第459—464页。文中句号系遵出版体例增。

时予以奖励。合行令仰该院转饬所属各司法机关一体知照，并将转饬情形具报备查。此令。[1]

4月21日，行政院向立法院发出仁捌字第九一〇七号《咨》，提请立法院审议《公证费用法草案》。[2]

4月26日晨，司法行政部部长谢冠生在国府礼堂中枢纪念周上报告公证法要旨，其中提出：

公证制度的用意，是要使人民就他所为的法律行为或其他关于私权的事实，由此得一个确实的证明方法，使旁人不敢同他发生争执。公证事务发达，诉讼自必大为减少，即或发生诉讼，法院也容易判断他的曲直，迅速结案，实为证明私权，杜息争端的良制。各国推行公证，早著成效。我国自廿四年七月，由司法院公布公证暂行规则四十七条，于廿五年四月起，分区施行，试办迄今，各地方法院成立公证处者，已有二百四十二处，预计明年六月底以前，全国地方法院皆可成立公证处。立法院为适应需要，特制定公证法，于本年三月三十一日，由国民政府明令公布，至施行日期及区域，将另行命令定之。[3]

1 司法行政部《办理不动产登记及公证未设劝导员者可聘请公正士绅担任并提奖金令》(训令第二一七四号)，司法院编译处编纂：《国民政府司法例规补编》，司法院秘书处1946年5月发行，第453页。原文无标点，为阅读方便，加现行标点符号。

2 行政院《咨》(仁捌字第九一〇七号)《立法院公报》第一二六期。

3《谢部长在中枢纪念周报告 公证法要旨》,《中央日报》1943年4月27日。

4月30日，陈盛清在《东方杂志》第三十九卷第四号发表《我国公证制度》一文，其文云：

公证制度旨在证明私权，杜息争端，各国推行此制，早著成效。我国自二十四年七月三十日由司法院公布公证暂行规则四十七条，二十五年二月司法行政部又呈准司法院公布公证暂行规则施行细则十九条及公证费用规则三十条，于二十五年四月一日起，先指定首都地方法院管辖区域为施行区域，嗣又分区施行，试办迄今，各地方法院成立公证处者，截至去年十月间，已有二百九十二处；现已抗战已逾五年，社会经济，变动频仍，为贯澈推行公证政策，以减少民间一切纠纷起见，司法行政部特将公证制度列入本年两大中心工作之一，预定年内全国地方法院普遍实施，遂本于六七年来各省试办的经验，报请司法院转函立法院制定法律，送经国民政府公布施行。除公证费用法另待制定，以及公证法施行细则由司法行政部定之外，吾人纵观公证法全文，都五十二条，且与过去的公证暂行规则有显著不同之处。爰将我国公证制度，论其要略，就正读者……[1]

5月3日，司法院发出明字第九九〇号训令令直属各机关，提出：

案准国民政府文官处公函开，准立法院秘书处本年四月六日建处字第二七零七四号函，为公证法第四十五条第二项“第十六条第一项第十九条至第二十三条及第

1 陈盛清：《我国公证制度》，《东方杂志》第三十九卷第四号。

二十七条之规定于作成拒绝证书不适用之”其中“第一项”三字系衍文，应予删去请转陈更正，等由，当经转陈……查公证法业经本院于本月六日以明字第七八六号训令抄发在案。兹准前由，除分令外，合行令仰法院 /[1] 会查照更正。此令。[2]

5月6日，行政院秘书处发出仁捌字第一〇一八三号函：

查公证法业经国民政府明令公布，由院通行饬知（三十二年四月十五日本院仁捌字第八五九三号训令）。兹准国民政府文官处函以“公证法第四十五条第二项”、第十六条第一项、第十九条至第二十三条及第二十七条之规定于作成拒绝证书不适用之，其中“第一项”三字应予删去等由到院，奉谕：“分函更正”，除分行外，相应函达，即希查照为荷。[3]

5月24日，司法院发出院字第二五二四号公函致司法行政部，提出：

案据本院秘书处转陈　贵部本年二月十二日公□字第三九七号函据甘肃高等法院转请核示公证暂行规则适用疑义一案，兹经本院统一解释法令会议议决，公证暂

1　此符号系笔者添，原文是会与法院左右并列。

2　司法院《训令》(明字第九九〇号)，《司法公报》(渝) 第五七五号至五八七号。

3　行政院致函对象暂不详，摘自云南省政府《通令》(笔者所见文本通令文号不全，为秘人字第□号)，通令对象暂不详，《云南省政府公报》第十五卷第廿九期。原文仅有旧式引号，为阅读方便，删旧式引号，加现行标点符号。

行规则于公证法施行时失其效力，公证人于有公证法第十三条第一项所称之正当理由，拒绝请求人之请求时，依同条第二项规定，得以言词或书面为之，此项书面，不过对于请求人通知其请求之拒绝并非同法第四条第五条所称之公证书，□无须依作成公证书之方式作成之，其余系胪列具体事实请求解释法令，与司法院统一解释法令及变更判例规则第三条第二项规定不合，应不予解答。相□□请贵部查照饬知。此致。[1]

6月3日，汪伪司法行政部公布《修正公证费用规则各条文》，对第二条等十个条款进行了修改。[2]

6月11日，司法行政部发出训（民）字第三二八六号训令，提出：

查公证事件季报表，各法院应于各季终了后之翌月上半月，直接呈部，并分呈高等法院。业经本部于民国三十年五月二十三日令由该院转饬遵照。上年九月因推行公证制度已列入中心工作，为考核各法院办理公证事务之成绩，复令该院转饬所属已成立公证处之各地院，对于公证事件季报表，务须按季照呈备核。旋以各法院呈送此项季报表，仍多按照已废止之表式填照，又于上年十二月十八日检发修正公证事件季报表格式，并将原说明予以修改，再令转饬遵照各在案。近经本部统计，

1　司法院公函（院字第二五二四号），《司法公报》（渝）第五七五号至五八七号。

2　汪伪司法行政部公布《修正公证费用规则各条文》，汪伪《国民政府公报》第四九六号。

在上年度中各省已开办公证之地院，其能遵令按季造送者固多，惟亦有仅呈送一两季或竟全不造送者，并最近所送表件仍有沿用已废止之表式者。似此情形，不仅使本部对于各法院所办公证事务之成绩无从考核，而各法院办理公证之数字亦无法统计。兹将该省在上年度中呈报此项季报不齐与全未呈报之地院另单开明，附发，仰即严令各该地院于文到十日内，将上年度应送之季报表造齐，呈核。即令某季未受理公证事件，亦应专文报无。嗣后，并应遵照本部上年十二月令颁表式，按季造呈，以凭考核。除分令外，合行令仰该院转饬所属各法院一体遵照办理。此令。[1]

6月12日上午，立法院第四届第二百四十次会议召开，其中讨论该院法制委员会报告审查修正公证费用法草案案，议决照审查修正案通过，法制委员会的审查报告由委员长林彬作。[2]

6月24日，司法行政部发出第七七八七号《核示公证事件抗议人向高院或分院声明不服及应如何处分疑义令》指令令甘肃高院，称：

呈悉。查公证暂行规则施行细则第六条第二项所称上级司法行政监督长官，系指高等法院或其他分院院

1　司法行政部《训令》[训（民）字第三二八六号]，训令对象暂不详，谢冠生：《战时司法纪要》，十二推行公证提存等制度，第5—6页。该书无出版信息，谢冠生自序时间为1948年1月17日。原文无标点，为阅读方便，加现行标点符号。

2《立法院第四届第二百四十次会议议事录》《本院法制委员会审查修正公证费用法草案案报告》，《立法院公报》第一二六期。

长而言。请求人或利害关系人不服地方法院所为之处分，提出抗议，如在高等分院管辖区域以内者，自应向该分院为之。该分院接收该项抗议后，应用院长名义处分之，并得援用同细则第六条第一项一、二两款规定办理。仰即转饬知照。此令。[1]

6月，汪伪司法行政部在六月的工作报告中提出：

三、关于民事事项

甲推行公证制度并修正公证费用规则各条文

1. 查推行公证制度经全国司法行政会议议决。由本部制就公证制度概要及缮录公证簿册书表格式并参酌社会经济状况修正公证费用规则条文增加法收，并呈请钧院核准现已通令所属各法院积极推行。[2]

7月1日，国民政府公布《公证费用法》，共二十八条。《公证费用法》第一条、第二条、第三条、第二十条、第二十六条分别规定：

第一条　公证费用应依本法购贴司法印纸缴纳之。

第二条　当事人声请就法律行为作成公证书者除本法有特别规定外依其标的之价额按左列规定征收费用

1　司法行政部《核示公证事件抗议人向高院或分院声明不服及应如何处分疑义令》(指令第七七八七号)，司法院编译处编纂：《国民政府司法例规补编》，司法院秘书处1946年5月发行，第468页。原文无标点，为阅读方便，加现行标点符号。

2　汪伪司法行政部工作报告（一九四三年六月），汪伪司法行政部一九四三年五、六、七、九、十一月及一九四四年三、四、五月工作报告，中国第二历史档案馆档案档号：二〇〇三-2371。

二百圆未满者	一圆五角
二百圆以上五百圆未满者	三圆
五百圆以上千圆未满者	五圆
千圆以上三千圆未满者	九圆
三千圆以上六千圆未满者	十四圆
六千圆以上万圆以下者	十九圆

逾万圆者每千圆加收一圆不满千圆者亦按千圆计算。

第三条　法律行为标的之价额以公证人开始制作公证书时之价额为准。

第二十条　当事人声请就私证书为认证者依作成公证书所应征费之规定减半征收费用。

第二十六条　公证处得命当事人预纳公证费用或提供担保。

当事人不预纳前项费用亦不提供相当担保者公证处得拒绝其请求。[1]

汪伪国民政府修正公布《法院组织法》，该法第十条规定：

第十条　地方法院管辖事件如左

一　民事刑事第一审诉讼案件但法律别有规定者不在此限

二　非讼事件[2]

1　国民政府《公证费用法》，司法行政部编辑：《司法法令汇编》第一册民事法令，上海法学编译社代印，1946年版，第176—180页。文中句号系遵出版体例增。

2　汪伪国民政府修正《法院组织法》，汪伪《国民政府公报》第五〇七号。

7月，汪伪司法行政部编撰《公证制度概要浅说》一种。[1]

8月28日，汪伪司法行政部部长罗君强[2]呈文汪伪行政院院长汪精卫，提出：

> 查修正公证费用规则各条文业经呈奉
>
> 钧院核准令由本部施行各在案。惟关于人民购用公证声请书公证授权书及公证书本交付文件阅览声请书三种，在前经部规定每份售价仅五分或三分，现在情势不同、纸张腾贵印工高涨、自不得不提高定价借免赔累，拟将公证声请书每份定价壹元伍角，公证授权书每份定价叁角五分，公证书本交付文件阅览声请书每份定价壹元仍照从前成例、由各地院自行制售……现下各地方法院办公费均属支绌，殊难购备亦拟由部明令准许于所收公证费用项下酌提三成，以作制备各项簿册表格笔墨等费用，庶几公证事务可以顺利推行免致发生困难……[3]

8月30日，司法行政部发出训（民）字第四六四八号训令，提出：

> 查施行公证制度，为时已逾七稔。自上年本部将推

---

1 汪伪司法行政部工作报告（一九四三年十一月），汪伪司法行政部一九四三年五、六、七、九、十一月及一九四四年三、四、五月工作报告，中国第二历史档案馆档案档号：二〇〇三-2371。

2 1942年3月11日，汪伪"中央政治委员会"举行第八十五次会议，任命罗君强为伪司法行政部部长。蔡德金、李惠贤编：《汪精卫伪国民政府纪事》，中国社会科学出版社1982年版，第150页。

3 汪伪司法行政部呈文（民呈癸字第一八六号），中国第二历史档案馆全宗号：二〇〇三（4），案卷号：358。在指令底稿上院长处盖汪兆铭名章，日期为九十七。

行公证列入中心工作后，各法院办理此项事务，其能认真推进著有成效者固多然，亦有因循敷衍，迄今尚未发达者，亟应积极宣传，务使一般人民咸知公证之实益，庶能顺利推行。本部近据广西邕宁地方法院呈送三十二年第二季公证事件季报表及公证处工作报告表到部，审核工作报告表中所列宣传劝导联络各方法均切实可行，以故该地院每季受理公证事件均在二三百起以上，除指令嘉勉饬其继续推进，暨分令外，合行抄发该地方法院公证处工作报告表一份，令仰该院长即予印发所属各地方法院参考，并饬已开办公证处各地院，切实推进以竟全功。此令。

计抄发邕宁地方法院公证处工作报告一份

三十二年第二季公证处工作报告表

第一类　宣传部份

工作项目

（一）函请本市中华影戏院义务长期放映公证宣传标语（备考四月十六日派梁训礼接洽）。

（二）函送部颁公证须知请本市各报登载，并请对于买卖不动产、订婚等，请求登报人劝令来院公证（备考本项原亦可列入劝导部分）。

（三）指派本院推事出席本市各中等学校国父纪念周，讲解公证法令，分电查照见复（备考出发推事四人参加单位九个）。

（四）将重要公证事项及公证利便列表，作广告送由本市民国日报刊登一月。

（五）派员出席城区各镇每月举行之街民大会，向各街民讲解公证法令劝导公证。

（六）奉令转饬县属各乡镇村街公所，认真遵照部颁实行调解与宣传公证办法办理，仍将办理调解与宣传情形按月呈报，并将公证须知随时附发。

（七）节录转饬各乡镇村街公所遵办实行调解与宣传公证令文大意，送请本市各报社发表。

第二类　劝导部份

（一）聘请本市著名中人三人为公证劝导员，又聘本市民国日报社营业股广告主持人为劝导员。

（二）饬知值日执达员对于公证请求人应详告有出具证明资格之机关或人员，以便当事人便宜选择。

（三）饬知各执达员应随时向各乡镇村街长说明公证利益及为街民出具证明义务，劝请予以协助以收公证推行之效。

（四）值日执达员因每日晨披阅本市各报，如有买卖等合于公证之广告，应即填单通知双方当事人劝令公证，并由通知人将该当事人姓名、住址填入通知单存根，逐日送由推事核阅。

（五）饬知非值日执达员，除另有任务外，每日应巡视本市街道，如见有买卖房屋标红，应即前往劝导公证，并将所巡街道名称报核。

（六）划定出巡范围次序及方法。出巡范围及次序：（一）邕西镇（二）德邻镇（三）宁武镇（四）邕南镇（五）模范镇（六）兴宁镇（七）邕北镇。

出巡方法，除依前项办理外，巡视人员应将巡视日期及范围并巡视情形，于每日翌晨八时前报告推事。巡视范围如发现有婚丧事件，应即劝导该当事人公证，其有婚丧仪仗馆店者，并应查询有无该项事件。如有，应即查明地址，前往劝导公证，其不及即日劝导者，并应于次日暇时前往劝导。

（七）请南宁直接税局协助劝导公证，并送公证事项调查表式请随时填送，以便派员劝导。

（八）关于不动产买卖公证，当事人因须缴纳所得税关系所报卖价，每每不实，而本处又无强制估定之权。故收件应慎重核定卖价，如认为与市价相差太远者，应尽量晓以利害关系，劝令报明实价。

第三类　联络部份

（一）函请本市警局转饬户籍负责人员，就其工作有关事件协助劝导推行公证。

（二）函请县府列送县属区乡镇村街名称过院，以便指挥。

（三）函请县府对于公证处调□[1]事项，予公证处以索阅或调取文卷便利。

（四）为使公证书便于当事人声请土地权利登记，函请县府转饬地政科予该当事人以登记之便利。

（五）函请县府直辖各乡镇村街长副，协助推行公证，务使为法律行为之当事人咸来公证。

（六）请县府抄送本市估定标准地价表送院，以便参酌土地买卖价格之是否实在。

（七）请院长转请中华影戏院长期不断放映公证标语。

1　笔者所见文本此处模糊，疑为“查”。

第四类　其他部份

（一）奉院长谕公证处职员，每三日应举行会报一次，商讨公证推行办法及检讨公证工作并遵谕举行。

（二）饬知各执达员应轮流值日接收公证事件。[1]

9月1日，唐山实行公证制度。据汪伪河北唐山地方法院送交广播电台的讲稿记载：

最近，司法行政部复将公证费用规则重行修正公布，华北各省、市定于本年9月1日起施行。唐山地方法院奉令后，业经依期成立公证处，并开始办公。业经布告通知在案。[2]

9月23日，经汪伪行政院院长汪精卫同意，汪伪行政院发出指令令汪伪司法行政部，对8月28日的呈文“所请准予照办”。[3]

10月1日，《国民杂志》第三卷第十期发表了李异的《公证制度之商榷》一文。[4]

10月7日，汪伪国民政府公布《修正司法行政部组织法》，该法第四条、第九条分别规定：

1　司法行政部《训令》[训（民）字第四六四八号]，谢冠生：《战时司法纪要》，十二推行公证提存等制度，第6—7页。该书无出版信息，谢冠生自序时间为1948年1月17日。原文无标点，为阅读方便，加现行标点符号。

2　在日伪统治时期，汪伪河北唐山地方法院共办理公证业务13件。参见唐山市地方志编纂委员会编：《唐山市志》第四卷，方志出版社1999年版，第2563—2564页。

3　中国第二历史档案馆全宗号：二〇〇三（4），案卷号：358。

4　李异：《公证制度之商榷》，《国民杂志》第三卷第十期。据该刊登载，李异系“律师”。

第四条　司法行政部置左列各署司

一、刑务署

二、调查署

三、总务司

四、民事司

五、保护司

第九条　民事司掌左列事项

一、关于民事诉讼审判之行政事项

二、关于非讼事件事项

三、关于公证及提存事项

四、关于司法机关所管之登记事项

五、其他民事事项[1]

11月18日，汪伪司法行政部发出民训癸字第一六三一号训令，令汪伪浙江高等法院院长、江苏高等法院院长、上海高等法院院长、广东高等法院院长、苏淮特别区高等法院院长，提出：

查公证制度，为保护私权，清理讼源而设，法良意美，莫逾于此，自民国二十五年试行以来，迄未见有成效，实因宣传能事，尚有未尽，本部有见及此，当于本年七月间，编制公证制度概要浅说，随文附发，先就事变前，已经指定办理之武昌，汉口，九江，首都，上海，厦门，鄞县，江都，芜湖，吴县等地方法院，命其广为散发，努力推进，数月以来，不无相当成绩，就中以武汉两地院，收效最著，要系就地宣传之力，兹据上

1　汪伪国民政府《修正司法行政部组织法》，汪伪《国民政府公报》第五四八号。

海高等法院呈复该院所属上海等各地院，推行该项制度情形，叙及松江，崇明两地院，拟欲试办，又本部民事司，前曾发函征询各省地院，人民经济状况，对于是项制度，是否需要推行，亦据无锡，常熟，汕头等地院，先后函称，均以有推行之可能，是则公证制度施行区域，自须推广，兹本部就诉讼较繁，财力较充，之（杭县，无锡，常熟，松江，崇明，广州，汕头，徐州）各地方法院，指定为试办公证之区域，并随文附发以上各地院，每院公证制度概要浅说三百份，及公证簿册书表格式各二本，仰转饬各该指定地院于繁盛地点，广为散发，或张贴通衢，或用无线电广播，或转登当地报纸，务使一般民众，咸知公证制度之利益，而乐于遵行，关于上开各地院之承办人员，并仰于原院推事中遴员请派，除分令外合亟令仰遵照，并分别转饬遵照办理，仍将各地院奉文及施行公证日期，具报备查。

此令。[1]

11月，汪伪司法行政部在十一月工作报告中提出：

四、关于民事事项

甲指定杭县等地方法院兼办公证事务

查本年七月间编撰公证制度概要浅说一种，令饬已兼办之汉口、武昌、九江、首都、上海、厦门、鄞县、江都、芜湖、吴县等地方法院，广为宣传并调查其他不办公证各地人民经济状况，以为推广之依据数日以来，迭据各

1　汪伪司法行政部《训令》(民训癸字第一六三一号)，汪伪《国民政府公报》第五六七号。

省市高等法院转报其已办者颇有相当成绩、未办者亦拟试行开办，经本部审顾结果决就诉讼较繁财力较充之杭县、无锡、常熟、松江、崇明、广州汕头徐州等地方法院先行推广指定为兼办公证区域于十一月十八日通令江苏、上海、广东及苏淮等高院转饬各该指定地院遵办并办事提倡务使一般民众咸知公证制度之便利与价值。[1]

12月6日，国民政府发出渝文字第七八二号训令令直辖各机关，提出：

查公证法，前经制定明令公布在案。兹将该法定自民国三十三年一月一日起各省一律施行，应再通行饬知。除公布并分行外，合行令仰知照。并转饬知照。此令。[2]

12月25日，司法行政部公布《公证法施行细则》，共二十六条，该《公证法施行细则》第二条、第三条、第四条、第五条、第六条分别规定：

第二条　依照公证法第二条之规定兼充公证人者应由地方法院院长开具衔名由高等法院呈请司法行政部派充之。

前项兼任人员办理公证事务时应以公证人或佐理员名义行之。

第三条　地方法院公证处或分处有设置专任公证人或佐理员之必要者应声叙理由呈由高等法院转呈司法行

1　汪伪司法行政部工作报告（一九四三年十一月），汪伪司法行政部一九四三年五、六、七、九、十一月及一九四四年三、四、五月工作报告，中国第二历史档案馆档案档号：二〇〇三-2371。标点符号从原文。

2　国民政府《训令》（渝文字第七八二号），《国民政府公报》渝字第六二九号。

政部核准任用之。

第四条　地方法院院长不得兼充公证人。

第五条　公证人及佐理员办理公证事务应出以和蔼诚实之态度。

第六条　公证人及佐理员之俸给适用关于书记官俸给之规定。[1]

12 月 27 日，四川重庆地方法院院长倪徵𣋉向重庆市社会局发出公函，事由为《为推广公证制度函请　转行本市各电影院加放幻灯片标语希协助由》，提出：

……拟请

贵局转行本市各电影院，于开映正片前放映幻灯片广告时，加放关于本院制就公证标语，使一般人民咸知公证之实益，庶能普遍推行而收宏效，相应检同标语文稿八份函送

贵局查照赐予协助并希

见覆为荷此致

重庆市社会局

附公证标语文稿八份[2]

1　司法行政部《公证法施行细则》，司法行政部编：《司法法令汇编》第一册民事法令，上海法学编译社代印，1946 年版，第 173 页。文中句号系遵出版体例增。

2　四川重庆地方法院院长倪徵𣋉《公函》（文字第七五九一号），重庆市社会局似于 1944 年 1 月 11 日回复“自应照办”，“制成幻灯片于开映正片前连映两星期”。因笔者所见文稿系重庆市档案馆提供的复印件，有的字迹辨认不清。重庆市社会局、四川重庆地方法院关于切实推广公证制度的公函、训令，重庆市档案馆 0060-0001-00396 档案。原文无标点，为阅读方便，加现行标点符号。

1944年

1月1日，国民政府公布的《公证法》《公证费用法》施行。[1]

司法行政部公布的《公证法施行细则》施行。[2]

1月31日，司法行政部发出训（民）字第五五七号训令，提出：

查公证法已奉国民政府命令，定于三十三年一月一日各省一律施行。曾经本部令饬遵照在案，依照公证法第一条规定，公证事务于地方法院设公证处办理。嗣后该院辖境内如增设地方法院，即应同时成立公证处，并应将其成立日期及承办人员衔名具报备查。其兼办公证事务之公证人及佐理员，可由该高院先行派代再呈部请委。至该省已成立公证处之地方法院，仍仰随时督饬切实办理。务使此种良制得以顺利进行，除分令外，合行令仰该院知照。此令。[3]

3月16日，浙江龙泉地方法院发出字第三〇三号训令令该院

1 司法行政部编:《司法法令汇编》第一册民事法令，上海法学编译社代印，1946年版，第162、176页。

2 司法行政部编:《司法法令汇编》第一册民事法令，上海法学编译社代印，1946年版，第173页。

3 司法行政部《训令》[训（民）字第五五七号训令]，谢冠生:《战时司法纪要》，十二推行公证提存等制度，第8页。该书无出版信息，谢冠生自序时间为1948年1月17日。原文无标点，为阅读方便，加现行标点符号。

候补书记官王容海：[1]

案查本院前奉

浙江高等法院卅三年一月卅一日人字第二二七号训令，转饬将原有专办或兼办公证事务之推事书记官员名，具报转呈委派等因：奉经开具员名呈请派代在案。兹奉卅三年二月四日人字第九四七号指令开，呈悉，准派该院推事傅朝阳[2]兼代公证处公证人，惟查王孚钧系该院录事，派为公证佐理员，依法不合，兹改派该院候补书记官王容海兼代公证处佐理员，除汇呈[3]司法行政部请委外，合行令仰，转饬知照。

此令。

等因：奉此，合行令仰该员知照，此令。

院长　谢诗[4]

4月12日，司法行政部发出训（人一）字第二三〇九号训令，

1　依据上海市档案馆有关档案记载，王容海1939年一度加入中国共产党，因回家后被战时阻隔断绝关系，1947年重新入党。1932年11月起在上海地方法院，江苏上海第一特区地方法院，浙江金华、龙泉地方法院，浙江高等法院，上海高等法院任职。1980年11月3日任上海市人民律师协会副会长，1983年12月19日以上海市第一法律顾问处律师身份离休，上海市档案馆B1-2-304-3、B317-1-3-17、B317-1-406-42档案。

2　有同仁认为是“傅朝汤”，保存在浙江省龙泉市档案局里的龙泉季贤儒祭田公证案卷（1943）里，1943年7月20日制作的笔录中“王孚钧”被记载为书记官，推事的名字最后一个疑似“汤”，廖明编著：《浙西南公证纪略与研究》，中国文史出版社2015年版，第102页。

3　原文件后即空格。浙江龙泉地方法院训令（字第三〇三号）。

4　浙江龙泉地方法院训令（字第三〇三号）。原件中有多处用毛笔点小黑点作为标点。为阅读方便，加现行标点符号。

提出：

查关于公证人执行职务之回避，准用民事诉讼法第三十二条之规定，在公证法定有明文。嗣后，各地方法院公证人遇有依法应行回避案件无人承办时，应由同院院长另派推事暂行兼代公证人职务，俾资接办。除分令外，合行令仰，转饬遵照。此令。[1]

5月1日，汪伪广州地方法院公证处成立，由伪法院推事容伯强主持该处业务，办公地址在仓边路汪伪广州地方法院内。[2]

5月11日，司法行政部发出训（民）字第三一五三号训令，提出：

查推行公证制度，为时已逾八稔。自三十一年列入本部中心工作，令各法院限期分批举办。各地方法院之公证处，多以次第成立。截至本年六月底，当可如期完成。惟此种制度之推行，重在公证事务之发达。核阅季报，各法院受理公证事件，如甘肃之临夏、广东之梅县、广西之邕宁，每季固已达数百起，或百数十起以上，但其他各法院，乃有终年或数季不收一件者，其结果如此悬殊，则关于公证制度之宣传劝导，自有用力之勤与不勤，而办理亦有善与不善也。本部为此制定各地方法院办理公证事务竞赛办法，以课殿最

1　司法行政部《训令》[训（人一）字第二三〇九号]，谢冠生：《战时司法纪要》，十二推行公证提存等制度，第8页。该书无出版信息，谢冠生自序时间为1948年1月17日。原文无标点，为阅读方便，加现行标点符号。

2　广州市地方志编纂委员会：《广州市志（卷十二）》，广州出版社1998年版，第290页。

而资鼓励。各高等法院院长负有直接监督之责，亦应严加考核，随时督促，俾可达预期之目的。除分令外，合行仰该院长遵照，并转饬所属各地方法院遵照办理。此令。

各地方法院办理公证事务竞赛办法

第一条　本部为督促各地方法院推行公证制度起见，特制定本办法。

第二条　参与竞赛之机关，为各已成立之公证处之地方法院。其每月办公经费在千元以上者为甲等，不及千元者为乙等。

第三条　竞赛每年举行一次，第一次自三十四年一月一日开始至同年十二月底止。

第四条　竞赛标准如左

（一）一年内甲等法院办理在六百件以上、乙等法院办理在四百件以上者为上等

（二）一年内甲等法院办理在四百件以上、乙等法院办理在二百件以上者为中等

（三）一年内甲等法院办理不及二百件、乙等法院办理不及一百件者为下等。

第五条　本部于每年四月就各地方法院呈送之上年度公证事件季报表所列数字，核定其等次，如表报迟误者，仅就其已呈报之数字核定。

第六条　竞赛结果其成绩特殊者记大功，列上等者记功，列下等者视其情节得记过或记大过。

第七条　得受奖惩人员为参与竞赛之地方法院院长及承办公证事务人员。

第八条　本办法自公布之日施行。[1]

6月29日，行政院发出义捌字第一四六三六号训令，提出：

全国行政会议司法行政部提拟“请令各省市政府督促各乡镇公所实行调解与宣传公证案”经决议“通过送请行政院通饬施行”，除分令外，合行抄发原提案令仰遵照办理。此令。[2]

10月2日，司法行政部发布训（民）字第六三三六号训令，提出：

查推行公证制度之主旨，系在保护人民之私权而减少其讼端。关系至为重要，各法院办理公证人员平时对于公证法令自应悉心体会，庶免临时周章。倘办理稍有违误，匪为有关人民之利益且影响此制之推行。兹将其应行注意各点开列于后：

（一）法院内设置公证处，应选择适当之房屋并以另行辟门出入，不与诉讼当事人进出相混为宜。公证室内应为请求人及其他关系人设置座位。

（二）公证处人员办理公证事务，须和平、诚实，对于人民就公证程序有所询问时，应即详为解答使其澈

1　司法行政部《训令》[训（民）字第三一五三号]，谢冠生：《战时司法纪要》，十二推行公证提存等制度，第8—9页。该书无出版信息，谢冠生自序时间为1948年1月17日。原文无标点，为阅读方便，加现行标点符号。

2　摘自云南省政府《训令》（笔者所见文本训令文号不全，为秘三1字第□号），训令对象暂不详，《云南省政府公报》第十六卷第卅五期。司法行政部提案中有《乡镇公所实行调解与宣传公证说明》《公证须知》。

底明了。

（三）办理公证事件，除有特别情形外，应按收文号数之次序为之，不得先后错乱。

（四）公证人对于请求公证事项有无违反法令，并所为之法律行为是否无效，应详细加以审查。

（五）请求人请求公证或认证，如用书面应购用公证声请书其声请书之记载未尽合法者，应即加以指示，命其当场补正，系用言词声请者，应为作成笔录记载明确。

（六）收受请求人或其他关系人所交文件，务须当场点清，逐一登载各种簿册并掣给收据。

（七）请求人一经到齐，应即命人引导入室，分别为之公证或认证。如同日受理公证事件过多，未能办竣，即应于次日办理，并命请求人届时到场。

（八）公证人应令请求人详细陈述其请求公证之法律行为或其他关于私权之事实，遇有陈述不明或不完足者，应令其叙明或补充之。

（九）公证人作成公证书或为认证时，如对于该法律行为之是否有效，及行为人能力有无欠缺，或该法律事实所影响之私权关系发生疑问时，应促令关系人注意，并得令其为必要之说明。

（十）请求人就给付金钱或其他代替物或有价证券之一定数量为标的之请求作成之公证书，经载明径受强制执行者，公证人应告知请求人，如债务人不为给付时，无须对之起诉，即可本此证书声请法院强制执行。

（十一）制作拒绝证书，除依照公证法之规定办理外，并应参照票据法关于拒绝证书之规定。

（十二）对于认证私证书之缮本，应核对其与私证书原文是否相符，并与缮本内记明其理由。

（十三）公证人制作各项证书，其自己及在场人应签名盖章者，即须签名盖章不得疏漏。

（十四）请求人或其继承人及就公证书有利害关系之人请求阅览公证书原本，或其他文件，或请求交付公证书缮本，节录正本，或节录缮本者，公证处均应迅速处理。

（十五）发给请求人或其他关系人之证书，应缮写清晰，校对正确，最好能于作成证书之日当面交付。

（十六）请求人或其他关系人阅览公证文件时，应由佐理员在场监视。

（十七）公证劝导员是否认真宣传劝导，应随时加以考查并指宣传劝导之方法。

（十八）由公证劝导员劝导而来之公证事件，公证劝导员曾为请求人出具证明书，证明其实系本人者有证明其为本人之效力。

（十九）公证事件遇有公证人应回避者，应由该地院院长另派推事暂行兼代公证人办理所回避事件。

（二十）征收公证费用应依照公证费用法所定之标准，妥慎办理，倘计算有疑义时应由公证人核定。

（二十一）公证人及佐理员出外执行职务之旅费及依请求送达文件之食宿舟车费，应依民事诉讼费用法第二十四条核实计算，不得多征，倘有余款事竣应即发还。

（二十二）征收公证抄录费，应比照该省呈准缮状费征收标准征收之。

（二十三）公证声请书每份收售价八元，其他各种声请书及公证授权书每份收售价五元。

（二十四）公证费用除应提给奖金者外，均应购贴司法印纸。

（二十五）已购贴之司法印纸，除公证处计算错误致超过定额或不应收费而收费或重复收费者外，概不退还原价。

（二十六）关于公证认证文件应按其次序随时编成卷宗，连同各种簿册妥为保管。

（二十七）公证处向请求人为通知时，得用邮递或其他便宜方法行之。

（二十八）报部之公证事件季报表，公证人应督饬承办人员按季造不得延迟。

以上各点均为办理公证事务应行注意之事项，务望各法院及办理此项事务之公证人并佐理员，切实遵行。俾公证事务日臻发达，是所厚望。除分令外，合行令仰该院转饬所属各地方法院遵照。此令。[1]

11月29日，新疆省高等法院发出指示，要求公证处（室）与法院不能同用一座门出入，应单独开门，另行进出，并为公证请求人及其他人设置座位。[2]

1　司法行政部《训令》[训（民）字第六三三六号]，谢冠生：《战时司法纪要》，十二推行公证提存等制度，第9—10页。该书无出版信息，谢冠生自序时间为1948年1月17日。原文无标点，为阅读方便，加现行标点符号。

2　新疆维吾尔自治区地方志编委会编：《新疆通志·司法行政志》，新疆人民出版社2000年版，第333页。

11 月 30 日，斋藤直基知编纂的伪《满洲国政指导综览》(伪康德十一年版）由“满洲产业调查会”发行。该书收录了伪满洲国司法部民事司司长前泽忠成所写的《民事司法之概貌》一文，其中提到：

> 防止民事纷争于未然之方□、[1]有公证及证书之确定之期日之制度。前者为关于契约及其他之事项、于其成立、作成得以安心之公正证书、及关于私人作成之证书、认证为真正成立之方法、后者、为证明其证书作成之期日、毫无错误之方法、均于区法院、处理其事务。以康德九年度之统计、公证事务、约达六千件、关于附确定日期之事务约达五万八千件、逐年见有其利用数增加之状态。[2]

12 月，汪伪广州地方法院公证处自 5 月 1 日成立到年末，共办理公证 39 件（分类是：授权书 26 件，代理权之授与书 5 件，和解约、房屋分赠、认证终止收养合约、取消买田定约、委任状、钱庄顶出约、铺底顶手契约、批约各 1 件）。[3]

1945 年

1 月后，汪伪汉口地方法院办案人员为 19 人，其中公证处有

1　此处字迹模糊，疑为途。

2　前泽忠成：《民事司法之概貌》，斋藤直基知编纂：伪《满洲国政指导综览（康德十一年版）》，1944 年 11 月 30 日“满洲产业调查会”发行，第 294、298、299 页。因伪康德年号在正文及书名中，为尊重历史计，仍录伪康德年号。

3　广州市地方志编纂委员会：《广州市志（卷十二）》，广州出版社 1998 年版，第 307 页。

推事、书记官各一人，比上年各减少一人。[1]

2月15日，当日出版的《工作竞赛月刊》第三卷第一、二期合刊报道：公证事务竞赛三十四年一月十五日起实行。[2]

2月22日，司法行政部发出训（民）字第一二七八号训令，提出：

> 查公证制度施行有年，而各地方法院公证处亦均已次第成立。惟此种制度之推行，重在公证事务之发达。核阅各法院所送季报，其受理事件固有每季已达数百起或百数十起者，但亦有终年或数季中仅受理数起或竟无一起者。本部为增进办理公证事务之效能起见，曾于三十三年五月制定各地方法院办理公证事务竞赛办法通饬遵照在案，依照该办法之规定，各法院公证事务第一次竞赛系自本年一月一日开始举行。各该地方法院对于公证事务之推进，嗣后务须切实办理。其尚未著有成效者，更应多方设法宣传劝导，力图发展。各该高等法院亦应随时监督考核，俾竞赛结果均能办理有功，是所厚望。再公证事件季报表应按季造呈备核，即令某季无公证事件，亦应专文报无，迭经本部通饬遵照有案。近

1　武汉市中级人民法院史志编写组：《日伪时期汉口地方法院的概况》，《政法史料》1982年第1期。

2《公证事务竞赛　三十四年一月十五日起实行》，《工作竞赛月刊》第三卷第一、二期合刊。此处竞赛时间与司法行政部发出的训（民）字第三一五三号训令所载的《各地方法院办理公证事务竞赛办法》第三条中所称的自三十四年一月一日开始不同。司法行政部《训令》[训（民）字第三一五三号]，谢冠生：《战时司法纪要》，十二推行公证提存等制度，第8—9页。该书无出版信息，谢冠生自序时间为1948年1月17日。

来各法院能恪遵前令，按季造送者固多，但亦有于一年之中仅送一二季或全不造送者，殊属不合。嗣后对于公证事件季报表，务须按季造报，并将上年及以前各年度呈送不齐之季报，迅予查明，补呈备核。即令某季未受理公证事件，亦应专文报无。又本年举行各法院公证事务之竞赛，系就本年各季报所列数字核定其等次。如表报迟延，即请就已呈报之数字核定。其呈报尤不得稍有迟延、间断，至季报表格式应遵照本部三十三年八月二十九日训民字第五五五七号训令检发之修正公证事件季报表格式及说明填造。除分令外，合行令仰该院长遵照并转饬所属各地方法院遵照办理。此令。[1]

5月15日，中华民国法学会主编的《中华法学杂志》第四卷第五期发表了司法行政部民事司司长余觉的《公证纪要》一文，此文分引言、公证之内容、公证之效用、公证之推行、公证法之施行五个部分。在公证法之施行中对《公证法》与《公证暂行规则》不同处作了详细说明，指出：

此法乃系脱胎于公证暂行规则而有下列不同之点，即第二条第一项规定公证处置公证人委任或荐任，办理公证事务，由司法行政部就具有左列各款资格之一者遴充之：（一）经公证人考试及格者。（二）曾任推事检察官或县司法处审判官者。（三）曾执行律师职务者。

1　司法行政部训令［训（民）字第一二七八号］，谢冠生：《战时司法纪要》，十二推行公证提存等制度，第10—11页。该书无出版信息，谢冠生自序时间为1948年1月17日。原文无标点，为阅读方便，加现行标点符号。

（四）曾任法院书记官三年以上成绩优良者。（五）在教育部认可之国内外专科以上学校修习法律学科得有毕业证书者。第二项规定：前项公证人得由地方法院推事兼充之。是对于公证人，以就具有一定资格之人遴充为原则，以法院推事兼充为例外，与公证暂行规则之限于推事兼办或专办者不同。又第四条规定，当事人或其他关系人得请求公证人就左列各款法律行为作成公证书或认证私证书：（一）关于买卖，赠与，租赁，借贷，雇佣，承揽，委任，合伙，或其他关于债权债务之契约行为。（二）关于所有权，地上权，地役权，永佃权，抵押权，质权，典权或其他有关物权得丧变更之行为。（三）关于婚姻，认领，收养或其他涉及亲属关系之行为。（四）关于遗产处分之行为。（五）关于票据之拒绝承兑拒绝付款船舶全部或一部之运送契约保险契约或其他涉及商事之行为。（六）关于其他涉及私权之法律行为。第五条规定，当事人或其他关系人得请求公证人就左列各款关于私权之事实作成公证书或认证私证书：（一）关于时效之事实，（二）关于不当得利无因管理侵权行为债务履行或不履行之事实，（三）关于不动产相邻关系，无主物之先占，遗失物之拾得，埋藏物之发见，漂流物或沉没品之拾得，财产共有或占有之事实，（四）关于其他涉及私权之事实。是就法律行为及其他关于私权之事实，详为例示之规定，与公证暂行规则仅规定当事人或其他关系人得就法律行为或其他关于私权之事实请求作成公证书或认证私证书者不同。又第十四条规定，公证人办理公证事务有不当者，请求人或利害关系人得提出抗议，公证人应于三日内将其抗议书连同关系文件呈送地方法院院长核办，必要时并应附具意见。第十五条第一项规定，地方法院院长接到前条抗议书后，应即为左列之处分：（一）有理由者命公证人为适当之处分。（二）无理由者为驳回抗议之处分。第二项规定，不服前项之处分者，得自接到处分文件之翌日起，五日内向高等法院或其分院院长声明之。是就抗议程序，详为规定，与公证暂行规则之未为规定，有待于施行细则补充者不同。又第十九条规定，公证人作成公证书如不认识请求人时，应有公证人所认识之证人二人证明其实系本人，或令其提出相当之证明书，是对于证明方法之规定，较为圆活，非若公证暂行规则所定之呆板。又第三十八条第一项规定，公证人得依职权或依请求人或继承人之请求，交付公证书之正本，是对于交付公证书正本，亦得依职权为之，非若公证暂行规则之限于请求。以上各点，均系本于公证暂行规则实行之经验□[1]种种有进步之规定。将来该法施行更为便利，即于公证之发展大有裨益。[2]

5月，在司法院编印的《司法院工作报告》中提出：

公证制度，足以确保人民之私权，减少诉讼之争执，各国行之已久，本院前于二十四年七月三十日公布公证暂行规则，令司法行政部筹备施行，经该部制定公证暂行规则施行细则，于二十五年四月间在首都地方法

1 原刊此处印刷模糊，余度似为“为”。

2 余觉：《公证纪要》，《中华法学杂志》第四卷第五期。

院管辖区域内开始试办，嗣后各省地方法院亦陆续呈请试办，据统计报告，有每季受理公证事件近两百起者，足见此制已渐为人民所信仰，而原颁规则，规定试办期间为两年，复经提请，国防最高会议核定延展二年，在此延展期间，积极推进，成效□著，此项制度，遂由暂行试办而改为正式法律，现行公证法已于三十二年三月三十一日奉令公布，并定自三十三年一月一日起，各省一律施行。[1]

6月8日，汪伪司法行政部部长吴颂皋[2]呈文汪伪行政院院长陈公博，提出：

案查公证费用规则曾于三十二年六月三日呈准修正公布其征收标准悉依当日情况而定，按之现在环境所订征收数额已嫌过微，拟将该规则第二条第十二条第十三条第十四条第十八条第十九条第二十三条第二十四条所定征收费用酌予修正提高，以期适合实际，又查各法院所收公证费用前曾呈准酌提三成，留充制备簿册表格以及笔墨各项费用，近来物价高涨，公证费用收入有限……拟请准将留用成数改为六成，俾使办理公证各法院收入稍增，足资弥补，公证事务借此可以顺利推行，免致发生困难，再查关于人民购用公证声请书公证授权书及公证书本交付文件阅览声请书等三种，三十二

1 司法院编印：《司法院工作报告》，1945年5月，第3页。

2 1945年1月11日，汪伪“中央政治委员会”举行第一四三次会议，任命吴颂皋为伪司法行政部部长。蔡德金、李惠贤编：《汪精卫伪国民政府纪事》，中国社会科学出版社1982年版，第262页。

年曾经本部呈准订定售价，实已不敷工本，兹拟改定售价公证声请书每份国币叁百元，公证授权书每份国币贰百元，公证书本交付文件阅览声请书每份国币贰百伍拾元，仍照从前成例，由各法院自行制售……[1]

6月15日，经汪伪行政院院长陈公博同意，汪伪行政院发出指令令汪伪司法行政部，认为：

……呈件均悉。所请准予照办，附件存。[2]

7月1日，伪满洲国皇帝溥仪发布第二百十六号敕令，公布《亲属继承法》，其中第二百三十二条、第二百三十四条、第二百三十五条分别规定：

第二百三十二条　遗赠须依自书、公证、密封、代笔或口授之方式为之。

第二百三十四条　公证遗嘱须依左列方式

一　二人以上之证人莅场

二　遗嘱人向行公证事务者口授遗嘱趣旨

三　行公证事务者笔记遗嘱人之□□向遗嘱人及证人宣读

四　遗嘱人及证人承认笔记□正确后各自署名

五　行公证事务者附记其证书系按前四款所载方式

1　汪伪司法行政部呈文（民呈西字第六六号），中国第二历史档案馆全宗号：二〇〇三（4），案卷号：358。

2　汪伪行政院《指令》（指令编号疑为“指令政字第7124号”），中国第二历史档案馆全宗号：二〇〇三（4），案卷号：358。指令拟稿系1945年6月13日，次日校对，在指令底稿院长处盖陈公博名章，指令时间书写潦草。原文无标点，为阅读方便，加现行标点符号。

作成者而署名。

第二百三十五条　密封遗嘱须依左列方式

一　遗嘱人于证书署名

二　遗嘱人封□证书于封□处署名或盖封印

三　遗嘱人于行公证事务者及二人以上之证人前提出□书陈述系自己遗□书□书写人之姓名及住所

四　行公证事务者于封面记载提出证书之年月日及遗嘱人之陈述□□遗嘱人及证人共同署名。[1]

8月15日，汪伪广州地方法院公证处本年1月1日起至8月15日止，共办理公证46件，分类是：授权书13件，买卖契约认证19件，委任状5件，铺底顶手契约、分产书、委权书、租赁顶手契约、遗嘱、分割契据、委托书、保产声明、离婚协议各1件。日伪时期汪伪广州地方法院公证处共受理公证85件。[2]

8月17日，司法行政部发出训参字第五〇三四号《改订提存书类公证书类不动产登记书类及图式用纸工本暨登记绘图等费用令》训令令各省高等法院，提出：

查关于提存书类、公证书类及不动产登记书类暨申请不动产登记、阅览、抄录、绘图等工本及费用，业经本部分别酌予增加，先后通饬遵照在案。兹以物价日益高涨，前经改订数额又复不切实际，实有增加之必要，

1　伪满洲国《亲属继承法》,《政府公报号外》，李茂杰主编：《伪满洲国政府公报全编（全一百六十三册）》第160册，线装书局2009年版，第337、354页。此《政府公报号外》系1945年7月1日发行。文中句号系遵出版体例增。

2　广州市地方志编纂委员会：《广州市志（卷十二）》，广州出版社1998年版，第307页。

经参酌各地经济情形另行规定。业经呈奉

行政院指令准予照办在案……又公证书类中“公证声请书”每份改售四十元，公证书正本交付、缮本交付、节录缮本交付、文件阅览等四种声请书及“公证授权书”每份改售三十元……[1]

8月，随着日军投降，汪伪国民政府解散，汪伪司法行政部亦解散，伪首都地方法院公证处随之撤销。[2]

11月1日，广州地方法院院长霍维泗宣布广州地方法院公证处成立，由法院推事林琼楼（兼书记官、佐理员）负责该处业务。[3]广州地方法院公证处在成立当日，在广州各大报纸刊登开业消息：“凡社会人士为买卖借贷租赁赠与雇佣承揽合伙订婚结婚离婚遗嘱或对田地房屋所有权抵押权典权地上权永佃权地役权者皆可请求公证……”，当天，接办了三件公证业务。[4]

11月23日，司法行政部发出训民字第七一五六号训令令河北高等法院，其中提出：

现全国各地方法院均已成立公证处，所有该省因战

1 司法行政部《改订提存书类公证书类不动产登记书类及图式用纸工本暨登记绘图等费用令》（训参字第五〇三四号），司法行政部编辑：《司法法令汇编》第一册民事法令，上海法学编译社代印，1946年版，第160—161页。原文除有旧式引号外，无其他标点，为阅读方便，加现行标点符号。

2 参见南京市地方志编纂委员会编：《南京司法行政志》，方志出版社2000年版，第307页。

3 广州市地方志编纂委员会编：《广州市志（卷十二）》，广州出版社1998年版，第290页。因林琼楼不懂广州话，接办公证事务困难，1946年5月改由刘树棠为公证处推事，书记官为邓慕昭，刘驾坤为佐理员。同书，第290页。

4 广州市地方志编纂委员会编：《广州市志（卷十二）》，广州出版社1998年版，第301页。

事暂行停办之北平、天津、唐山、石门、滦县、邢台、河间、大名、涿县、冀县、定县、保定等十二地院，一俟法院恢复办公，应即转饬，迅将公证处筹设成立并将其成立日期及承办人员衔命具报备查。其兼办公证事务之公证人及佐理员，可由该高院先行派代，再呈部请委，合行令仰该院知照。此令。[1]

1946年

1月24日，司法行政部发出训渝民三一二号训令，提出：

查各地方法院办理公证事务第一次之竞赛业已终了，除俟至本年四月，将竞赛等次评定后，再另令饬遵外，惟核阅各法院所送公证季报，其受理件数，固有一季之中达二三百起或在五百起以上，亦有数季中收件寥寥无几，或竟无一起者，其结果如此悬殊，非因情形特殊，即未认真推进。现本年度为各地院办理公证事务第二次竞赛之年，各该地院对于公证制度之推行，嗣后务须遵照本部迭次训令，切实宣传劝导。其办理尚无成效者，尤应积极整顿，力图发展，俾竞赛结果均能表现成绩。再上年公证事务第一次之竞赛，须就各季公证事件季报表所列数字核定其等次，所有各法院三十四年冬季是项季报表及呈送不齐之各季报，应迅予编就、呈核，如造报迟延，即就已呈报之数字核定。除分令外，合行

1　司法行政部《训令》(训民字第七一五六号)，摘自河北高等法院1946年1月第八三号训令，《河北高等法院公报》复员后第一期。原文无标点，为阅读方便，加现行标点符号。

令仰该院转饬所属各地方法院遵照办理。此令。[1]

1月，河北高等法院发出第八三号训令令所属各院，提出“北平、天津等十二地院，一俟法院恢复办公，应即转饬迅将公证处筹设成立日期及承办人员呈部，仰遵照由”。[2]

2月15日，台北地方法院公证处成立，台北地方法院令伪台北地方法院所属公证人石崎皆市郎停职，并将其办理公证事务之印章、原本缀、受付簿、确定日附簿、记录等件，全部接管。[3]

3月15日，首都地方法院恢复建立公证处，当年办证16件，收取公证费283473800元。[4]在首都地方法院为复业所写的布告底稿中云：

> 查本院公证处前因战事停办、复员后即经积极筹备恢复、现已就绪、兹定于本年三月十五日照常收件、嗣后凡有公证或认证事件、应径向本院公证处请求、合行布告、仰本市商民人等一体知照、此布
>
> 院长　汪兆彭[5]

1　司法行政部《训令》《训渝民三一二号》，谢冠生：《战时司法纪要》，十二推行公证提存等制度，第11页。该书无出版信息，谢冠生自序时间为1948年1月17日。原文无标点，为阅读方便，加现行标点符号。

2　河北高等法院《训令》(第八三号)，《河北高等法院公报》复员后第一期。原引文无标点，为阅读方便，加现行标点符号。

3　台湾高等法院文牍科编印：《台湾省司法会议报告书议决案》，第43页。编后识落款时间为三十六年三月十五日。

4　南京市地方志编纂委员会编：《南京司法行政志》，方志出版社2000年版，第130、155页。

5　公证处民国三十四五年度收件卷宗，南京市档案馆1024-35-34347档案。档案号因笔者摘抄匆忙，字迹模糊，以南京市档案馆信息为准。布告底稿上无时间与编号。

4月，上海地方法院成立公证处，指派推事一员为公证人，书记官一员为佐理员。[1]

5月13日，以广州地方法院院长霍维泗名义提名并以广州市市长名义向广州市24个区聘请了“公正士绅”716人为广州公证劝导员，他们大多数是地方保长。公证劝导员的职责是：宣传公证意义和作用，劝导当事人前往公证处办理公证。为了鼓励公证劝导员的积极性，规定凡是由公证劝导员直接劝导的当事人到公证处办成之公证事项，公证处将提取当事人公证费10%作奖金奖给公证劝导员。但规定律师因执行职务关系，不得享受这项奖励待遇。[2]

5月，台湾高等法院院长杨鹏在《台湾司法接收报告书附建议书》中言：

日本内地公证人法、亦施行于台湾、公证人系依当事人及其他关系人之嘱托、对法律行为及其他有关私权之事实作成公正证书、并认证会社（公司）之章程及其他私署证书等、

公证人受该管地方法院院长监督、但台湾总督依照司法行政监督之规定、对于公证人之任免及其所属地方

1　是年，该院公证处仅办理公、认证案件三二件。上海地方法院统计室编印：《上海地方法院统计报告》[民国三十五年度（附三十四年度）]，无出版日期，第19页。据该资料查良鉴序言落款时间为1947年5月1日。《上海地方法院工作报告》第4页则载该院公证处是年办理案件三五件，可能统计口径不一致。笔者所见《上海地方法院工作报告》无出版信息，1947年10月编。

2　广州市地方志编纂委员会编：《广州市志（卷十二）》，广州出版社1998年版，第299页。原书此页将“霍维泗”误作“霍维四”。霍维泗于1945年9月至1949年4月任广州地方法院院长，该书第210页。“公正士绅”原书作“公证士绅”，显误，据文意改。

法院之指定等，亦得为之、

此外地方法院或其支部之管辖区域内无公证人、或公证人不能执行其职务时、总督可依照规定命令法院、支部、出张所代理公证人之职务、例如左列各法院支部出张所是、

新竹地方法院

台北地方法院花莲港支部

台北地方法院台东出张所

台北地方法院玉里出张所

高雄地方法院马公出张所

……

台湾原有公证人、依照日本法制、除法院推事兼任者外、尚有由台湾总督任命之人于法院外办理公证事务、此种制度与我国制度不合、自应予以废止，且各该公证人，均系日籍，亦不应许其继续任职、故本院接收后，即行命令各该公证人停止执行事务、并令各地方法院接收各原有公证人之文件挡卷等项、现此项事务，业已办理完毕、[1]

1 杨鹏:《台湾司法接收报告书附建议书》，无出版信息，据其自序落款时间为1946年5月，第15—16、49—50页。文中标点符号照录原文。杨鹏，1896年12月7日出生，1972年11月5日病故。贵州镇远人，德国柏林大学法科卒业。1945年10月任台湾高等法院院长，1948年调任陕西高等法院院长，未就职，在上海任律师等职。中华人民共和国成立后，1953年任交通部专门委员，1956年任交通部法律室研究员，1958年被错划为右派分子，1960年摘右派帽子，1961年6月被聘为中央文史研究馆馆员，1979年予以改正，恢复名誉。台湾高等法院文牍科编印:《台湾省司法会议报告书议决案》，第1页。编后识落款时间为三十六年三月十五日；中央文史研究馆编:《中央文史研究馆馆员传略》，中华书局2001年版，第213—214页。

6月8日，立法院第四届第三零一次会议通过修正《公证费用法》第二条、第十一条、第十二条、第十三条、第十七条、第十八条、第二十一条及第二十二条条文。[1]

6月20日，国民政府修正公布《公证费用法》第二条、第十一条、第十二条、第十三条、第十七条、第十八条、第二十一条及第二十二条条文。[2]

8月24日，哈尔滨地方法院推事李厚生受理了苏联人月拉、伊万诺夫那、立特为年阔（原夫姓五恰一瓦）之确认继承权声请事件。该人请求法院为确认已故母亲无国籍人卜拉司各为牙、安得列夫那、西得老瓦在中华民国二十六年（伪康德四年）九月在“哈尔滨地方法院第四公证所公证人池龙师制成之公证遗嘱应有执行效力之裁定”。[3]

8月，司法行政部编《公证须知》一书，由中国文化服务社在上海出版，作为国民文库丛书一种。该书正文分为“一公证的意义、二请求公证的事项、三请求公证的手续、四请求公证的费用”，共四个部分。最后附录了公证法要旨、公证法、公证法施行细则、公证费用法。在公证的意义部分，该书如此表述：

---

1 立法院秘书处编印：《立法专刊》第二十五辑，第179—180页。

2 修正《公证费用法》第二条、第十一条、第十二条、第十三条、第十七条、第十八条、第二十一条及第二十二条条文，《司法季刊》第二期。

3 本案于1946年10月3日办结，以松江哈尔滨地方法院民事裁定三十五年（非）第八五号形式作出，法院名在裁定书结尾仍作哈尔滨地方法院。申请人的译名照当时译法。在黑龙江省哈尔滨市哈尔滨公证处所编的处志中，认为这是哈尔滨解放后受理的第一份公证业务。黑龙江省哈尔滨市哈尔滨公证处编：《哈尔滨公证处处志 1946.8—2013.12》，哈尔滨公证处处志编委会2015年版，第14页。该“公证遗嘱”系在伪满洲国哈尔滨地方法院第四公证所所立。该文书复印件承黑龙江省哈尔滨市哈尔滨公证处提供，在此致谢。

公证就是法院依国家的权力，证明特定法律行为，或其他关于私权事实的制度。换句话说，公证就是通常所谓向法院立案，也就是法院公证处的公证人作成公证书或作成认证私证书来给人民做证据。

法院公证处的公证人办理公证事务，计有两种情形，一种是作成公证书，一种是认证私证书。凡是关于法律行为，或是其他关于私权的事实，由于当事人或其他关系人的请求，法院公证处的公证人，按照一定程式所作成的文书，叫做公证书。凡是私人所做的法律行为，或因证明其他关于私权的事实所立的文书叫做私证书。此种私证书，当事人或其他关系人亦可请求法院公证处的公证人加以辨认，并作成一种文书加以证明，这就叫做认证私证书，简称“认证”，公证人因认证所作成的文书，称为“认证书”。私证书经认证之后，其内容记载的证据力与公证书完全相同。

国家设立公证制度的用意，是要使人民就他所做的法律行为，或其他关于私权的事实，由此得一个确实的证明方法，原来普通民事纠葛的发生，大都由于权利义务不清楚，双方当事人各执一词，以致演成诉讼。倘使曾经法院公证，法院便有案可查，权利义务绝对明确，以后便不致发生诉讼；即使发生诉讼，也容易判断是非，不至拖延时日。况且法院作成的公证书，假使里面写明“得径受强制执行”字样，就不用再提起诉讼，可以直接声请法院强制执行。再公证人办理公证事务，必须经过详细审查，凡是违反法令事项以及无效的法律行为，一概不准公证（公证法第十七条，第四七条第四项）。一般人民没有充分的法律智识，只要向法院请求公证，便不至吃亏，由这样看公证人无异成为一般人民的义务法律顾问了。[1]

天津地方法院根据司法行政部1946年关于“三十四年度及三十五年度先后推行公证制度已有成效之法院设置专任人员办理成绩卓著，三十六年拟仍继续择定法院设置专任人员，俾公证制度得以扩大推行的工作计划”的指示，对公证人员进行了调整。杨瑜仍兼任公证人，以书记官、公证佐理员徐复祥为专任公证人，徐复祥于8月1日到任。[2]

9月17日，青海湟源地方法院公证处[3]为当事人靳志品、王尕春子出具字第13号公证书，靳志品、王尕春子于次日收到公证书。该公证书正本云：

缘本件声请人靳志品丧妻无偶续弦在急，而王尕春子亦因前夫勒衣短食，感情破裂已状诉本院，当庭和解离异夫妇关系，寡居娘门。适二人萍水相逢情投意洽，堪谐伉俪之匹。经由李振华、南华堂二人之介绍，成就

1　司法行政部编：《公证须知》，中国文化出版社1946年版，目次、第1—3页。

2　杨瑜于1946年1月29日提前到任天津地方法院公证处公证人（系推事兼任），该处于1946年2月1日成立，天津市地方志编修委员会办公室、天津市司法局编著：《天津通志·司法行政志》，天津社会科学院出版社2008年版，第222—223页。

3　据《青海高等法院院长郭润霖首席检察官褚成富出席全国司法行政检讨会议工作报告》第20页记载，至于乐都民和湟源大通等四地方法院公证事宜，向由各该院职员兼办，现时公证事件日渐增多，各该院职员势难兼顾，已于三十七年度工作计划中，拟予普遍专设，现已呈请法部核办矣。该报告无编印信息。

了一对良缘，而调琴瑟之好。并且靳志品于王尕春子拿出了硬币陆拾元，作为聘礼。由此，双方同媒证人书立结婚字据，兹将结婚字据呈案请求公证前来，经本处核阅声请书及结婚字据原文与该当事人、见证人等供称相符，实系出于两愿，并无任何非法情事，请求公证应予照准。除照缮原字据存案备查外，依公证暂行规则第四条第三款之规定，特为公证如右。

请求交付人之姓名　靳志品

王尕春子

作成正本之年月日及处所　本件公证书于中华民国三十五年九月十七日在湟源地方法院公证处作成

中华民国三十五年九月十七日

青海湟源地方法院公证处推事　赵煜[1]

右正本于三十五年九月十八日交付　靳志品

王尕春子　收执

推事　赵煜[2]

9月，为便利商民申办公证，经四川高等法院转呈司法行政部核准，四川成都地方法院在“居城之中”“商人云集”的总府街成都市商会设立了公证分处，每周六定期派员前往办公。[3]

1　公证书正本此处为“赵煜”的小方名章，青海湟源地方法院公证处字第13号公证书，1946年9月17日出具，1946年9月18日交付靳志品、王尕春子收执。

2　公证书正本此处为“赵煜”的小方名章，青海湟源地方法院公证处字第13号公证书，1946年9月17日出具，1946年9月18日交付靳志品、王尕春子收执。原文无标点，为阅读方便，加现行标点符号。

3　成都市地方志编纂委员会编纂：《成都市志·司法行政志》，四川辞书出版社1999年版，第110页。

10月2日，司法行政部发出京训（民）字第五三六七号训令，提出：

案据广东高等法院呈送，拟具银行贷款请求公证简易办法到部。查此项办法于促进公证制度之推行，尚属有利，除将其内容酌予修改指令照准外，合行抄发原呈及修正办法。令仰该院即印发所属各地方法院参照办理。此令。[1]

照抄广东高院原呈

查公证制度为保障私法上权益最简易之方法，依公证法第十一条“就以金钱给付或其他代替物或有价证券之一定数量为标的之请求，所作成之公证书载明应径受强制执行者，得依该证书执行之”。据此规定，债务人如不履行债务，债权人得不经起诉径向法院请求强制执行。本院以银行借款例须订立借款字据，记明期限、取具保证到期清偿本息者固居多数，但据各地方法院报告亦有受理关于此项借款诉讼案件。法院办理此项案件，虽欲力求迅捷简便，以尽协助之能事，徒以限于法规，仍须践行一定诉讼程序。由起诉而审讯以至于判决，又须俟其确定，始得据声请付诸强制执行。所费时间至少在一月以上，若债务人意图延滞犹不止此。本院为救济此项困难，特拟具银行贷款请求公证简易办法，函准广东省银行、农民银行分别转饬各行处办理。兹查各行处

1 司法行政部《训令》[京训（民）字第五三六七号]，谢冠生：《战时司法纪要》，十二推行公证提存等制度，第11页。该书无出版信息，谢冠生自序时间为1948年1月17日。原文无标点，为阅读方便，加现行标点符号。

办理此项公证手续，均感便利，对于公证事务之推行不无小补，理合检具该项办法一份，备文呈报鉴核备查，谨呈司法行政部。

附呈银行贷款请求公证简易办法一份

银行贷款请求公证简易办法

（一）由各地方法院公证处聘请各地银行主管贷放款项之职员，兼充法院公证处劝导员宣传公证实益，依照[1]部令提成充赏。

（二）由各地方法院公证处先将公证声请书及征收公证费用额数表，送交各地银行备用。

（三）应行请求公证时，由各地银行请求人先填就公证声请书连同各项证明文件并公证声请费及公证费，一并函送法院公证处。

（四）各地方法院公证处于收件后，应即定期通知各关系人前来公证处制作公证书，不得逾三日。公证人作成公证书，应以公正本一份连同公证费用收据交与银行请求人。[2]

司法行政部发出（京）指（叁）字第一〇七三七号令广东高等法院院长，提出：

1　原书此处后空格。广东高等法院《银行贷款请求公证简易办法》，文号、办法制定具体时间暂不详，谢冠生：《战时司法纪要》，十二推行公证提存等制度，第11页。该书无出版信息，谢冠生自序时间为1948年1月17日。

2　广东高等法院《银行贷款请求公证简易办法》，文号、办法制定具体时间暂不详，谢冠生：《战时司法纪要》，十二推行公证提存等制度，第12页。该书无出版信息，谢冠生自序时间为1948年1月17日。原文无标点，为阅读方便，加现行标点符号。

呈悉。查公证处佐理员与法院组织法第三十三条第八款之规定不合。不能依该条款取得推检资格。至公证处公证人及佐理员暨高等法院主科书记官。均属司法行政官。如合于法院组织法第三十三条第七款之规定。自可依法取得推检资格。仰即转饬知照。此令。[1]

10月3日，司法行政部函称：

一经请求法院公证处作成公证书或认证私证书，即成为有力的证据，尤其以金钱给付为标的请求所作成的公证书，载明应径受强制执行者，其效力尤可与确定判决相等。[2]

10月7日，贵州高等法院指示全省各地方法院要积极开展公证工作，提出：

1、各院领导要召集书记官以上人员，组织推行公证委员会，经常讨论办法，检查办证效率，督促全院人员抓住一切机会进行宣传。

2、各院领导可召集城区附近各乡长、镇长、律师及地方士绅，举行公证座谈会。

3、编印《公证须知》及有关资料，分送各机关、团体进行宣传。

---

1 司法行政部《指令》[(京)指(叁)字第一〇七三七号],《法令周刊》第九卷第四十九期。

2 贵州省地方志编纂委员会编:《贵州省志·司法行政志》,贵州人民出版社1999年版，第192页。该书未记载司法行政部向何单位致函。原书中“径”字写为“迳”字。

4、制作木牌标语，置于城乡要冲，以供群众阅知。

5、刊登各地报纸、宣传公证的意义、利益、效力等稿件。

6、利用各种集会进行公证宣传。

7、举办行政训练班，讲述公证专题。

8、聘请公证劝导员。[1]

10月8日，四川成都地方法院在向四川高等法院的呈文中写道：

成都地方法院僻处城之北隅，于人民请求公证多有不便……由于商会居城之中，其地又为商人云集之所，为便利人民起见，依《公证法》第一条规定，拟在地方法院公证处置公证分处，逢每周星期六下午派员前往办公，籍利本市商民之需要。[2]

10月12日，吉林永吉地方法院成立公证处，由法院推事李雨亭任公证人，书记官李则志任佐理员，负责办理需要通过法律保护的买卖契约、交换、继承等案件，但很少有人提出公证申请，公证制度没有真正实行。[3]

10月，司法行政部发出训令，提出：

查各地方法院办理公证事务人员有变更时，应随时

1 贵州省地方志编纂委员会编：《贵州省志·司法行政志》，贵州人民出版社1999年版，第190页。

2 四川省地方志编纂委员会编：《四川省志·公安·司法志》，四川人民出版社1997年版，第347页。原书中“籍”字似应为“藉”字。

3 田景春主编：《吉林省志卷十二·司法公安志·司法行政》，吉林人民出版社2000年版，第228页。

具报备查，曾经本部电饬遵照在案。乃近来各法院对于公证人及佐理员之调动，仍有延不呈报，情事殊属不合。兹为便于考核是项人员在职情形起见，特于公证事件季报表中另辟一栏以备记载。又各法院所送上项表件填注时有错误，其填表说明亦须酌予修改。爰将该修正表格式及说明，随令颁发，仰即印发所属各地方法院遵照办理。此令。[1]

11月22日，司法行政部发出京训（民）字第七二六〇号训令，提出：

案准财政部本年十一月四日京直贰字第四六九九号公函内开，据本部浙江区直接税局呈，略以我国现时尚未举办赠与税，因之遗产继承人于被继承人死亡后，往往串通亲友，伪造被继承人死亡前五年以上分析家产之字据，并申请司法机关之公证处予以公证或认证，藉作减免遗产税之依据。虽明知此项分析字据系属事后伪造，无如既经公证或认证，法律上无法否认。因此坐视大宗税款逃漏，无法纠正，为防止偷漏，并为纳税负担之公平起见，请转咨贵部通饬各县市司法机关附设之公证处，对于析产或赠与事项作公证时，特通知当地遗产税征收机关，俾能取得联系等情。据此，查所呈各节，攸关国税征课，应准照办，相应函请查照惠予转饬各县市司法机关公证处查照办理，并希见覆等由到部。查公

1　司法行政部《训令》，原书未载文号与发出时间，谢冠生：《战时司法纪要》，十二推行公证提存等制度，第12页。该书无出版信息，谢冠生自序时间为1948年1月17日。原文无标点，为阅读方便，加现行标点符号。

证法第十二条规定，公证处职员于经办事件应守秘密。是制作公证书或认证私证书时，公证人员自不得对外为何种表示，该税局所请与规定，尚有不符。惟为协助税收，并增强公证之效用起见，嗣后各法院办理此类公证或认证事件，对于当事人提出之字据，有无伪造情事，务须详细审核，妥慎处理。除函复并分行外，合行令仰该院转所属各地方法院遵照。此令。[1]

11月，居正等编著的《司法工作之理论与实际》出版，作为中央政治学校法官训练班法律丛书之一种。此书收录了司法行政部部长谢冠生讲授的《最近司法行政概况》，由刘国标记录，其中言：

（一）推行公证　公证制度，为保障人民私权，澄清诉讼根源之良法。盖于诉讼原因，大多数皆由证据不确定而起，若能使人民于每种法律行为开始之时，即向法院请求作成公证书，或认证私证书，则诉讼自无由发生。诉讼之于公证犹医药之于卫生，意在防患于未然。本部自前年起，积极推行公证，预定至本年六月底止，全国地方法院，一律成立公证处。截至四月份报告，二百八十五处地方法院中，已成立公证处者，已有二百六十九处，可望如期完成。去年受理公证案件，较前年增加一倍，收入公证费用，较前年增加五倍。其中以甘肃临夏、广东梅县、广西邕宁三地方法院，办理成

1　司法行政部《训令》[京训（民）字第七二六〇号]，谢冠生：《战时司法纪要》，十二推行公证提存等制度，第14页。该书无出版信息，谢冠生自序时间为1948年1月17日。原文无标点，为阅读方便，加现行标点符号。

绩最好，新近曾定有工作竞赛办法，鼓励推进。[1]

12月21日，台湾省司法会议开幕，会议为期三天。在会议中，高雄地方法院院长孙德耕、首席检察官姜元良提出提案《积极推进公证制度以期澄清讼源减少讼累案》，会议议决：原则通过由高院酌办。其提案理由与办法如下：

理由：查公证制度所以证明特定法律行为或其他关于私权事实，原为保护澄清讼源而设，法良意美，中央极具推进决心，迭经通饬各地法院注意办理，现各地法院已有公证处之设置，惟衡以目前事实，一般人民似尚多未能明了其办法及效果，对公证制度之推行，殊形窒碍，为今之计当励行推广宣传工作，期收宏效而资推进。

办法：（一）编印请求公证须知，分发各机关团体传览，并制巨型木牌多面，大书公证须知，竖立各地冲要地点。

（二）与报馆新闻机关取得联系，将公证意义效力利益等随时使其刊登发表。

（三）长官公署方面设有政令宣导队，深入民间负宣传政令任务，可将编印公证须知，函送长官公署转饬各宣传导队广为宣传。

（四）聘请地方人士，充作劝导员，以公证费内提发百分之几作为奖金。

（五）利用各种地方集会，由各法院长官或派员出

1　谢冠生讲授，刘国标记录：《最近司法行政概况》，居正等编著：《司法工作之理论与实际》，中央政治学校法官训练班法律丛书，1946年版，第139—140页。为阅读方便，标点符号稍有改动。

席演讲，是否有当敬候公决。[1]

12月24日，司法行政部发出京训民字第八四一七号训令，提出：

案据广东高等法院呈，据广州地方法院呈称，查公证法第十一条就以给付金钱或其他代替物或有价证券之一定数量为标的之请求，所作成之公证书，载明应径受强制执行者，得依该证书执行之规定。故对于有一定数量之债权债务，请求公证及声明径受强制执行，足以避免征收，减免讼累，为公证之最大效果。现本院除向各金融机关商洽，将各种贷款予以办理公证外，拟请钧院转呈司法行政部，转咨财政部通令全国各地金融机关，凡办理贷款、信托等事项，应就当地法院办理公证，藉资协助，以宏法治，转乞示遵等情前来。当经本部据情转行财政部去后，嗣准函复，业已照办等由到部。除分行外，合行令仰该院转饬所属各地方法院，就近与各金融机关切实商洽，随时取得联系，俾利推行。此令。[2]

是年，首都地方法院公证处全年办理公证只有16件。[3]

1　台湾地区高等法院文牍科编印：《台湾省司法会议报告书议决案》，第29、176、179页。编后识落款时间为三十六年三月十五日。

2　司法行政部《训令》(京训民字第八四一七号)，谢冠生：《战时司法纪要》，十二推行公证提存等制度，第11页。该书无出版信息，谢冠生自序时间为1948年1月17日。训令文号照原书录，民字外无括号。原文无标点，为阅读方便，加现行标点符号。

3　南京市地方志编纂委员会编：《南京司法行政志》，方志出版社2000年版，第145页。

1947年

1月15日，司法行政部发出京36训民（三）字第三六四号训令，提出：

查各法院办理公证事务第二次竞赛，已于去年底终了。核阅所送季报，其每季受理件数均已逐渐增多，如甘肃临夏、广东新兴等地院竟达二三千件起以上，亦有季字中仅有数起者，其结果如此悬殊，乃办理有善与不善之分。除俟至本年四月，再将核定等次，另令饬知外，现各法院办理公证事务第三次之竞赛，系自本年一月一日开始，各该地院对于此项制度之推行，嗣后务须切实办理，其尚未著有成效者，即应自行检讨改正过去缺点，力求进步，务使公证事务得达均衡发展之目的。合行令仰该院转饬所属地方法院遵照办理。此令。[1]

1月，陈盛清编著的《公证法要论》出版。此书分为绪论、总论、各论、附论四个部分，并附录了公证法、公证法施行细则、公证费用法。书中所收作者于1944年10月在渝郊小温泉所写的序言，其中言：

当现行公证法及公证费用法完成立法程序之际，不佞适服务于立法院，深感公证法为保障人民私权、澄清

1　司法行政部《训令》[京36训民（三）字第三六四号]，谢冠生：《战时司法纪要》，十二推行公证提存等制度，第14页。该书无出版信息，谢冠生自序时间为1948年1月17日。原文无标点，为阅读方便，加现行标点符号。

诉讼根源之良法，民事诉讼原因，大多皆由于证据不确定而起，欲免无谓之讼争，以省人民之讼累，不可不积极推行公证，欲利公证之推行，以保人民之私权，尤不可不使公证法之知识，普及于民间。乃坊间关于公证法之书籍，未可多见，有之、亦系依据前公证暂行规则以为阐释而已，于现行法多有未合；窃不自揣，爰就立法院关于公证法及公证费用法全部资料，编著此书。若能因本书之刊行而使国人晓然于现行公证法之内容，于每种法律行为或关于私权之事实发生之时，即向法院请求作成公证书或认证私证书，曲直分明，诉讼自必无由发生，此则区区之微愿也。[1]

2月10日，司法行政部发出京36训（三）字第一二四六号训令，提出：

查关于提存书类，公证书类，及不动产登记书类，暨声请不动产登记阅览抄录绘图等工本及费用，前经本部酌予增加，于三十四年八月十七日以训参字第五〇□四号训令，通饬遵照在案，兹以物价日涨，前次改定数额，又复不切实际，实有重行提增之必要，经呈奉行政院指令，本案应收各项费用，准依原额数，增加二十倍在案……又公证书类中，公证请求书每份改售八百元，公证书正本，交付缮本交付节录缮本交付文件阅览等四种，声请书及公证授权书每份改售六百元……[2]

1　陈盛清编著：《公证法要论》，大东书局1947年版，序言。

2　司法行政部《训令》（京36训（三）字第一二四六号），《法声》1947年第8号。

2月15日，江苏丹阳地方法院书记室致函首都地方法院，其中云：

查本院公证处已奉令筹备。关于公证处所用簿册格式遍查接管文卷，均未见有明文规定，相应函请，

贵室将公证处有关文件检寄一份，以资借镜。至纫公谊。[1]

2月21日，首都地方法院致函江苏丹阳地方法院公证处函，附送公证声请用纸簿册及各种表式计三十份。[2]

2月，贵阳地方法院致函中央信托局贵阳分局，其中提出：

就以给付金钱或其他代替物或有价证券之一定数量为标的之请求，所作之公证书载明迳受强制执行者，得依该证书之规定，申请法院强制执行，是以避免起诉减免讼累为公证之最大效果。[3]

3月，司法行政部发出训令，提出：

查三十六年度国家总预算，业奉

国防最高委员会核定施行，本部主管□□费内，列有各省地方法院专设公证处经费一五、〇〇〇、〇〇〇元，及专设公证处应增职员一五〇人，工役五十人，兹

1 江苏丹阳地方法院书记室函（书记室公函总字第十一号），南京市档案馆 1024-35-34347 档案。原文无标点，为阅读方便，加现行标点符号。

2 首都地方法院公函（未见发文字号），南京市档案馆 1024-35-34347 档案。发文中日期毛笔写得比较潦草，笔者以为是2月21日。

3 贵州省地方志编纂委员会编：《贵州省志·司法行政志》，贵州人民出版社 1999 年版，第 192 页。该书未记载贵阳地方法院发函字号与函名称。

经本部统筹分配完竣，该省□于地方法院内，专设公证处，以应需□计分配，本年度七至十二月份经常费（公证人月支特别办公费一五〇〇〇元），至设置员额业已另令饬知除□分配情形呈报□行政院备查□函请财政部饬□□□该高院统领转发并分令外，合行令仰依照规定，编□经费，分配预算表十一份□生活补助费请领清单三份，呈部核转，此令。[1]

4月19日，司法行政部发出京36训字（三）第三九九九号训令，令安徽高等法院院长廖江南，提出：

据芜湖地方法院院长江公亮三十六年四月四日公字第二〇四号卯支代电称：

"窃查公证费用法第二条第二项所载，'逾一万元者，每千元加收十元，不满一千元者□一千元计算'，兹适用发生疑义，有甲乙两说，甲说，谓凡公证标的之价格，逾一万元者，按其价格，除一万元基数照同条第一项第五款证费四百元外，其逾一万元之数，无论若干，均按每千元征费十元……乙说，谓该项条文规定，为每千元，加收十元，并非收十元，凡公证标的价格逾一万元者，除一万元之基数，依同条第一项第五款征费四百元外，逾一万元之数，每万元仍应按同条第一项第五款征费四百元，另按每千元加征十元……"。

查原代电所称情形，自以甲说为是，合行令仰转饬

1　司法行政部《训令》，原刊令文号刊载不全，作京三六训（会一）字第□号，《法声》第五号。训令对象暂不详。

知照。此令。[1]

4月21日，司法行政部发出京36指（三）字第九四二〇号指令令台湾高等法院，提出：

三十六年四月四日呈牍字第一一九四号呈一件。呈为关于遗嘱公证书正本可否交付请鉴核示遵由。

呈悉。查关于公证遗嘱正本之交付。公证法第四十五条第一项。既设有明文。排斥同法第卅八条第一项之适用。自应依据办理。尚不得为反予明文之解释。至公证遗嘱之执行，民法继承篇第四节已有规定，可资依据，亦不发生若何困难，仰即知照。此令。[2]

4月，江西九江地方法院公证处印发《江西九江地方法院公证处为办理公证告民众书》，认为：

公证可以清讼源、免讼累、充分的保障权利。因为公证以后万一发生诉讼、只要提出公证书、或认证书做证据，就有胜诉的把握。可见公证书和认证书、有最强大的证据力。关于给付金钱、或其他代替物、或有价证券的公证书、只要载明“应径受强制执行”字样、如果债务人到期不给付，就可声请强制执行，用不到起诉。还有和公证有关系的事项，说明如左。

（一）公证书和认证书的意义。公证人因人民的请求，就法律行为、或其他关于私权的事实，作成的文书，

1　司法行政部《训令》[京36训（三）字第三九九九号]，《法令周刊》第十卷第二十期。

2　司法行政部《指令》[京36指（三）字第九四二〇号]，《法令周刊》第十卷第二十一期。

叫做公证书，人民自己订立的契约、叫做私证书，公证人证明私证书内所载当事人的签名盖章为真实，叫做私证书的认证，公证人记载认证事由的文书就叫做认证书。

（二）可以公证或认证的事项。关于买卖、赠与、租赁、借贷、婚姻、收养子女、继承遗产等契约行为和所有权、抵押权、典权等的得丧变更，叫做法律行为。关于时效、侵权行为、债务的履行或不履行、财产的共有或占有等事实，叫做关于私权的事实，都可以请求公证人制作公证书。如已订立契约，也可以请求公证人制作认证书。以上所列，不过举出重要的几种，实在还不止这几种名称，总而言之，凡是需要法律保障的一切私权，都可以请求公证或认证的。

（三）请求公证或认证的方法。当事人或其关系人，请求公证或认证，可亲自来院用书面，或用言词声请。如果委托他人代理，須提出授权书。声请书、授权书、可到本院收发处购买。请求人如为公证人不认识者，可请公证人认识的两人证明他是本人，或提出该管区长、或乡镇长、或本保保长、或商会、或警察局长，签名盖章，并加盖钤记或图记的证明书。但是请求认证，须提出私证书的原本、并附私证书的抄本一份、原本和抄本、须同时提出，以便核对他是不是相符。

（四）公证或认证的费用。所收费用约合标的物价额百分之一上下，欲知详细，可到本院询问。

（五）公证机关的组织。地方法院设公证处、公证处置公证人和佐理员，本院公证处的公证人是推事兼任的，佐理员是书记官兼任的。

这样看来，公证制度是对于民众很有利益的，公证的办法是很简便的，公证的费用是很轻微的，民众们，你们要注意保障自己的权利啊。[1]

贵阳地方法院将公证处移至法院大门左侧，中辟大门，使请求公证者与诉讼当事人分离，以利开展公证工作。[2]

5月31日，李祖庆在所编《十五年来之东北司法》中言：

伪满之公证制度，与现行公证法略同，但得以书记官为公证人。

……

公证制度足以减少社会上各种纠纷，国民政府有公证法之公布，内地推行已著成效，伪满时期，于民国二十六年（伪康德四年）亦已开始实行，惟以书记官执行公证人职务不无流弊，收复后，已设法院地点均成立公证处，由推事兼任公证人，司法行政部并指定沈阳为立专任公证人区域。[3]

6月，贵州惠水地方法院印发《公证须知》给县参议员、各机关、团体的领导、各乡镇士绅，并送聘书聘为公证劝导员。[4]

---

1 江西九江地方法院公证处《江西九江地方法院公证处为办理公证告民众书》(证字第824号)，笔者所见为该《江西九江地方法院公证处为办理公证告民众书》原件。原件中字体大小不一，为印刷方便，本文统一了字体，标点符号也作一定调整。

2 贵州省地方志编纂委员会编:《贵州省志·司法行政志》，贵州人民出版社1999年版，第191页。

3 李祖庆编:《十五年来之东北司法》，接收东北司法特派员办事处编印，1947年5月31日印，第11、27页。

4 贵州省地方志编纂委员会编:《贵州省志·司法行政志》，贵州人民出版社1999年版，第191页。

8月22日，《申报》刊登《结婚礼创举　请法官公证》新闻，报道称：

沈福祥与曹明珊结婚，声请地院派法官出席公证。按结婚由法官公证在本市尚系第一次，沈系广东人，年二十九，曹江苏人，年二十四，定本月二十三日于康乐酒家结婚，闻法院将予裁准，于沈曹举行结婚典礼时，派推事书记官[1]前往公证。[2]

8月23日，《上海新民报晚刊》详细报道了沈福祥与曹明珊公证结婚一事，该报派人专访了办理公证的推事王亢候，其中报道：

王推事就他办公证以来的工作回忆说："这还是我第一次承办婚姻公证，我想这也是颁布公证法以来仅有的一次了"。

这个在上海绝无仅有的公证结婚今天下午七时在康乐酒家举行，法院派王亢候推事和高维翰书记官[3]到场公证，从这次以后，我们当预卜无数少男少女们，以八百元的代价，取得合法的婚姻，将接踵而至。[4]

1　原报此处空格。

2《结婚礼创举　请法官公证》，《申报》1947年8月22日。

3　王亢候别号鸣时，江苏常熟人，时年43岁，1947年6月就任上海地方法院推事，系法学士、法学硕士。高维翰，江苏江阴人，时年39岁，1946年1月就任上海地方法院书记官，参见《上海地方法院职员录》，1948年5月5日编制，第4、13页，原资料未标明编制单位；《东吴大学毕业纪念专刊1939》，该书无出版信息。

4　本报专访《法院承办喜事法官初点鸳谱　一对新人举行公证结婚》，《上海新民报晚刊》1947年8月23日。

9月7日，《中央日报》刊登新闻，标题为："第一对公证结婚于昨日举行婚礼　简单而隆重意义远大　在节约时期尤值效法。"该新闻详细报道了南京第一起公证结婚情形，新郎何一民为中央医院事务员，新娘赵雯在卫生部麻醉药品经理处任职，承办推事为首都地方法院推事王士瀛。[1]

9月8日，司法行政部发出京36指（三）字第二二一三七号指令，令青海高等法院院长郭润霖，提出：

三十六年七月二十二日呈民字第四〇二号呈一件。转请核示地方法院公设辩护人公证人仅各设一人。遇有回避情事。可否由院长指派其他推事佐理员书记官代办由。

呈悉。查法院公设辩护人。如仅设有一人。而遇应行回避时。可由审判长指定该管律师。或在院学习司法官为其辩护人。至公证事件。遇有公证人应回避者。应由地院院长。另派其他推事暂行兼代公证人办理所回避之事件。业经本部于三十三年十月二日以训民字第六三三六号训令饬遵在案。仰即转饬知照。此令。[2]

《法声》第一六九号刊载《首都地院举行　首次公证结婚　仅付代价八百元》本社讯，其中报道：

首都地方法院接受第一次公证结婚中央医院职员刘

---

1 《第一对公证结婚于昨日举行婚礼　简单而隆重意义远大　在节约时期尤值效法》，《中央日报》1947年9月7日。协助办理的书记官姓名疑为"黄镜波"，原刊模糊。

2　司法行政部《指令》[京36指（三）字第二二一三七号]，《法令周刊》第十卷第三十九期。

世泽赵雯，昨日下午六时在大陆西餐馆以简单庄重仪式，代为证婚，在公证结婚中，将不用结婚证书，由法院发给公证书，即作为合格法定手续之证件，此项公证书仅付法院八百元代价，法院方面派法官义务证婚，今日经指定推事王士瀛为证婚人，书记官黄镜波为佐理员，公证书系□[1]普通宣纸由笔墨划成表格，并无红绿颜花样。极尽节约与简朴。预料此项节约结婚一旦推行，步武后尘者势不在少……[2]

9月9日，《上海新民报晚刊》发表了越缨的《婚姻公证　事非必要》对婚姻公证提出不同意见，认为：

一，公证婚姻是完全合法的；二，派公证员□酒楼饭店这一点似不是洽妥的；三，[3]公证婚姻在事实上无多大额外保障；四，[4]从习俗上看，把婚姻求公证，似乎太严重了点；五，婚姻登记是个好制度，但要行得很好才行。[5]

9月10日，司法行政部发出京36指（三）字第二二四一〇号

1　此处字迹模糊。

2《首都地院举行　首次公证结婚　仅付代价八百元》，《法声》第一六九号。此报道中新郎姓名为刘世泽，与《中央日报》1947年9月7日报道的新郎姓名何一民不同，二报道中似有一误。

3　从文意推断，此处漏“三，”，本书已补。越缨：《婚姻公证　事非必要》，《上海新民报晚刊》1947年9月9日。

4　原报道此处无逗号。越缨：《婚姻公证　事非必要》，《上海新民报晚刊》1947年9月9日。

5　越缨：《婚姻公证　事非必要》，《上海新民报晚刊》1947年9月9日。

指令令西康高等法院院长李永成，提出：

三十六年八月二日（三六）雅牍字第六四八号呈一件。转请核示公证费提奖疑义由。

呈悉。查由劝导员劝导而来之公证事件应就所收之公证费。发给百分之十之奖金。业经本部于三十二年四月十七日以训民字第二一七四号训令饬遵在案。仰即转饬知照。此令。[1]

9月20日，《上海新民报晚刊》发表了《公证结婚纷至沓来困难重重法院婉谢》的本报讯，其中报道：

本市地院自接受第一对请求公证结婚之新夫妇沈福祥及曹明珊之声请而予以公证后，近来请求公证者，纷至沓来……

今日又有交大理学院物理系许槑（新郎）及钱云（新娘）之声请，许系江都人，现年二十五岁，钱系杭州人，现年二十六岁，地院今晨票传二人到院，但并未举行公证，仅由王亢候推事向男女双方致意谓：上海之社会人事均极复杂，本院对于公证结婚，颇感困难，事前既不能尽调查之能事，事后当难免不发生意外，且本院目前之房屋，人事，经济，均感困难，故对于公证结婚，依法虽不能拒绝，但希男女双方能自行在外结婚，不必请求公证，如认为必要，可将婚书送院认证，王推事认为法院此举，实有不得已之苦衷，甚至当事人能

1　司法行政部《指令》[京36指（三）字第二二四一〇号],《法令周刊》第十卷第三十九期。

予以谅解，许钱两新人闻论，默然而退，据闻定本月二十九日举行婚礼，又刑庭推事汪家焯，向在法学院任教，彼曾代其门生请求公证结婚，亦被王推事婉辞。[1]

9月21日，《和平日报》刊登新闻《公证结婚　地院停止举行》，其中云：

【华东社】二月前地院首次举行公证结婚，以后即有大批男女青年，纷纷请求该院仿效……故嗣后青年男女如必须要声请法官证婚，则须在外面先行结婚后，然后由法官盖章认证云云。因此地院举行之公证结婚从此将停止举行云。[2]

9月26日，《法律评论》第七百四十、七百四十一期合刊刊登了《结婚史上揭开新页　沪市首次公证结婚　八百元办婚事空前奇迹》与《京市公证结婚观礼》两篇新闻，其中前篇新闻报道指出：

正因为是创举，所以尚不能称为这是完全的“公证”，只能说是“认证”，他们的结婚书还是写着“愿白头偕老”之类吉祥话却由法官宣读了出来，再行认证。本来法院要发给“公证书”的，但是这一次却由私证书代替了，改为“认证私证书”，盖上公证处和公证人的印，法院留下了副本，结婚人留下正本，法律手续就完

1　本报讯：《公证结婚纷至沓来　困难重重法院婉谢》，《上海新民报晚刊》1947年9月20日。

2　《公证结婚　地院停止举行》，《和平日报》1947年9月21日。报道中“二月前”系误。报道时间距上海地方法院办理首次公证结婚，不到一个月。

成了……[1]

10月20日，《一月妇女》第二卷第七期发表了署名仁的《谈谈公证结婚》，作者谈到：

“公证结婚”的实行，可说是我国婚俗上一次大改革，上面这种种靡费，虚伪，抹杀人性的仪式都尽可能的避免了，事先只须到法院以八百元买一份公证声请书，依式填写并注明于某日某地举行结婚请法院派员公证，到那时候将有一位推事，一位书记官，一位录事和法警来参加婚礼，礼堂布置尽可求其简单庄重，新夫妇不一定穿礼服，依自己喜爱的装饰即可，推事首先验明两人正身，再问双方是否出于自愿等话，作成公证书三份，新人各执一纸外另外一份留法院备案，这样短短的二十多分钟，婚姻就告成立了……确实做到既节省又合法的原则，种种因结婚而引起的烦恼，也将因此烟消云散……[2]

10月，行政院新闻局印行《公证制度》一书。该书在结语中提出：

要之：公证制度，是一种保护人民私权利益的制度。如果这种制度能够普遍推行及于全国，则直接可以减少人民互相之间的诉讼纠纷，间接也就是可以安定社会秩序。近年来，司法行政当局对于推行此种良制督促

1 《结婚史上揭开新页　沪市首次公证结婚　八百元办婚事空前奇迹》《京市公证结婚观礼》，《法律评论》第七百四十、七百四十一期合刊。

2 仁：《谈谈公证结婚》，《一月妇女》第二卷第七期。

不遗余力，各法院也都知道办理公证可收保护私权，澄清讼源的功效，无不认真推进，因之公证制度在我国，推行已渐见成效。不过要使这种制度，能够普及全国，使人人都能受到这种制度的利益，则犹有待当局更大的努力，与夫人民本身对于这种制度的利益的深切的体认与了解也。[1]

《江苏高等法院工作报告》记载：

查公证制度，原为保障人民私权而设，本院自复员以后，即通饬各地院限期成立公证处，截至目前为止，已成立公证处者计有吴县，宜兴，溧阳，镇江，常熟，无锡，松江，南通，徐州，武进，太仓，嘉定，泰县，昆山，吴江，崇明，兴化，丹阳，江都，如皋，东台等二十一地院，惟此项制度，在我国创行不久，尚难为广大民众所了解，故各地院公证处成立以来，仅吴县无锡两院每季可以受理百件左右，其余收效均微，已严饬承办人员加强宣导工作，积极推行。[2]

《安徽司法工作报告》记载：

本省公证制度，于民国三十一年开始推行，其时各地院所在地，半为敌伪占据，仅就阜阳、桐城、立煌、歙县、休宁五地院内、次第筹办，唯战时人民，应付兵事犹感不□，对于私权之保障，无暇顾及，故

1　行政院新闻局印行：《公证制度》，1947年10月，第57页。
2 《江苏高等法院工作报告》，1947年10月。

工作不易开展，抗战胜利后，于民国三十五年内，□在芜湖、合肥、怀宁、凤□、宣城、临泉、霍邱、庐江、泾县、寿县等十地院，先后筹设……始终在绥靖阶段，民生凋敝，居处未□，推行犹有障碍，迭经将公证须知，及公证利益等发行宣传小册，并分登本省各报，以资劝导，今后如时局平定，人民安居，当可望顺利推进。[1]

11月5日，司法行政部在南京召开全国司法行政检讨会议，会期七日，议决要案五百八十九起。[2]

11月10日上午九时至下午一时，全国司法行政检讨会议第六次大会议决第三四三案司法行政部民事司司长吴与新提议厉行公证制度以清讼源案（附件第一五号），第三四四案西康高等法院院长李永成提议增设巡回公证制度案（附件第六七号），第三四五案陕西高等法院院长郗朝俊、首席检察官朱观提议拟请修正公证费用法第二条以利施行案（附件第一二九号），第三四六案广东高等法院院长史延程提议减低公证费用及简化公证手续以利推进案（附件第一七八号），第三四七案广东高等法院院长史延程提议将各地方法院所收入之公证费内提成百分之二十充各该院公证处办公费以利推行而资奖进案（附件第一七九号），第三四八案江西高等法院院长吴昆吾提议公证提存法人登记等业务费宜指定专款开支以免亏欠转致影响业务案（附件第三三九号），除第三四六案送司法行政部

1 《安徽司法工作报告》，1947年10月。

2 《全国司法行政检讨会议汇编》，第1页。该书无出版信息，书内司法行政部部长谢冠生序落款时间为民国三十六年十二月，并言此书由大会秘书处辑。

办理外，其余均照审查报告通过。[1]

吴与新提议第三四三案　厉行公证制度以清讼源案

理由：公证制度足以澄清讼源，减少奸伪，法良意美，推行以来亦颇有成效。惟考核各地院办理之成绩，其优异者每季数千件，每年数万件，成绩不良者年仅数十件，甚或终年不得一件者，内中地点偏僻，民智未开，并有变乱频仍，秩序未复，固不无推行困难之处，而同属通都大邑，并无特殊情形，乃亦有时多寡悬殊。系人事未能尽善，实属无可讳言。嗣后，各法院关于公证人及助理员之遴选，应注重其能力与学力，各地院院长对于公证事务，应认真督促。各高院院长对公证事务应锐意监督，庶足以收事半功倍之效。当否敬候　公决

办法：各地方法院院长对于公证事务认真督促，各高等法院院长对于公证事务锐意监督，关于公证人及助理员，各法院遴选能力学力兼备之人呈部派用。

审查报告：送司法行政部办理。

大会决议：照审查报告通过。[2]

李永成提议第三四四案　增设巡回公证制度案

理由：我国公证制度，自推行以来，成绩尚称良好，然人民未遽以为便利者，以公证处设置法院，所在

1 《全国司法行政检讨会议汇编》议事录第16、29页。该书无出版信息，书前司法行政部部长谢冠生序落款时间为民国三十六年十二月，并言此书由大会秘书处辑。

2 《全国司法行政检讨会议汇编》议案第214页。该书无出版信息，书前司法行政部部长谢冠生序落款时间为民国三十六年十二月，并言此书由大会秘书处辑。原文无标点，为阅读方便，加现行标点符号。

地于乡居数十里或数百里之人，有须公证事项，以相去太远，耗费甚巨，每多因此终止。查乡民遇有事件，皆于其该管乡镇集期之日，为之。甲乡镇之集期，如为一四七日，而其邻之乙乡镇，必为二五八日，丙乡镇又为三六九日，如能改设巡回公证制度，使巡回公证人按集期以往办理公证事件，则公证制度必有突飞猛进之良果。

办法：明令各法院公证处举行巡回公证制度，指定公证人员，就集期分赴各乡镇办理公证事件，并增加预算以资推行。

右提案是否有当敬候　公决

审查报告：送司法行政部参考。

大会决议：照审查报告通过。[1]

郗朝俊、朱观提议第三四五案　拟请修正公证费用法第二条以利施行案

理由：查公证制度，原为澄清讼源而设，征收费用本非所计，且自通货膨胀以来，凡以金钱计算之一切物价，均随之高涨。社会交易均以万为单位，而现行公证费用法第二条以五百元为基准数额，实与现时社会经济情形不符。又公证费用法第二条第二项规定，逾一万元者每千元加收十元，是与民事诉讼费用法第一条第一项后段之规定，民事诉讼费用相等。如于订立贷款契约时，即缴纳与诉讼费用相等之公证费，以求权利之保

1 《全国司法行政检讨会议汇编》议案第214页。该书无出版信息，书前司法行政部部长谢冠生序落款时间为民国三十六年十二月，并言此书由大会秘书处辑。

障。曷若俟发生纠纷时，再缴费兴讼，且此项收费标准，较诸现行印花税法第十六条所规定之税率尤高三倍以上。基上原因，收费过巨不但有碍公证制度之推行，而按之实际与理论上亦多有未合。似有急于修正之必要。

办法：拟请将公证费用法第二条修改为“当事人声请就法律行为作成公证书者，除本法有特别规定外，依其标的价额每万元征收十元，不满一万元者按一万元计算”。

审查报告：送司法行政部参考

大会决议：照审查报告通过。[1]

史延程提议第三四六案减低公证费用及简化公证手续以利推进案

理由：查公证制度，在吾国系属创设。欲其推行顺利或发达，自非对于公证费用，力求减低，声请公证手续，力求简便，殊不易于收效。现行公证费用法规定，标的价额在六千元以上一万元以下者，征收四百元，逾万元每千元加收十元，与原公证费用法规定，标的价额在六千元以上一万元以下者，征收十九元，逾万元每千元加收一元，相差十倍以上。当兹公证制度尚未发达，征收费用过巨，实足影响公证之推行。况在今日，币值低落，公证事件动辄在百数十万之巨，依照现行公证费

1 《全国司法行政检讨会议汇编》议案第215页。该书无出版信息，书前司法行政部部长谢冠生序落款时间为民国三十六年十二月，并言此书由大会秘书处辑。原文除存旧式引号外，无标点，为阅读方便，加现行标点符号。

用法，征收标的在一百万元者，需费一万零三百元，又强制执行加倍共需二万零六百元。此外，又有抄录费、声请书费总共在二万一千元以上，比二三审裁判费为多。遂使当事人负担过重，视为畏途，因而避免公证者不少。似应酌予减低，以期普遍推行公证。又依公证法第十九条规定，请求公证者，如不认识公证人，即应提出与公证人认识之证人二人证明，或其他相当之证明书。因证人二人不易寻觅，即不见其再来公证。该条似有修正之必要。

办法：一、请将现行公证费用法第二条“六千元以上一万元以下者四百元”修改为“六千以上一万元未满者四百元”再增加“一万元以上十万元未满者一千元，十万元以上一百万元以下者二千元”并将“逾一万元，每千元加收十元；不满一千元者亦按一千元计算”修改为“逾□[1]一百万元，每百万元加收一千元；不满一百万元者，亦按一百万元计算”。此外，同法第二十一条抄录费、翻译费、二十二条阅览费规定数额，亦应与民事诉讼费用法之征费数额相同。第二十三条应修正为“前两条应征之费用得视经济情形，提高至三十倍，由高等法院按照本省或本市实际情形酌定，呈报司法行政部核准后加征之”，原第二十三条改第二十四条，以下递改。

二、呈请国民政府将现行公证法第十九条，公证人作成公证书如不认识请求人时，应有公证人所认识之证

1 此处字迹模糊。

人二人证明其实系本人，或令其提出相当之证明书，如请求人为外国人者得由警察官署或该本国领事出具证明书。证人二人拟改为一人。

审查报告：送司法行政部参考。

大会决议：送司法行政部办理。[1]

史延程提议第三四七案　将各地方法院所收入之公证费内提成百分之二十充各该院公证处办公费以利推行而资奖进案

理由：查各地方法院，现已普遍设立公证处，其所需经费，有已奉准编列预算者，有仍由地方法院经费内匀支者。编列预算者为数亦属有限，如欲求公证事务之发达，自非增加办公费用，多方奖进，不为功。盖推行公证，须印制宣传刊物发给下乡宣传人员，旅费以及印制各种书表簿册，所费不赀，如以不敷额定之办公费，再以之补助公证办公费，自属难能。然宣传为推行公证之首要工作，万难片刻停顿，因噎废食。兹体察情形，亟应筹增办公费，以资挹注，但办理公证之法院一律增加办公费，或另编公证预算，当为国库所不许。因而，拟将各地方法院所收入之公证费内提成百分之二十，充各该院公证处办公费用，既可使努力办理公证之法院，不致受经费之限制，而有所奖进，又可减省国库之负担实为急要之图。

---

1 《全国司法行政检讨会议汇编》议案第215—216页。该书无出版信息，书前司法行政部部长谢冠生序落款时间为民国三十六年十二月，并言此书由大会秘书处辑。原文除旧式引号外，无标点，为阅读方便，加现行标点符号。

办法：一、请通令各地方法院在创办公证事务之始，应多方奖劝，并由高等法院厘订公证人员考核办法，规定高等法院各分院应就近随时派员，前赴所属各地院，认真抽查经办之公证案件及收入公证费数额，以杜流弊而资奖惩。

二、请规定在各地方法院每月收入之公证费总额下，提成百分之二十，充各该院公证处办公费，仍应将提成开支数额专案报核。

审查报告：送司法行政部参考。

大会决议：照审查报告通过。[1]

吴昆吾提议第三四八案　公证提存法人登记等业务费宜指定专款开支以免亏欠转致影响业务案

各地方法院办理公证、提存及法人登记等业务，所需纸张、簿籍、印刷等费为数颇巨，几占各机关办公费三分之一。而业务发达之院处，尚不止此数。现时物价上涨不已，办公费项下无论如何撙节，均属无法匀支。若无专款应付，势必影响其业务之发展。查公证处自三十六年下半年起已有单独预算（惟其办公费规定数额太少，实际上于事无济，编制下年度预算应请增列），其提存所、法人登记处亦应比照公证处例，单独成立办公费预算，或按缮状费提成充办公费。成案，就征收费用项下提出若干成，拨充各该事业业务费。俾各该事业得以均衡发展，而办公费亦不致因之愈感不敷，拟请钧

1 《全国司法行政检讨会议汇编》议案第216页。该书无出版信息，书前司法行政部部长谢冠生序落款时间为民国三十六年十二月，并言此书由大会秘书处辑。原文基本无标点，为阅读方便，加现行标点符号。

部采纳明令施行。

审查报告：送司法行政部参考。

大会决议：照审查报告通过。[1]

12月，司法行政部发出训令，要求各高等法院增办巡回公证，以节省请求人之劳力，间接有助于公证事务之发展。[2]

是年，首都地方法院公证处全年办理公证142件。[3]

是年左右，司法行政部编《公证提存不动产暨法人登记应用格式》。[4]

1948年

1月1日，江苏镇江地方法院派员主持公证结婚。[5]

2月14日，《法律评论》第十六卷第三期刊载法制新闻——《实施巡回公证》，称司法行政部令知各省高等法院转饬各地方法院

1 《全国司法行政检讨会议汇编》议案第217页。该书无出版信息，书前司法行政部部长谢冠生序落款时间为民国三十六年十二月，并言此书由大会秘书处辑。原文无标点，为阅读方便，加现行标点符号。

2 该司法行政部训令名称与文号暂不详，有待进一步考证，安徽省司法厅司法志编辑室编：《安徽省司法行政志》，1990年版，无出版信息，第123页。

3 南京市地方志编纂委员会编：《南京司法行政志》，方志出版社2000年版，第145页。

4 司法行政部编：《公证提存不动产暨法人登记应用格式》，无出版日期，笔者所见系原上海高等法院书记室藏书，现为上海图书馆藏书。编印日期据1947年9月30日出版的《贵州高等法院公报》第壹壹壹期上载有《公证提存不动产暨法人登记应用格式》（续前期）二提存类，推断而来。该刊前一期尚未查得。

5 《为检送公证结婚办法函请查照由》，镇江市档案馆藏江苏镇江地方法院档案A20-1-248，唐华彭：《镇江地方法院研究（1928—1949）》，中国法制出版社2014年版，第73页。

增办巡回公证，其令称：

查此次司法行政检讨会议，西康高等法院院长李永成，提请办理巡回公证一案，内称：我国公证制度，自推行以来，成绩尚称良好，然人民未遽以为便利者，以公证处设置法院所在地，于乡居数十里或数百里之人，有须公证事项，以相去太远，耗费甚巨，每多因此终止，查乡民遇有事件，皆于其该管乡镇集期之日为之，甲乡镇之集期，如[1]一四七日，而其邻之乙乡镇必为二五八日，丙乡镇又为三六九日，如能改设巡回公证制度，指定公证人员就集期分赴各乡镇办理公证事件，并增加预算，则公证制度必有突飞猛进之良果，等语，经大会通过，送部参考，查巡回公证，直接足以节省请求人之劳力与费用，间接确有助于公证事务之发展，各省地院，前经陈明试办者，已属不鲜，其尚未采用此项办法之各地院，应□斟酌情形，计划实施，惟举办之前，应向四乡详为布告周知，制作公证书或认证私证书，均应另立簿册，对于经办文件，务须□回，妥为保管，并严禁向外宣□，所有公证人员应□费用，仍就原有预算内专门开支，一俟巡回计划拟定，即须呈由该高院转呈备查，除分令外，合行令仰该院转饬各地方法院知照，此令。[2]

1　原刊漏一“为”字。《全国司法行政检讨会议汇编》议案第214页。该书无出版信息，书前司法行政部部长谢冠生序落款时间为民国三十六年十二月，并言此书由大会秘书处辑。

2 《实施巡回公证》，《法律评论》第十六卷第三期。司法行政部令文编号、发令时间不详，疑为当年1月17日司法行政部［京训民（三）字第六五六号］训令，训令号似有遗漏，参见司法行政部《训令》[京37训民（三）字第一四一五七号］，《法声新闻》第四九三期。标点符号稍作调整。

3月13日，学习司法官翟鼎文向上海地方法院院长查良鉴呈送《上海公证推行草案》一册，该册分为宣传部分、劝导部分、简化公证手续部分、其他部分。[1]

3月24日，《法令周刊》第十一卷第十二期发表邱荣祖的《关于推行公证制度问题之意见》，提出：

> 公证制度施行以来。迄今已历三稔矣……三年来公证成绩之低劣毋庸讳言。推原其故良由现行公证法规。采取极端的自由声请主义……如欲发展公证。惟有由部中建议于最高立法机关。将公证法予以修改。采取强制公证制。增补“不公证者即处罚锾或生失权效果”之条文于该法中。并扩大“公证应受强制执行”之适用范围。而简化其程序。如此则一般人民咸知公证关系之重要。遵行者既有实利。违反者即获显害。[2]

4月4日，是日为儿童节，江苏镇江地方法院派员主持公证结婚。[3]

4月，铜梁县地方法院向四川高等法院呈文，其中报告：

> 查本院自聘请劝导员以来，未见有1个劝导，1人领奖者，可见虽有劝导聘请，未有劝导工作之实行。法

1 翟鼎文：《上海公证推行草案》，原稿只有签呈的月日，无年。1948年系笔者依据档案内容推断。上海市档案馆Q181-1-1381档案。

2 邱荣祖：《关于推行公证制度问题之意见》，《法令周刊》第十一卷第十二期。

3 《为检送公证结婚办法函请查照由》，镇江市档案馆藏江苏镇江地方法院档案A20-1-248，唐华彭：《镇江地方法院研究（1928—1949）》，中国法制出版社2014年版，第73页。

院职员只能劝导，不能领奖，不许以提成奖金补助，自不会认为是分内之事。法院办公费数额太少，购买应用纸张尚感困难，在此物价飞涨的情况下，增办巡回公证，佐理员、执达员下乡，每日所需不下30余万元，1月需千万元左右，到乡、村、场、镇巡回办证，亦因经费困难没有执行。[1]

4月21日，台湾省政府发出叁柒卯马府网丁字第四〇四四九号代电各县市政府，提出：

查迩来闻有日籍妇女为规避遣送相率与华男同居或甘为华男之妾，伪称已与华男结婚，企图申请取得我国国籍情事，殊有未合。兹为使于确定上项日女身分并昭慎重起见，特规定凡光复后日女与华男结婚，或光复前日女为台男之妾，或与台男同居多年有永久共同生活之意，而台男之妻已死或台男从未结婚补行结婚仪式者，均应请求当地法院认证或公证，取具认证书或公证书，始得申请取得我国国籍，否则一律无效，希遵照并公告周知为要。[2]

5月8日，江苏镇江地方法院在该院门前、大市口、四牌楼、西门楼、宝塔路口、银山门、山巷、伯先公园、河滨公园、南门等处张贴布告，宣传公证制度。布告内容如下：

1　重庆市地方志编纂委员会：《重庆市志·第十四卷》，西南师范大学出版社2005年版，第402—403页。

2　台湾省政府《代电》（叁柒卯马府网丁字第四〇四四九号），《台湾省政府公报》夏字第二十期。

查本院公证处成立已久，□于（一）人民一切法律行为及私权事实如能请由公证处公证，即得到法律上根据（二）人民相互间订立契约，如经公证处加以认证，即可免除一切纠纷。此种公证制度，法良意美，自应积极推行。诚恐社会一般人士未能彻底了解，特印制公证制度概要张贴通行，俾众周知。[1]

6月15日，司法行政部司法调查团到上海视察，除视察上海监狱及上海地方法院各看守所外，并向上海高等法院、上海地方法院及高地两检察处，提出90个有关司法问题，其中涉及公证，该团希望各推事及检察官对现行司法制度及现行程序，提供意见，作为该团研究资料。[2]

6月23日，就湖南高等法院请核示关于不动产管业证件遗失等事件之公证方法疑义，司法院作出院解字第四〇八一号解释，认为：

“公证法第五条第四款所称涉及私权之事实。不包含不动产管业证之遗失或毁灭在内。”[3]

7月1日，台湾省政府民政厅代电各县市政府，提出：

查迩来各该县市政府办理日女因婚姻关系申请取得

1 《为布告公证制度概要由》，镇江市档案馆藏江苏镇江地方法院档案A20-1-248，唐华彭：《镇江地方法院研究（1928—1949）》，中国法制出版社2014年版，第72页。“□”据该书照录。

2 《司法调查团一行　视察上海监狱等》，《申报》1948年6月16日。该报道另称：本市各司法机关，定于明日举行座谈会，答复该团各项问题。

3 《不动产管业证件遗失或毁灭等之公证方法依院解字四〇八一号解释》，《法令周刊》第十一卷第三十四期。

中国国籍，附呈法院公证书或认证书之案件，闻多未照原证书加抄副本附送，致存转困难，合行电希知照，嗣后对此类案件应由各该县市政府抄录副本一份连同原证书一并送厅，以便存转为要。

民政厅叁柒午（东）民丁[1]

7月12日，江苏泰县人翟鼎文到任上海地方法院专任公证人，时年25岁，其1948年4月16日来该院正式工作。[2]

7月21日，陈瑾昆拟定《中华民国新民事诉讼法草稿》，是解放战争时期在中国共产党领导下组织编写的一部民事诉讼法，其中第一百零五条规定：

第一百零五条　私文书，除他方当事人就其真正无争执者外，举证人应证明其真正。

私文书经本人或其代理人签名，或以盖章、按指印画十字或其他符号代签名或有文书上证人证明，或法院书记员、公证人或其他公署认证者，推定其为真正。[3]

1　台湾省政府民政厅《代电》(叁柒午东民丁字第六九二四号)，《台湾省政府公报》秋字第三期。原文中“籍”字印为“藉”字，据文意改。

2　参见上海市档案馆Q185-1-179上海地方法院服务登记簿档案。据1948年3月15日出版的《铨政月刊》第二卷第三期刊载的《三十五年第二次高考司法官考试及格人员分发情形》记载，翟鼎文系三十五年（1946年）第二次高考司法官考试及格分发至上海，《铨政月刊》第二卷第三期。

3　中国社会科学院法学研究所民法研究室民诉组、北京政法学院诉讼法教研室民诉组合编：《民事诉讼法参考资料》第二辑·第一分册，法律出版社1981年版，第143页。据该书第114页记载（本书编者按：这是解放战争时期在党领导下组织编写的一部民事诉讼法。由于当时的具体情况，使用了“中华民国”字样。现仍依原样刊印，以供研究参考）。

8月7日，司法行政部派陈宝桢代理杭州地方法院公证处公证人，派袁家侃兼充淳安地方法院公证处公证人。[1]

8月10日，司法行政部发出京37训民（三）字第一〇八一五号训令：

查推行公证制度，旨在澄清讼源，减少虚伪关系，至为重要，本部为提高各地院办理公证之效能起见，曾经制[2]定公证竞赛办法，自三十四年一月一日起，每年举行竞赛一次，并于同年将各地公证事务，次第改为专任人员办理，用专责成，凡所设施，无[3]非欲使全国人民，咸能普受公证之利益，推行以来，各法院能体会斯旨，切实推进者，固属不少，如济南、青岛、太原、会理、贵德等地院，或系地处边陲，风气未开，或系战乱频仍，秩序未复，而上年收件，仍达一、二千起，或七、八百余起以上，尤属格外努力，乃有同属地方安靖，商务繁盛，竟一年之中，收件异常悬殊，如广州、新兴、云浮、邕宁、南昌、泸县、长安、郊县等地院，均在数千起或超过一万余起，而上海、杭州、永嘉、怀宁、芜湖、重庆、昆明、北平、皋兰等地院，则仅有数十起，最多亦不过百有余起，甚至有挪用分配设置专任人员经费，而延不遴员请派情事，是其推行政令，用力

1　杭州市司法局修志办公室编辑：《杭州司法志》，杭州市司法局编印1993年版，第106页。

2　原文作“判”，似不通，据《杭州司法志》记载改，杭州市司法局修志办公室编辑：《杭州司法志》，杭州市司法局编印1993年版，第107页。

3　原文作“并”，似不通，据《杭州司法志》记载改，杭州市司法局修志办公室编辑：《杭州司法志》，杭州市司法局编印1993年版，第107页。

之未能尽同，显然可见，嗣后各地方法院，对于公证制度之推行，均应努力办理，如经配有专任公证人员之预算者，应速遴员呈部请委，其已派有专任员额，而办理成绩平常者，尤须积极设法改进，倘仍泄沓如前，即将承办人员，从严议处，并察酌情形，将该院是项专任员额裁撤，另行分配，公证事务已发达之其他地院，各该高院负有直接监督之责，亦应随时严为考核，除分行外，合行令仰遵照，并转饬所属地方法院遵照，此令。[1]

8月14日，《法声新闻》报道《法部复秘鲁　我国无海军公证法》，报道说：

秘鲁海军部，驻介休海军兵工厂，为研究各国海军公证法，请我国核复二点，外部函询法部意见，兹悉，法部顷予答覆如下："查我国现尚无海军公证法，司法机关所适用者，系三十二年三月三十一日国民政府公布三十三年一月一日起施行之公证法，该法适用于一般人民，对于军队人员，并无特殊规定。"[2]

8月15日，交通部新疆电信管理局出售一批钢铁，在社会上公开招标，开标时邀请迪化地方法院公证处进行监标公证，引起了

1　司法行政部《训令》[京37训民（三）字第一〇八一五号]，《法声新闻》第四五九号。杭州市司法局修志办公室编辑：《杭州司法志》，杭州市司法局编印1993年版，第107—108页。后书所录文本差错较多，未有标点。

2 《法部复秘鲁　我国无海军公证法》，《法声新闻》第四五七号。

社会和有关方面的注意。[1]

8月16日，江西宁都地方法院在一份呈文中说：

查修正公证费用法所定征收费最高者为一百元，低者五十元，而一百元法币，早已市面不能用，即五百元、一千元、二千元者，市面事实上亦早不流通，行将等于废物，即以邮票、印花代之，亦无此项小额邮票与印花之票面。[2]

8月17日，浙江高等法院院长孙鸿霖发出训令文字第四二五五号（奉令饬知努力推进公证制度由）令所属各地方法院院长，其令除引述司法行政部三十七年八月十日京37训民（三）字一〇八一五号训令内容外，提出：

奉此查公证事件，应督饬努力认真推行，迭经本院饬知有案，兹奉前因，除分令外合行令仰该院长，务须监督承办人员认真推行，并将公证事件季报表，分别依限送核毋违此令。[3]

《时事新报晚刊》刊载新闻《公证案件　去年十余万起》，报道云：

（南京通讯）新闻局消息，司法行政部推行公证制

1　新疆维吾尔自治区地方志编委会编：《新疆通志·司法行政志》，新疆人民出版社2000年版，第337页。

2　呈文之上级单位不详，《江西省司法行政志》编委会编纂：《江西省司法行政志》，江西人民出版社1995年版，第65页。

3　浙江高等法院《奉令饬知努力推进公证制度由》（训令文字第四二五五号），杭州市司法局修志办公室编辑：《杭州司法志》，杭州市司法局编印1993年版，第107—108页。原书中浙江高等法院作“浙江省高等法院”。

度甚力，兹据该部负责人谈，截至三十六年底……全国现有公证处为五百六十一处……至推行公证制度成效，各地院在此一年中除战争频仍或地点偏僻或推行公证伊始尚无显著成效外，其余均较以往益见发达。计全年办理公证件数，为一二二九五二起，该部正严饬考核，务使全国人民咸能普受公证之实益。[1]

8月25日，《法声新闻》报道：湖北高等法院转呈法部，请修正征收公证费用条文，法部顷予指令如下：

查贴用司法印纸，凡在五百元以上者作一千元计算，五百元未满者舍去，再公证费用法内，并无征收申请费之规定，仰转饬注意。[2]

9月15日，四川南部地方法院向四川高等法院的呈文中写道：

巡回公证是以节省请求人之劳力与费用，确有助于公证事务之发展。该院推事、书记官下乡、赴临近场镇办理公证事件，往返车船费及食宿费均由职院预算内开支。下乡前通知各乡、镇长及其代表，先期在大街鸣锣，分令各保甲家喻户晓，于某天赶场之日到场办证。逢场前一日派员先行布置一切，届时携带白布红字之旗一面，上书写："四川南部地方法院巡回公证组"之字样，同时带地院编之《公证与认证》一书多册，还有石

1 《公证案件　去年十余万起》，《时事新报晚刊》1948年8月17日。

2 《币制未经改革前　以法币征收公证费等》，司法行政部指令号与发出时间不详，《法声新闻》第四六八号。

印之标语，随时散发人民。[1]

9月17日，《申报》刊登新闻《地院成立公证处　即日起接受委托》，称：

本市地方法院，[2]为便利市民，推行公证制度，倾已成立公证处，指派翟鼎文为该院公证人，自即日起开始接受市民申请委托公证事件。该院昨特发表书面声明，阐释公证制度之利益。[3]

9月21日，司法行政部发出京37指（三）字第二六六五二号指令令广东高等法院院长史延程，提出：

三十七年八月三十日文戊字第二五二二号代电一件公证费用法有关费用各条迄未奉修正现改金圆券究当如何收费电请核示由。

未卅代电悉，据陈情形，在公证费用法未修正前，仍应依照原规定法币数额，折合金圆征收，未满一分者，四舍五入，惟原定数额，折合金圆，不及一分者，仍作一分计算，仰即知照，此令。[4]

9月22日，四川高等法院训斥重庆地方法院“推行公证不力，

1　四川省地方志编纂委员会编著：《四川省志·公安·司法志》，四川人民出版社1997年版，第350页。

2　指上海地方法院。

3　本报讯：《地院成立公证处　即日起接受委托》，《申报》1948年9月17日。

4　司法行政部《指令》[京37指（三）字第二六六五二号]，《法声新闻》第四八四期。

应迅即努力开展”，“所辖系商务繁盛之区，而收件竟异常之少，显未尽职责之能事”。[1]

9月，黄文英所著的《抗战八年来的梅县社会回顾》出版，该书中第五编第十五部分为《梅县地方法院推行公证制度概况及其好处》，其中言：

> 因为梅县文化水准较高，一般人民容易了解公证制度的好处：一方面也因为地方法院彭院长启周，对公证制度的利益，及办法，广事宣传，领导有方，施行后，成绩特优，民事案件，因此逐年减少，三十五年一月，至十一月，平均每月仅有民事案件卅二起，比彭院长初到任之民国卅一年，平均每月收民事案件七十起，已经减少了很多，足见推行公证，收了很大的效果。
>
> 司法行政部，于民国卅四年，举行全国公证竞赛，广东省参加竞赛的，有七十余单位，结果，梅县全年公证事件，有八百余件，获全省冠军，得到奖励。彭院长启周，公证人周世□，[2]佐理员李招盛，各记功一次。民卅五年，举行全省第二次公证竞赛，成绩优异，全年收案一千二百八十一件，周李两人，又奉令各记大功一次，现周已调兴宁，梅县则调许志明继□。
>
> ……
>
> 兹将梅县地方法院公证处，最近发表，劝导人民声请公证新歌二首录下，以结束本文。

1　重庆市地方志编纂委员会：《重庆市志·第十四卷》，西南师范大学出版社2005年版，第402页。

2　另有资料言，公证人为周世雄。梅县市司法局编：《梅县市司法行政志》，1988年，无出版信息，第23页。

一

公证制度，保障私权；意同立案，举办有年。
证明情事，放账还钱；买卖租典，屋店田园。
合同和约，遗嘱婚姻，种类繁杂，奚止万千！
事经公证，铁案保全，权义清楚，无可讼缠！
偶有讼争，查案了然，是非立辨，何待迁延！
人无远虑，忧在目前！未雨绸缪，毋渴掘泉！
事事公证，策出万全，因循观望，后悔无边！
推行良法，识士倡先，风行草偃，百而传千！
人人礼让，舜日尧天，子曰无讼，庶乎近焉！

二

讼则终凶，人所共悉；耗时费财，感情丧失；
无胜无负，苦恼则一！事后追悔，何必当日！
唯有公证，一势永逸。预先立案，防范周密！
权义清楚，狡谋不出！弥讼无形，除凶化吉！
公证案卷，永存不失，偶生争执，查阅洞悉！
不幸涉诉，证据确实；是非曲直，朗若月日！
片言讯结，何须多质；不受讼累，时费俱节！
保障权利，金瓯不缺！ 猗欤良法，人人心折！
奉劝大众，记兹要诀；事事公证，勿循故辙！
揣度人情，难期真切；深谋远虑，无虞蹉跌！
慎之于始，并非鸠拙；未雨绸缪，斯乃明哲！
徘徊观望，讼根不绝，讼则终凶，名言如铁！[1]

1　黄文英：《抗战八年来的梅县社会回顾》，梅县中山印刷所印刷，据编后话记载为1948年9月，无出版信息，第190—194页。

10月19日，重庆地方法院向四川高等法院呈文，其中报告：

由于推行公证不力，呈迭于公众集会场所宣达公证利益，而意存苟安，效力未著，故派公证人王清操到院供职淬砺宣传劝导：（1）以报馆新闻方式发表刊登宣传公证制度之实益；（2）请重庆市各影戏院免费宣传公证制度；（3）印发宣传公证布告，张贴通衢要道及乡村保甲，使其家喻户晓；（4）印发多册公证说明书散发；（5）聘请多名公证劝导员宣传劝导等。[1]

10月20日，司法行政部发出京37训民（三）字第一四一五七号训令：

查巡回公证，足以节省请求人之劳力与费用，兼有助于公证业务之发展，各地院应即拟定计划，积极施行，并具报备查，前经本部于本年一月十七日以京训民（三）字第六五六号训令，通饬遵照在案，现各省法院，能遵照办理者，固为不少，然亦有未将拟定是项计划呈核者，足见对于部令奉行不力，殊属不合，用再令催，仰即转饬所属尚未举办巡回公证之地方法院，务须恪遵前令，讯予计划实施，并筹办情形，随时具报备查，切切此令。[2]

11月20日，沈阳解放后，成立了市人民法院。在法院管理

1 重庆市地方志编纂委员会：《重庆市志·第十四卷》，西南师范大学出版社2005年版，第402页。

2 司法行政部《训令》[京37训民（三）字第一四一五七号]，《法声新闻》第四九三期。

民事案件的同时就建立了离婚、收养子女等公证制度，并设有四名专职公证干部办理公证，但还没有设立独立的公证机关。[1]

12月21日，蒋中正发布总统令，行政院院长孙科、司法行政部部长谢冠生副署：

> 兹修正公证费用法第二条，第十一条，第十二条，第十三条，第十七条，第十八条，第二十一条及第二十二条条文，公布之。此令。[2]

12月25日，四川重庆地方法院院长雷彬章聘请美丰银行翁佐卿为四川重庆地方法院公证处公证劝导员，该《四川重庆地方法院公证处聘请书》全文如下：

> 四川重庆地方法院公证处聘请书
>
> 兹聘请美丰银行
>
> 翁佐卿先生为本院公证处公证劝导员即希竭力协助宣传劝导务使民众得知公证制度之实益相继前来声请卒至保护私权减少讼争良法美制协襄厥成其由劝导员劝导而来之案件即提给百分之十奖金以示嘉勉。此聘
>
> 中华民国三十七年十二月廿五日
>
> 院长　雷彬章[3]

---

1 《沈阳司法行政志》编写组编辑：《沈阳司法行政志》，沈阳市司法局1990年版，第69页。具体人民法院的名称据《辽宁省志·司法行政志》记载，为市人民法院。辽宁省地方志编纂委员会办公室主编：《辽宁省志·司法行政志》，辽宁民族出版社2003年版，第142页。

2 《总统令》，《四川省政府公报》第五八九期（原第八〇〇期）。

3 《四川重庆地方法院公证处聘请书》，重庆市档案馆0296-0018-00001档案。

1949年

1月1日，镇江民众教育馆本定于此日举办公证结婚，但因时局紧张，而被迫取消。[1]

1月，厦门律师公会制定《厦门律师公会临时调整收取公费办法》，其中规定：

（五）公证事件每件最低额双方各收白米贰市担。[2]

年初，司法行政部向安徽省高等法院院长廖江南发出指令，批准安徽省宣城地方法院在湾沚、油渣、水阳、沈村、孙家埠五个乡公所设立巡回公证办事处。[3]

司法行政部以训令下发《各地方法院推进公证制度宣传文件》，供各地进行宣传。[4]

4月15日，《申报》刊登新闻《杭州市长俞济民　在甬举行结婚礼》，云：

（本报宁波十四日电）浙省委兼杭州市长俞济民，

1 《为本馆前拟举办之第三届公证结婚现难如期举行由》，镇江市档案馆藏江苏镇江地方法院档案A20-248，唐华彭：《镇江地方法院研究（1928—1949）》，中国法制出版社2014年版，第73页。该书所引档案号疑误。

2 厦门律师公会《厦门律师公会临时调整收取公费办法》。笔者所见系该办法照片。此处句号系遵出版体例增。

3 该司法行政部指令名称与文号暂不详，有待进一步考证，安徽省司法厅司法志编辑室编：《安徽省司法行政志》，1990年版，无出版信息，第123页。

4 该司法行政部训令名称与文号暂不详，有待进一步考证，安徽省司法厅司法志编辑室编：《安徽省司法行政志》，1990年版，无出版信息，第123页。

日前由杭抵甬，于昨假江东木行路陈宅与董波萍小姐举行公证结婚仪式，友好闻讯均前往道贺，车水马龙，颇形热闹。[1]

7月1日，厦门律师公会又制定《厦门律师公会临时调整收取公费办法》，其中规定：

（五）公证事件每件最低额双方各收银圆五十元。[2]

8月11日，上海市人民法院秘布字第二号《布告》中规定：

……

六、公证费用按权利标的千分之五征收法律行为标的不能核定者每件征收五百元

七、声请执管遗产按遗产价额千分之五征收并每件征收证书费人民币一千元

八、当事人请求抄录或翻译非本院职务上所应抄发或翻译之文件抄录每百字征收人民币五十元翻译每百字征收人民币三百元不足百字者以百字计

上列应收之费用均由本院收支处统一征收出给收据此外本院服务人员执行任何职务均不取任何费用特此布告周知。[3]

---

1 《杭州市长俞济民　在甬举行结婚礼》，《申报》1949年4月15日。

2 厦门律师公会《厦门律师公会临时调整收取公费办法》。笔者所见系该办法照片。此处句号系遵出版体例增。

3 上海市人民法院《上海市人民法院办理民刑诉讼费用征收办法布告》（上海市人民法院布告秘布字第二号），西南服务团办公室：《上海市军管会人民政府政策法令汇编》，1949年9月，第3、127—128页。此处句号系遵出版体例增。

8月，29岁的中共预备党员冯尔泰任首任上海市人民法院公证人，冯尔泰系学习司法官期满、1947年高考及格，曾任东吴大学研究院研究员、新中国法学院立信会计学校教员。当月即由64岁的主办过易培基故官盗宝案的原国民政府最高法院检察署检察官的莫宗友[1]接替公证人职务。莫宗友被上海市军事管制委员会政务接管委员会法院接收处认为“能力较强，稍有政治顾□，生活俭朴”。[2]

9月5日，上海市人民法院公证处办理了首起公证结婚。据9月6日的《文汇报》报道：

> 新郎丁信仁是本市公共交通公司技术员，新娘俞德先在无锡广仁医院服务，公证人莫宗友，在询问了新郎新娘后，即宣读公证书，交换饰物，公证婚礼圆满完成，新郎新娘含笑而归。[3]

9月11日，张知本自广州出发飞台湾视察司法，次第视察台

1　莫宗友于1937年6月8日被国民政府任命为最高法院检察署检察官。国民政府《令》，《国民政府公报》第贰叁柒伍号。

2　冯尔泰，1921年出生，江苏金坛人，后于1956年9月28日至1958年及1964年2月19日至1966年7月任上海市高级人民法院审判委员会委员，《上海审判志》编纂委员会编：《上海审判志》，上海社会科学院出版社2003年版，第512页。上海市档案馆B1-2-304-3档案（上海市军事管制委员会政务接管委员会法院接收处关于送上海市人民法院编制表及职员名单的报告档案）。冯尔泰的年龄系根据该档案记载。据当年上海市人民法院八月综合报告，伪最高检察署一部分人员要求给予学习机会，至今新组织中尚留用了二人。方晓升主编：《接管上海》上卷·文献资料，中国广播电视出版社1993年版，第184页。

3　本报讯《公证结婚　人民法院破题儿第一遭》，《文汇报》1949年9月6日。

北、高雄、台南、嘉义、台中、新竹、宜兰各地都有讲话，10月17日视察全程结束。[1]之后张知本撰《巡视台湾司法记》，该文共分五编，另载附录。在第二编法院中共分十二部分，在第八部分公证及提存中言：

> 公证及提存推行，则人民权利明确，诉讼减少，即诉讼亦不为累。台湾推行公证提存已有成效，惟规费征收率较日治时为高（注六，廿九），应比较各法院公证提存收入及公证人等俸薪办公费支出情形，通盘筹划。在收支相抵的条件下，求规费征收率之减低，用期公证提存益臻发达，国库亦不增加负担。台北台南推行循回登记于乡村，甚有实益，各院可妥筹仿行（注卅注卅一）。[2]

10月4日，上海市人民法院公证处为当事人彭本鄂、葛漱玉出具了公证结婚公证书，公证书编号为一九四九年公字拾玖号，收取公证费人民币伍佰元正。公证人为莫宗友，书记员为谢寅生。[3]

1　张知本于1949年4月1日在南京宣誓就任国民政府司法行政部部长。张文伯编述：《张知本先生年谱》，张知本先生奖学金董事会编印，1975年版，第42—43页。1949年10月1日，中华人民共和国成立，其“国民政府司法行政部部长”职务自不具有合法性，请读者注意。

2《巡视台湾司法记》定稿时间最迟于1950年1月11日，因张知本所作《巡视台湾司法记》自序落款时间为1950年1月11日（原序仍书“民国纪元”），“中国宪法学会”编：《张知本先生言论一斑》，帕米尔书店印行，1960年版，第163、177页。

3　谢寅生系同文书院商科毕业，1946年2月1日来上海地方法院工作，曾任通译、公证处佐理员。上海市档案馆Q185-3-24713、Q185-1-185号档案。曾有报道称谢寅生，“他唯一的理想，就是做一位廉洁自守的法官”。《益世报》记者骑：《生活这样苦，我们还是干，为的啥？谢寅生书记官的见解》，《益世报》1947年8月25日。

这是目前已知的中华人民共和国人民公证机关出具的首份公证书。[1]

哈尔滨市人民法院应苏联籍人别·雅·马哈诺维次咯牙申请作出一九四九年非第一五九一号非讼裁定，确认遗赠人另纸公证遗嘱为有效，审判员为田方春。[2]

10月13日，在广州解放的前一天，伪广州地方法院公证处接办了最后4件公证业务。[3]

10月14日，在广州解放当日，伪广州地方法院公证处向当事人发出这4件公证证明。至此，结束了存在48个月的该院公证处公证业务。[4]

12月20日，中央人民政府委员会批准了《中央人民政府司法部试行组织条例》。根据这个条例，司法部的机构设置为1厅5司1室，其中第二司主管公证、律师工作。[5]依据《中央人民政府司法部试行组织条例》第二条规定，司法部主持全国司法行政事宜，其

---

1 上海市档案馆F8-1-0034号档案，卷宗封面证号为一九四九年度证字第叁柒号。此结论如有新的档案资料发现，自当修正。上海市档案馆Q185-1-179上海地方法院服务登记簿档案。

2 该文书复印件承黑龙江省哈尔滨市哈尔滨公证处提供，在此致谢。

3 广州市地方志编纂委员会编:《广州市志（卷十二）》，广州出版社1998年版，第301页。

4 广州市地方志编纂委员会:《广州市志（卷十二）》，广州出版社1998年版，第301页。

5 1厅为办公厅，负责机关的文书、人事、行政等事务。第一司主管司法机关的司法行政事务；第二司主管公证、律师工作；第三司主管狱政工作；第四司主管司法干部的教育训练；第五司主管法制宣传和视察工作；1室为专门委员会室。司法部另设有部长的专家顾问室。《当代中国》丛书编辑部编辑:《当代中国的司法行政工作》，当代中国出版社1995年版，第23—24页。

任务共有15项，其中第10项为“关于公证管理事项”。[1]

12月，旅大行政公署人民法院值日审判室开始兼办公证。[2]

是年，据哈尔滨市人民法院《一九四九年工作总结》记载，《哈尔滨市管理财产办法（草案）》第一条规定：

> 第一条　财产所有人离开财产所在地时，应依正规手续作成公证委托书指定管理人管理其财产。前项委托书之有效期间为三年，但附出卖权者应缩短为一年，前项委托书之有效期间满了前，财产所有人应从新作成之。[3]

1950年

3月，华东军政委员会参事室编印的《中央人民政府各机关组织条例》一书中，收录了《中央人民政府司法部组织条例（草案）》，《中央人民政府司法部组织条例（草案）》在第二条、第七

1　非常遗憾，笔者尚未查到《中央人民政府司法部试行组织条例》全文，《中央人民政府司法部试行组织条例》何时实施尚未得知，笔者所见为有关书籍摘录。《当代中国》丛书编辑部编辑：《当代中国的司法行政工作》，当代中国出版社1995年版，第28—29页。因未见原文，其资料的可靠性有待进一步查证。

2　大连市史志办公室编：《大连市志·司法行政志》，大连出版社2000年版，第108页。

3 《哈尔滨市管理财产办法（草案）》，中国社会科学院法学研究所民法研究室民诉组、北京政法学院诉讼法教研室民诉组合编：《民事诉讼法参考资料》第一辑，法律出版社1981年版，第542—543页。具体文件形成日期暂不详，该书也未记载《哈尔滨市管理财产办法（草案）》制定主体与文件编号。

条分别规定如下：

第二条　司法部之职掌如左：

……

九、关于公证管理事项。

……

第七条　第一司掌左列事务：

……

六、关于公证之管理事项。[1]

4月1日，上海市人民法院公布《民事裁判费用及其他费用之征收办法》，其中规定：

……

七、公证费用按权利标的千分之一以本市折实单位计算征收，其不满本市折实单位一份或不能核定其价格者，均征本市折实单位一份。

八、声请执管遗产，其费用按遗产价格千分之五征收，并每件征收证书费本市折实单位四份。

九、当事人请求抄录或翻译本院应送达以外之文件者，抄录每百字征收本市折实单位〇·二份，翻译每百字征收本市折实单位一份，不足百字者以百字计。

上列应收之费用，均由本院收支处统一征收，出给收据，此外本院工作人员执行任何职务，不取任何费

1　华东军政委员会参事室编印：《中央人民政府各机关组织条例》，1950年3月（法甲一），第148—150页。

用，特此布告周知。[1]

8月3日，司法部部长史良在第一届全国司法会议的报告中提道：

关于公证制度，这是一个可以减少讼争，有益于人民的制度。今后在国营私营经济更加发达和经济相互关系更加频繁之下，如对带有法律性重要文件（契约、委任书、保证、遗嘱等）之形成，加以确认，很可预防流弊，减少讼争，这是很有好处的。哈尔滨、沈阳、上海等市已作了一些工作，这一经验希望能好好总结，以便逐步推行。[2]

9月30日，影剧工作者白杨、蒋君超早上九时许在上海市人民法院公证处举行公证结婚。据当日的《上海新民报晚刊》报道：

白杨穿蓝布列宁装，蒋君超穿布制人民装，两人先

1 上海市人民法院《民事裁判费用及其他费用之征收办法》(上海市人民法院布告法秘布字第二十六号)，载上海解放日报编委会：《上海解放一年》，解放日报社出版，出版时间不详，据此书编后记落款时间为1950年7月10日，第17页。此书编辑时由多种资料汇集，页码没有统一编。据上海市人民法院《民事裁判费用及其他费用之征收办法》，原该院布告秘布字第二号第四号第七号关于民事诉讼费用及其他费用之征收办法，均废止之。上海市人民法院布告秘布字第四号第七号，余尚未查找到。

2 史良：《关于目前司法行政工作报告——司法部史良部长在全国司法会议上的报告》，《中央政法公报》第十八期。1950年7月26日至8月11日第一届全国司法会议在北京举行会议，《董必武年谱》编纂组编：《董必武年谱》，中央文献出版社2007年版，第374页。史良：《关于目前司法行政工作报告——中央人民政府司法部部长史良一九五〇年八月三日在第一届全国司法会议上的报告》，人民出版社编辑：《政府工作报告汇编（1950）》，人民出版社1951年版，第97、109页。

按章缴纳公证费一单位，继由负责同志杨玉林主持办理公证手续。[1]

10月20日，华东军政委员会通令试行《华东各级人民法院管辖暂行规则》，该《华东各级人民法院管辖暂行规则》第一条规定：

第一条　县（市）人民法院管辖左列案件：

一、刑事，民事第一审诉讼案件，但别有规定者，不在其限。

二、公证及其他非讼事件。

三、行政罚锾。

前项管辖规定，于未设县（市）人民法院之兼办司法的县（市）人民政府适用之。

等于省级之市人民法院所属区人民法院管辖案件与县（市）人民法院同，但第三条甲项第二款至七款所列案件不在此限。[2]

是年，据上海市人民法院《一九五〇年工作总结》记载：

……上海是一个工商业的中心城市，交易繁杂。为保障工商业交易安全，扶助社会经济的发展，保护国家财产，减少诉讼纠纷，公证工作，应是上海市人民法院重要建设工作之一。在三月改组的同时，我们提出了开

1　本报讯：《白杨蒋君超　今晨公证结婚》，《上海新民报晚刊》1949 年 9 月 30 日。

2　华东军政委员会：《华东各级人民法院管辖暂行规则》，福建省人民法院编印：《司法工作手册》，1950 年 12 月，第 156 页。

展公证工作的任务。自四月在各报发表有关公证工作通讯，宣传了公证的意义与作用，一面分函公营企业机构与各主要同业公会以事推广，并简化公证手续，建立独立收案制度，作到随到随证，减低公证费用。自四月至十二月，契约公证均急速增加，共为五九三件，较三月以前增加达八倍以上，其中华东后勤部、中南军区军需部、上海市贸易信托公司等七机关企业的加工定货契约经公证的即有二〇四件；解放初期政府机关公营企业与私商订约常遭诈骗的事，已不多见，在保证军需供应与保护国家经济建设上起了良好的作用。结婚、离婚，在公证中显得极其突出。依婚姻法规定，结婚、离婚均须向区人民政府登记，但以婚姻法虽经施行，青年男女婚姻的不得自由仍所在多有（如父母干涉与需索财物等），本市区人民政府婚姻登记尚未举办，故我们在公证工作中仍继续了这一业务。一年来结婚公证共达二三七八件，作为过渡时期的办法，于满足群众的需要及保证婚姻法的实行，均尚属必需。[1]

据上海市人民法院《公证处工作报告》记载：

……

三、目前工作中尚存在着的缺点：

（一）伪六法观点还没有完全肃清：部份工作同志，由于过去与伪六法关系过深，虽经一年半不断学习，旧

1　上海市人民法院《上海市人民法院一九五〇年工作总结》，无文件编号，第1、2页。

的法律观点迄未完全清除，对共同纲领第十七条“废除国民党反动政府一切压迫人民的法律、法令和司法制度，制定保护人民的法律、法令，建立人民司法制度”，还有些模糊不清。如五月间有旧会计师钱晓云者，以会计师名义，拿了一家商行的委托书前来声请公证，我们思想上认为伪律师制度取消了，会计师只是算算账，与医师、工程师一样，所以给他们公证了。后经最高法院华东分院指出，才恍然大悟。

（二）业务水平太低，涉外法律知识不够：例如苏俄最高苏维埃主席团一九四七年四月二日指令禁止苏俄公民与外国人间之婚姻，我们并不知道，七八月间发现，经检查后，已经公证过的有二件：一件是苏联女子与白俄男子结婚；一件是苏联女子与波兰男子结婚。这样上述二件公证有了问题，事后检讨，实在是由于我们的业务水平太低，涉外法律知识不够，工作作风上，没有与外事处和民庭涉外组好好联系，终日沈缅于事务主义和粗枝大叶作风所致。

（三）与刑民庭各组联系不够：公证事件，双方当事人两愿同意是一面，而工作同志们的正确掌握政策法令，却是更重要的一面。当此刑民庭各组工作正在不断推进，他们的经验日积月累之际，我们和刑民庭各组的联系，可以说非常少，不能及时吸取他们的新经验，自然在工作上容易发生偏差。这些都是我们今后应改进的方向。[1]

1　上海市人民法院《公证处工作报告》，《上海市人民法院一九五〇年工作总结》，无文件编号，第 82—83 页。

1951年

2月28日，中南司法编审委员会编的《中南司法》第二期刊发了南昌市人民法院1951年1月10日写定的《南昌市人民法院一个月来公证工作的情况》。编者为文章写了按语，提出：

公证制度在我们司法工作中才开始萌芽，就本区来说，除南昌市人民法院正在对公私间契约实行公证外（按公证制度的范围不限于此），还没有见到其他法院关于这一工作的报导。本文亦只将当地客观存在的情况作了比较全面的叙述，而对该项公证工作的经验方法提供的还不多。这里把它刊登出来，目的是在提起各方对于保护国家财产的注意，同时并希望各地法院对公证制度进一步的加以研究、推行，从实践中创造经验，使它逐渐确立与完善起来。[1]

3月24日，华东军政委员会司法部给华东区各省级法院发出司一字第368号《关于1951年上半年度公证工作的指示》，其中提出：

本部迭次接到中央司法部指示，要推行公证制度，在1951年上半年度，本部……对于中央指定其他各省区直辖市、如杭州、徐州、济南、蚌埠、芜湖、宁波、烟台、镇江、无锡等市，希于今年上半年度将本部所发之公证资料详细研究，根据各该市县具体条件，拟订本年

1　南昌市人民法院《南昌市人民法院一个月来公证工作的情况》，《中南司法》第二期。

下半年度公证工作的试行办法，在五月底以前报部……[1]

3月26日，经东北人民政府司法部修改后，公布试行《沈阳市人民法院民事强制执行暂行办法》，其中第一条规定：

第一条　本院根据左列各文书实施民事强制执行：

……

四、人民法院作成的给付金钱或物品之公证证书；

五、经人民法院批准应予执行的认证书区人民政府调解书。强制执行涉及前项文书记载以外的人时，须经本院第一审庭裁定。[2]

3月30日，中央人民政府政务院财政经济委员会公布施行《私营企业暂行条例施行办法》，其中第二十七条规定：

第二十七条　独资企业的转让，应于转让后十五日内由让受双方检送转让契约联名申请登记。

前项契约应经所在地的区一级以上人民政府公证或登报公告。[3]

1　华东军政委员会司法部：《关于1951年上半年度公证工作的指示》，文号不详，安徽省司法厅司法志编辑室编：《安徽省司法行政志》，1990年版，无出版信息，第123页。

2　《沈阳市人民法院民事强制执行暂行办法》，北京政法学院编：《中华人民共和国审判法参考资料汇编》第四辑民事诉讼，1956年，第195—198页。该书未记载《沈阳市人民法院民事强制执行暂行办法》发文字号与公布试行单位。

3　中央人民政府政务院财政经济委员会《私营企业暂行条例施行办法》，南京市人民法院编印：《人民司法工作手册》，1952年10月，第567页，该书未记载《私营企业暂行条例施行办法》发文字号。又见《人民日报》1951年4月1日。

江西省人民法院发出《关于建立公证制度的通报》，提出：

根据南昌、九江、吉安、丰城等市（县）报告中反映，先后发生不法商人危害国家财产案件愈来愈多，其中据南昌市法院统计，一年多来，受理此类案件共八十三起，以私营米厂加工公粮，营造厂包揽公家建筑工程及私商与公家订约代购物资等为最多，损失较大者竟达大米二十余万斤，这是值得我们严重注意和警惕的，南昌、九江两市院为了积极预防此类案件的发展，先后建立公证制度，实行以来，在保护国家财产上获得了一定的成绩，尤以南昌市院配备专职干部负责办理以来，凡经过公证之各种契约，三个多月中从未出过岔子，这说明了公证制度是起了重大作用的。

公证制度是一项新的工作，虽目前经验不多，但是极为重要，现将南昌市院办理公证的一些手续、办法与经验予以介绍，希各级重视这一问题，并根据具体情况，加以研究、参考执行，特别是较大城市的法院更应注意。[1]

4月10日，最高人民法院、司法部发出《关于保护国家银行债权问题的通报》，提出：

……又为了简化手续，减少纠纷，正确地保护国家和人民的权益，各地人民法院应迅速建立公证制度，在

1　江西省人民法院《江西省人民法院关于建立公证制度的通报》，《中南司法》第四期。该杂志未录《江西省人民法院关于建立公证制度的通报》的发文字号。

认证契约时载明强制执行条款（上海市人民法院公证处已依此办理），嗣后如有一造当事人违约，对造当事人即可请求法院依照契约执行。[1]

4月19日，《人民日报》报道《南昌市人民法院　通过公证工作保护国家财产》，并配发短评《建立公证工作保护国家财产》指出：

……目前北京、天津、上海、青岛、哈尔滨、沈阳等城市也实行了公证制度或公证业务，但有些城市的法院还不善于通过公证制度，保护国家利益。南昌市人民法院所采用的公证制度，在这方面提供了一个比较好的作法。比如对保证商进行严格审查，禁止同业作保等，都是值得各地参考的。[2]

4月24日，《文汇报附刊》发表读者张达的来信，建议：

一、公证处应该专设一处，专门受理结婚。

二、公证结婚处，应该有简单庄严的陈设，至少应有人民领袖肖像、国徽或国旗的挂置，使结婚人在他俩一生中最愉快的一刻，面对伟大的祖国和人民的领袖，由此而激发爱国思想。

1　最高人民法院、司法部《关于保护国家银行债权问题的通报》（司三通字第16号），中华人民共和国司法部编：《中华人民共和国司法行政历史文件汇编（1950—1985）》，法律出版社1987年版，第750—754页。该《中华人民共和国司法行政历史文件汇编（1950—1985）》所录文本无最高人民法院发文字号。

2《南昌市人民法院　通过公证工作保护国家财产》《建立公证工作保护国家财产》，均见《人民日报》1951年4月19日。

三、可以结合新婚姻法的精神，或当前的政治任务，写成标语，悬诸四壁，给予每一对新人和来宾充份教育。

四、设立参观席，让一般群众，都能参观，说明合理合法的婚姻，在新社会里，永远受人民法律的保护。

五、结婚公证处，不应受星期例假的限制，因为结婚人往往喜爱在国庆佳节，或其他有纪念性的日期，举行婚礼，人民法院，应当接受他（她）们的意见，而替他们服务！

《文汇报付刊》同时刊登了上海市人民法院的覆函：

所提意见，是很宝贵的，我们除了欢迎之外，已经尽可能布置了一下公证法庭，并在当事人休息室，贴了一些标语，至于专门结婚的法庭及参观席，我们也很想扩充，但在房屋条件的限制下，暂时不能做到。以后我们当再设法考虑。星期例假日办公的问题，因为是统一规定的我们也不能例外。还有一点要说明的，公证结婚离婚只是在本市各区政府未开始办理登记以前的一种便利于人民的过渡方法，一俟各区政府开始办理登记，当即停止。[1]

4月30日，中央人民政府法制委员会编译室编译的《苏维埃国家与法律问题讲座》一书出版。此书记载了苏联法学专家苏达里可夫、贝可夫的讲座内容，由陈汉章校订。其中第二十讲题目为苏

1　张达：《公证结婚时的法庭　应有简单庄严陈设》及上海市人民法院覆函，《文汇报付刊》1951年4月24日。

联的公证机关。[1]

4月，中央人民政府法制委员会编的《苏联律师章程·苏俄国家公证章程》一书出版。此书由王增润译，王之相校。此书所译“苏俄国家公证章程”系根据苏联国家法律书籍出版局1949年出版的“审判检察工作人员法令辑览”俄文版本第一卷第68至77页译出。[2]

5月，经中央司法部暨北京市人民政府核准试行《北京市人民法院公证暂行办法》。该办法共十一条，第一条、第三条和第六条分别规定：

第一条　为了证明当事人所订契约及法律行为的真实性与合理性，给以证据法上的效力，借以减少纠纷，防止诉讼，特制定本办法。

第三条　当事人与关系人得请求公证处就租赁、抵押、借贷、买卖、承揽、委任、合伙、赠与、遗嘱及其

1　中央人民政府法制委员会编译室编译：《苏维埃国家与法律问题讲座》，中央人民政府法制委员会1951年4月30日初版，1951年9月30日再版。笔者所见版本为1951年9月30日再版本。苏达里可夫1913年生，副博士学位，来华离华时间为1949年8月22日至1953年6月，1939年任莫斯科法律学院的系主任，后任莫斯科法律学院院长、苏联司法部培训中心主任、苏联司法人民委员会秘书处主任、苏联政府集体农庄事务委员会法律部主任、莫斯科法律学院副教授、军事法律学院教师，来华后被政法委员会聘为首席顾问。贝可夫1901年生，副博士学位，来华离华时间为1949年8月31日至1952年8月，1945年至1949年来华前，任苏联武装力量军事法庭办公厅2部主任，来华后被政法委员会聘为首席顾问。唐仕春：《建国初期来华苏联法学专家的群体考察》，《环球法律评论》2010年第5期。

2　中央人民政府法制委员会编：《苏联律师章程·苏俄国家公证章程》，人民出版社1951年版。

他一切合法之权利义务行为作成公证书或认证私证书。

第六条 有关公私关系之契约，应于公证书内载明如一方违约得据以强制执行。

私人间之契约，亦得于公证书内载明如一方违约得据以强制执行。

前两项强制执行，如经债务人提起诉讼者，受诉法院，得令停止执行。[1]

6月5日，东北人民政府司法部发出《关于加强民事强制执行的指示》，其中第三条规定：

三、民事强制执行原则依债权人声请为之，债权人不知声请者，法院应予必要的指示。

债权人声请执行，应提出左列文书之一，为声请执行之根据：

……

（四）人民法院作成给付一定金钱或物品之公证证书；

（五）经人民法院批准应予执行之区人民政府调解笔录。[2]

---

1 中央司法部暨北京市人民政府核准试行《北京市人民法院公证暂行办法》，东北人民大学民法、刑法教研组：《中华人民共和国法院组织、诉讼程序参考资料》（第一辑），东北人民大学研究部教材出版科 1954 年版，第 251—252 页。该书未录《北京市人民法院公证暂行办法》发文字号。司法部批准时间为 1951 年 5 月 5 日，文号为司法部司二函字第四七七号，北京司法行政志编纂委员会：《北京司法行政志（征求意见稿）》，北京市司法局 2001 年印，第 252 页。

2 东北人民政府司法部《关于加强民事强制执行的指示》（行字第一〇九号），北京政法学院编：《中华人民共和国审判法参考资料汇编》第四辑民事诉讼，1956 年，第 207—209 页。

6月，唐山市人民法院民事审判庭设立公证组，对外称唐山市人民法院公证处，有1名公证员。[1]

8月，西南军政委员会司法部编《公证制度参考资料》，其中西南军政委员会司法部认为：

> 推行公证制度，在西南区还是创举；但公证制度在今后人民司法工作中将日见其重要性……
>
> 一、甚么是公证
>
> （一）公证是证明人民间所订契约或其他法律行为（如遗嘱、股东会决议等），或发生法律事实（如人之失踪或死亡后，有人继承）的合理性和真实性，给以证据法上的效力，借以减少纠纷防止诉讼。
>
> 公证系就既存事实加以证明，不能替当事人创设资格或权力。[2]

9月3日，中央人民政府委员会第十二次会议通过《中华人民共和国人民法院暂行组织条例》，其中第十二条规定：

> 第十二条　县级人民法院管辖下列事件：
>
> ……
>
> 四、公证及其他法令所定非讼事件。

1　唐山市地方志编纂委员会编：《唐山市志》第四卷，方志出版社1999年版，第2564页。

2　西南军政委员会司法部编：《公证制度参考资料》，南京市人民法院编印：《人民司法工作手册》，1952年10月，第640页。北京政法学院编：《中华人民共和国审判法参考资料汇编》第四辑民事诉讼，1956年，第233页。两书均未记载西南军政委员会司法部所编的《公证制度参考资料》发文字号。

五、指导所辖区域内的调解工作。[1]

9月，天津市人民法院制定《天津市人民法院公证问答》，天津市人民法院认为：

公证就是在涉及到两个人或几个人，两方面或几方面的权利和义务的事情上，经过当事者的申请，由人民法院代表国家来证明它的真实及合法。这种证明力量最大、最有效。简单的说，由法院来做证明就叫公证。[2]

11月9日，东北人民政府司法部发出《关于建立公证制度的指示由》，提出：

在一九五〇年全国第一次司法会议，中央司法部史良部长关于目前司法行政工作的报告当中，已经明确指出建立公证制度是法院当前必须作的一个主要工作。根据东北经济发展情况，在公私关系上屡受奸商蒙混欺骗，致使国家财产遭受损失，而人民在日常生活中亦迫切要求国家对遗嘱，收养及协议离婚等事项予以证明等情形，建立公证制度实有必要。本部为使这一公证制度在东北有系统的逐步建立起来，特作如下指示：

1 据《中华人民共和国人民法院暂行组织条例》第三十九条规定：本条例自中央人民政府委员会批准公布之日施行。《人民日报》1951年9月5日。

2 天津市人民法院《天津市人民法院公证问答》，北京政法学院编：《中华人民共和国审判法参考资料汇编》第四辑民事诉讼，1956年，第251—252页。该书未记载《天津市人民法院公证问答》文件编号与具体制定单位，依内容推断为天津市人民法院制定。

一、各直辖市及各省属市人民法院，凡未建立公证制度的，应积极筹备，对本部于本年六月二十二日行字第二十九号公文所介绍的材料详加研究，争取在本年底以前，开始受理公证认证事件，然后逐渐使之充实健全。

各省人民法院，在公证制度建立当中，对所属各市院应负起应有的领导责任。并斟酌具体条件，争取早日将公证制度由市人民法院向各县人民法院介绍推广，达于普遍建立健全程度。

二、……

……[1]

11月，广西省梧州市人民法院编印《公证是什么?》宣传资料，认为：

“公证”是人民法院为了确保国家财产和人民正当权益而扩展的一项新工作。法院在没有办理“公证”时，当公家与私人，或私人与私人的法律行为发生纠纷，进行调查、审讯、寻求解决办法，不管是包括惩罚或损失的追偿，大都是事后的。又由于事前没有掌握发生纠纷的真实情况，往往使得纠纷的时间延长；更重要的是被不法分子侵害国家财产和人民正当权益后，一时难以追偿。就梧州来说，一年多来，以本院还在处理中

1 东北人民政府司法部《关于建立公证制度的指示由》，东北人民大学民法、刑法教研组编：《中华人民共和国法院组织、诉讼程序参考资料》（第一辑），东北人民大学研究部教材出版科1954年版，第240—241页。原书未记载发文单位与发文字号，落款为兼部长高崇民、副部长宋广常，发文单位东北人民政府司法部是笔者据文中内容确定。

的十五个案件来统计，被不法商人损害的国家财产就达四亿五千万元（已追还的只一亿五千万元，其余则在追偿中）。至于私人财产被损害的，为数也不少。现在，办理“公证”，[1]就是为了减少并防止再有同样情事发生，其意义是非常重大的。[2]

1952年

5月30日，华东军政委员会司法部把中央人民政府司法部转来的广西省梧州市人民法院《试行公证初步总结报告》转发给福建省人民法院，华东军政委员会司法部认为：

……值此各地正在相继举行土特产交流大会的时候，这一报告详细而具体的叙述了他们如何主动地配合桂东南土特产展览交流大会的经过，及其所获得的经验与体会，是很好的。兹特转发你院作为参考，并希抄转你省（区）所属各举办公证的市人民法院为要。[3]

6月20日，中南军政委员会公布施行《中南区公证试行办法》，该《中南区公证试行办法》第一条和第四条分别规定：

第一条　为了证明当事人所订契约、合同等及法律

1　原资料此处符号模糊，似句号，依文意改为逗号。

2　梧州市人民法院编印：《公证是什么？》，1951年11月。

3　华东军政委员会司法部（52）法行字第二一八九号，福建省人民法院编印：《司法工作手册》1952年第二期（司法干部学习资料之十二），1952年8月，第141页。该《司法工作手册》未记载华东军政委员会司法部（52）法行字第二一八九号文件标题。

行为的真实性与合理性，给以法律上的效力，以保护国家财产和人民合法权益，并预防纷争，减少诉讼，特制定本办法。[1]

第四条 公证室作成之公证书与认证私证书，得依[2]事件之性质，载明强制执行字样。事后如当事人之一方不履行时，得不经诉讼手续，由他[3]方当事人声请法院径予执行。

公证室作成之公证书与认证私证书，于审判中，得不经调查，[4]径予采用。[5]

---

1 中南军政委员会《中南军政委员会为公布“中南区公证试行办法”令》[（52）会厅司（四）字第一〇二六号]，河南省人民政府政治法律委员会编印：《政法工作》第一辑，1954年5月，第210—211页。该书收录的文本中，“减少诉讼”作“减少讼诉”，似不通，故据东北人民大学民法、刑法教研组所编《中华人民共和国法院组织、诉讼程序参考资料》（第一辑）中收录的《中南区公证试行办法》条文改。东北人民大学研究部教材出版科1954年版，第247页。

2 该书收录的文本中，此处为“以”，似有误，故据东北人民大学民法、刑法教研组所编《中华人民共和国法院组织、诉讼程序参考资料》（第一辑）中收录的《中南区公证试行办法》条文改。东北人民大学研究部教材出版科1954年版，第247页。

3 该书收录的文本中，此处为“地”，不通，故据东北人民大学民法、刑法教研组所编《中华人民共和国法院组织、诉讼程序参考资料》（第一辑）中收录的《中南区公证试行办法》条文改。东北人民大学研究部教材出版科1954年版，第247页。

4 该书收录的文本中，此处标点为“。”，不通，故据东北人民大学民法、刑法教研组所编《中华人民共和国法院组织、诉讼程序参考资料》（第一辑）中收录的《中南区公证试行办法》条文改。东北人民大学研究部教材出版科1954年版，第247页。

5 中南军政委员会《中南军政委员会为公布〈中南区公证试行办法〉令》[（52）会厅司（四）字第一〇二六号]，河南省人民政府政治法律委员会编印：《政法工作》第一辑，1954年5月，第211页。

8月21日，北京市人民法院召开全市法院干部大会，总结清理积案的工作，指出这次清理积案创造并推行了群体性集体调解、巡回就审、集体审讯、集体公证等新的工作方法，是法院司法改革运动的开端。[1]

8月，《北京市人民法院上半年公证工作概况》报告中介绍了实行集体公证工作概况，其中指出：

> 开展集体公证，有力地服务于当前中心工作——发展生产。结合有关部门，依靠群众，简化手续，迅速办案。
>
> ……
>
> 三、几点经验
>
> 1. 公证工作，必须打破旧的孤立的形式主义的作风，建立多方面地与有关部门如工会、工商联、银行……密切联系群众，依靠群众的新的走群众路线的作风……
>
> 2. 走群众路线的集体公证，教育了我们的干部，端正了他们的思想，使他们能够从实践中了解到资产阶级的本质，和工人阶级在大公无私的立场上，起了如何领导资方步入正常经营业务的作用。用以提高政治水平，促进工作的更大开展。

---

1 《当代中国的北京》法院编写组编：《当代中国的北京》法院部分资料丛编（一），第24页。此书封面为北京市人民法院工作大事记1949—1985，落款为北京市高级人民法院。封底前第二页则写北京市人民法院工作大事记，编辑：北京市高级人民法院，京文出版字第87-026号。据该书第21、14页，1952年5月17日，北京市人民法院召开全体干部大会，副院长贺生高传达了最高人民法院华北分院张苏院长的“清理积案座谈会总结”。随即拟定计划，全面展开清理积案的工作。

3. 公证工作对加强团结，防止纠纷，反对不法分子，保护国家财产及人民合法权益，都能起到积极的作用。[1]

此报告中有关实行集体公证工作概况部分，被司法部通报，主送各大行政区司法部、各省（市）人民法院，抄送中国人民银行。司法部在通报中指出：

北京市人民法院在“三反”的胜利基础上，依靠群众，改进工作方法，就人民银行对私营企业抵押贷款上，适时地实行了集体公证的工作方法，适时地为当前发展生产的中心任务服务，大大的提高了工作效率。兹将“北京市人民法院实行集体公证工作概况”附同有关表格式样发给你们参考研究。并希各省人民法院转知所属已举办公证地区人民法院，在客观条件许可下，和各地各有关部门取得联系，酌情仿行，将试办结果随时报告本部。[2]

1　河北省人民法院编印：《司法工作手册》，1953 年 12 月，第 873—879 页。《北京市人民法院上半年公证工作概况报告》笔者未见原文，系从上述河北省人民法院编印的《司法工作手册》中收录的司法部通报（文号司行字第五二六号，通报日期暂不详，河北省人民法院编印时标题为：中央人民政府司法部通报　通报“北京市人民法院实行集体公证工作概况”）中附发：一、北京市人民法院实行集体公证工作概况中所知。河北省人民法院编印时印为：北京市人民法院实行集体公证工作概况（摘自“北京市人民法院上半年公证工作概况”报告）一九五二年八月。

2　司法部：《通报“北京市人民法院实行集体公证工作概况”》（司行字第五二六号），通报日期暂不详，河北省人民法院编印：《司法工作手册》，1953 年 12 月，第 873—879 页。河北省人民法院编印时标题为：中央人民政府司法部通报　通报“北京市人民法院实行集体公证工作概况”。

12月22日，上海市人民政府决定自本年12月22日起，根据华东军政委员会批准的《上海市婚姻登记暂行办法》在全市试行办理婚姻登记。同日起，上海市人民法院停止办理公证结婚。[1]

是年，哈尔滨市人民法院辞退原协助办理公证事务的苏侨工作人员瓦西连国书记员与女译员鲁特国夫斯卡亚。瓦西连国原负责外侨发证的收发工作，曾在民国（包括东北沦陷时期）哈尔滨法院工作二十余年，一直专办非讼事件的登记工作，鲁特国夫斯卡亚系苏联驻哈尔滨领事馆介绍的，能作中、俄、日、朝四国语言的翻译工作。[2]

1953年

2月12日，司法部向各大区（中南除外）最高人民法院分院、内蒙古自治区人民法院、各省（市）人民法院（中南除外）通报了《中南军政委员会司法部对南昌市人民法院等二十二单位公证工作的综合简报》，并由省院转知所属市级人民法院，该《中南军政委员会司法部对南昌市人民法院等二十二单位公证工作的综合简报》称：

> 为了保护国家经济建设，促进正当工商业的发展，减少人民内部纠纷，保护私人合法权益，南昌市人民法院等二十二个单位，已先后开展了公证工作，一年以来，根据上述各单位的报告，初步获得如下的成绩与经验。

1　上海市新闻处十二日讯：《本市即将试行办理婚姻登记　市人民法院办理的公证结婚本月廿二日停止》，《文汇报》1952年12月14日。

2　黑龙江省地方志编纂委员会：《黑龙江省志·司法行政志》，黑龙江人民出版社1998年版，第264页。

……

（二）几点体会

综合各地办理公证的经验，我们对于推行公证，有以下几点体会：

1. 必须重点试行逐步推广……

2. 公证范围暂时不宜过宽……

3. 事先要做好宣传工作……

4. 公证后要监督检查……

5. 公证手续要力求简便……

（三）今后工作意见

……[1]

3月4日，司法部通报北京、唐山两市人民法院公证工作概况，《通报》说：

为了配合国家大规模经济建设，积极地推进公证业务，本部最近派干部分赴北京、唐山等地人民法院视察一次，兹将京、唐两地公证工作的情况，摘要通报如下，以供各地参考。

……

二、主要收获与经验：

1　司法部：《中央人民政府司法部通报》（53司行字第二一五号）。东北人民大学民法、刑法教研组编：《中华人民共和国法院组织、诉讼程序参考资料》（第一辑），东北人民大学研究部教材出版科1954年版，第242—251页，该书所录通报之事由：通报中南司法部对南昌市人民法院等二十二单位公证工作的简报。《中南区公证试行办法》于1952年6月20日公布施行。施行时间据河南省人民政府政治法律委员会1954年5月编印的《政法工作》第一辑第210页记载。

（一）方向分明，做到了为中心工作服务……

（二）依靠工人群众、联系有关部门是做好公证工作的关键……

（三）北京市院的公证工作，始终贯彻了对群众强有力的宣教工作……

（四）简化程序便利人民是做好工作的特点……

三、存在的问题：

（一）唐山市院在公证后监督检查工作做得不够……

（二）对个别违反合同的案件因事先不考虑周密，处理不及时，影响公证工作的严肃性……

（三）唐山市领导上对公证工作的积极作用认识不足……此外，在宣传方面，两市院尚缺乏经常性计划，所以有些企业单位估计到可以不发生问题的合同，就不送法院公证，这也就阻碍了公证的推广。[1]

4月11日至25日，第二届全国司法会议在北京召开。会上讨论了司法部提出的《关于建立与加强公证工作的意见》。该文件总结了公证工作的经验，提出了当前的任务，指出：

当国家进入大规模经济建设时期，公私关系日趋频繁，对国家与私营工商业者订立加工、订货、运输、修

1 司法部《通报　为通报北京、唐山两市人民法院公证工作概况供参考》[（53）司行字第二八〇号]，河北省人民法院编印：《司法工作手册》，1953年12月，第855—872页。该《司法工作手册》中收录通报标题为：中央人民政府司法部通报　为通报北京、唐山两市人民法院公证工作概况供参考。

建、贷款等合同，务使通过公证，得到法律的保护。公证机关应监督双方严守合同，保护国家财产，而与欺诈盗骗、违反法令的一切不法行为进行斗争。[1]

4月25日，中央政治局委员、中央人民政府政务院政治法律委员会副主任、中央人民政府政务院政法委员会分党组干事会副书记彭真[2]在第二届全国司法会议闭幕会上作总结报告时指出：

……（六）决议草案只写了客观条件成熟、意见一致的内容，公证制、辩护制等还不成熟的内容，留待将来研究解决。[3]

4月27日，中央政治局委员、中央人民政府政务院政治法律委员会副主任、中央人民政府政务院政法委员会分党组干事会副书记彭真召集出席全国司法会议的各大区、省、市政法委干部座谈，

1 《当代中国》丛书编辑部编辑:《当代中国的司法行政工作》，当代中国出版社1995年版，第371页。会议时间据《董必武年谱》记载确定。《董必武年谱》编纂组编:《董必武年谱》，中央文献出版社2007年版，第419页。

2 彭真于1945年6月19日在中共七届一中全会第一次会议上当选为中央政治局委员，于1949年10月19日在中央人民政府委员会第三次会议上被任命为中央人民政府政务院政治法律委员会副主任，于1950年1月9日周恩来在中共政务院总党组干事会上宣布彭真为政务院政法委员会分党组干事，1951年1月15日在政务院政法委员会分党组干事会第十次会议上，会议同意中共中央调整政法委员会分党组干事会的指示，增加彭真、罗瑞卿为干事会副书记。《彭真传》编写组编:《彭真年谱》第一卷，中央文献出版社2012年版，第287页；《彭真传》编写组编:《彭真年谱》第二卷，中央文献出版社2012年版，第69页，第95—96页，第155页。

3 《彭真传》编写组编:《彭真年谱》第二卷，中央文献出版社2012年版，第354页。

其中彭真说：

> 司法系统的建设虽然在这次会议上解决了一部分，有些问题如起诉机关、公证制度、辩护制度的建立，在目前条件尚不成熟，要留待以后逐步解决。[1]

6月，根据福建省人民法院的通知，各县（市）人民法院在工商业比较发达的地区重点试办国家机关、部队、国营企业、合作社和私营工商业者之间订立的经济合同公证。[2]

7月23日，中国共产党上海市委员会同意上海市人民法院关于贯彻第二届全国司法会议决议的方案，该方案中提出：

> （三）加强司法行政工作。市院设立司法行政处，在院长领导下负责督导、编纂、宣教、干部教育、业务经费、统计、法医、公证等工作。[3]

8月22日，最高人民法院华北分院编《关于公证工作的参考材料》，《关于公证工作的参考材料》共分三个部分，在第一部分“公证工作的作用”中提出：

> 公证工作不仅是从司法方面保卫国家经济建设的有力武器，而且对于促进正当工商业的发展、预防和减少人民内部纠纷及保护私人合法权益，都有其一定的积极

1 《彭真传》编写组编：《彭真年谱》第二卷，中央文献出版社2012年版，第355页。

2 福建省地方志编纂委员会编：《福建省志·司法行政志》，高等教育出版社2000年版，第137页。

3 原文件无标题，总号：沪委（53）字第二七〇号，上海市档案馆A6-2-109档案。

作用。同时，通过公证工作进行宣传和贯彻政策，又是教育提高人民实际而有效的方法之一。

……

在第二部分“公证工作的经验”中归纳了五条经验：

一、大力进行宣教工作，取得有关部门的协助和支持，是顺利开展公证的首要条件……

二、必须方针明确，重点试行，逐步推广，不宜全面铺开，以免流于形式，尤应注意配合中心任务……

三、公证首先必须严肃认真的审查契约内容的确实性与合理性……

四、合同公证后，在执行中必须依靠职工群众、联系有关部门加强对执行情况的监督检查，任何契约一经公证，订约双方即须信守不渝，认真依约履行，不得违反，这一基本概念必须教育当事人明确树立……

五、简化手续，便利群众。公证必须打破旧的繁琐手续，才易为群众所实行……[1]

9月24日，司法部复最高人民法院华北分院，称：

你院八月十二日以华法行字第一九六号函向最高人民法院请示“经过法院公证的契约，在破产还债时是否

1　最高人民法院华北分院编：《关于公证工作的参考材料》，东北人民大学民法、刑法教研室编：《中华人民共和国法院组织诉讼程序参考资料》（第二辑）下册，东北人民大学教务处教材出版科1956年版，第276—282页。该书未记载最高人民法院华北分院所编的《关于公证工作的参考资料》文件编号。

有优先权”的问题，现最高人民法院送由我们处理。对此问题，经研究：同意你院和河北省法院的意见。[1]

12月，中南行政委员会政治法律委员会编的《中南政法通讯》一九五三年第三期刊发了武汉市人民法院所写的《武汉市人民法院的公证工作》，文章分三个部分，在“三、存在的问题和今后的意见”中提出：

（一）宣传工作做得不够，因而许多国家企业、机关对公证工作的意义和作用认识不足：有些单位认为公证工作是一道“可有可无”的手续，或者是将法院当做“保险”的机关……

（二）和有关单位的关系不够明确：如本市设立有加工订货委员会、合同执行检查处理委员会和工商管理

1 司法部《对经过法院公证的契约破产还债有无优先权问题的解答意见》[（53）司普公字第八号]，中华人民共和国司法部编：《中华人民共和国司法行政历史文件汇编（1950—1985）》，法律出版社1987年版，第842—843页。该书第842—843页同时收录附1：河北省人民法院请示。其所录请示如下：我省秦皇岛市人民法院一九五三年六月九日法行字第五五号呈：“为请示凡契约经法院公证后在破产还债时是否有优先权”的问题，我们的意见：法院公证是为了保护国家资财及人民合法权益，凡公私之间，私人之间所订立契约合同一经法院公证，一方不履行契约合同，在一般情况下，就应强制执行，以保护另一方的合法权益不受侵害；但在特殊情况下，如有关商号破产还债时，应先偿还工人工资、缴纳国税，至于一般公私债务，则应根据公私兼顾原则比例清偿，经法院公证的契约合同，不能优先受偿。兹将秦皇岛市人民法院原请示一份附去。请核示。附2：最高人民法院华北分院函。其函如下：河北省人民法院七月二十九日关于“凡契约经法院公证后在破产还债时是否有优先权”的请示，我们同意该院经法院公证的契约合同在破产还债时不应有优先权的意见，以上答复意见是否妥当请核示，以便转复河北。

局等单位，这些机关（除工商行政管理局是乙方主管机关外）都能处理合同纠纷和一般违约的事件，而自从契约公证后法院也成了合同纠纷的处理机关，因此互相之间的关系不能明确，职权不清，很可能影响到工作的进展……

（三）目前公证的手续虽在力求简化，但还不能满足当事人的要求，尤其在时间上还需要缩短。比如申请书和表格等还很陈旧，一般当事人还不易填写，公证手续还未被大众所熟悉。

（四）干部政策业务水平急待提高。目前干部的业务能力，已赶不上工作日益发展的需要，在处理问题上仍然有些不够大胆，形成被动，往往只考虑到“责任”问题，为公证而公证。

根据以上情况，我们今后应该从领导上起重视公证工作的作用和目前存在的问题，必须加强对公证的宣传工作，不仅要使国家企业、机关认识公证工作的重要性，同时对私营工商业也要进行宣传教育，使他们也乐于申请公证。应该通过对有关机关的联系，明确相互之间的关系和职权范围，进一步简化公证手续，编发通俗的公证手册。重视对干部的政策业务教育，加强干部的保卫国家经济建设的指导思想，和各省市交流工作经验，从而提高办案效率，适应国家日益增长的大规模经济建设的要求。[1]

1　武汉市人民法院：《武汉市人民法院的公证工作》，《中南政法通讯》1953 年第 3 期。

1954年

1月14日，中央政治局委员、中央人民政府政务院副总理、中央人民政府政务院政治法律委员会主任、中央人民政府政务院政法委员会分党组干事会书记董必武[1]在政务院第202次政务会议上作了《关于〈一九五四年政法工作的主要任务〉的说明》的报告。董必武指出：

《一九五四年政法工作的主要任务》这个文件，是根据政法各部门讨论本部门的工作的结果，综合起来写成的。[2]

他认为：

为什么把立法问题摆在前面？因为立法工作特别是保卫经济建设的立法工作，相应落后于客观需要，今后如果要按法制办事，就必须着重搞立法工作。这些任务今年能否完成？法制委员会曾再三研究过，认为是可能争取完成的。[3]

1　董必武于1945年6月19日在中共七届一中全会上当选为中央政治局委员，于1949年10月19日在中央人民政府委员会第三次会议上被任命为中央人民政府政务院副总理、中央人民政府政务院政治法律委员会主任，于1950年1月9日周恩来在政务院总党组干事会全体会议上宣布董必武为中央人民政府政务院总党组干事会副书记、中央人民政府政法委员会分党组干事会书记。《董必武年谱》编纂组编：《董必武年谱》，中央文献出版社2007年版，第226页、348页、360页。

2　董必武：《关于〈一九五四年政法工作的主要任务〉的说明》，董必武文集编辑组：《董必武政治法律文集》，法律出版社1986年版，第301—302页。

3　董必武：《关于〈一九五四年政法工作的主要任务〉的说明》，董必武文集编辑组：《董必武政治法律文集》，法律出版社1986年版，第302、303页。此书中“二百零二次”作“二百〇二次”，据河南省人民政府政治法律委员会1954年5月编印的《政法工作》第一辑第10页改。

中央人民政府政务院第202次政务会议批准了《一九五四年政法工作的主要任务》。[1] 在《一九五四年政法工作的主要任务》中提出：

> ……乙、几年来，我们国家已经制订和颁布了许多法律、法令，并在法制工作方面取得了许多经验，应系统地加以总结，以加强和改进今后的法制工作，特别是保卫经济建设的法制工作。
>
> （一）配合有关部门有计划地着手起草或研究下列法规：关于保障基本建设的法规；关于保护国家财产的条例；关于违反劳动保护和技术保安规程的制裁条例；关于解决国家机关、国营企业及合作社等部门间的财产纠纷的国家公断条例；关于违犯公私合营、加工订货、统购包销、代购代销等合同的制裁条例；军事、铁路、水运专门法庭组织条例；保护农业生产互助合作组织的法规；违反粮食统购统销法令的制裁条例；关于公私关系的公证条例，关于泄漏国家机密的治罪条例。[2]

1 河南省人民政府政治法律委员会编印：《政法工作》第一辑，1954年5月，第10页。

2 中央人民政府政务院于一九五四年一月十四日第二百零二次政务会议批准中央人民政府政务院政法委员会《一九五四年政法工作的主要任务》，河南省人民政府政治法律委员会编印：《政法工作》第一辑，1954年5月，第10—20页。“关于违犯公私合营、加工订货、统购包销、代购代销等合同的制裁条例；军事、铁路、水运专门法庭组织条例”，疑为“关于违反公私合营、加工订货、统购包销、代购代销等合同的制裁条例；军事、铁路、水运专门法庭组织条例”。“政务院政法委员会”提法据《彭真年谱》第二卷第433页记载，依据该书记载，1953年12月31日上午彭真主持政务院政法委员会第十九次会议。会议修正通过《一九五四年政法工作的主要任务》，报请政务院审查批准。《彭真传》编写组编：《彭真年谱》第二卷，中央文献出版社2012年版，第433页。“政务院政法委员会”似为“政务院政治法律委员会”简称。

1月，北京市人民法院在《北京市人民法院公证工作总结》第（四）部分中提出：

一、公证干部要深入各行业，熟悉情况，学习生产知识，防止私商钻空子。

二、根据国家大规模经济建设之需要及过去之经验，目前之公证组织与任务不相适应，因此必须扩大公证工作机构，成立公证处，大力展开公私合同、契约的公证工作，保障国家经济建设。

三、密切与财经部门之联系，督促国营企业与私营企业成交时，均应严格遵守中财委宣布的各项制度，并须规定验收手续，统一掌握验收标准，及违约罚款比例等事项。

四、无论本市外埠，凡与私营企业订立合同的国家企业机关，必须经过信托公司之介绍，并履行公证。[1]

2月3日，中央人民政府政务院向中央人民政府所属各院、委、署，政务院所属各委、部、会、院、署、行，各大区行政委员会，内蒙古自治区人民政府，各省（市）人民政府就“关于外籍侨民收养中国小孩问题的处理办法”发出指示，其中提到：

（一）一切资本主义国家和无国籍的侨民申请收养中国小孩或申请对其已收养的中国小孩的收养关系予以认证时，一般地不应予以批准。现已收养者，如不申请

1　北京市人民法院《北京市人民法院公证工作总结》，中央人民政府司法部编印：《公证工作座谈会参考材料》第一辑，1954年6月，第6—10页。

公证，暂时亦不必主动过问，被抚养的中国小孩的国籍仍应视为中国籍。当外侨离华要求携带所收养之中国小孩出境时，一律不予批准……[1]

2月10日，中共中央东北局批转东北政法党组关于目前东北司法工作情况的分析及对今后司法工作部署的报告，认为都是正确的，望各省市委领导与督促司法部门认真贯彻。在落款时间为1954年1月10日的东北政法委员会党组《关于目前东北司法工作情况和存在的问题以及今后司法工作方向、任务的部署意见的报告》中，提出：

保障公私经济合同的正确履行，在大中城市逐步推行对私人工商业的公证工作，实行司法监督……[2]

2月19日，中共河南省人民法院党分组制定《河南省人民法院一九五四年司法工作计划》，其中提出：

（一）省、市和矿区法院，应加强保障工业生产、基本建设、铁路运输及市场管理工作，严厉镇压反革命分子的各种破坏罪行……在具体做法上：……第三、凡五万人口以上工商业发达的城市，法院应逐步开展公证工作，开封市已着手试办，成绩颇好。主要是公证国营经济部门与资本主义工商业间所订定的一切契约和合

1 （54）政政密习字第8号。司法部编印时把文件标题改为：前政务院“关于外籍侨民收养中国小孩问题的处理办法”的指示，原文件标题不详，中华人民共和国司法部编印：《办理涉外公证行为参考资料》，1956年9月，第1—2页。

2 最高人民法院东北分院印发：《第五届东北司法会议文件》，1954年3月，第1、2、6、14、24页。

同。从积极方面保证国家企业所订的一切合同和契约，都能得到忠实履行，不受损失。郑州、新乡、安阳、洛阳等市，春季亦应着手试办。由小到大取得经验，逐步推广。[1]

2月24日，中央政治局委员、中央人民政府政务院政治法律委员会副主任、中央人民政府政务院政法委员会分党组干事会副书记彭真主持中央人民政府政务院政法委员会分党组干事会第41次会议，彭真说：

中共中央和政务院会议已讨论通过《一九五四年政法工作的主要任务》，各部门应制定本部门计划。[2]

会议讨论通过法制委员会、司法部提出的今年工作要点；确定以司法部为主起草水运、铁路沿线专门法院组织条例和公证条例；并由司法部、最高人民检察署和最高人民法院共同创办《司法通讯》等。[3]

3月12日至22日，辽西省人民法院召开了第七次全省司法会议，在当月辽西省人民法院所写的《辽西省第七次司法会议的报告》中记载：

---

1 中共河南省人民法院党分组《河南省人民法院一九五四年司法工作计划》，河南省人民政府政治法律委员会编印：《政法工作》第一辑，1954年5月，第224—231页。

2 《彭真传》编写组编：《彭真年谱》第二卷，中央文献出版社2012年版，第443页。此书第443页中将“政务院政法委员会分党组干事会”作“政务院政法委员会党组干事会”，疑有误。据同书第498页记载，政法分党组于1954年10月25日宣告结束，停止工作。

3 《彭真传》编写组编：《彭真年谱》第二卷，中央文献出版社2012年版，第443页。

（四）会议经过讨论，明确了今后司法工作的方向任务与工作重点，确定了具体措施，讨论了工作方法，交流了工作经验。

1. 关于司法工作任务……

（1）必须加强厂矿的法制工作……

（2）必须及时地审判处理不法资本家施放“五毒”、破坏粮食及其他重要物资统购统销法令和侵害工人阶级合法权益的案件，打击其违法活动，保障对资本主义工商业社会主义改造的实施。为保障公私间的经济合同正确履行，首先在锦州、四平、阜新各市及铁岭、锦西等县法院逐步推行有关公私间的加工、订货、统购、包销等方面的公证工作，以重点吸取经验，逐步开展。

（3）……[1]

3 月 17 日，中南行政委员会政治法律委员会第四次全体会议通过《一九五三年工作情况和一九五四年工作任务的报告》。在 1954 年的主要工作任务中，中南行政委员会政治法律委员会提出：

（二）关于司法工作：……同时通过审判活动继续

---

1 辽西省人民法院《辽西省第七次司法会议的报告》，辽西省人民法院编印：《司法工作参考资料汇编》（第一辑），1954 年 5 月，第 44、53、54 页。1949 年 4 月，东北行政委员会决定，辽北省与辽西省合并，建立新的辽西省。1954 年 6 月 19 日，中央人民政府委员会第三十二次会议作出《关于撤销大区一级行政机构和合并若干省、市建制的决定》。8 月 1 日，根据该决定，辽西省和辽东省合并，成立辽宁省。中共中央组织部、中共中央党史研究室、中央档案馆：《中国共产党组织史资料附卷一（上）》，中共党史出版社 2000 年版，第 318—319 页。

贯彻第二次全国司法会议的决议，完成司法建设。确定在省市一级以上人民法院：（1）应根据需要与可能，有重点地在铁路、水运沿线建立专门法庭，或派出工作组来创造经验为建立专门法庭准备条件。（2）在有工矿区和有国营农场的地区，应加强该地区市、县人民法院的领导，并在其中增设专门的审判庭。（3）建立公证工作，从公证公私经济和私营经济之间的合同入手，逐步展开公证业务。（4）选择规模较大、工会工作较好的国家企业厂矿，协助工会试办同志审判会……[1]

4 月 1 日，外交部经函商最高人民法院、法制委员会和司法部就“关于法院办理外人的公证问题”批复上海外事处，提出 9 条意见，其中外交部提出：

……并请转告上海市人民法院，今后遇有此项问题，除和你处联系外，仍应向其中央主管部门请示。

……

4. 现已离华的外侨要求补办毕业文凭、资历证书等文件的认证时，同意所提意见，可由他人代为申请，经法院调查属实予以认证后，再由你处认证；对无法证实的文件，则予拒绝。

对伪国民党政府发给外人的文件，如系在我国内应用者，在法律上应不承认其有效；在处理实际事务时，该文件则可作为参考。如果外国人现在请求认证该项文

1　中南行政委员会政治法律委员会《一九五三年工作情况和一九五四年工作任务的报告》，《中南政法通讯》1954 年第 6 期。

件，以便寄往我国外应用时，一般应不予办理。但在兄弟国家驻华使、领馆代其本国人申请时，可个别考虑，令文件持有人将事实经过写成申请书，并附上该项文件，请求法院认证。法院经调查属实，可在申请书上写上“兹证明伪国民党××机关曾发给××（国名）人×××（姓名）某项文件”等一类的词句；对国民党机关所为的该项行为是否有效，则置之不理。至于何种文件可予考虑，尚难确定；目前如有上述情事，可逐案研究并提出处理意见报部决定。

5. 对涉及土地所有权的外人委托书或契约，一律不予认证，并可正面拒绝，对涉及房产所有权的外人委托书，在没有规定不承认外人房产所有权以前，经审查产权无问题，申请人确有权委托，情况属实以及委托书内容符合我政策规定时，法院可认证委托人的签字属实。在此项委托书内，须说明房产权数量、坐落、委托权限及期限。至于涉及外人房产继承、赠予、买卖契约之公证，法院可令申请人提供房地主管部门批准其继承、赠与及买卖的证明，如不能提出则拒绝公证。[1]

4月1日，经武汉市人民政府批准后武汉市人民法院公布施行《武汉市人民法院公证暂行办法》，该办法共十五条，第一条、第二条和第四条分别规定：

第一条　为了证明当事人所订契约、合同等及法律

1　外交部《“关于法院办理外人的公证问题”对上海外事处的批复》[发办签（54）字第528/749号]，中华人民共和国司法部编印：《办理涉外公证行为参考资料》，1956年9月，第3—5页。

行为的真实性与合理性，给以法律上的效力，以保护国家经济建设和人民合法权益，从而减少纠纷，防止诉讼，特制定本办法。

第二条　本院设立公证室，负责办理公证事件，公证室作成之公证书与认证书，得依事件之性质载明强制执行字样；当事人之一方如不履行时，得不经诉讼手续，由他方当事人申请法院强制执行。

公证室作成公证书与认证书，于审判时不经调查，可直接采用。

第四条　本院办理公证范围暂以国家机关、国营企业（包括公私合营）、军需部门、合作社与本市私营工商业订立之左列契约合同为限：

1. 加工；2. 订货；3. 包销；4. 建筑；5. 银行贷款；6. 承揽；7. 运输；8. 其他公私合同以及公私之间应予公证事项。[1]

4月23日，《中华人民共和国人民法院组织法草案》（初稿第一稿之一）第三十三条规定：

第三十三条　县级人民法院除审理刑事、民事案件外，并办理下列事项：

一、解答人民诉讼疑难、代书诉状及调解简易的民事、刑事案件；

二、公证及其他法令所规定的非讼事件；

1　武汉市人民法院《武汉市人民法院公证暂行办法》[（五四）法证字第〇一八号]，武汉市人民法院编：《政策法令参考手册》（第四辑），1954年8月1日，第164—165页。

三、指导所辖区域内的人民调解工作。[1]

4月，中央政法委员会发出第三十号《政法工作简报》，分别刊登了《全国各地人民法院建立公证工作的情况》与《天津市人民法院开展加工订货包销合同公证工作，取得了成绩》两篇材料，在《全国各地人民法院建立公证工作的情况》中介绍：

一九四九年下半年，沈阳、哈尔滨、上海、南昌等市人民法院开始试办公证工作，截至一九五三年底，各地法院相继举办公证工作的已有一百七十四处，计中央直辖市八，省辖市四十五，县一百二十一。

……

各地在初期试办公证工作中，都发觉公私合同的公证，在我国目前情况下，有其显著作用和特殊意义。在第二届全国司法会议后特别是总路线提出之后，这一认证公私合同的方向更加明确，公证业务也日渐开展。据中央司法部不完整统计，一九五三年各地人民法院共办理公证事项五二、九六六件，据其中二十三个市县公证案件性质统计，公私关系（主要是加工、订货、包销、建筑、贷款等）约占总数的百分之八十五。

公私合同经过公证，其主要作用是可以加强对资本主义工商业的司法监督，减少违约事件；发动工人监督，防止资本家的“五毒”行为，从而有助于国家经济建设的顺利进行，和对资本主义工商业实行社会主义改

1 《中华人民共和国人民法院组织法草案》（初稿第一稿之一），最高人民法院办公厅、司法部办公厅编印：《中华人民共和国人民法院组织法历次草稿汇辑》，1954年10月，第10页。是何单位起草的，该资料未记载。

造……[1]

《天津市人民法院开展加工订货包销合同公证工作，取得了成绩》中介绍：

天津市人民法院于一九五〇年即试办公证工作，但由于缺乏领导，思想不明确，没有经验，因而过去一段的公证工作成绩不大。

一九五三年第二届全国司法会议后，特别是自毛主席指示了国家在过渡时期的总路线后，他们逐渐体会到加强公证工作，对于保障国家经济建设事业的顺利进行和对资本主义工商业实行社会主义改造有重要作用，乃于一九五三年九月起，在中央司法部派人协助下，试办了对天津市及外地国营企业与该市私营工厂订立加工、订货、包销合同的公证工作，内容以有关基本建设物资（如大小五金、交通、建筑器材等）及军用物资的加工订货为主，自九月至十二月底共公证了公私合同二、六一二件，金额九九四亿元，取得了不少

1　中央政法委员会《全国各地人民法院建立公证工作的情况》（政法工作简报）第三十号，中央人民政府司法部编印：《公证工作座谈会参考材料》第一辑，1954年6月，第1—2页。该“中央政法委员会”机构在《中国共产党组织史资料》第五卷中未记载，疑为“中央人民政府政务院政治法律委员会”，依据为《当代中国的司法行政工作》第86页记载，政务院政治法律委员会（简称中央政法委员会）。《当代中国》丛书编辑部编辑：《当代中国的司法行政工作》，当代中国出版社1995年版，第86页。中共中央组织部、中共中央党史研究室、中央档案馆：《中国共产党组织史资料》第五卷过渡时期和社会主义建设时期（1949.10—1966.5），中共党史出版社2000年版。

成绩……

天津市法院将以上情况总结报告市委、市政府、财委后，引起了领导上对这一工作的重视，特别是向工人公开合同、发动工人监督一条，他们认为很有意义，并号召各部门予以支持，这就为进一步开展公证业务创造了有利条件。今年粮食局与私营粮食加工厂签订第一批合同一百四十余件，都送请法院公证，从而使公证工作与当前中心工作的结合更加密切。市法院去年九至十二月平均每月公证合同六百多件，今年一月已上升到一千八百多件，由于工作开展，公证干部也由原来的五人增至十五人。[1]

5月4日，《中华人民共和国人民法院组织法草案》（初稿第一稿之二）第三十二条规定：

第三十二条　县级人民法院除审理前条案件外，并办理下列事项：

一、解答人民法律疑问、代书诉状及调解简易的民事和轻微的刑事案件；

二、公证及其他法令所规定的非讼事件；

三、指导所辖区域内的人民调解工作。[2]

1　中央政法委员会《天津市人民法院开展加工订货包销合同公证工作，取得了成绩》（政法工作简报）第三十号，中央人民政府司法部编印：《公证工作座谈会参考材料》第一辑，1954年6月，第3—6页。

2《中华人民共和国人民法院组织法草案》（初稿第一稿之二），最高人民法院办公厅、司法部办公厅编印：《中华人民共和国人民法院组织法历次草稿汇辑》，1954年10月，第26页。是何单位起草的，原资料未记载。

5月8日，高等教育部召开的全国政法教育会议结束，其中会议确定综合大学法律系的培养目标是：

在最近几年内基本上与各政法学院相同，并培养一部分律师团体、公证所以及其他国家机关、企业部门的法律专门人材，学制也定为四年。中国人民大学法律系并应继续招收研究生，为各政法院校培养师资和一部分法律科学研究人员。[1]

5月18日，中央政治局委员、中央人民政府政务院副总理、政务院政治法律委员会主任、中央人民政府政务院政法委员会分党组干事会书记董必武在中国共产党第二次全国宣传工作会议上讲话。他指出：

我们已经设了一百七十四个公证处，天津市法院原来只有五个公证人，现在因为工作需要增加到了十五个人。据一九五三年九月到十二月统计，他们每一个月平均有六百件案子需要公证，一九五四年一月就达到了一千八百件。有了公证处，如果在执行合同中间公私双方发生了问题，经过公证以后，就可以把责任搞得更清楚，这样做有很大好处，可以保证国家不受损失。[2]

5月20日，《中华人民共和国人民法院组织法草案》（初稿

1 《中央高等教育部召开全国政法教育会议　确定培养政法建设人才的方针》，《人民日报》1954年5月11日。

2 董必武：《关于党在政治法律方面的思想工作》，《董必武法学文集》编辑组编：《董必武法学文集》，法律出版社2001年版，第212页。

第一稿之三）删除了初稿第一稿之一、之二中县级人民法院办理“公证及其他法令所规定的非讼事件”的规定，其第三十二条规定：

第三十二条　县级人民法院除审理前条规定的案件外，并办理下列事项：

一、解答人民法律疑问、代写诉状及调解简易的民事和轻微的刑事案件；

二、指导管辖区域内的人民调解工作。[1]

5月，苏联专家鲁涅夫前来华东区，在上海、杭州、南京三地对政法部门干部作了多次讲演，详细地介绍了苏联政法工作的先进经验，其中提出：

对公证工作的领导和监督，在中央由司法部的公证事务司负责，各省由司法部办事处领导指挥全省公证业务的进行。各个公证处各自执行职务，上级公证处对下级公证处没有领导关系。

……

最近经向中国外交部和司法部建议，各驻外国领事馆也应办理对中国侨民的公证事项。

……

我认为中国把公证事务加到法院头上，这是不妥当

1 《中华人民共和国人民法院组织法草案》(初稿第一稿之三)，最高人民法院办公厅、司法部办公厅编印：《中华人民共和国人民法院组织法历次草稿汇辑》，1954年10月，第43页。是何单位起草的，该资料未记载。

的，亦应专设机构，避免增加法院审判员的负担。[1]

5月，最高人民法院西北分院在《西北区公证工作情况专题报告》中提出：

根据各地法院一年来试办的经验，在建立和开展公证工作中，必须注意抓紧以下几个环节：

一、克服思想障碍，作好宣传工作……

二、为了保证公私合同的正确履行，必须作好公证前的合同审查工作与公证后合同实施过程中的监督和检查工作……

三、开展公证业务必须逐步建立与健全公证工作制度和采取便利群众的公证方法……

四、必须加强公证员的政治与业务学习……[2]

6月1日，司法部转发《南京市人民法院关于不法资本家

1　最高人民法院华东分院、最高人民检察署华东分院印：《苏联专家鲁涅夫同志在华东区关于法院、检察工作演讲的记录》，前言、第108—113页。该资料未明确印的时间，据落款为最高人民法院华东分院、最高人民检察署华东分署的前言记载，前言时间为1954年8月。此书最高人民检察院办公厅也印了，书名改为《苏联专家鲁涅夫同志关于检察、审判工作演讲的记录》，此资料未明确印的时间，据落款为最高人民检察院办公厅的前言记载，前言时间为1955年4月。鲁涅夫，1910年生，副博士学位，来华离华时间为1953年4月至1954年9月，来华前，任苏联军队军事法律学院教学部和教研室负责人，来华后被政法委员会聘为首席顾问。唐仕春：《建国初期来华苏联法学专家的群体考察》，《环球法律评论》2010年第5期。

2　最高人民法院西北分院《西北区公证工作情况专题报告》，中央人民政府司法部编印：《公证工作座谈会参考材料》第一辑，1954年6月，第11—15页。该材料未记载最高人民法院西北分院向何单位报告。

破坏国家经济建设案件的审判工作总结》的通报，其中司法部指出：

……南京市人民法院关于处理不法资本家破坏经济建设案件的总结中，提出了处理这方面案件的一些经验，是值得研究和参考的，所指出的缺点与存在的问题也是在不少法院中较普遍存在着的。现将该件印发各地法院，以供参考，并希有计划地、认真地总结这方面的经验报告我们。

附：南京市人民法院关于不法资本家破坏国家经济建设案件的审判工作总结。

在《南京市人民法院关于不法资本家破坏国家经济建设案件的审判工作总结》第四部分中今后工作意见共有（一）、（二）、（三）点，其中第（二）点提出：

（二）必须重视公证工作，保证公私经济合同的正确履行。这类案件，大部分涉及合同。不法奸商常常利用合同钻空子、投机取巧，向我们进行“合法”斗争。因之，从司法方面按照保护国家利益的原则，保证公私合同的正确签订与严格执行，具有特别重要的意义。今后一方面必须在原有基础上加强公私经济合同的公证工作，并通知各部门今后与私商签订合同，除应注意调查对方资金技术及信用等情况外，还须将合同送工商主管部门审查并送法院公证，以杜漏洞。一方面要以审判工作作武器，保证公证的执行效果，对不法资本家进行严格的检查与监督。[1]

6月14日，根据东北五届司法会议决议确定的关于公证工作“重点试办，稳步推行”的方针，哈尔滨市法院由3名干部成立公证工作组，并于司法行政处内设置公证科，负责全院公证工作的指导和管理。[2]

6月19日，在中央人民政府政务院政法委员会分党组干事会第四十七次会议上初步决定中央司法部增设公证、律师司，群众司法活动指导司……报请中央审批。[3]

6月20日，中央政治局委员、中央人民政府政务院副总理、中央人民政府政务院政治法律委员会主任、中央人民政府政务院政法委员会分党组干事会书记董必武在中央政法干部学校作报告。他提出：

> 为了加强法律工作，培养法律工作者便成为一个重要的任务。今后对于法律工作者的需要必将日益增加，各级法律工作机关的干部要补充，公证人、辩护人又要设置，监狱管理人员也要培养，此外还要配备中等以上学校的宪法教员和农村法律宣传员等等，这些人数以上

---

1 司法部《中央人民政府司法部转发“南京市人民法院关于不法资本家破坏国家经济建设案件的审判工作总结”的通报》，最高人民法院西北分院编印:《人民司法工作为国家在过渡时期的总任务服务的学习资料》，1954年8月，第75页。该资料未录上述通报文号。

2 黑龙江省地方志编纂委员会:《黑龙江省志·司法行政志》，黑龙江人民出版社1998年版，第264—265页。

3 《彭真传》编写组编:《彭真年谱》第二卷，中央文献出版社2012年版，第465—466页。中央审批文件笔者尚未查找到。原书“分党组”作“党组”，据同书第498页改。

十万计的人员，最迟要在第二个五年计划期内加以解决。我们现在一方面是要开辟这些人员的来源，一方面是要扩大政法院校的训练和培养能力。[1]

6月，司法部编印《公证工作座谈会参考材料》第一辑。[2]

7月12日，司法部就“认证苏侨拖尔卡车夫学历案件”致函旅大市人民法院，并抄送外交部，各区高分院，北京、天津、上海、青岛、沈阳、哈尔滨、广州、武汉、重庆、西安、昆明等市人民法院，内蒙古自治区人民法院。司法部提出五条意见，其中提出：

三、认证文件，除对其签名或盖章是否属实应予审查外，还必须审查文件的内容，并作适当的调查，如有不符合国家法律、法令之处，即使签名或盖章属实，亦不能予以认证，这是公证人员所应遵守的基本原则。

四、任何关于涉及外侨的公证事件，都应与当地外事处密切联系，审慎办理，以免发生错误……[3]

7月14日，新华社14日讯，称：

今年暑期，北京大学、复旦大学、西北大学等三所

1 董必武：《进一步加强法律工作和群众的守法教育》，《董必武法学文集》编辑组编：《董必武法学文集》，法律出版社2001年版，第223页。

2 中央人民政府司法部编印：《公证工作座谈会参考材料》第一辑，1954年6月。

3 （54）司普字第0075号。司法部编印时其文件标题为：司法部“对认证苏侨拖尔卡车夫学历案件提出几点意见”给旅大市人民法院函，中华人民共和国司法部编印：《办理涉外公证行为参考资料》，1956年9月，第6—8页。

综合大学将增设法律系。大学法律系在最近几年的任务，主要是培养法院、检察署、民政部门和其他国家机关的政法工作干部，同时培养一部分律师团体、公证所和其他国家机关、企业部门的法律专门人材……[1]

8月13日，司法部发布《关于各省与中央直辖市审判机关与司法行政机关分立问题的意见》，司法部提出：

为便于各省、市对审判机关与司法行政机关分立的执行，特提出下列意见：

（一）各高分院和各省、市院首先应切实向同级党政建议，由于各省、市法院审判工作本已十分繁重，如继续兼管所属法院干部的管理、教育、训练，组织建设，财务，以及陪审、民间调解、公证、律师等司法行政工作，根据几年来的实践经验证明实难兼顾；同时参照苏联审判与司法行政工作分立的先进经验，今后应尽先将各省、市的审判机关与司法行政机关根据不同具体情况分别先后逐步分立。

（二）……[2]

8月，司法部印苏联法学专家鲁涅夫讲的《关于苏联律师制度

1 《全国高等学校今天起举行招生考试　投考学生共有十二万六千多名　北京、复旦、西北三个大学今年将增设法律系》，《人民日报》1954年7月15日。

2 司法部《关于各省与中央直辖市审判机关与司法行政机关分立问题的意见》[（54）司机字21号]，中华人民共和国司法部编：《中华人民共和国司法行政历史文件汇编（1950—1985）》，法律出版社1987年版，第26页。

和公证制度》。[1]

9 月 14 日，最高人民法院、司法部发布《关于撤销各高分院司法行政机构的几项规定》，其中提出：

> 根据中央批准的方案，随着大区一级党、政机构的撤销，各高分院司法行政机构亦均撤销，今后各省、市司法行政工作，由司法部直接领导。为了交好、接好和安排好，特作如下规定，请研究执行：
>
> ……
>
> 四、关于司法行政机关的业务范围是：……（8）指导律师、公证工作；（9）开展群众性的司法活动及法纪宣教工作。
>
> ……[2]

9 月 21 日，第一届全国人民代表大会第一次会议通过《中华人民共和国人民法院组织法》，该法没有明确规定由人民法院办理公证事务。[3]

9 月 24 日，司法部部长史良在第一届全国人民代表大会第一

---

1 ［苏］鲁涅夫：《关于苏联律师制度和公证制度》，无文件编号，司法部 1954 年 8 月印，笔者所见系原东北人民大学法律教学研究室研究处藏本。

2 最高人民法院、司法部《关于撤销各高分院司法行政机构的几项规定》［（54）司机字 28 号］，中华人民共和国司法部编：《中华人民共和国司法行政历史文件汇编（1950—1985）》，法律出版社 1987 年版，第 28—29 页。该《中华人民共和国司法行政历史文件汇编（1950—1985）》所录文本无最高人民法院发文字号。

3 第一届全国人民代表大会第一次会议通过《中华人民共和国人民法院组织法》，《中央政法公报》1954 年 9 月号。

次会议上发言，其中史良指出：

为了对公私经济合同实行法律监督，减少违反合同的行为，现已有很多城市人民法院举办了公证工作。[1]

9月25日，《人民日报》发表司法部部长史良在第一届全国人民代表大会第一次会议上的上述发言。[2]

9月28日，中央人民政府外交部、最高人民法院发出《关于颁发“外人在华遗产继承问题处理原则”的指示》，共有十一条，其中规定：

……

五、外人在华所立遗嘱，在继承开始前，应经我法院认证。

外人在国外所立遗嘱，如系建交国人所立，在继承开始前，应经我驻外使领馆或国内外事机构认证，如系未建交国人所立，在继承开始前，应转经我驻建交国家使领馆或国内外事机构认证。[3]

1　史良：《史良代表的发言》，中华人民共和国第一届全国人民代表大会第一次会议秘书处编：《中华人民共和国第一届全国人民代表大会第一次会议汇刊》，第382、406页。原书无出版时间、出版社信息，笔者系查阅的是上海市图书馆藏本，据该馆藏本所附卡片记载有一九五四年，精装本之记录。

2　史良：《史良代表的发言》，《人民日报》1954年9月25日。

3　中央人民政府外交部、最高人民法院《关于颁发“外人在华遗产继承问题处理原则”的指示》[发部欧（54）字第1689/787号、发行密字第5号]，宋兆兰、侯建中、王军、王秋华汇编：《公证手册》，西北政法学院科研处1983年4月，第111—113页。

9月，司法部编印《苏联国家公证制度参考资料》，[1] 该资料收录了“关于国家公证组织的基本原则”等十二篇资料与一个附录。

10月26日，司法部批复广东省人民法院，认为：

> 各地举办公证工作，目前属于法院工作之一，在公证组织系统没有单独成立之前，公证证明的文件，盖用法院院印，不必另刻公证印章。此复。[2]

11月1日，司法部副部长魏文伯在全国司法座谈会上发言，其中他指出：

> 司法行政机关还负责领导与人民法院工作有关的各种工作，如律师、公证、判决执行、法医、法律教育等。
>
> 审判和司法行政是两种不同性质的工作，过去各省、市人民法院既管审判，又管司法行政，往往顾此失彼。人民法院组织法总结了我国几年来实践的经验并吸收苏联的先进经验，确立了审判与司法行政分立的原则，规定各级人民法院的司法行政工作由司法行政机关管理……[3]

11月10日，财政部税务总局批复江苏省税务局，并抄送东北区、内蒙古自治区税务管理局、各省市税务局。财政部税务总局

1 中央人民政府司法部编印：《苏联国家公证制度参考资料》，1954年9月。

2 司法部《关于公证室印章问题的批复》（司普字第0137号），中华人民共和国司法部编：《中华人民共和国司法行政历史文件汇编（1950—1985）》，法律出版社1987年版，第369页。

3 魏文伯：《司法部魏文伯副部长在“全国司法座谈会”上的发言》，《司法工作通讯》1954年第3期。

批复称：

（54）税政二字第三九五号报告悉。关于公证书贴花问题，凡商事产权等行为发生时，已书立凭证，于交付或使用前贴足印花者，公证书不再贴花；如未书立其他商事产权凭证，则按应行书立凭证的性质，由持有人依印花税税率税额表规定将印花贴于公证书上。[1]

11月20日，经上海市人民政府批准后公布施行《上海市市、区两级人民法院受理民事诉讼及非讼案件征收费用暂行办法》，其中第十条和第十一条分别规定：

第十条　公证案件不能以依金钱计算及价额不满五百万元者，征收公证费一万元；五百万以上者征收其价额千分之二。公证费除当事人间另有协定外，由当事人平均负担。但国家机关、国营企业（包括地方国营企业）、合作社及确无缴纳能力者，得酌予免征。

第十一条　声请公证继承遗产，遗产总额不满五千万元者，按遗产总额征收千分之十的费用，五千万元以上不满一亿元者征收千分之二十，一亿元以上者，按千分之二十五征收。[2]

1　财政部税务总局《关于公证书贴花问题的批覆》[（54）政三字第五八七号]，《中央税务公报》1955年第1期。

2　上海市人民政府批准后公布施行《上海市市、区两级人民法院受理民事诉讼及非讼案件征收费用暂行办法》，东北人民大学民法、刑法教研室编：《中华人民共和国法院组织诉讼程序参考资料》（第二辑）下册，东北人民大学教务处教材出版科1956年版，第270—272页。该书未记载《上海市市、区两级人民法院受理民事诉讼及非讼案件征收费用暂行办法》公布施行机关与文件编号。

11月23日，《人民日报》刊登报道《上海市人民法院开展公私合同和契约的公证工作》，报道说：

上海市人民法院决定自十一月下旬起，普遍开展公私合同、契约的公证工作。

上海市人民法院曾于上半年在中国医药公司上海采购供应站重点进行加工订货契约的公证工作，通过公证，对资本家进行了守法教育，审查了契约的真实性和合法性，并在契约上载明订约双方对契约的权利和义务及违反契约应负的法律责任。契约履行后，资本家虚报成本、偷工减料、违约延期的现象显著减少，同时推动了国营企业改进采购制度。

……

上海市人民法院为进一步发挥公证制度在保障国家经济建设方面的作用，已指示老闸、黄浦、新成、江宁、榆林、长宁等区人民法院办理所在地区的公私契约公证，上海市人民法院将直接负责逐步开展中国百货公司上海采购供应站及上海市贸易信托公司的加工订货合同、契约的公证工作。[1]

12月13日，天津市人民政府批准试行由天津市人民法院制定的《天津市人民法院公证暂行章程》，该《天津市人民法院公证暂行章程》第七条、第二十九条、第三十条分别规定：

第七条　公证员对请求公证人的身份、具有的权

1 《上海市人民法院开展公私合同和契约的公证工作》，《人民日报》1954年11月23日。

利、行为能力、履行合同的信用和物质保证及签字盖章是否真实，应加以审查。

第二十九条　凡依法应有继承权利之人，在被继承人死亡之后，得请求公证处发给继承证明。前项证明应具体记明继承人之应继承财产，如继承人有数人时，得就其对遗产所作适当分割，并予证明。

第三十条　无人要求继承的遗产，可依利害关系人的请求加以适当保管或作成无人继承的证明移交主管机关处理。[1]

至 1954 年年底，全国已有 119 个市和 177 个县开办了公证工作，全年办证 12 万件，比 1953 年增加一倍多。[2]

1955 年

1 月 8 日，司法部复函外交部，称：

你部发办签（54）字第 0/2519 号函悉。关于“公证”和“领事认证”的解释意见，我们基本同意。过去各地对于“公证”和“认证”两词的解释和使用确不够妥当，今后可以统一用“公证证明”一词……[3]

1　天津市人民政府批准试行由天津市人民法院制定的《天津市人民法院公证暂行章程》，天津市人民委员会办公厅编印：《天津市法令汇编》第十二集，1955 年版，第 32、36 页。该书未录《天津市人民法院公证暂行章程》发文字号。

2　《当代中国》丛书编辑部编辑：《当代中国的司法行政工作》，当代中国出版社 1995 年版，第 371 页。

3　司法部《同意关于“公证”和“领事认证”的解释复外交部的函》[（55）司公字第 19 号]，中华人民共和国司法部编：《中华人民共和国司法行政历史文件汇编（1950—1985）》，法律出版社 1987 年版，第 370—373 页。

1月17日，司法部批复黑龙江省司法厅，认为：

……当前公证工作的主要任务是大力开展公私合同的公证证明，加强法律监督，以保障其正确履行，从而保护国家财产。但是公证工作不能以此为限，如来文所询有关私人之间权益关系的事件，我们同意你厅的意见，如果当事人向公证机关申请，亦应予以证明，以保护公民合法权益。[1]

1月17日，外交部经商司法部后，就“关于苏侨罗国姜司卡牙继承房产事”批复哈尔滨外事处，其中提出：

在继承的手续方面，有如下问题：死者在华所立遗嘱，生前未经我法院公证，是不能认为有效的（该遗嘱不能作为此次继承的法律根据，但可视为事实根据，此点不向外侨宣布）……

……关于苏联领事馆在苏侨遗嘱上认证事，你处应于便中向苏方指出：苏侨在华所立遗嘱，应于生前送我当地人民法院公证后，始能生效。[2]

1月，据台湾地区“司法行政部门”编印的《司法近况》记载，1949年公证事件总数为16556件，而1954年则达88050件。该书提出：

1　司法部《关于私人事件可否办理公证问题的批复》[（55）司公字第88号]，中华人民共和国司法部编：《中华人民共和国司法行政历史文件汇编（1950—1985）》，法律出版社1987年版，第374页。

2　外交部《“关于苏侨罗国姜司卡牙继承房产事”给哈尔滨外事处的批复》[发办签（55）字第（54）3337/55号]，中华人民共和国司法部编印：《办理涉外公证行为参考资料》，1956年9月，第12页。

凡此调解和解及公证之比数，殆已接近最高限度，今后亦当侧重质之精进，而不徒求量之增益。原有公证竞赛办法，当酌予修正。[1]

2月1日，司法部在所写的《一九五四年司法工作总结》中指出：

各地法院还重点地建立和加强了公证工作，举办公证的单位已从一九五三年的一七四个增加到二九四个，并在工作中日渐发挥了它的职能。如哈尔滨市五金、交通、百货等公司和私营工商户所订合同过去平均每月发生违反合同事件占合同总数百分之二二至二四，公证后降到百分之四左右。从而在保证公私合同严格履行，监督资本家守法守约方面，起了一定的作用。[2]

3月10日，中国百货公司上海采购供应站文教用品分站在《文教分站一二月份公证合约执行情况总结》中指出：

我分站今年一二月份实行公证合约以来，在法院、工商行政部门的密切配合下，以及广大工厂职工的积极协助下，对参加公证的卅五家（尚有三家未公证，准备在三月份内补办手续）私营厂在“按质、按量、按时”完成国家的加工订货任务上起了一定的推动和监督作用。

……

1　台湾地区“司法行政部门”编印：《司法近况》，1955年1月，第4页。

2　司法部《一九五四年司法工作总结》，《司法工作通讯》1955年第1期。

（四）存在问题

1. 经办同志强调业务工作忙，很少与法院联系，致使法院情况不明，造成个别资本家从中挑拨离间以遂其投机取巧的目的。

2. 合约份数不够，只有一式八份，公证时法院抽出一份，则甲方或乙方将少一份，希总站私改办公室协助解决。

3. 季度合约，厂商在季初一时拿不出季度计划（包括财务、生产、原料计划），因此拖迟了公证的日程。[1]

3 月 25 日，《人民日报》发表署名张嘉墉的文章《公证工作能够有效地监督合同的履行》，文章指出：

以上事例说明了公证工作对于保证公私合同的切实履行和保护社会主义财产的重要意义。通过这项工作不但可以防止不法资本家违反合同、偷工减料和其他盗窃行为，还可以提高他们的守法思想，认真核算成本，努力增加生产，为国家创造财富。因此，不少地方的国营企业和工商管理部门，都重视这一工作，尽量把公私合同送请法院公证。[2]

3 月 29 日，司法部函复上海市人民法院，同意公证处试办

1 中国百货公司上海采购供应站文教用品分站《文教分站一二月份公证合约执行情况总结》，上海市档案馆 B122-2-219 档案。

2 张嘉墉：《公证工作能够有效地监督合同的履行》，《人民日报》1955 年 3 月 25 日。

"执行许可的证明"，并提出下列几点意见：

一、证明可以执行的范围，在开始试办期间，应暂限于关于国家机关、国营企业向私营企业或公民追偿一定金额的债务。

二、必须说明，有些地方的公证员往往就在办理公私合同的公证证明时，在证明书上载明"如一方违约，得根据对方申请准予强制执行"字样，这样做是不妥当的……此外，如国营公用事业企业向债务人追偿水电费等亦得为执行许可证明。

三、……经我们与外交部研究，一致意见认为公证机关证明各种文件和事实，都用"公证证明"，简单就用"证明"，不要再用"认证"一词；在我国驻外使领馆证明需要通过外交方式才可使用的文件，就用"领事认证"字样，以资区别。[1]

4月5日，中央政治局委员、最高人民法院院长[2]董必武在中国共产党全国代表会议上发言。其中他指出：

我们在具体的司法建设上，曾在铁路上建立了十一个铁路运输专门法院，两个水上运输专门法院，在最高人民法院设立了铁路、水上运输审判庭；在各省市法院中设立了一百二十二个经济建设保护庭或组。原只有

---

1 司法部《关于同意试行"执行许可的证明"的函》[（55）司公字第604号]，中华人民共和国司法部编：《中华人民共和国司法行政历史文件汇编（1950—1985）》，法律出版社1987年版，第375—376页。

2 董必武在1954年9月27日第一届全国人民代表大会第一次会议上当选为最高人民法院院长，《人民日报》1954年9月28日。

几处的公证工作，在为经济建设服务的方针确定下来后，也逐渐开展起来了。据现有材料统计，大、中城市和县设立的公证机构已达二百九十四处。各公证处在一九五四年一年中就办理了十二万三千多件公证事项。很显然这些机构的建立和公证工作的开展，在保障经济建设的工作上起了一定的作用。[1]

他同时强调：

签订合同是一种契约行为，是需要法律保障的。国家必须设立公证处，为那些合同公证，合同才少出毛病以至于不出毛病。我们现有的公证处不普遍，要进行公证的文件本来很多，但我们现在还只限于合同，而且多属于公私间的合同，公家与公家、私人与私人间的合同，进行公证的还很少。我希望逐渐增设公证处，公证工作的范围也应逐渐推广。增设公证处、推广公证工作范围，自然要牵涉到扩大编制的问题。公证处是有经常收入的机关，工作推广了，收入一定会增加。[2]

4月7日，司法部就“关于对苏侨利地亚·提排拉·达萨里伐申请公证证明离婚问题”致函上海市司法局，司法部认为：

……伪地方法院的判决书不能认为有合法效力，公证机关不能予以公证证明。但苏侨利地亚如确已与前夫

1 董必武：《司法工作必须为经济建设服务》，《董必武法学文集》编辑组编：《董必武法学文集》，法律出版社2001年版，第247页。

2 董必武：《司法工作必须为经济建设服务》，《董必武法学文集》编辑组编：《董必武法学文集》，法律出版社2001年版，第249页。

离婚，经公证机关查明属实后，可以就离婚事实给予证明，另给以离婚属实证明书。[1]

4月9日，外交部就“关于钱珠媛申请继承亡夫英侨亚当之财产问题”批复上海外事处，并抄送司法部，外交部认为：

……上海市人民法院公证书系证明钱之“同居”事实及“事实上的夫妻关系”，这样英方不会承认有效，如能根据中国习惯与作法找到依据……最好请法院另出一张公证书——只需简单写明依据及证明钱系亚当之合法配偶与继承人即可……[2]

4月25日至5月6日，司法部召开了第一次全国性的公证工作会议。会议明确公证工作的任务仍然是以证明几种主要公私合同为重点。随着社会主义建设与社会主义改造的迅速发展，对资本主义工商业的社会主义改造加强法律监督，既是适时的也是必要的。另外，涉及公民权利义务关系的文书和事实，也应予以公证。这是国家保护公民合法权益的一项措施。全国公证工作会议还讨论了公证机关的组织建设问题，对公证机关的设置和组织领导也作了部署。[3]

---

1 （55）司公字第723号，司法部编印时其文件标题为：司法部“关于对苏侨利地亚·提排拉·达萨里伐申请公证证明离婚问题”给上海市司法局函，并抄送上海市人民法院、外交部、上海外事处，中华人民共和国司法部编印：《办理涉外公证行为参考资料》，1956年9月，第13页。

2 发办领（55）字第1183/677号，司法部编印时其文件标题为：外交部“关于钱珠媛申请继承亡夫英侨亚当之财产问题”给上海外事处（抄送司法部）的批复，中华人民共和国司法部编印：《办理涉外公证行为参考资料》，1956年9月，第27—28页。

3 《当代中国》丛书编辑部编辑：《当代中国的司法行政工作》，当代中国出版社1995年版，第372页。

4月，司法部下发《中华人民共和国公证暂行条例（草稿）》。[1]

4月，司法工作通讯社编印了苏联专家《鲁涅夫报告选集》，其中收录了《关于苏联公证制度》一文。[2]

5月8日，新疆省人民法院以规定公证工作建立专题报告制度为由，向省内各地人民法院发出通知，通知称：

> 由于公证工作是一项新的工作，为了积累和不断总结这方面的经验，及时了解和研究新情况，指导工作，特规定：已经建立公证工作的各地法院应于每年6月及12月向本院作公证工作专题报告一次。今后建立公证工作的法院，除建立时向本院报告备案外，亦应每年向本院作两次专题报告，希遵照执行为要。[3]

5月31日，司法部公证律师司就“抄发外交部‘为公证证明前法国大使馆文化处发给西西金的服务证明书事’对上海外事处的批复供参考”致函辽宁、北京等省、市司法厅、局（处），希以后办理外侨公证事件时注意。外交部认为：

> 关于苏联总领事馆申请公证前法国大使馆文化处发

1 安徽省司法厅司法志编辑室编：《安徽省司法行政志》，1990年版，无出版信息，第126页。据该书第126页记载，该《中华人民共和国公证暂行条例（草稿）》第一条规定：直辖市、省人民委员会驻在地的市、自治区自治机构驻在地的市和三十万人口以上的市设置公证处，不满三十万人口的市在人民法院内附设公证组，县可根据需要在人民法院设公证组或公证员。

2 司法工作通讯社编印：《鲁涅夫报告选集》，印制时间1955年4月系依据该书前言确定，无出版信息。

3 新疆维吾尔自治区地方志编委会编：《新疆通志·司法行政志》，新疆人民出版社2000年版，第361页。

给苏联人西西金之服务证明书事，因该证明书为法国外交机关所发给，我与法国尚无外交关系，因此无法获得关于该证明书是否属实的正式证明。此事可由苏联与法国直接联系解决。请你处根据上述理由向苏联驻上海总领事馆婉拒。[1]

5月，司法部在全国公证工作座谈会时印发“公证用纸式样试行规定（附说明）草稿”。[2]

6月1日，司法部公证律师司就公证收费问题答复浙江省司法厅，认为：

公证费的征收，因公证事件的不同，采取按件征收或比率计征两种方法。公证事件如系证明身份或亲属关系之类的，即按件收费；公证事件为证明经济合同，则按合同的金额或收益比率征费……[3]

6月14日，上海市第一公证处为钱珠囡（又名钱珠媛）出具

1 （55）司公字第1214号，司法部编印时其文件标题为：司法部公证律师司“抄发外交部‘为公证证明前法国大使馆文化处发给西西金的服务证明书事’对上海外事处的批复供参考”给辽宁、北京等省、市司法厅、局（处）函，中华人民共和国司法部编印：《办理涉外公证行为参考资料》，1956年9月，第14—15页。

2 （55）司公字第2251号文件中提及，司法部编印的《办理涉外公证行为参考资料》一书中收录的（55）司公字第2251号文件时其文件标题为：司法部公证律师司“关于归国华侨、侨眷发往国外的文件办理公证认证的用纸格式”复广东省司法厅函，中华人民共和国司法部编印：《办理涉外公证行为参考资料》，1956年9月，第51页。

3 司法部公证律师司《关于公证收费问题的答复》[（55）司公字第1234号]，中华人民共和国司法部编：《中华人民共和国司法行政历史文件汇编（1950—1985）》，法律出版社1987年版，第377页。

1955他字第1号公证书，公证员署名“贾天戈”。[1]证词正文最后一段为：

> 查申请人钱珠囡上述关于她为詹姆士·阿达姆之合法妻子与遗产合法继承人之声明，及为此而提供之上述证明，业经查明真实无误，核其请求与法相符，本公证员愿证明钱珠囡确系詹姆士·阿达姆之合法配偶与遗产继承人，钱珠囡与詹姆士·阿达姆所生子女四人确系二人之婚生子女。此证。[2]

6月20日，外交部、华侨事务委员会、司法部发出《关于归国华侨、侨眷发往国外的文件办理公证认证的指示》。[3]

7月3日，中央政治局委员、最高人民法院院长董必武在给第一届全国人民代表大会常务委员会做的工作报告中指出：

---

1 依据上海市档案馆有关档案记载，贾天戈于1953年8月3日被上海市人民政府任命为上海市人民法院司法行政处副处长，上海市档案馆B1-1-1719-22档案。贾天戈于1980年11月3日经中共上海市委组织部批复同意，上海市司法局公布贾天戈任上海市司法局业务管理处处长，1980年12月23日，经中共上海市委批复同意，贾天戈任上海市司法局党组成员。上海市司法局史志办公室编：《上海市司法局大事记1980—1990》，1992年，无出版信息，第2页。

2 上海市第一公证处公证书（抄件）1955年他字第1号，中华人民共和国司法部编印：《办理涉外公证行为参考资料》，1956年9月，第29—30页。

3 外交部、华侨事务委员会、司法部《关于归国华侨、侨眷发往国外的文件办理公证认证的指示》[发部领甲内（55）字第217/213号、（55）字第1682号、（55）司公字第1119号]，中华人民共和国司法部编：《中华人民共和国司法行政历史文件汇编（1950—1985）》，法律出版社1987年版，第378—382页。

原来只在几处进行的公证工作，在为经济建设服务方针确定下来后，已经迅速地开展起来了。据现有材料统计，大、中城市和县设立的公证机构已达二百九十四处，在一九五四年一年中就办理了十二万三千多件公证事项……

所有这些工作，对保障社会主义建设和社会主义改造事业的顺利进行，提高人民群众的政治觉悟、革命警惕性和法制观念，为人民群众排难解纷、加强团结生产，以及对法院本身改进和提高审判工作，都起了积极的作用。[1]

7月18日，司法部就“为旅日华侨姜少堂应如何出具授权证件委托其弟姜庆善代管国内房产一事”复天津市司法局函，称：

你局（55）津法办字第15号请示收到。经与华侨事务委员会研究，认为你市公证处应通知姜庆善，由他本人函告现住日本大阪市的华侨姜少堂，由姜少堂出具授权委托书，委托其弟姜庆善代管大连房产，并说明姜庆善有转委权。此项委托书应送请日本东京华侨总会（地址：东京都西银座八丁目八番地）证明姜少堂的签名盖章属实，由该会径寄北京中华人民共和国华侨事务委员会收转天津市公证处办理公证手续。如姜庆善还需委托在大连的张培兰代管房产，可由姜庆善根据姜少堂所委托的权限出具委托书，经天津市公证处再予公证证

1　董必武：《最高人民法院自第一届全国人民代表大会第一次会议以来的工作》，《董必武法学文集》编辑组编：《董必武法学文集》，法律出版社2001年版，第268页。

明。此复。[1]

7月25日，外交部领事司复函上海外事处并抄送司法部和上海市第一中级人民法院：

你处1955年7月1日发沪外（55）二字第155号函悉。关于钱珠囡请求协助她继承亡夫英侨阿达姆之遗产问题，答复如下：

（1）我部同意上海第一公证处为钱所出具之公证书内容，但公证书上所提到的子、女，应写明姓名、年龄等项。该公证书共有三页，本应加盖骑缝章，但骑缝章不一定合乎英方格式，最好在公证书边上钻两洞，穿一丝带，丝带打结处，用火漆印封固……[2]

7月29日，司法部部长史良在第一届全国人民代表大会第二次会议上发言，史良指出：

已有二百九十四个人民法院举办了公证工作。仅

1 （55）司公字第1627号，司法部编印时其文件标题为：司法部“为旅日华侨姜少堂应如何出具授权证件委托其弟姜庆善代管国内房产一事”复天津市司法局函，中华人民共和国司法部编印：《办理涉外公证行为参考资料》，1956年9月，第38—39页。

2 发领甲（55）字第499/435号，司法部编印时其文件标题为：外交部领事司给上海外事处并抄送司法部和上海市第一中级法院“复关于钱珠囡继承遗产问题”的公函，中华人民共和国司法部编印：《办理涉外公证行为参考资料》，1956年9月，第28—30页。在司法部所编印的上述文件中，把上海市第一中级人民法院简称为上海市第一中级法院，上海市第一公证处简称为上海第一公证处。据《上海审判志》记载，1955年4月30日成立上海市第一中级人民法院。《上海审判志》编纂委员会编：《上海审判志》，上海社会科学院出版社2003年版，第29页。

一九五四年一年中就办理了十二万三千多件公证事项。经过了公证的公私合同，百分之九十以上都能履行合同。这就有效地保障了国家建设和私营工商业的正当经营，防止了不法资本家盗窃国家资财，破坏合同的“五毒”行为。[1]

8月8日，外交部颁发“关于外人房产委托代理应遵守事项及内部掌握应注意的几个问题”文件，其中规定：

第一部分：外人房产委托代理应遵守事项

（可由房地产主管部门口头或书面对外宣布）

……

（三）委托人在中华人民共和国境内所出具的委托书，必须经中华人民共和国公证机关（人民法院）公证证明。

（四）委托人在中华人民共和国境外所出具的委托书，除应经委托人所在地公证机关公证证明并经与中国有交国领事机关（外交部、使馆或领馆）认证外，尚须经中华人民共和国领事机关（外交部、使领馆或外事处）认证。

（五）委托代理的期限最长不得超过三年。期满后业主如仍不自行管业，应即重新委托原代理人代理。

……[2]

1　史良：《史良部长的发言》，人民出版社编辑：《中华人民共和国第一届全国人民代表大会第二次会议汇刊》，人民出版社1955年版，第867页、第1043页。

2　外交部《关于外人房产委托代理应遵守事项及内部掌握应注意的几个问题》，系外交部发部领字第（55）0/1003号文的附件，1955年8月8日颁发，外交部发部领字第（55）0/1003号文件标题不详，司法部编印时其文件标题为：外交部颁发的“关于外人房产委托代理应遵守事项及内部掌握应注意的几个问题”，中华人民共和国司法部编印：《办理涉外公证行为参考资料》，1956年9月编印，第16—20页。

9月8日，中共中央政治局委员、最高人民法院院长董必武在同苏联法学专家鲁涅夫谈话时说：

……司法部还管公证、公断工作。目前设公证机关有一百四十多处，主要设在大、中城市和重点县，公断机关没有组织起来。[1]

……司法部为调干部建立机构做了些艰苦的工作，在训练干部方面也做了很多工作。还有很多应建立而没建立的机构，如律师、公证、公断，目前都要依靠司法部去办……[2]

9月16日，中国司法工作者访苏代表团在国务院全体会议第十八次会议上向国务院作报告，中国司法工作者访苏代表团团长、司法部部长史良在报告中指出：

因此，作为国家机器重要组成部分的苏维埃司法机关，是一直在加强着。由中央到地方都建设有完善的检察机关、审判机关、司法管理机关、国家公证机关和律

1　董必武：《目前中国的法律工作概况》，《董必武法学文集》编辑组编：《董必武法学文集》，法律出版社2001年版，第304页。苏联专家鲁涅夫的名字见《董必武年谱》编纂组编：《董必武年谱》，中央文献出版社2007年版，第455页。其中关于公证机关处数字似不准确。据1955年7月29日司法部部长史良在第一届全国人民代表大会第二次会议上的发言，史良指出："已有二百九十四个人民法院举办了公证工作。"人民出版社编辑：《中华人民共和国第一届全国人民代表大会第二次会议汇刊》，人民出版社1955年版，第867、1043页。

2　董必武：《目前中国的法律工作概况》，《董必武法学文集》编辑组编：《董必武法学文集》，法律出版社2001年版，第314页。

师组织。在每个区里（区在行政上相当于我国的县，但人口不及我国的县）都设有检察院、一个至数个人民法院，还有国家公证人和律师……

……由于司法工作是具有很强的政治性和思想性的工作，苏联党和国家对司法干部、特别对审判员和检察员的要求是严格的。要求司法干部必须具有较高的政治水平、严格的法律科学训练和足够的工作经验。为了培养和供应检察、审判、律师、公证、公断、机关企业的法律顾问和法律科学工作等各方面需要的专门人材，曾采取了一系列的有效措施……[1]

9月17日，外交部领事司就“关于‘旅大市处理外人遗产具体办法’事”复函旅大外事处，并抄送旅大市中级人民法院和司法部公证律师司，外交部领事司认为：

你处与市人民法院及公安局共同草拟的“旅大市处理外人遗产具体办法”，其内容均属司法机关权限范围，应由旅大人民法院为主报请其上级机关批示。

对所拟“办法”中有关公证等问题的认识，我部提出如下意见供参考：

（一）“公证”与“认证”不同，被公证证明的文件和事实必须是合法与真实的。文件和事实经公证证明之后，即发生证据效力，具有法律上的可靠性，尤其是遗嘱，更是如此。它在遗嘱继承上起很大作用。所以公

1 中国司法工作者访苏代表团：《中国司法工作者访苏代表团报告》，《司法工作通讯》1955 年第 7 期。

证证明遗嘱时，不仅证明印鉴、签署属实，还应对内容负责。因此，一般的讲，遗嘱须经遗嘱人亲自提交法院申请公证或遗嘱人不能去法院时，得请求法院派人去遗嘱人住处，由遗嘱人当面在遗嘱上签字，始可予以公证证明。公证证明时应注意内容是否合乎我规定的继承人的范围，如内容不妥应说明理由退回，修改后再予公证证明。

（二）旅华的一般苏联公民亦应遵守我国的法令与规定，不能特殊，故苏侨在华所立遗嘱，如只经苏联领事馆认证不能认为有效，亦应由遗嘱人按（一）点中所述手续向我法院办理公证。[1]

10月8日，司法部公证律师司就“关于归国华侨、侨眷发往国外的文件办理公证认证的用纸格式”复函广东省司法厅并抄送各省、直辖市司法厅、局及外交部领事司。[2]

10月14日，在司法部制定的第四季度工作要点中提出：

征求中央各有关部门就公证暂行条例草案和公证费暂行办法草案的意见，修正上报，争取于明年正式施行。与外交部研究制定开办国外文件证明程序的具体

1 发领（55）字第2321/1152号，司法部编印时其文件标题为：外交部领事司“关于‘旅大市处理外人遗产具体办法’事”复函旅大外事处函（抄送旅大市中级人民法院和司法部公证律师司），中华人民共和国司法部编印：《办理涉外公证行为参考资料》，1956年9月，第40—41页。

2 （55）司公字第2251号，司法部编印时其文件标题为：司法部公证律师司“关于归国华侨、侨眷发往国外的文件办理公证认证的用纸格式”复广东省司法厅函，中华人民共和国司法部编印：《办理涉外公证行为参考资料》，1956年9月，第51页。

办法。[1]

10月19日，司法部作出《关于牡丹江市公证“更名改姓”事件，希注意纠正的批覆》致黑龙江省司法厅，提出：

……至于申请人请求更名改姓不属于公证业务范围，亦不归公证机关办理。而且办理这种公证事件，可能给坏分子通过公证手续，更名改姓掩盖他们的罪恶活动，更应提高警惕。为此，你厅应指示该院今后停办这项业务，对过去已办的应深入进行一次检查，并对更名改姓的人结合公安机关查明是否系坏分子。

此外，根据我们了解，有的地方在公证证明收养子女事件中，对有意遗弃或变相买卖子女的亦草率给予证明，违反了国家法令，在群众中造成不良影响，各地应注意防止。今后对于公民请求公证的事件，应慎重处理，如无把握，应逐级请示。[2]

10月27日，为“供司法工作者学习苏联先进经验之参考”，司法工作通讯编辑委员会编印的《司法工作通讯》1955年第7期刊载了中国司法工作者访苏代表团团长、司法部部长史良于1955年9月16日在国务院全体会议第18次会议上向国务院作的《中国司法工作者访苏代表团报告》。[3]

---

1 司法部《中华人民共和国司法部第四季度工作要点》，《司法工作通讯》1955年第7期。

2 司法部《关于牡丹江市公证“更名改姓”事件，希注意纠正的批覆》[（55）司公字第二三七三号]，江西省司法厅编印：《司法工作手册》，1956年11月，第383—384页。

3 史良：《中国司法工作者访苏代表团报告》，《司法工作通讯》1955年第7期。

11月14日，外交部、司法部发出《关于寄往国外应用的文件证明程序的联合通知》，其中规定：

鉴于我国公证制度已逐步健全，要求公证证明和领事认证的文件将会日益增多，因此，在寄往国外应用的文件证明程序方面，已有可能和必要建立一种比较完整的制度。我们认为：今后如有我国国内发出的，并将寄往国外应用的文件需要公证证明和领事认证时，可以按照以下两种方式办理：

1. 公证机关证明—外事处认证；

2. 公证机关证明—司法部证明—外交部认证。[1]

11月，中国司法工作者访苏代表团编印了《苏联司法工作访问记关于审判司法行政工作部分》，其中再次发表了司法部部长史良的《中国司法工作者访苏代表团报告》。该书收录了许多苏联公证资料。[2]

12月2日，司法部部长史良在《政法研究》1955年第6期上发表《对苏联司法工作的几点体会》，文中提出：

我们的第三个印象是由于司法工作是具有很强的政治性和思想性的工作，苏联党和国家对司法干部、特别

1　外交部、司法部《关于寄往国外应用的文件证明程序的联合通知》[发部领甲（55）字第0/812号、（55）司公字第2515号]，中华人民共和国司法部编：《中华人民共和国司法行政历史文件汇编（1950—1985）》，法律出版社1987年版，第383—385页。

2　史良：《中国司法工作者访苏代表团报告》，中国司法工作者访苏代表团编印：《苏联司法工作访问记关于审判司法行政工作部分》，1955年11月，无出版信息，第1—11页。

对审判员和检察员的要求是严格的。要求司法干部必须具有较高的政治水平、严格的法律科学训练和足够的工作经验。苏联为了培养和供应检察、审判、律师、公证、公断、机关企业的法律顾问和法律科学工作等各方面需要的专门人材，曾采取了一系列的有效措施。[1]

12月9日，外交部函送司法部《领事认证暂行办法》(密)。该《领事认证暂行办法》第一章总则共七点，其中第二点规定：

二、本暂行办法内所称的领事认证，系指证明文件上的某一最后签字或印章属实。[2]

12月10日，司法部发出《关于同意办理归侨死亡公证事件的函》致广州市公证处，认为：

侨眷请求公证证明归国华侨之死亡，以便确定继承。如事实上确有必要，公证机关可以办理。你处拟制之“死亡证明书”式样，经修改后随文附发。[3]

---

1 史良：《对苏联司法工作的几点体会》，《政法研究》1955年第6期。此文内容与史良之前的《中国司法工作者访苏代表团报告》相比，文字上有一些差异。该文后收录于《苏联的司法工作》一书，史良等：《苏联的司法工作》，湖北人民出版社1956年版，第4页。

2 发部领甲（55）字第0/881号，司法部编印时其文件标题为：外交部颁发的“领事认证暂行办法”(密)——外交部1955年12月9日发部领甲（55）字第0/881号给司法部公函附送，中华人民共和国司法部编印：《办理涉外公证行为参考资料》，1956年9月，第46—50页。

3 司法部《关于同意办理归侨死亡公证事件的函》[(55)司公字第2706号]，中华人民共和国司法部编：《中华人民共和国司法行政历史文件汇编(1950—1985)》，法律出版社1987年版，第386页。

12月17日，司法部公证律师司“为退回陈楚瑜授权书，补正手续后再送我司证明事”复函沈阳市司法局，其中指出：

> 再者公证证明日期，如已征收公证费，征收人民币的数额，均应记明于证明文件之上，证明人某某应记为公证员某某。希一并注意……[1]

12月21日，司法部经与外交部联系研究，为“关于归国华侨王森泉申请证明发往泰国委托书可否给予公证”一事复函上海市第一公证处，司法部认为：

> ……对王森泉的申请可以给予证明。但此项证明不同于发往已建交国家的文件，因此，公证处予以证明后，发交申请人自行径寄国外。[2]

12月29日，司法部发出《关于寄往国外应用的文件证明程序的补充说明的通知》。[3]

司法部公证律师司就“关于发往国外文件的证明程序”复新疆

---

1 （55）司公字第2784号，司法部编印时其文件标题为：司法部公证律师司“为退回陈楚瑜授权书，补正手续后再送我司证明事”复沈阳市司法局函，中华人民共和国司法部编印：《办理涉外公证行为参考资料》，1956年9月，第52—53页。

2 （55）司公字第2805号，司法部编印时其文件标题为：司法部为“关于归国华侨王森泉申请证明发往泰国委托书可否给予公证”复上海市第一公证处函，中华人民共和国司法部编印：《办理涉外公证行为参考资料》，1956年9月，第54—55页。

3 司法部《关于寄往国外应用的文件证明程序的补充说明的通知》[（55）司公字第2866号]，中华人民共和国司法部编：《中华人民共和国司法行政历史文件汇编（1950—1985）》，法律出版社1987年版，第387—388页。

维吾尔自治区司法厅函，提出：

本部与外交部于1955年11月14日联合发出的（55）司公字第2515号通知附件第一点第二项国内发往国外应用的文件的证明程序是：由申请人将文件送请当地公证机关（公证处或办理公证的人民法院）公证证明，公证机关予以证明后，径送司法部证明，无须经司法厅转送，以免周折。[1]

1956年

1月10日，司法部向周恩来总理提交《司法部关于司法行政工作方面几个问题的请示报告》《司法部关于开展公证工作的请示报告》。在《司法部关于司法行政工作方面几个问题的请示报告》中，司法部部长史良向周恩来总理报告：

……公证工作是一项专门工作，必须有专门机构来承担，过去暂由人民法院兼办是临时的办法。现行的中华人民共和国人民法院组织法规定法院的任务中没有公证业务，各级人民法院及司法行政机关的编制均不包括公证人员的编制。因此，公证人员的编制和经费必须另行筹划。我们的意见，在当地司法行政机关直接领导下，各大中城市及在三十万以上人口的市设立公证处，

1 （55）司公字第2881号，司法部编印时其文件标题为：司法部公证律师司就“关于发往国外文件的证明程序”复新疆维吾尔自治区司法厅函，中华人民共和国司法部编印：《办理涉外公证行为参考资料》，1956年9月，第58页。

不满三十万人口的市暂在人民法院附设公证室，县的公证工作采取逐步建立的方针，可根据需要陆续设置公证室，授权法院院长领导。其次，办理公证应征收公证费，作为公证机关的开支。为了减轻群众的负担，征费采取轻费原则，因而公证机关的开支如有不敷，可以由政府补助。[1]

在《司法部关于开展公证工作的请示报告》中，司法部部长史良向周恩来总理报告：

公证工作是国家公证机关负责证明合同（契约）、委托书等各种法律行为，证明有法律意义的文件和事实，确认它的真实性和合法性……[2]

1月31日，司法部发出《关于公证业务范围问题的通知》，提出：

……今后公证机关的任务应该是：证明公民间的法律行为及其他有法律意义的文件和事实，确认它的真实性和合法性，保护公民在财产上和身份上的权利及其

1　司法部《关于司法行政工作方面几个问题的请示报告》，中华人民共和国司法部编：《中华人民共和国司法行政历史文件汇编（1950—1985）》，法律出版社1987年版，第34、36页。该书未录司法部《关于司法行政工作方面几个问题的请示报告》文件编号，文件落款为部长史良。

2　司法部《关于开展公证工作的请示报告》，中华人民共和国司法部编：《中华人民共和国司法行政历史文件汇编（1950—1985）》，法律出版社1987年版，第44页。该书未录司法部《关于开展公证工作的请示报告》文件编号。

合法利益，从而预防纠纷，减少诉讼，巩固国家法制秩序。

公民间权利义务关系方面的公证业务范围是很广泛的，参考苏联经验，结合我国具体情况，从社会主义建设利益出发，首先着重开展有关财产关系方面的公证业务，如证明处分财产的委托书、遗嘱、继承、赠与、分析共有财产以及房产转移和租赁等几种。其次，根据公民的申请，还可以办理以下几项业务：

一、证明合同（契约）、委托书；

二、对于没有疑义的债权文书，证明有强制执行的效力，并发交债务人所在地的基层人民法院执行；

三、证明公民亲属关系、身份关系和财产状况的文件；

四、证明文件上的签名盖章属实；

五、证明文件的副本、节本与原本相符；

六、证明文件的译文与原文相符；

七、证明遗产无人继承，并发给无人继承证明书；

八、保管遗产；

九、保管文件。[1]

1月31日，司法部发出《关于“对哈尔滨市办理有关公民权利义务关系方面公证业务的情况与今后意见”的通报》，提出：

为了明确今后公证工作的方针任务和业务范围，应

1　司法部《关于公证业务范围问题的通知》[（56）司公字第132号]，中华人民共和国司法部编：《中华人民共和国司法行政历史文件汇编（1950—1985）》，法律出版社1987年版，第389—390页。

从实际出发，调查社会需要情况，然后从社会主义建设利益，提出工作意见。最近，本部公证律师司会同黑龙江省司法厅和哈尔滨市司法局调查了哈尔滨市过去对办理有关公民权利义务关系方面的公证业务情况并作了研究，然后提出今后开展公证工作的意见。这种做法是适时的、正确的。本部对报告中所述各点，基本同意，特予通报。希各省、自治区司法厅在辖区内选择一、二个较大的市，各直辖市司法局选择一、二个区，亦作如上调查研究工作，摸索开展公证工作的经验，提出你们自己的工作方案，于二月底前报告本部。[1]

2月22日，司法部公证律师司发出“公证费征收标准暂行规定（稿）”。[2]

2月，司法部下发《中华人民共和国公证暂行条例（草稿）》，其中第五条规定：

第五条　公证机关的任务是证明法律行为，证明有法律意义的文件和无争执的事实。确认它的真实性和合法性，并且通过公证活动，保护国家财产，保护国家机关、企业、合作社、社会团体的合法利益，保护公民身

1　司法部《关于“对哈尔滨市办理有关公民权利义务关系方面公证业务的情况与今后意见”的通报》[（56）司公字第一三三号]，北京政法学院编：《中华人民共和国审判法参考资料汇编》第四辑民事诉讼，1956年，第270—275页。

2　司法部《关于公证工作几个问题报告的批复》[（56）司公字第1055号]中提及，中华人民共和国司法部编：《中华人民共和国司法行政历史文件汇编（1950—1985）》，法律出版社1987年版，第393页。

份上财产上的权利和合法利益。[1]

3月9日，司法部作出《关于委托书及业经公证证明的遗嘱的保存等问题的批复》致广州市人民委员会司法处，共批复三个问题，其中提出：

2. 业经公证证明的遗嘱的保存问题。业经公证证明的遗嘱，可作成一式两份，一份公证机关存卷备查，一份交立遗嘱人收执。如果立遗嘱人愿将其自己收存的一份交公证机关予以保管时，根据本部一九五六年一月三十一日（56）司公字第132号关于公证业务范围问题的通知的规定，亦应予以保管，并除征收证明遗嘱的公证费外征收保管文件的公证费。

3. 有关遗嘱继承等涉及法律解释问题，本部已请示全国人民代表大会常务委员会解释，俟批复后再行函告。[2]

1　司法部《中华人民共和国公证暂行条例（草稿）》，该书记载此稿公布时间为一九五六年二月十日，安徽省司法厅司法志编辑室编：《安徽省司法行政志》，1990年版，无出版信息，第307—309页。据《贵阳市志·检察法院司法行政志》记载，司法部下发此文件时间为1956年2月16日。贵阳市地方志编纂委员会办公室编：《贵阳市志·检察法院司法行政志》，贵州人民出版社2005年版，第454页。而《杭州司法志》则记载为1956年2月10日司法部公布《中华人民共和国公证暂行条例（草稿）》。杭州市司法局修志办公室编辑：《杭州司法志》，杭州市司法局编印1993年版，第110页。具体时间有待于有关档案公开。

2　司法部《关于委托书及业经公证证明的遗嘱的保存等问题的批复》［（56）司公字第276号］，中华人民共和国司法部：《中华人民共和国司法行政历史文件汇编（1950—1985）》，法律出版社1987年版，第391—392页。

3月15日，司法部作出《关于印花税并入公证费征收问题的批覆》致湖南省长沙市中级人民法院，认为：

关于印花税并入公证费征收问题，前曾同意财政部意见拟试行部分合并办法，以简化手续，便利人民。嗣后考虑到公证机关还没有普遍设立，合并征收条件尚未成熟，决定仍分别征收。我司本年二月廿二日所发公证费征收标准暂行规定（稿）所列费率费额均不包含印花税。你院拟定收费方案时可以参考。[1]

3月21日，司法部发出《关于印发哈尔滨市公证处1956年1月分工作简报函》，其中提出：

为了帮助各地开展公证工作，现在将这个简报（经我们略加修改）发给你们参考研究，希望各地司法厅、局、处负责领导公证工作的同志们，能够及时督促各公证机关大力开展公民权利义务关系方面的公证业务；还希望每个省（自治区、直辖市）都有一篇到几篇类似哈尔滨市的材料报告我们……[2]

3月22日，司法部就“关于请示华侨学生丘福松申请证明委

1　司法部《关于印花税并入公证费征收问题的批覆》[（56）司公字第三〇四号]，江西省司法厅编印：《司法工作手册》，1956年11月，第392页。该书所录文本中提到“我司”，似文字有误，因发文单位为司法部，非司法部公证律师司。

2　司法部《关于印发哈尔滨市公证处1956年1月分工作简报函》[（56）司公字第322号]，山西省司法厅编印：《司法工作参考资料之八》，1957年12月，第42—45页。该资料中“1月分”未写为“1月份”。

托书应否办理”复浙江省杭州市中级人民法院，并抄送浙江省司法厅，其中指出：

你院1956年2月22日（56）杭中法证四字第005号报告收悉。

一、关于发往马来亚联合邦的文件可否予以公证问题。马来亚联合邦现在还是英国属地，不是独立国，而英国已与我国建立了外交关系。华侨学生丘福松申请证明发往马来亚联合邦应用的委托书，可以给予公证证明……[1]

3月30日，最高人民法院作出《关于解除养父子关系问题的复函》致广东省高级人民法院，提出：

关于解除养父子关系的问题，我们同意你院的处理意见。惟在处理方法上，如胡永与其养父能协商解决，达成解除养父子关系的协议，只要订一书面证件，经过公证就可以了；如协商不成，由该管人民法院依法审判。[2]

4月1日，大同市公证处正式成立，受大同市人民委员会和山西省司法厅领导，与大同市中级人民法院庭为同级，业务由大同市

---

1 （56）司公字第331号，司法部编印时其文件标题为：司法部“关于请示华侨学生丘福松申请证明委托书应否办理”复浙江省杭州市中级人民法院（抄送浙江省司法厅）函，中华人民共和国司法部编印：《办理涉外公证行为参考资料》，1956年9月，第62—63页。

2 最高人民法院《关于解除养父子关系问题的复函》[法研字第2655号]，中华人民共和国司法部法令编纂司编印：《司法工作参考文件》，第64—65页，无编印时间，据该书例言说明，时间为1957年3月31日。

中级人民法院管理，并在名义上独立。[1]

4 月 24 日，外交部领事司向司法部公证律师司函送“关于外人房产委托代理应遵守事项及内部掌握应注意的几个问题”。[2]

4 月 26 日，司法部公证律师司为“证明康培鑫国籍证明书事”复天津市公证处函，指出：

……附带说明的，以后如有华侨、侨眷申请证明发往国外应用的文件，你处证明后送本部证明时，须附送申请人委托北京归国华侨联谊会代向外国驻华使馆或代办处申请认证的委托书，以便于外交部认证后，即转送该会代为办理申请外国驻华使馆或代办处认证手续。[3]

4 月，法律出版社出版了由曾元翻译的苏联 Ф · Ф · 马扎尔编的《村苏维埃的公证行为》。此书根据苏联国家法律书籍出版局 1954 年莫斯科版译出。据该书前言，编写本参考书的目的，就是为了实际帮助村劳动者代表苏维埃工作人员执行他们所负担的公证职能。[4]

1　李晓东：《大同市公证制度的渊源及发展》，《大同地方志》1988 年第 3 期。

2 （56）领字第 0/262 号，司法部编印时其文件标题为：外交部颁发的“关于外人房产委托代理应遵守事项及内部掌握应注意的几个问题”，中华人民共和国司法部编印：《办理涉外公证行为参考资料》，1956 年 9 月，第 16—20 页。“关于外人房产委托代理应遵守事项及内部掌握应注意的几个问题”系 1955 年 8 月 8 日外交部发文字号为发部领字第（55）0/1003 号文的附件，外交部发部领字第（55）0/1003 号文件标题不详。

3 （56）司公字第 499 号，司法部编印时其文件标题为：司法部公证律师司为“证明康培鑫国籍证明书事”复天津市公证处函，中华人民共和国司法部编印：《办理涉外公证行为参考资料》，1956 年 9 月，第 64 页。

4 ［苏］Ф · Ф · 马扎尔编：《村苏维埃的公证行为》，曾元译，法律出版社 1956 年版。

5月10日，司法部就“办理越南归侨、侨眷发往国外应用的文件向越南驻华大使馆申请认证须具备的材料问题”致函各省、自治区、直辖市司法厅、局，提出：

兹接中华人民共和国华侨事务委员会办公厅内政群（56）字第1476号函，略谓：越南民主共和国驻我国大使馆认为归侨、侨眷向该馆申请办理继承遗产及财产委托代管认证，须附送有关委托人和继承人的简历等几项材料，以便审查。为尊重越南民主共和国驻我国大使馆的意见，并防止给归侨、侨眷耽误办理公证、认证时间，请通知办理归侨、侨眷公证事宜部门，今后办理发往越南民主共和国的文件公证和认证时，应备齐有关材料等语。现将华侨事务委员会原函抄发，希你厅、局转知所属依照办理，以免因材料不备而耽误时间。[1]

5月25日，周恩来总理主持国务院第二十九次全体会议，[2]原则上同意司法部关于司法行政工作方面几个问题的请示报告，并且决议如下：

……同意司法部关于开展公证工作的请示报告，由司法部发给各省、自治区、直辖市人民委员会，根据各

1 （56）司公字第581号，司法部编印时其文件标题为：司法部“办理越南归侨、侨眷发往国外应用的文件向越南驻华大使馆申请认证须具备的材料问题”给各省、自治区、直辖市司法厅、局函，中华人民共和国司法部编印：《办理涉外公证行为参考资料》，1956年9月，第65—66页。

2 中共中央文献研究室编：《周恩来年谱（1949—1976）》（上），中央文献出版社2007年版，第579页。

地不同情况和条件，有重点地逐步推行。[1]

6月16日，外交部、司法部发出《关于中苏间在出生、死亡、结婚、学历、工作（经历）证书上互免公证认证的通知》。[2]

7月10日，国务院（56）国议毅字第五五号批复称：

> 国务院全体会议第二十九次会议原则上同意你部[3]关于司法行政工作方面几个问题的请示报告，并且决议如下：
>
> ……同意司法部关于开展公证工作的请示报告，由司法部发给各省、自治区、直辖市人民委员会，根据各地不同情况和条件，有重点地逐步推行。[4]

7月19日，司法部发出《关于印发开展公证工作的请示报告并请督促各司法厅、局认真执行函》致各省、自治区、直辖市人民

1 国务院决议有关内容见司法部《关于印发开展公证工作的请示报告并请督促各司法厅、局认真执行函》[（56）司公字第1040号]，司法部法令编纂司编印：《司法工作参考文件》，无编印时间，据该书例言说明，时间为1957年3月31日，第163页。

2 外交部、司法部《关于中苏间在出生、死亡、结婚、学历、工作（经历）证书上互免公证认证的通知》[（56）部领甲字第0/583号、（56）司公字第762号]，司法部编：《中华人民共和国司法行政规章汇编（1949—1985）》，法律出版社1988年版，第661页。

3 指司法部。

4 国务院（56）国议毅字第五五号批复有关内容见司法部法令编纂司编印：《司法工作参考文件》，第163页，无编印时间，据该书例言说明，时间为1957年3月31日。文件编号据有关档案改，中华人民共和国司法部《关于印发开展公证工作的请示报告并请督促各司法厅、局认真执行函》[（56）司公字第一〇四〇号]，1956年7月19日，上海市档案馆1376-3-106档案。

委员会并发各省、自治区、直辖市司法厅、局，在该函附件《司法部关于开展公证工作的请示报告》中，司法部提出：

在关于公证和公证费暂行办法发布以前，拟采取以下几项措施：

（一）在直辖市和三十万以上人口的市设立公证机关，名为“某某市公证处”，受当地司法行政机关直接领导。这类市全国共有三十七个，现已全部开办了公证工作，上海、天津、沈阳、哈尔滨、广州等二十九个市已经成立公证处。在不满三十万人口的市和侨眷较多的某些县，如果不具备设公证处的条件，应在市中级人民法院或者市、县人民法院附设公证室，由省、自治区司法厅授权该法院院长负责领导。[1]

（二）公证机关办理所有公证行为应该征收公证费（全国有大半数地方已经收费）。公证费是司法规费之一种，由请求公证的受益人负担，公证机关的一切开支由公证费项下解决。但为避免群众负担过重，应采取轻费原则，如收费不敷开支，应报请同级人民委员会补助。公证费的具体管理办法和公证机关开支的补助办法由司法部和财政部共同商定。

关于公证机关的设置和人员编制以及公证费征收标

1 原书中印为“由省、自治区司法厅受权该法院院长负责领导”。据有关档案改“受”字为“授”字。司法部法令编纂司编印：《司法工作参考文件》，第163—166页，无编印时间，据该书例言说明，时间为1957年3月31日。中华人民共和国司法部《关于印发开展公证工作的请示报告并请督促各司法厅、局认真执行函》[（56）司公字第一〇四〇号]，1956年7月19日，上海市档案馆B76-3-106档案。

准由各省、自治区、直辖市司法厅、局拟定方案，报请同级人民委员会批准施行，并报司法部备查。在拟订人员编制时，应根据实际需要，注意精简原则。[1]

7月20日，司法部作出《关于公证工作几个问题报告的批复》致吉林省司法厅，共批复三个问题，其中提出：

二、公证费征收标准问题：本部公证律师司二月二十二日发出的“公证费征收标准暂行规定（稿）”，目的在征求各地区对于该“规定”的修改意见，同时，供各地区拟定本地区征收公证费办法时的参考，不能作为征收公证费的统一规定。各地区可根据当地情况，依低费原则（根据不少地区的反映，上项“收费标准的规定”偏高），自行拟定收费标准，报请同级人民委员会批准施行。

三、国营企业等部门所缴纳的公证费应由何种费用项下支出，应由各该企业部门自行决定或请示其上级决定。[2]

8月9日，司法部公证律师司就“关于申请证明发往尚未建交

1　司法部《关于印发开展公证工作的请示报告并请督促各司法厅、局认真执行函》[（56）司公字第一〇四〇号]，司法部法令编纂司编印：《司法工作参考文件》，无编印时间，据该书例言说明，时间为1957年3月31日，第163—166页。文件编号及个别字据有关档案改，司法部《关于印发开展公证工作的请示报告并请督促各司法厅、局认真执行函》[（56）司公字第一〇四〇号]，1956年7月19日，上海市档案馆B76-3-106档案。

2　司法部《关于公证工作几个问题报告的批复》[（56）司公字第1055号]，司法部编：《中华人民共和国司法行政历史文件汇编（1950—1985）》，法律出版社1987年版，第393页。

的以色列国的文件应否予以办理”复函浙江省杭州市中级人民法院，指出：

……以色列国与我国虽然还没有建立外交关系，发往该国应用的文件，不能按照我部与外交部联合通知所规定的正规的公证、认证程序办理。但仍然可以由公证机关予以公证证明，将证明书交给申请人，并告知他可以自行设法取得以色列国驻外、使领馆的认证；或者径行寄往该国应用。但应当告知申请人不能保证文件必能生效。[1]

8月9日，司法部公证律师司就“关于在港同胞所立文件如何查对”复函天津市公证处，认为：

……经我们与华侨事务委员会、外交部联系，据称在香港地方我国居民有自己组织的社会团体（如香港中华总商会、港九职工联合会等）可以帮助证明。你处如认为李宏举提出的戚其文所立的文件需要适当证明时，可以指示李宏举通知其夫戚其文将有关文件送请上述社会团体予以证明，然后你处再据以为公证证明。同时还须指出：被继承人戚明轩的继承人，除戚其文外，是否还有其他合法继承人，亦应作必要的调查。此复。[2]

---

1 （56）司公字第1197号，司法部编印时其文件标题为：司法部公证律师司“关于申请证明发往尚未建交的以色列国的文件应否予以办理”复浙江省杭州市中级人民法院函，司法部编印：《办理涉外公证行为参考资料》，1956年9月，第68—69页。

2 （56）司公字第1198号，司法部编印时其文件标题为：司法部公证律师司“关于在港同胞所立文件如何查对”复天津市公证处函，司法部编印：《办理涉外公证行为参考资料》，1956年9月，第70—71页。

8月16日，司法部发出《关于证明发往国外应用的文件有关几项手续问题的通知》。[1]

8月17日，司法部就“对于请示公证工作中几个具体问题”批复福建省司法厅。[2]

8月25日，司法部发出《关于对华侨、侨眷广泛宣传出国应用文件证明程序的通知》，提出：

> ……各地区、乡（村）人民委员会今后一般地不再颁发发往国外的证明文件。
>
> 办理涉外公证行为，遇有不能解决的问题，应逐级请示！[3]

安徽省司法厅发出（56）司二字第1406号通知，转发《储道珉处长在省公证工作座谈会上的综合发言》，这份发言中提出：

> 可以在农业社内确定社干（最好是副主任）与法院公证室取得联系，协助宣传和指导订立合同……确立为

1 司法部《关于证明发往国外应用的文件有关几项手续问题的通知》[（56）司公字第1209号]，司法部编：《中华人民共和国司法行政历史文件汇编（1950—1985）》，法律出版社1987年版，第394—395页。

2 （56）司公字第1255号，司法部编印时其文件标题为：司法部“对于请示公证工作中几个具体问题”给福建省司法厅的批复，中华人民共和国司法部编印：《办理涉外公证行为参考资料》，1956年9月，第75—82页。

3 （56）司公字第1254号，司法部编印时其文件标题为：司法部“关于对华侨、侨眷广泛宣传出国应用文件证明程序的通知”，中华人民共和国司法部编印：《办理涉外公证行为参考资料》，1956年9月，第83—84页。

公社联络员这一名称是不必要的。[1]

8月，法律出版社出版了前中央人民政府法制委员会编译室译的由H·C·布德涅夫所著的苏联国家法律书籍出版局1950年出版的《苏联公证工作资料汇编》。[2]该书分为十七章，从关于国家公证组织的基本原则，对于公证机关业务的领导、报告、合同的证明，对于没有发给抵押权证书的建筑物的禁止转移、证明委托书、法定继承和依照遗嘱继承、发给许可执行的签证、证明文件副本的正确性、证明文件上签字的真实、宣告公民失踪和宣告失踪人的死亡、证明支票没有经过付款、海难证明书的作成，对于供在国外进行活动的文件的公证程序、与公证机关的工作有关的其他决议、规费、文书工作、档案等方面详细地介绍了苏联公证制度，并且还附有合同、委托书、遗嘱、声请书的标准格式与公证处公证员业务实习提纲。

9月18日，财政部、司法部发出《关于制定公证费管理办法和公证机关开支补助办法的规定的通知》，其中提出：

经我两部研究，为了适合各地具体情况，并便于和各司法厅、局所拟订的公证机关的设置，人员编制及公证费征收标准等方案互相配合，得以顺利执行起见，决定不由中央作统一规定。特授权各省、自治区、直辖市

1　安徽省司法厅转发《储道珉处长在省公证工作座谈会上的综合发言》，［（56）司二字第1406号］，安徽省司法厅司法志编辑室编：《安徽省司法行政志》，1990年版，无出版信息，第131页。

2　［苏］H·C·布德涅夫：《苏联公证工作资料汇编》，前中央人民政府法制委员会编译室译，法律出版社1956年版。“关于国家公证组织的基本原则”内容列在第一章之前。

司法厅、局和财政厅、局共同拟定各地区的公证费管理办法和公证机关开支补助办法，报请同级人民委员会批准施行，并分报我两部备查。[1]

9月19日，中共中央政治局委员、最高人民法院院长董必武在中国共产党第八次全国代表大会上发言，其中提出：

律师制度是审判工作中保护当事人诉讼权利不可缺少的制度。公证制度是认证机关团体和公民法律行为的一种良好制度。这两种制度都应该予以加速推行。[2]

9月20日，《人民日报》发表中央政治局委员、最高人民法院院长董必武在中国共产党第八次全国代表大会上的发言。[3]

司法部作出《关于证明有强制执行的效力的范围等问题的批复》致江苏省司法厅，认为：

（一）关于“证明有强制执行的效力”的范围问题：一九五六年一月三十一日本部所发《关于公证业务范围问题的通知》中第二项所规定的“证明有强制执行的效力”，是指“没有疑义的债权文书”而言，不是凡是经过公证证明的合同（契约）发生违约都可以证明有强制执行的效力。对于确无疑义的债权文书，不论确立债

1 财政部、司法部《关于制定公证费管理办法和公证机关开支补助办法的规定的通知》(文号不详)，《中华人民共和国国务院公报》1956年第36号。

2 董必武：《董必武同志的发言》，中共中央办公厅编：《中国共产党第八次全国代表大会文献》，人民出版社1957年版，第263、1091页。

3 《进一步加强国家法制，保障社会主义建设事业　董必武同志的发言》，《人民日报》1956年9月20日。

权的当时是否经过公证证明，就在事后应履行而不履行时，公证机关也可以证明有强制执行的效力。但必须具备两个条件：对债权没有纠纷；债务人有履行能力。由于我们目前对这项业务还没有成熟的经验，希你们在工作中注意研究总结并告诉我们。

（二）……[1]

9月29日，司法部颁发《公证用纸格式》，统一了全国公证书的格式。[2]

10月9日，司法部公证律师司、财务处发出《关于制定公证费管理办法和公证机关开支补助办法的几点意见的函》，提出：

……三、预算编审

（1）公证机关为差额预算单位，在年度开始前应编造差额预算，送同级财政机关审批……[3]

10月16日，司法部函询财政部税务总局意见后，发出《关于经过公证证明的合同等文件公证机关留存的一份应否贴印花问题的通知》，提出：

1　司法部《关于证明有强制执行的效力的范围等问题的批复》[（56）司公字第1492号]，中华人民共和国司法部编：《中华人民共和国司法行政历史文件汇编（1950—1985）》，法律出版社1987年版，第396页。

2《当代中国》丛书编辑部编辑：《当代中国的司法行政工作》，当代中国出版社1995年版，第374页。

3　司法部公证律师司、财务处《关于制定公证费管理办法和公证机关开支补助办法的几点意见的函》[（56）司财字第1603号、（56）财行刘字第86号]，中华人民共和国司法部编：《中华人民共和国司法行政历史文件汇编（1950—1985）》，法律出版社1987年版，第397—398页。

……除发给当事人的正本应依税法贴印花或不贴印花外，公证机关留存的一份，一概不贴印花。希转知所属公证处和办理公证业务的人民法院遵照执行。[1]

上海市司法局发出《关于公证机关业务分工的通知》，提出：

本局于六月间，以公与公私合营企业之间的经济合同为公证机关的主要任务，因此，对本市三个公证处的业务分工问题，规定经济合同和涉外案件由第一公证处集中办理。公民之间的权利义务关系的公证业务，则由第二、三公证处分别办理，并将无主财产，无人继承遗产，指定第二公证处办理，银行开启保险箱，指□[2]由第三公证处办理……从这个趋势来看，今后的公证工作主要应该加强有关公民之间的权利义务的公证业务。因此，对三个公证处的分工重作必要的调整如下：除涉外案件（外侨申请的公证事项，归侨和侨眷申请涉及他们在国外的权益的公证事项）[3]保管、开启保险箱业务由第一公证处办理外，有关证明契约（合同、包括工商关系的经济合同，及买卖、租赁、借贷等）委托书、遗嘱；证明遗产继承；证明亲属关系、财产状况的文件；证明文件的副本、节本与原本相符；证明本人在文件上的签

1　司法部《关于经过公证证明的合同等文件公证机关留存的一份应否贴印花问题的通知》[（56）司公字第1656号]，江西省司法厅编印：《司法工作手册》，1958年7月，第123页。该书所录文本未载受文单位。

2　似遗漏“定”字，上海市司法局《关于公证机关业务分工的通知》[（56）沪司证字第560号]，上海市档案馆B20-2-236档案。

3　原文此处无标点符号。

名盖章属实；及收养子女证明，无主财产，强制执行许可，提存等公证事项，三个公证处均应根据当事人的申请受理。

……[1]

10月26日，《人民日报》报道《保护华侨的正当权益　福建许多地区开展公证工作》，报道说：

新华社福州25日电　在侨眷众多的福建省，目前已有十四个县、市成立了公证机构。还有些侨乡正在筹备设立公证机构。据统计，福州、厦门、漳州、泉州、福清和闽侯等十四个市（县）的公证机构，在七、八、九三个月中，已为华侨和侨眷公证了五十八起委托书、遗嘱以及亲属证明等法律文件，保护了华侨的正当权益。[2]

10月，苏联法律工作者访华代表团在我国各地访问，并作六次学术演讲与解答问题。苏联法律工作者访华代表团成员先后回答了“为什么苏俄民法典规定某些法律行为必须公证证明?”“在苏联，房产买卖已经市政机关登记，为什么还必须公证证明，是否重复?”“对于经济合同的公证证明，如何进行监督？如发现违约，如何办理?”“国家与合作社间的经济合同归谁公证证明?”“对于经过公证证明的房产买卖合同和债务合同，公证处是否监督其履

1　上海市司法局《关于公证机关业务分工的通知》[（56）沪司证字第560号]，上海市档案馆B20-2-236档案。

2《保护华侨的正当权益　福建许多地区开展公证工作》，《人民日报》1956年10月26日。

行？是否进行检查？”等问题。另外苏联法律工作者访华代表团成员俄罗斯苏维埃联邦社会主义共和国司法部副部长玛·尼·斯捷潘诺娃在介绍苏俄司法部在领导和监督司法机关中的作用的发言中，指出：

> 1956年8月4日，苏联最高苏维埃主席团又决议撤消各省、边区、市司法处，这样就把领导和监督各级司法机关的职权交给了省级以上的法院……
>
> 省级以上法院领导公证机关的方法主要是派公证检查员或其他干部下去检查工作。[1]

11月24日，司法部作出《关于公证工作几个问题的综合批复》致福建、浙江、河南、湖南省司法厅，共批复七个问题，其中提出：

> 3. 关于经过公证证明的工商经济合同（契约）；一方如果违约，公证机关应如何处理？如果另一方起诉到法院，法院是否可以根据公证证明过的工商经济合同（契约），不经过诉讼程序而径于按约强制执行的问题：参照有些地方的实际做法，我们意见，凡是经过公证证明的工商经济合同（契约），如果一方发生违约，公证机关的公证员，应该以公证人的身份，从办理这一公证行为所接触到的全部事实（包括经过公证证明的文件，对文件内容的解释，谈话或调查记录，变更合同的协议

1 中华人民共和国司法部编印：《苏联法律工作者访华代表团演讲及问题解答汇集》，无编印时间，该书前言编者落款时间为1957年1月，第149—151页，第123—124页。

等）出发，根据违约的严重程度与复杂程度，邀集双方当事人协商解决；或者向有关部门提出建议，供他们处理时的参考。如果另一方起诉到法院，公证机关的公证员，同样应该以公证人的身份，向法院提供证件和证词，作为法院审理这一案件时的证据。至法院受理这类案件后，自应按照诉讼程序加以解决，不能按约径予强制执行。但经过公证机关证明有强制执行效力的债权文书除外。

……

7. 关于解放前当事人已依习惯实际继承了的遗产，现因向房地产管理部门办理房地产移转手续，要否先向公证机关办理继承权的公证证明问题：目前我国民法典还没有颁布，公证机关办理公民间权利义务关系方面的一切公证行为，包括继承权的公证证明在内，都必须遵照国务院批准我部的“关于开展公证工作的请示报告”中所规定的群众自愿原则，向群众进行广泛的宣传以后，根据当事人的志愿申请来办理；切勿硬性规定，以免引起群众不满。至于在解放前当事人已依习惯实际继承了的遗产，由于时间过去已久，该项遗产的所有权早已为当事人所实际行使，公证机关没有必要再对它进行公证证明。[1]

12月8日，司法部作出《关于公证人员等级和任命问题的函》

1　司法部《关于公证工作几个问题的综合批复》[（56）司公字第1933号]，中华人民共和国司法部编：《中华人民共和国司法行政历史文件汇编（1950—1985）》，法律出版社1987年版，第399—401页。

致陕西省司法厅，认为：

……

一、关于配备公证人员的条件，市公证处的主任、副主任公证员，一般的要相当于当地中级人民法院的正、副庭长级的干部，公证员要相当于该级法院的审判员级干部，助理公证员要相当于该级法院的助理审判员级干部；附设在县（市）人民法院公证室的公证员，一般的要相当于县（市）人民法院的审判员级干部，助理公证员应配备相当于县（市）人民法院的助理审判员级干部。助理公证员一般亦单独办理公证行为。至于公证处的行政人员可以配备一般干部。但在具体执行这一规定时，应该注意到当地的干部条件，防止机械比照的现象，并且应该请示当地党、政作最后的核定……[1]

12月13日，司法部、财政部规定：

今后，公证员不再列入法院编制，其经费原则上应收费自给，不足部分由国家补助。[2]

12月17日，山西省人民委员会发出《关于公证干部任免问题的通知》，提出：

1　司法部《关于公证人员等级和任命问题的函》[（56）司人字第2061号]，中华人民共和国司法部编：《中华人民共和国司法行政历史文件汇编（1950—1985）》，法律出版社1987年版，第402页。

2　河北省地方志编纂委员会编：《河北省志·司法行政志》，河北人民出版社2012年版，第171页。笔者尚未查得原始文件。

公证机关是国家机关，它是属于司法机关体系的一种。公证处受司法行政机关的领导；附设在市、县人民法院里的公证室和公证事务，由市、县人民法院院长负责管理。公证干部之配备任免，根据干部分级管理的范围，由同级人民委员会任命。凡是建立公证机构的市、县，主任公证员应配备相当同级人民法院庭长级干部充任；公证员、助理公证员应配备相当于同级人民法院的审判员、助理审判员级的干部充任；兼职公证干部，如系占法院编制的，不必任免，由院长指定；公证机关之行政人员由主管部门会同人事部门研究确定即可。[1]

12月18日，司法部就农村地区的人民法庭可否代办公证业务问题批复安徽省司法厅，认为：

人民法庭是否宜于代办公证业务？有何利弊？那些公证行为可以由人民法庭代办？那些应归县人民法院公证室办理？人民法庭代办公证业务的职权范围和程序应如何规定为适宜？目前都还没有经验，未便作肯定回答。我们希望你们先指定一、二个地方重点试办一下，并总结经验后告诉我们，以便研究参考。[2]

12月20日，司法部作出《关于不是“侨眷较多”的县可否开办公证工作的批复》致贵州省司法厅，认为：

---

1 山西省人民委员会《关于公证干部任免问题的通知》(省人祺字第1036号),《山西政报》1956年第24期。

2 文号、文件标题不详，批复内容引自司法部《关于人民法庭可否代办公证业务等问题的批复》[(57)司公字第966号]，江西省司法厅编印：《司法工作手册》，1958年7月，第129页。

……不是“侨眷较多”的县份，如果公证业务较多，有建立公证机构的必要，可以在县人民法院内附设公证室，配备专职人员，办理公证工作，倘若公证业务不多，不需要专设公证机构的，也可以在县人民法院内指定审判人员兼办公证工作……[1]

12 月 20 日，司法部作出《关于当事人申请公证时，是否需要书面声请书的函》致江西省司法厅，提出：

在公证程序方面，应该给当事人以必要的便利，特别对于经济合同，不要因为办理公证行为的手续而耽误合同的适时履行。当事人申请公证证明的时候，用口头或者书面向公证机关提出均可。你厅草拟的“公证声请书”式样，除依当事人的自愿采用外，不必硬性规定，强求一致。如为了便于公证机关与当事人及有关单位的往来联系或者了解情况起见，可根据本部颁发的“公证用纸格式”说明中第 16 项规定的精神，采用第 14 式，将日后需要查考的材料，作成记录附卷。

此复[2]

12 月 30 日，广西省司法厅办公室编辑的《广西司法工作简讯》1956 年第 8 期刊载了广西省高级人民法院、广西省司法厅制

1 司法部《关于不是“侨眷较多”的县可否开办公证工作的批复》[（56）司公字第 2188 号]，中华人民共和国司法部编：《中华人民共和国司法行政历史文件汇编（1950—1985）》，法律出版社 1987 年版，第 403 页。

2 司法部《关于当事人申请公证时，是否需要书面声请书的函》[（56）司公字第 2189 号]，山西省司法厅编印：《司法工作参考资料之八》，1957 年 12 月，第 99 页。

定的《关于一九五六年司法工作总结和一九五七年工作安排的初步意见》，其中提出：

> 一九五七年公证工作的任务，我们认为应该是：着重开展国营企业与国营企业间（包括公私合营企业），国营企业与供销社、手工业社、农业社之间的经济合同，以及供销社，手工业社，农业社相互间的经济合同，同时还应注意开展有关公民间的权利和义务方面的公证工作，以保护国家机关、企业、社会团体，和公民的权利与合法利益。
>
> 为了适应上述工作的需要，一九五七年拟分期在二十八个市县人民法院内附设公证室，分配专职干部一至二人，没有专职干部的人民法院，暂由法院有关干部兼办公证工作。[1]

广东省梅县人民委员会发出成立公证室的通知。[2]

12月，四川省司法厅根据国务院压缩精简机构精神，发出紧急通知，要求全省各县一律停止设立公证室。[3]

1957年

1月1日，梅县人民法院附设公证室成立，受县人民法院院长

1　广西省高级人民法院、广西省司法厅《关于一九五六年司法工作总结和一九五七年工作安排的初步意见》，文号与具体制定时间不详，《广西司法工作简讯》1956年第8期。

2　梅县市司法局编：《梅县市司法行政志》，1988年，无出版信息，第24页。

3　成都市地方志编纂委员会编：《成都市志·司法行政志》，四川辞书出版社1999年版，第114页。

领导。[1]

1月13日，人民司法工作编辑委员会编辑出版的《人民司法工作》1957年第1期发表了署名陆书的《开展公证工作必须坚持自愿原则》，其中提出：

> 总之，各地公证机关必须根据群众的要求和有关部门的需要，考虑自己的业务范围，并且必须根据当事人的自愿申请办理一切公证行为，切忌强迫命令，硬行推广。用强迫命令的方法，在任何时候也只能把工作做坏，而不能把工作做好；但是，不要强迫命令，并不是说可以不去积极地深入地进行工作，可以消极等待，放任自流。[2]

1月22日，司法部作出《关于在经济合同中可否规定违约金或赔偿金问题的复函》致江西省司法厅，认为：

> 关于在经济合同中规定违约金或赔偿金（但不是罚金）是可以的，也是合法的。对于违约金，赔偿金的规定，系出于双方当事人自愿，内容又属公平、合理、合法、切实可行的，公证机关一般不应加以限制；如条件过苛，显然超过当事人担负能力，执行后又有影响当

1　参见梅县市司法局编：《梅县市司法行政志》，1988年，无出版信息，第24页。

2　陆书：《开展公证工作必须坚持自愿原则》，《人民司法工作》1957年第1期。据署名“陈六书”落款日期为1991年5月整理的“陈六书作品索引”，此文系司法部陈六书同志所写。据同索引记载，陈六书1924年出生，1948年毕业于浙江英士大学行政专业（专攻法律），1949年毕业于华东人民革命大学，曾任中央司法部普通法院司、公证律师司科员、主任科员。

事人继续生产和经营可能的，可建议双方当事人考虑修改。[1]

1月22日，司法部作出《关于办理华侨、侨属婚姻、亲属关系证明若干问题的复函》致福建省司法厅。[2]

1月，杭州市人民委员会同意杭州市公证处在浙江儿童保健院和杭州市第一医院关于欠费问题开展债务执行许可公证业务。[3]

2月10日，人民司法工作编辑委员会编辑出版的《人民司法工作》1957年第2期发表了乌鲁木齐市人民法院附设公证室所写的《公证机关对于公证证明的经济合同是否还负有监督执行的责任》。该刊特地写了编者按：

公证机关对于公证证明的经济合同是否还负有监督执行的责任问题，目前有两种不同的意见：一种是肯定的，认为公证机关对于公证证明的经济合同，通过重点检查，把检查合同履行过程中所发现的问题，及时向有关部门反映并帮助解决，可以预防违约情事的发生，借以巩固合同纪律，发挥公证机关为社会主义建设服务的

1 司法部《关于在经济合同中可否规定违约金或赔偿金问题的复函》[（57）司法字第143号]，中华人民共和国司法部法令编纂司编：《司法工作参考文件》，无编印时间，据该书例言说明，时间为1957年3月31日，第173—174页。

2 司法部《关于办理华侨、侨属婚姻、亲属关系证明若干问题的复函》[（57）司公字第141号]，中华人民共和国司法部法令编纂司编印：《司法工作参考文件》，无编印时间，据该书例言说明，时间为1957年3月31日，第175—177页。

3 杭州市司法局修志办公室编：《杭州司法志》，杭州市司法局编印，1993年版，第113页。

作用。另一种意见是否定的，认为经济合同经过公证机关的审查并盖章证明以后，公证机关的责任即算完了，而不应过问合同履行的问题。这里发表的是乌鲁木齐市人民法院附设公证室对这个问题的意见，希望读者们就这一问题各抒己见，踊跃投稿。[1]

3月15日，人民司法工作编辑委员会编辑出版的《人民司法工作》1957年第3期发表了陈六书的《公证机关对于经公证证明的经济合同的履行负有检查监督的责任》。[2]

3月27日，司法部作出《关于外地的机关、企业派人来本地签订合同并申请公证，应如何认定他的代表权问题的复函》致江西省司法厅，认为：

关于办理公证行为的程序，目前还未有统一规定。外地的机关、企业派人来本地签订合同并申请公证，应如何认定他的代表权问题，一般应先与当地工商主管部门联系，如果准许与当地一方签订经济合同，公证机关一般可以认定其有代表权，接受办理公证行为，不必硬性规定外地一方必须提出一定的代表权证件。[3]

4月3日，司法部作出《关于公证机关如何审查合同问题的批

1　乌鲁木齐市人民法院附设公证室：《公证机关对于公证证明的经济合同是否还负有监督执行的责任》，《人民司法工作》1957年第2期。

2　陈六书：《公证机关对于经公证证明的经济合同的履行负有检查监督的责任》，《人民司法工作》1957年第3期。

3　司法部《关于外地的机关、企业派人来本地签订合同并申请公证，应如何认定他的代表权问题的复函》[（57）司公字第534号]，中华人民共和国司法部编：《中华人民共和国司法行政历史文件汇编（1950—1985）》，法律出版社1987年版，第404页。

复》致湖北省司法厅，认为：

> 公证机关办理一切公证行为，无论是证明法律行为或者证明有法律意义的文件和事实，都要求它真实无讹，合乎国家的政策、法律、法令。因此，公证证明经济合同的时候，公证机关必须审查合同全部内容，但涉及工商行政或者是技术性方面的规定，如产销计划、价格、规格质量、工缴、成本等等，应和有关部门取得联系，分工合作，公证机关既不能包办代替，也不应推出不管。如限于干部力量，可在公证业务范围方面作适当考虑。[1]

4月15日，人民司法工作编辑委员会编辑出版的《人民司法工作》1957年第4期发表了呼和浩特市中级人民法院附设公证室赵德的《我对“公证机关对于公证证明的经济合同是否还负有监督执行的责任”的看法》和王震的《公证机关没有监督执行的任务，但应重点检查》。[2]

5月14日，司法部作出《关于公证机关能否自行撤销错误的公证行为以及公证机关的管辖区域问题的批复》致江西省司法厅，认为：

> 一、公证机关发现自己的公证行为有错误或者因政

1　司法部《关于公证机关如何审查合同问题的批复》[（57）司公字第562号]，中华人民共和国司法部编：《中华人民共和国司法行政规章汇编（1949—1985）》，法律出版社1988年版，第662页。

2　赵德：《我对“公证机关对于公证证明的经济合同是否还负有监督执行的责任”的看法》，《人民司法工作》1957年第4期。王震：《公证机关没有监督执行的任务，但应重点检查》，《人民司法工作》1957年第4期。

策、法律、法令的变更而发生抵触时，公证机关能否有权自行撤销原来的公证行为问题。我们认为：经过公证证明的法律行为或者其他有法律意义的文件和事实，与办理公证行为当时的政策、法律、法令有违背时，除审判机关可以撤销该项公证行为外，公证机关也可以自行撤销，并在当事人的请求下，另行办理新的公证行为。至于当事人不同意公证机关的决定的抗议程序，在中央未有统一规定以前，你厅提出，可以申诉于当地法院的意见，同意暂先试行……[1]

5月17日，司法部作出《关于公证工作中的几个问题的批复》致陕西省司法厅，其中提出：

五、未设公证机构或者尚未开展公证工作的县（市），如遇个别群众向县（市）人民法院要求办理某一公证行为时，法院院长应临时指定审判员兼办，不得轻易拒绝……[2]

5月20日，司法部作出《关于开展公与公之间公证业务问题的函》致江西省司法厅，认为：

……本部1956年11月24日司公字第1933号有关

1 司法部《关于公证机关能否自行撤销错误的公证行为以及公证机关的管辖区域问题的批复》[（57）司公字第788号]，中华人民共和国司法部编：《中华人民共和国司法行政历史文件汇编（1950—1985）》，法律出版社1987年版，第405—406页。

2 司法部《关于公证工作中的几个问题的批复》[（57）司公字第804号]，中华人民共和国司法部编：《中华人民共和国司法行政历史文件汇编（1950—1985）》，法律出版社1987年版，第407—408页。

公证工作的综合批复第二点，提出有关开展公公合同的公证业务的意见，系指公证机关目前一般不办理此项业务，但在当地市、县人民委员会的同意下，如果公与公之间订立合同，双方以其需要自愿申请公证证明的，可予以试办，但不宜事先硬性规定公公合同应经公证证明的范围。此复。[1]

6月6日，司法部经与最高人民法院研究后，发出《关于申请办理公证的当事人对不服驳回的抗议程序问题的复函》：

为了体现审判机关对公证行为的监督作用，在中央未有颁布有关公证法规以前，从各地公证实践的经验来看，对市公证处的驳回不服，可以向当地市中级人民法院（或市人民法院）提出抗议；对附设在县（市）人民法院公证室的驳回不服，可以向该法院提出抗议，都由法院院长作出裁定。当事人对于人民法院院长的裁定，不得声明不服。

受理抗议的人民法院，在作出决定以前，可以征求司法行政部门的意见。

以上意见，希转知各公证机关和人民法院暂先试行。[2]

6月11日，司法部作出《关于人民法庭可否代办公证业务等

1　司法部《关于开展公与公之间公证业务问题的函》[（57）司公字第847号]，中华人民共和国司法部编：《中华人民共和国司法行政历史文件汇编（1950—1985）》，法律出版社1987年版，第409页。

2　司法部《关于申请办理公证的当事人对不服驳回的抗议程序问题的复函》[（57）司公字第921号]，中华人民共和国司法部编：《中华人民共和国司法行政历史文件汇编（1950—1985）》，法律出版社1987年版，第410页。该书未记载司法部复函单位名称。

问题的批复》致江西省司法厅，共批复四个问题，其中认为：

三、人民法庭可否代办公证业务问题。关于农村地区的人民法庭可否代办公证业务问题，本部1956年12月18日曾批复安徽省司法厅。该批复指出："人民法庭是否宜于代办公证业务？有何利弊？那些公证行为可以由人民法庭代办？那些应归县人民法院公证室办理？人民法庭代办公证业务的职权范围和程序应如何规定为适宜？目前都还没有经验，未便作肯定回答。我们希望你们先指定一、二个地方重点试办一下，并总结经验后告诉我们，以便研究参考。"希参照办理。[1]

6月12日，司法部发出《关于上海市司法局对于公证证明公私合营企业股权继承的意见的通报》，其中提到：

上海市司法局最近向市人民委员会关于推行公证制度的请示报告中着重地研究了公证证明合营企业股权的继承问题……报告中提出，凡股票实值在500元以上的，合营企业可向申请人要求提出公证机关的继承权证明书，然后才能给予继承过户。

……

我们认为，上海市司法局的意见是可以试行的。各城市的公证机关，可根据具体情况，参照试行。[2]

1　司法部《关于人民法庭可否代办公证业务等问题的批复》[（57）司公字第966号]，江西省司法厅编印：《司法工作手册》，1958年7月，第128—129页。

2　司法部《关于上海市司法局对于公证证明公私合营企业股权继承的意见的通报》[（57）司公字第968号]，江西省司法厅编印：《司法工作手册》，1958年7月，第130—131页。

6月20日，安徽省司法厅在《关于公证工作开展情况的报告》中提出：

> 由于公证员是收费自给，未列入国家编制，目前关于公费医疗、福利等问题，有关部门不同意与国家机关编制人员同等享受……这一实际问题至今未获解决……[1]

6月，司法部公证律师司编印《公证工作参考资料》第一辑，收录了北京市公证处所写的《公证工作的几项说明》、上海市公证处所写的《公证程序十个问题的初步总结》、呼和浩特市中级人民法院附设公证室所写的《关于办理公证行为程序方面的一点体会》、福州市公证处所写的《如何办理经济合同的公证证明工作》、吉林市公证处所写的《关于经公证证明的法律行为发生纠纷或违约等问题的检查总结》、安徽省六安县苏家埠人民法庭所写的《关于人民法庭兼办公证的报告》六篇材料，在北京市公证处所写的《公证工作的几项说明》中认为：

> 什么叫公证？简单地说，公证就是国家公证机关作证明。[2]

7月2日，司法部许副司长在全国公证工作座谈会上报告了公证工作一年来的情况和意见，其中他共解释了五个问题。在解释“(3) 有人说，公证工作无法律依据，又有人提出为什么公证条例

1　安徽省司法厅《关于公证工作开展情况的报告》，报告文号暂不详，是向何单位报告也暂不详，安徽省司法厅司法志编辑室编：《安徽省司法行政志》，1990年版，无出版信息，第130页。

2　司法部公证律师司编印：《公证工作参考资料》第一辑，1957年版，目录、第1页。

老不往外拿?”时，许副司长说：

> 1954、55年，我们为搞条例，做了不少工作，条例稿基本已搞好，想往外拿，社会主义改造高潮到来后，情况发生了根本的变化，起草的条例没用了，因此拿不出来了，现在情况还在变，因此也就拿不出肯定的东西。

在解释“(4)有的人提出公证处是国家机关，为什么不占国家编制?”时，他说：

> 这里要说明，当1955年司法部提出增加公证部门时，国家正在精简机构，不准增新机关、新开支，而公证又急需成立，故去年司法部呈请国务院报告时提出：收费自给，不足由国家补助。今后如何是否列入国家编制内，还要研究，未解决前，维持原状，以后需要干部还是根据各地情况自行调整。如果以后纳入了国家编制还要收费，苏联公证收费是列入国家税收收入，我们是列入司法规费。[1]

1 《上海市人民委员会关于司法部许副司长在全国公证工作座谈会上的报告——公证工作一年来的情况和意见》，上海市档案馆B1-2-1949-14档案，记录未经报告人审阅。许副司长，据笔者初步查证，似为许烈。其1905年4月29日出生，1978年9月27日去世。历任最高法院东北分院刑庭庭长兼东北人民政府司法部民刑处处长、秘书处处长、秘书长、中央人民政府司法部法律宣传司、普通法院司、公证律师司副司长。1958年7月至1965年11月，任黑龙江省人民委员会副秘书长兼办公厅主任、厅党组书记，并兼任省政府参事室主任。中国人民政治协商会议黑龙江省第二、三、四届委员会常务委员。王鸿宾等主编：《东北人物大辞典》第2卷(上)，辽宁古籍出版社1996年版，第545页。

7月3日下午，司法部许副司长对7月2日报告后的座谈中提出的问题予以解答，共回答五个大问题，其他的九个问题也做了回答。其中他说：

……

（二）有人问公证工作究竟有无前途？这是指经济合同有无前途还是公证本身有无前途？如指公证工作本身是有前途的。

如果是经济合同的前途，这要看各地情况。公民间的涉外的均要做，群众自愿的应做，主观需要的就可以做，没有需要的，就不做。应说明主要是做好宣传工作，不能等待。

（三）公证组织的前途是发展，紧缩还是取消？这主要还是从实际出发，根据需要。

人民法庭是否兼办公证工作的问题根据六安人民法庭是好兼办（已另印小册子介绍）。

（四）关于自愿和强制问题

为了维持社会秩序，某些法律行为可以由当地人委决定必须公证（如继承。）但规定必须结合宣传。

这里有个问题，需要解释一下：表示可以内部控制。

……

其他的几个问题：

1. 对要求召开第二次全国公证工作座谈会的意见。

我们认为开会要解决问题，目前业务范围尚解决不了，这会什么时候开还是有天无日。

七月底前各省市总结能根据各地情况提出些问题及

解决办法，我们摸后如抓得住东西就可以开。

2. ……

3. 对希望早日公布公证条例。

上次讲过，我们一直在搞。

4. 关于公证处调处违约纠纷是否合法？

我们意见：调解不等于强制。

5. 对保管遗产程序，做法可以研究，希各地根据实际情况摸一摸。

……[1]

7月5日，四川省政协副主席刘文辉代表在第一届全国人民代表大会第四次会议上发言，刘文辉在发言中提到：

在预防纠纷方面，公证处也发生了一定的效力。[2]

7月15日，司法部作出《关于外侨申请办理象片确系他本人的问题函》致黑龙江省司法厅，提出：

据你省哈尔滨市公证处本年6月15日公证字第56号来信，请示外侨比基那要求公证证明他所提出的象片确系他本人的象片，应否给予公证证明及如何办理的问题。按申请人要求办理公证的意图，是为了通过英国驻华代办处向奥利亚（地名是否有误，请哈市公证处再查

1 《上海市人民委员会关于司法部许副司长在全国公证工作座谈会中对有关问题的解答》，上海市档案馆B1-2-1949-17档案，记录未经报告人审阅。

2 刘文辉：《刘文辉代表的发言》，人民出版社编辑：《中华人民共和国第一届全国人民代表大会第四次会议汇刊》，人民出版社1957年版，第414、1663页。

> 对一下——司法部注）办理入境手续。英国驻华代办处在办理这种手续时规定了一个格式，并注明：申请人不能亲自到英国驻华代办处办理手续者，需由申请人向当地公证机关请求证明其象片与本人相符，方为有效。我们认为，这类无争执的事实，申请人既有此需要，是可以给予公证证明的。具体做法，可参照“公证用纸格式”第九式或第十式，把象片粘贴在公证证明文件的左上方，在象片的右下角加盖骑缝钢印，文件上可写“兹证明本文件左上方的象片确系（姓名）(性别、年龄、职业、住址）本人的象片”等证明语句。希即转知遵照办理。[1]

人民司法工作编辑委员会编辑出版的《人民司法工作》1957年第7期发表了编者的《对于讨论“公证机关对于公证证明的经济合同是否还负有监督执行的责任”的意见》，作为这一问题研究的结束。其中编者认为：

> 因此，公证机关在为社会主义经济建设服务的前提下，还应该通过其他一些可以做也应该做的工作，来保障合同的确切履行，其中一个行之有效的工作方法，就是对于合同履行过程中的重点检查监督工作，以避免和减少一些合同纠纷，这就意味着公证机关起了对合同的“监督执行”的作用。八年来的公证实践证明，这样做是必要的。我们认为，只要是有利于保证经济合同正

1　司法部《关于外侨申请办理象片确系他本人的问题函》[（57）司公字第1206号]，山西省司法厅编印：《司法工作参考资料之八》，第116页。该资料未注明编印时间，据其前言落款时间为1957年12月。原资料中“象片”没有写为“相片”。

确履行的工作方法，而且又不产生与其他部门职权上抵触的工作方法就可采用，并不发生缺乏法律根据的问题。[1]

7月16日，司法部发出《关于改进公证机关代收外事机关、外国驻华使领馆及华侨旅行服务社所需认证手续等费的意见的通知》。[2]

7月，司法部在召开的全国公证工作座谈会上，肯定了贯彻执行国务院批准的公证工作请示报告后的工作成绩。[3]

8月1日，上海法学会、华东政法学院出版的《法学》1957年第4期发表了陈六书的《正确地推行国家公证制度》，提出：

因而，为了监督合同的确切执行，公证工作除了对今天尚存在的公私经济合同继续办理证明外，还应注意对公营与公私合营企业间的经济合同办理证明，并且应该以此作为当前公证工作的重要任务。

……

但是，必须注意的是，主动的开展工作，不等于强

---

1 编者:《对于讨论“公证机关对于公证证明的经济合同是否还负有监督执行的责任”的意见》,《人民司法工作》1957年第7期。

2 司法部《关于改进公证机关代收外事机关、外国驻华使领馆及华侨旅行服务社所需认证手续等费的意见的通知》[（57）司公字第1186号]，江西省司法厅编印:《司法工作手册》，1958年7月，第134—135页。

3 《当代中国的司法行政工作》第374页记载，“司法部在一九五七年七月一日召开的公证工作座谈会上，肯定了贯彻执行国务院批准的公证工作请示报告后一年多的工作成绩”。《当代中国》丛书编辑部编辑:《当代中国的司法行政工作》，当代中国出版社1995年版，第374页。据同书第544页记载，1957年7月2日至7日，司法部在北京召开第二次公证座谈会。因相关档案尚未开放，为谨慎计，条目时间写为1957年7月。

行推广。某些地方采取“内部控制”的变相强制公证的做法，是违反马列主义的工作原则的。各公证机关应该广泛地、生动地通过一些具体例子向群众作宣传，使他们能够自愿申请公证，使国家的措施能为群众所拥护，成为群众自觉意志的体现。

……

公证工作有无作用，作用多大，就要看我们的工作方法是否对头。每一个公证员必须懂得，应该作什么和不应该作什么……[1]

8 月 7 日，司法部作出《关于公证证明收养子女时，可否变更被收养人原籍贯问题的函复》致江西省司法厅，认为：

关于公证证明收养子女时，可否变更被收养人原籍贯问题。经商公安部主管户籍单位联系，认为如确有必要，可以在收养关系证明书上予以注明。[2]

8 月 10 日，司法部法令编纂司作出《关于继承人不在国内无法表示接受或放弃继承权应如何处理问题的批复》致上海市司法局，认为：

关于继承人不在国内，无法表示接受或放弃继承权，应如何处理问题，我们基本上同意你们的意见，即

1 陈六书：《正确地推行国家公证制度》，《法学》1957 年第 4 期。

2 司法部《关于公证证明收养子女时，可否变更被收养人原籍贯问题的函复》[（57）司公字第 1330 号]，中华人民共和国司法部编：《中华人民共和国司法行政规章汇编（1949—1985）》，法律出版社 1988 年版，第 663 页。

遗产在继承权尚未确定以前，不能作为继承人的家庭财产，继承行为可由继承人或其合法代理人为之。若因特殊原因，继承人在台湾或在国外其他地区无法行使权利时，法院或公证机关应保留其应继份，由其配偶或直系亲属代为具领，并于公证书内载明。如为其配偶具领后，可视为夫妻家庭的共有财产。如继承人在国内无直系亲属者，可以由当地人民政府保管。[1]

8月27日，司法部发出《关于公证机关证明外文本上的签名属实应注意的几个问题的通知》，认为：

今后各地公证机关如果遇有请求证明外文本上的签名属实时，应嘱申请人将该外文本上的文字译成中文，并将该中文译本和外文原本装订在一起，以便各有关部门审阅办理。同时，公证机关在公证证明文件上的签名属实时，除对其签名是否属实应予审查外，还应审查其文件的内容，并作适当的调查。如果文件的内容有违反我国的政策、法律和法令，或者危害我国国家和人民的利益时，即使签名属实，亦应拒绝证明……[2]

8月，吉林人民出版社出版了史凤仪、冯彩金编著的《公证工

1 司法部法令编纂司《关于继承人不在国内无法表示接受或放弃继承权应如何处理问题的批复》[（57）司法字第1361号]，中华人民共和国司法部编：《中华人民共和国司法行政历史文件汇编（1950—1985）》，法律出版社1987年版，第931页。

2 司法部《关于公证机关证明外文本上的签名属实应注意的几个问题的通知》[（57）司公字第1448号]，中华人民共和国司法部编：《中华人民共和国司法行政规章汇编（1949—1985）》，法律出版社1988年版，第664页。

作讲话》，该书前言写道：

国家公证制度是苏联司法工作的先进经验。它是认证机关、团体、企业、合作社和公民法律行为的一种良好制度。几年来，我国实践证明，推行公证工作对保护国家财产，保障公民或国家机关、团体、企业、合作社的权利和合法利益，预防纠纷，减少诉讼，从而对巩固国家革命法制秩序，均有着极其重要的作用。

目前，我们国家的公证制度，建立不久，这是一项新的工作，社会各方面对它还感到生疏。为了帮助大家了解公证制度，采用讲话形式，写成这本小册子……[1]

该书内容简介如下：

本书解释了公证机关的作用与意义；职权和工作范围；办理公证的好处及手续、程序等几个问题。

书后还附有几种常用的合同（契约）、委托书、遗嘱和声明书的格式，供参考。[2]

9月28日，司法部作出《关于公证组织机构设立问题的函复》致安徽省司法厅，认为：

公证组织的建设应以公证业务的多少为依据，公证组织机构的设立或撤销，干部的增配或减少，都应该从各地的实际业务情况出发，需要发展的就发展。事情少

1　史凤仪、冯彩金编著：《公证工作讲话》，吉林人民出版社1957年版，前言。

2　史凤仪、冯彩金编著：《公证工作讲话》，吉林人民出版社1957年版，内容简介。

了，就收缩。也就是说，经过一个时期的宣传和我们的工作实践，然后，根据有关部门的需要情况，以及群众的自愿要求，再部署我们的工作，调整我们的组织建设，以免人手不足或人浮于事的现象产生。你省既有半数县、市，每月收案数字都不足30件，而工作量还不够一个公证员办理的情况下，为了符合国家精简机构的精神，即使收费已足以自给，一般亦不宜设立专职公证干部。这些地方的少许公证业务由法院审判员兼办即可。否则，有人无事，公证员兼办法院行政事务的现象，自所难免。希你厅在考虑今后公证组织建设时，注意这个问题。[1]

9月，北京市公证处60%的干部下放农村参加农业生产劳动。[2]

10月1日，上海法学会、华东政法学院出版的《法学》1957年第5期发表了冯吉祁的《关于公证工作的几个原则和效力问题的研究》，认为：

……在公证活动中应该遵守下列几项重要原则。

（一）法制原则

……

（二）自愿原则

……

1　司法部《关于公证组织机构设立问题的函复》[（57）司公字第1573号]，江西省司法厅编印：《司法工作手册》，1958年7月，第132—133页。

2　北京司法行政志编纂委员会：《北京司法行政志（征求意见稿）》，北京市司法局2001年印，第249页。据该书14页记载，随着"整风运动"的深入开展，一些司法行政干部（包括局级领导干部）、律师、公证员被作为斗争对象，并被精简下放。是年，市司法局机关（实有55人）下放和处理干部10人，市律师协会下放处理13人，北京市公证处下放处理12人。据同书第14页记载，到1956年年底，北京市公证处编制50人，实有22人。

（三）保密原则

……

（四）使用本国民族文字的原则

……

（五）直接原则

……有些地方的公证机关常常由书记员办理公证行为，然后，由公证员出面署名的做法，在今后条件许可的情况下，应该迅速注意纠正。

（六）公正原则

……关于公证效力的问题在实践中有不少争论，现在从下面三点来谈。

（一）证据上的效力……

（二）赋予执行的效力……

（三）法律上的效力。

……为了迅速推行公证制度，很好地保护国家和公民的利益和合法权益，下列法律行为和法律事实，可以考虑依法规定必须公证方始有效。（1）遗嘱；（2）委托；（3）无主财产收归国有；（4）不动产的转让；（5）死亡和失踪的宣告；（6）价额较大的无偿让与（赠与）财产契约。[1]

12月9日，鉴于证源不多，天津市司法局向中共天津市委提出《关于撤销天津市公证处机构的请示》。[2]

1 冯吉礽：《关于公证工作的几个原则和效力问题的研究》，《法学》1957年第5期。

2 天津市地方志编修委员会办公室、天津市司法局编：《天津通志 · 司法行政志》，天津社会科学院出版社2008年版，第220页。

年底，全国已有52个市设立了公证处；有553个市、县人民法院附设公证室，公证组织机构比上年增加一倍；还有652个县人民法院由审判员兼办公证。1957年全年办证29.35万件。[1]

1958年

1月14日，司法部发出《关于公证工作几个具体问题的通知》，共涉及三个问题，其中规定：

> 二、寄到外国应用的公证文件，过去有的地区没有按照我部颁发的“公证用纸格式（附说明）”上规定的申请人应是签名或盖章，而是用指印。据华侨事务委员会第三司提出，寄往国外应用的文件不宜用指印，以免影响不好。今后希各地公证机关注意。[2]

2月11日，陕西省司法厅规定：

> 陕西省各县（市）境内归国华侨和旅居中国的外侨，凡申请公证证明寄往国外使用的各种文件，一律归西安市公证处办理。各县（市）人民法院遇有此类事项时，应即指导该当事人直接向西安市公证处申请办理。[3]

在湖北省高级人民法院制定的《湖北省1958年法院工作计

---

1 《当代中国》丛书编辑部编辑：《当代中国的司法行政工作》，当代中国出版社1995年版，第374页。

2 司法部《关于公证工作几个具体问题的通知》[（58）司公字第45号]，江西省司法厅编印：《司法工作手册》，1958年7月，第135—136页。

3 陕西省志·司法行政志编纂委员会编：《陕西省志·司法行政志》，陕西出版集团三秦出版社2009年版，第278页。

划》中提出：

> 公证工作原则上就已经开展的业务范围继续办理公证行为，并认真总结公证工作的经验。遇有办理涉外公证行为时，应该认真研究司法部颁发和编印的有关文件，杜绝错误的继续发生。[1]

3月4日，昆明市公证处发出《向全国公证处的挑战书》，要求每一名公证员1958年内每月办理合同60—90件，在1962年上升到150件；保证1958年内将违法合同基本消灭，违约合同减少到百分之一，至1962年内减少到百分之零点五。[2]

4月1日，浙江省高级人民法院、浙江省司法厅对全省司法系统反右派斗争情况统计，其中公证处有1人划为右派。[3]

4月3日，湖南省高级人民法院、湖南省司法厅向湖南各级人民法院发出函，提出：

> 湖北省石首县人民法院全体同志来函，愿与我省各级法院在司法工作上展开革命的友谊竞赛，我们表示非常欢迎。现将该院同志来函及挑战与应战书全文转发，希我省各级法院鼓足革命干劲，踊跃应战。愿意应战竞赛的单位，请将应战书直寄石首县法院，并抄送湖北省高级人民法院、司法厅及我院、厅各二份。[4]

1　湖北省高级人民法院《1958年湖北省法院工作计划》,《湖北司法简报》第一期。

2　昆明市明信公证处编:《昆明市明信公证处志》，云南出版集团云南人民出版社2011年版，第6页。

3　浙江省高级人民法院:《浙江法院工作大事记（讨论稿）(1949—1985)》，1987年12月，第32页。

4　湖南省高级人民法院、湖南省司法厅《函》,《湖南司法》1958年第3期。

4月8日至10日，中共中央政治局委员、中共中央监察委员会书记、最高人民法院院长[1]董必武同参加司法工作座谈会的10个省、市高级人民法院、司法厅（局）负责人谈话时，指出：

高级法院和司法厅（局）临时合署办公是可以的。至于要不要取消司法厅（局），这是个大问题，中央还没有研究。实际上司法建设还有许多事要做。就法院来说，机构如何设置，尚需研究。有人的建设，物的建设（法庭等）；还有监狱、律师、公证、公断、法医、法律编纂、干部训练等。我们的国家还要向前发展，还有许多东西要消灭，也就需要有完备的司法建设。司法工作要有个远景，司法建设中的各种行政工作都放在法院是搞不好的。各省、市不设司法厅（局），只有一个中央司法部，工作也是推不动的。恐怕还是有个分工好。司法建设这几年成绩不算小，但是还有许多事要做。物质建设现在提还早了些，第二、三个五年计划可能会搞，我想迟早总是要搞的。我个人倾向于法院与司法行政有个分工好。[2]

4月15日，人民司法编辑委员会编辑出版的《人民司法》1958年第4期发表了呼和浩特市中级人民法院附设公证室赵德的《我的跃进计划》，赵德提出：

一、工作方面：作到二无：

1 董必武于1956年9月28日在中共八届一中全会第一次会议上当选为中央政治局委员、中共中央监察委员会书记。《董必武年谱》编纂组编：《董必武年谱》，中央文献出版社2007年版，第467页。

2 董必武：《当前司法工作的几个问题》，《董必武法学文集》编辑组编：《董必武法学文集》，法律出版社2001年版，第419—420页。

1. 无错案：凡是经过公证证明的合同（契约）及具有法律意义的文件和事实，保证都要符合国家的法律、法令、政策；合同的内容都要真真实实，无可怀疑，不出错案……

2. 无积案：保证所受理的公证事件，作到随收随结。……

二、学习方面：以理论联系的学习方法通过社会主义教育课程的学习（以毛主席“关于正确处理人民内部矛盾的问题”的报告及有关文件为主），初步划清敌我矛盾和人民内部矛盾的界限，运用这一思想武器正确的调处轻微合同纠纷和办理一切公证行为……

三、思想方面：政治是统帅、是灵魂……为此，主要通过双反运动，结合理论学习和实际斗争的锻炼，坚决克服资产阶级思想和作风，树立无产阶级思想和作风，坚定无产阶级立场，用马克思列宁主义的立场、观点、方法，去观察和处理一切事物，尤其是要以毛主席提出的六项政治标准来经常检查自己的立场、观点，鞭策自己，改造自己，在党的培养教育和同志们的帮助下，彻底改造自己，使自己成为一个政治方向明确、立场坚定、思想健康、干劲十足、朝气旺盛的一个无产阶级司法战线上的战士。争取在三年内成为一个又红又专的红透专深的公证员。[1]

1　赵德：《我的跃进计划》，《人民司法》1958年第4期。该刊物登载时，工作单位写为“呼和浩特市中级人民法院公证室”。据《呼和浩特市中级人民法院大事记（1950—2006年）》记载，1956年6月9日呼和浩特市中级人民法院撤销公证处，附设公证室，编制四人，从七月起实行经费自给。故在正文中将赵德工作单位按全称写。呼和浩特市中级人民法院大事记编纂委员会编：《呼和浩特市中级人民法院大事记（1950—2006年）》，2007年，无出版信息，第13页。

4月19日，经天津市委同意，天津市公证处被撤销，业务转归市人民法院，由法院人员以公证处名义办理。[1]

5月12日，山西省司法厅对晋城县人民法院《带卷下乡巡回办理公证证明》一文批示：

> 晋城县人民法院公证工作在为经济建设服务的方针下，紧紧结合当前工农业生产大跃进，所采取的带卷下乡，巡回办理公证证明的方法，是公证工作跃进的一种良好措施，值得各地效法，并且应当作为一种经常的工作制度坚持贯彻下去。希望晋城县人民法院和附设有公证室的各人民法院，将执行中的经验以及有关公证工作跃进方面的其他经验及时加以研究总结，以便交流和推广。[2]

6月25日至29日，山东省高级人民法院主持召开全省公证工作会议。会议由全省开展公证工作的9个城市法院负责公证工作的同志参加。会议总结、交流了公证工作的经验。据会议统计，全省1957年至1958年两年内共办理公证证明8287件。[3]

6月，安徽省高级人民法院、安徽省司法厅在《关于1958年5月至12月司法工作意见》（草稿）中，提出：

> 根据今年我省工农业迅速发展的实际情况，各地公

1　同年10月，工作交接结束，天津市公证处业务停止。天津市地方志编修委员会办公室、天津市司法局编著：《天津通志·司法行政志》，天津社会科学院出版社2008年版，第220页。

2　山西省司法厅《批》，《山西政报》1958年第17期。

3　山东司法厅编：《山东司法大事记》，1989年12月印刷，第113页。山东省高级人民法院编志办公室编：《山东省人民法院大事记》，1986年5月，第86页。后者资料原文写作“认证8，287件”，非“办理公证证明”。原文中“山东省高级人民法院”简称为“省法院”。

证工作须深入厂、矿，面向城镇，兼顾农村，大力开展城镇工商经济合同和积极开展农业社、手工业合同契约的公证证明，注意开展公民间的公证事项。今年城镇工商经济合同公证要达到50%左右。[1]

第二季度，海口市人民法院共受理公证582件。通过公证，大大地减少了法院的合同纠纷案件。该季度，法院仅受理合同纠纷1件，受到广东省海南行政公署中级人民法院通报表扬。[2]

6、7月，在第四届全国司法工作会议上，有多篇各地代表交流经验的发言涉及公证工作。山西省榆次地区中级人民法院院长原耀先介绍太谷县人民法院经验时谈到：

最近，他们在解放思想，依靠群众、抓住审判中心，带动全面跃进的行动口号指导下，同政法部门协作，组织了八个干部（公、检、公证、律师、刑、民审判员各一人、书记员二人），计划了半个月的工作，带了40个刑、民事案件，并选带了75幅漫画，35张照片，120份典型判决书及一部罪证等展览品，拟就调查、宣传提纲，深入农村，开展了以审判为中心的全面工作[3]……公证干

1　安徽省高级人民法院、安徽省司法厅：《关于1958年5月至12月司法工作意见》（草稿），文件编号不详，安徽省司法厅司法志编辑室编：《安徽省司法行政志》，1990年版，无出版信息，第137页。

2　海南省地方志办公室编：《海南省志·司法行政志计划管理志》，南海出版公司2006年版，第91页。

3　原耀先：《鼓足干劲，力争上游，以审判为中心，带动司法工作全面大跃进》，中华人民共和国最高人民法院、司法部办公厅编：《人民司法工作在跃进——人民司法工作必须贯彻党的建设社会主义总路线》第二册，法律出版社1958年版，第8页。

部，除配合了整个讲演、展览和调查研究外，在本身业务上进行了3个乡的合同签定情况的典型调查。并同有关单位研究了“四结合、三对一”合同的签定问题。这不仅开展了公证业务，并对减少民事纠纷也起了他应有的作用。[1]

河南省司法厅副厅长蒋超说：

为配合工农业生产大跃进的需要，我省公证工作也有相当开展。全省现有27个公证处、室和17个兼办单位。据郑州、安阳、新乡市及鲁山、滑县等44个单位统计，今年第一季度公证各种合同2377件，较去年第四季度47个单位公证合同多3.4%。[2]

湖南省湘乡县人民法院院长黎超异发言说：

在审判工作的推动下，其他法制宣传、公证、律师、组织建设等方面都出现了跃进的形势，并取得了巨大的成就，所以在5月份全县扩大干部评比会议上，我们法院被评上了先进的单位之一。[3]

1 原耀先：《鼓足干劲，力争上游，以审判为中心，带动司法工作全面大跃进》，中华人民共和国最高人民法院、司法部办公厅编：《人民司法工作在跃进——人民司法工作必须贯彻党的建设社会主义总路线》第二册，法律出版社1958年版，第14页。

2 蒋超：《河南省司法工作在跃进中》，中华人民共和国最高人民法院、司法部办公厅编：《人民司法工作在跃进——人民司法工作必须贯彻党的建设社会主义总路线》第一册，法律出版社1958年版，第149页。

3 黎超异：《关于组织司法工作大跃进的几点体会》，中华人民共和国最高人民法院、司法部办公厅编：《人民司法工作在跃进——人民司法工作必须贯彻党的建设社会主义总路线》第三册，法律出版社1958年版，第73页。

7月5日，在贵阳市公证处归档的1956年度证〈一〉字第一六八号公证卷宗封面上加盖“粮食丰收国富强　钢水淹死美国狼”红色印鉴。[1]

8月20日，最高人民法院与司法部发出通知，征求各省、市、自治区高级人民法院、司法厅（局）对《人民司法工作贯彻建设社会主义总路线的规划的意见（修改稿）》的意见，《人民司法工作贯彻建设社会主义总路线的规划的意见（修改稿）》第十九点中提出：

> 十九、改革公证工作。公证工作在为社会主义建设事业服务，与那些利用诈欺行为，伪造文件，企图给国家和人民以损害的违法，犯罪分子作斗争方面，有一定的作用。但是各地情况不同，所起的作用也不一样。目前除了在某些大、中城市中可以继续保留专设公证机构，来进行公证业务并总结经验外，其他地方可暂不设立，公证业务可以由法院指定专人兼管。[2]

9月2日，湖南省高级人民法院、湖南省司法厅发出《关于保卫“双抢”运动情况及今后四个月工作的意见》，对于全省今后四个月司法工作提出十点意见，其中在（七）公证、律师工作中

1　贵阳市公证处归档的一九五六年度证〈一〉字第一六八号公证卷宗，笔者疑心盖此类印鉴的公证卷宗，在贵阳市公证处同时期公证卷宗不止一件。

2　最高人民法院、司法部《通知》《人民司法工作贯彻建设社会主义总路线的规划的意见（修改稿）》，河南省高级人民法院、司法厅合编：《河南省第六次司法会议文件选集》，1958年，第21、30页。据最高人民法院、司法部《通知》，要“广泛征求司法干部对这个修改稿的意见，并请将意见于九月底汇寄我们，以便定稿报请中央审核”。

提出：

公证工作，根据目前形势发展，主要加强共产主义大协作的精神，所以经济合同方面的公证业务将可能日渐减少，公民之间的权利和义务的公证，群众尚不大习惯。因此各地应根据业务量大小，请示当地党政领导决定后，自行安排。

……

以上意见，供各地结合当地具体情况，请示党委后，研究执行。[1]

9月11日，中共广州市委对广州市中级人民法院党组的报告作出批复：

同意停止公证处工作，其机构撤并入有关部门，工作由有关部门去做。[2]

9月16日，上海法学会、上海社会科学院出版的《法学》1958年第9期发表了呼和浩特市中级人民法院公证室赵德的《公证工作也能敢想敢做敢说》，认为：

过去我们不论纠纷或问题大小，一律推到法院，经过调解后无纠纷再来办理。现在我们对于这些问题，只要与公证有关的问题和轻微纠纷，协助当事人进行调解，不仅有利于生产，也能增强人民团结。由于便利了

1 湖南省高级人民法院、湖南省司法厅《关于保卫“双抢”运动情况及今后四个月工作的意见》，《湖南司法》1958年第8期。

2 广州市地方志编纂委员会：《广州市志（卷十二）》，广州出版社1998年版，第290页。

群众，加强了宣传，公民申请公证的事件日益增多。这样的设想，这样的做法，是否易出毛病呢？不是。到目前为止不但没有发现因审查不严、调查不周的合同纠纷，反而保证了案件质量，使工作效率提高了。事实说明，不是易出纠纷，而是真正预防了纠纷。因此，我认为必须思想上彻底解放，打碎一切清规戒律和非马列主义思想的束缚，富有独创精神和敢想敢说敢做敢为的共产主义风格，才能把工作做好。[1]

9月22日，经中共沈阳市委批准，沈阳市公证处被撤销，保留三名专职公证干部，在沈阳市中级人民法院继续办理有关涉外公证事项，但对外不以公证处的名义，而是以沈阳市中级人民法院的名义出具公证书。[2]

12月24日，辽宁省高级人民法院党组向辽宁省委报送了《关于撤销全省公证机构的请示报告》，其中提出：

随着社会主义改造事业的基本完成，生产资料私有制已经消灭，作为公证工作内容的公私经济合同已不存在，特别是“大跃进”以后，实行了厂矿企业间的共产主义协作，农村实现了公社化，对于公证工作完全可以由党委决定和靠群众自行解决，公证工作已没有保留的必要，涉外公证由司法机关办理。[3]

---

1 赵德：《公证工作也能敢想敢做敢说》，《法学》1958年第9期。该刊刊载此文时，工作单位写为“呼和浩特市中级法院公证室”。

2 参见《沈阳司法行政志》编写组编辑：《沈阳司法行政志》，沈阳市司法局1990年版，第70页。

3 《辽宁法院志》编辑室：《辽宁省高级人民法院审判工作大事记（1945—1985）》，1986年4月15日，无出版信息，第36—37页。

12月26日，呼和浩特市中级人民法院公证室被撤销。[1]

12月，中国人民大学出版社出版由中国人民大学法律系审判法教研室编著的《人民司法工作是无产阶级专政的锐利武器》一书，第十题题目为公证工作。该书认为：

公证就是国家的公证机关，根据当事人的声请，对法律行为以及有法律意义的文件，确认它们的真实性和合法性的一种活动。

我国的公证机关是无产阶级专政的工具之一，它通过公证工作保护国家财产，保护国家机关、企业、合作社、社会团体的权利和合法利益，保护公民财产上、人身上的权利和合法利益，并且通过公证工作教育公民遵守法律，提高公民的法制观念，从而预防纠纷，减少诉讼，以加强人民的团结和有利于生产。

……

今后为了从公证工作方面保证社会主义建设总路线的实现，也就是通过公证工作保障社会主义建设的顺利进行，公证机关更应在党的绝对领导下，加强与有关部门的密切联系与协作，根据总路线的要求，安排自己的工作。

各地公证机关在开展公证工作时，不仅必须就公证工作中的方针政策问题，随时向党委请示报告，而且在开展各项业务以及对具体事项的公证活动，都必须置于党的绝对领导下，这是公证机关实现自己任务的根本

1 呼和浩特市中级人民法院大事记编纂委员会编：《呼和浩特市中级人民法院大事记（1950—2006年）》，2007年，无出版信息，第16页。

保证。[1]

广东省梅县公安、检察、法院机构合并，公证室撤销。[2]

是年，安徽省六安县公证处在走出办公室，上山下乡巡回就地办理公证时，实行了聘请公证协助员的办法。在该县公证处所写的《关于公证工作大跃进情况报告》中，详细汇报了聘请公证协助员的办法。安徽省司法厅转发了这份报告，供全省各地参考。在转发这份报告的按语中，安徽省司法厅提出：

> 各地如果认为需要，在乡镇聘请一个干部，固定与公证机关联系，以便利开展公证工作是可以的，但不要确立“公证协助员”这一名称。[3]

1959年

1月20日至31日，中共中央委员、中央政法小组组长、公安部部长罗瑞卿主持召开全国政法工作会议，并作报告和总结。[4]罗瑞卿在1959年1月31日全国政法工作会议结束时的讲话中说：

> 还有一些具体问题，例如律师、公证、陪审员、杀

1 中国人民大学法律系审判法教研室编著:《人民司法工作是无产阶级专政的锐利武器》，中国人民大学1958年版，第190、194、195页。

2 梅县市司法局编:《梅县市司法行政志》，1988年版，第24页。

3 安徽省司法厅司法志编辑室编:《安徽省司法行政志》，1990年版，无出版机构，第131页。

4 陶驷驹主编:《新中国第一任公安部长——罗瑞卿》，群众出版社1996年版，第258页。

人批准程序、法院批准捕人问题，等等，由各个系统自己解决……但是，律师、公证不要公开宣布取消，有的地方，如确有需要，保留一个机构，保留几个干部，也可以准许。[1]

1月21日，中共辽宁省委员会正式向中央请示撤销公证机构，中共辽宁省委员会认为：

我省公证机构是以加强社会主义法制，保障国家经济建设的顺利发展，保护国家财产，保护公民权利和合法利益为目的建立起来的。现在我省已建立七个公证处、二十一个公证室，其他未设专门公证机构的县，也都由当地人民法院指定审判人员兼管公证业务。据初步统计，我省各地公证机关从一九五四年至一九五七年共办理公证事件四万六千八百五十七件，其中各种合同二万二千七百八十八件，人民群众之间的权利义务公证事件二万四千零六十九件。通过公证，特别是对公私经济合同的公证，及时有力地揭发和制止了不法资本家在同国营企业签订合同中的偷工减料、偷税漏税、虚报成本、骗取国家财产等违法犯罪行为，从而，对当时不法资本家实行法律监督，起到了一定作用。

但随着我国社会主义革命的飞跃发展，和社会主义改造事业的基本完成，我国原有的多种的经济关系，已起了根本变化，生产资料私有制已基本消灭，作为公证

1 《罗瑞卿同志在全国政法工作会议结束时的讲话》(纪要，1959年1月31日)。参见蔡煜：《新中国公证纪事（1949—1959），上海市东方公证处编：《东方公证法学》第2卷，上海人民出版社2017年版，第270页。

工作主要内容的公私经济合同已不存在，国营经济部门之间的原料、产品的分配和交换，虽然仍以合同形式进行调剂，但这主要是依靠国家加强计划管理和监督，特别是在生产建设大跃进的形势出现后，加强了党的领导，实行了厂矿企业间的共产主义大协作，对于在履行合同中间所发生的问题，双方都能从整体利益出发，加强协商解决，重大问题则根据党委决定执行，这样，就不再需要履行公证手续了。而且公证机关实际上也无力胜任这项任务。

至于公民间的一些公证事件，已随着公社化运动和生产资料私有制的基本消灭而不存在了。即或偶而发生一些问题，完全可按群众习惯自行协商解决。

鉴于上述情况，我们认为公证工作已没有继续保留的必要。故拟撤销全省各市、县的公证处（室）和专职公证干部，但依国际惯例，华侨在国外凡个人委托代管的财产或财产继承而发往国外的文件，都必须由司法机关公证和外事部门认证，为了保护华侨的权益，华侨公证事件仍须办理。同时，依国际惯例，外侨公证事件亦应办理。为此，拟暂保留沈阳、旅大两市公证处的名义，由各该市法院兼办全省华侨和外侨的公证事件。

以上意见，当否，请批示。

中共辽宁省委员会

一九五九年一月二十一日[1]

1 《辽宁省委关于撤销省公证机构的请示》，中央档案馆、中共中央文献研究室编：《中共中央文件选集（1949 年 10 月—1966 年 5 月）》，第三十册，人民出版社 2013 年版，第 413—415 页。

1月27日，中华人民共和国主席全权代表、国务院副总理兼外交部部长陈毅与德意志民主共和国总统全权代表、部长会议副主席兼外交部长洛塔·博尔茨博士在北京签订《中华人民共和国和德意志民主共和国领事条约》，其中第十四条、第十五条分别规定：

第十四条　领事有权在领事的办公处所、领事的住宅或派遣国公民住宅和在挂有派遣国国旗或标示派遣国国徽的船舶或飞机上进行如下的行为：

（1）接受、作成或公证证明派遣国公民的声明；

（2）接受、作成、公证证明或保管派遣国公民的遗嘱或单边声明和其他文件；

（3）接受、作成或公证证明派遣国公民间或派遣国公民和驻在国公民间的法律文书，如果这些法律文书只关系到派遣国领土上的利益或只能在派遣国内解决的事务，并且这些法律文书不违反派遣国和驻在国的法律；

（4）公证证明派遣国公民在各种文件上的签字；认证派遣国或驻在国的机关和公职人员所颁布的文件以及公证证明这些文件的副本；

（5）公证证明由派遣国或驻在国的机关和公职人员所颁布的文件译文；

（6）保管派遣国公民的金钱和贵重物品或应该交付给派遣国公民的金钱和贵重物品，但须不违反驻在国有关法令规定；

（7）授予领事的并且不违反驻在国法律的其他行为。

第十五条　在遵守驻在国法令规定的条件下，第十四条所提到的由领事接受、作成或公证证明的文件，在驻在国具有同驻在国有关机关所接受、作成或公证证明的文件相同的法律意义和证明力。[1]

3月22日，中共中央批复辽宁省委请示：

辽宁省委：

一月二十一日关于撤销公证机构的请示阅悉。中央同意你省撤销公证机构的意见，但在公证机构撤销的时候，不要公开宣布。至于涉外公证证明工作，在公证机构撤销以后，可由各地人民法院指定审判员兼任公证员办理。在某些大城市和华侨侨眷或外侨聚居的地方，如果确实需要，也可以保留公证机构，设少数专职或兼职公证员办理公证事件。

中央

一九五九年三月二十二日[2]

3月，昆明市司法处被撤销，昆明市公证处并入昆明市中级人民法院，公证人员列入法院编制，对外仍挂"昆明市公证处"

---

1 该条约于1959年4月18日经中华人民共和国主席批准，又于同年4月8日经德意志民主共和国总统批准，并于同年6月4日在柏林互换批准书。《中华人民共和国和德意志民主共和国领事条约》，中华人民共和国外交部编：《中华人民共和国条约集第八集（1959）》，法律出版社1960年版，第26、29、30、32页。

2 《中共中央关于撤销公证机构给辽宁省委的批复》，中央档案馆、中共中央文献研究室编：《中共中央文件选集（1949年10月—1966年5月）》，第三十册，人民出版社2013年版，第413页。该书未录《中共中央关于撤销公证机构给辽宁省委的批复》的文件编号。

牌子。[1]

4月20日，江西省人民委员会批转江西省司法厅《关于撤销公证组织、停办公证工作的报告》，南昌市公证处和6个市、19个重点县在人民法院附设的公证室均被撤销。[2]

4月27日，第二届全国人民代表大会第一次会议选举宋庆龄、董必武为中华人民共和国副主席，选举谢觉哉为中华人民共和国最高人民法院院长。[3]

4月28日，国务院总理周恩来向第二届全国人民代表大会第一次会议提出《关于撤销司法部、监察部的议案》。《关于撤销司法部、监察部的议案》内容如下：

第二届全国人民代表大会第一次会议：

一、几年来，司法部在司法改革、设置人民法院、培养人民法院干部等方面做了许多工作。现在，由于司法改革已经基本完成，各级人民法院已经健全，人民法院的干部已经充实和加强，司法部已无单独设立之必要。建议撤销司法部，原司法部主管的工作，由最高人民法院管理。

二、监察部自设立以来，在维护国家纪律、监督国家行政机关工作人员方面做了许多工作。根据几年来的

---

1 昆明市司法局编：《昆明司法行政志》，1995年11月印，无出版信息，第136页。

2 《江西省司法行政志》编委会编纂：《江西省司法行政志》，江西人民出版社1995年版，第66页。

3 《中华人民共和国全国人民代表大会公告》，人民出版社编辑：《中华人民共和国第二届全国人民代表大会第一次会议文件》，人民出版社1959年版，第90、92页。

经验，这项工作必须在各级党委领导下，由国家机关负责，并且依靠人民群众，才能做好。因此，监察部亦无单独设置之必要。建议撤销监察部，今后对于国家行政机关工作人员的监督工作，一律由各有关国家机关负责进行。

上述两项建议，请予决定。

国务院总理　周恩来

一九五九年四月二十八日[1]

第二届全国人民代表大会第一次会议通过《关于撤销司法部、监察部的决议》。《关于撤销司法部、监察部的决议》内容如下：

第二届全国人民代表大会第一次会议根据国务院总理周恩来提出的议案决定：

一、撤销司法部，原司法部主管的工作由最高人民法院管理。

二、撤销监察部。[2]

5月5日，最高人民法院院长谢觉哉在最高人民法院全体工作人员大会上讲话，谢觉哉说：

……今后最高人民法院不只管审判了，司法部撤销以后，司法行政也并到我们最高人民法院来了。司法行政到底搞些什么事，需要研究……所以我们今后的法院

1 《国务院总理提出的关于撤销司法部、监察部的议案》，人民出版社编辑：《中华人民共和国第二届全国人民代表大会第一次会议文件》，人民出版社1959年版，第89页。

2 《中华人民共和国第二届全国人民代表大会第一次会议关于撤销司法部、监察部的决议》，人民出版社编辑：《中华人民共和国第二届全国人民代表大会第一次会议文件》，人民出版社1959年版，第88页。

要搞审判，要监督全国的审判，又要管司法行政方面的许多事，我们的任务是比以前更大了。[1]

5月21日，江西省南昌县人民委员会发出《关于停办县法院公证工作的通知》，提出：

遵照南昌市人委“关于撤销公证组织，停办法院公证工作的通知”精神，决定我县法院自5月20日起，停办公证工作，今后各部门的有关经济合同不再进行公证，至于群众之间收养子女应办的手续，为了便利群众起见，由民政部门办理，特此通知。[2]

5月22日，最高人民法院作出《关于县法院应该办理公证证明华侨、侨眷寄往国外应用的文件的函》致四川省璧山县人民法院。[3]

6月12日，最高人民法院、外交部发出《关于废止司法部在涉外文件上证明的规定》，提出：

---

1 《谢觉哉文集》，人民出版社1989年版，第996、998页，编后记落款全国政协《谢觉哉文集》编辑办公室。谢觉哉于1959年4月27日被第二届全国人民代表大会第一次会议选举为最高人民法院院长。人民出版社编辑、出版：《中华人民共和国第二届全国人民代表大会第一次会议文件》，1959年7月，第92页。

2 江西省南昌县人民委员会《关于停办县法院公证工作的通知》[（59）会办秘字第070号]。

3 最高人民法院《关于县法院应该办理公证证明华侨、侨眷寄往国外应用的文件的函》[（59）法行字第51号]，中国社会科学院法学研究所民法研究室民诉组、北京政法学院民事诉讼法教研室合编：《民事诉讼法参考资料》第二辑·第三分册，法律出版社1982年版，第71页。原书中“四川省璧山县人民法院”作“四川省壁山县人民法院”，疑有误。

第二届全国人民代表大会第一次会议已经决议撤销司法部。因此外交部和前司法部于1955年11月14日联合发出的“关于寄往国外应用的文件证明程序”的通知中关于公证证明和领事认证的两种方式中的第2种即：“2、公证机关证明—司法部证明—外交部认证”的规定应即作废。今后各地按照第二种方式在涉外文件上办理公证证明后，可直接寄往外交部领事司认证。关于认证涉外文件的其他程序，费用等，仍按照过去的有关规定办理。[1]

6月16日，台湾地区“司法行政部门”令行《公证推广办法》，并于同年7月1日起施行，其中第一项、第三项分别规定：

一、公证制度之推行，旨在确保私权，澄清讼源，发挥司法机关为民服务之功能。各地方法院院长，应督同公证处人员以全力推广，认真办理，以宏实效。

三、公证处人员办事，应勤快慎密，诚实和蔼，凡法令所许可，而足以便益人民之事务，宜加意讲求。人民如有疑问就询，应详为解答，使其澈底明了。[2]

6月23日，中华人民共和国主席全权代表、外交部长陈毅与苏维埃社会主义共和国联盟最高苏维埃主席团全权代表、苏联驻中华人民共和国特命全权大使尤金在北京签订《中华人民共和国和苏

1　最高人民法院、外交部《关于废止司法部在涉外文件上证明的规定》[（59）法行字第54号、（59）领临字第115号]，最高人民法院办公厅编印：《司法手册》第二辑，1964年10月，第422页。

2　我国台湾地区“司法行政部门”编印：《“中华民国司法法令汇编”》，1960年版，第58页。

维埃社会主义共和国联盟领事条约》，其中第十六条、第十七条分别规定：

第十六条　领事有权在领事馆的办公处所、领事的住宅或派遣国公民的住宅和在挂有派遣国国旗航行的船舶上进行下列行为：

（1）接受、作成或公证证明派遣国公民的申请书；

（2）作成、公证证明和保管派遣国公民的遗嘱、单边声明和其他文件；

（3）作成或公证证明派遣国公民之间或派遣国公民同驻在国公民之间的契约，如果这些契约只关系到派遣国领土上的利益或应在派遣国领土上办理的案件，并且这些契约不违反派遣国的法令规定；

（4）公证证明派遣国公民在各种文件上的签字；认证派遣国或驻在国的机关和公职人员所颁布的文件上的签字和印章；

（5）公证证明派遣国或驻在国的机关和公职人员所颁布的文件的副本和译文；

（6）保管派遣国公民的现款和贵重物品或保管应该交付给派遣国公民的现款和贵重物品，但须不违反驻在国的有关法令规定；

（7）进行其他可能委托领事处理的行为，只要这些行为不违反驻在国的法令规定。

第十七条　第十六条内所提到的由领事作成或公证证明的文件，如果准备在驻在国使用，原则上可以不再经过驻在国有关机关的认证；但是如果按照驻在国法令规定，上述文件中有需要经过驻在国有关机关认证的，则仍应办理认证。[1]

8月6日，北京市公证处致函北京市房地产管理局：

……根据群众习惯及我处目前的业务情况的变动，从今日起，我处不再证明以上三类事件（指房产继承、房产赠与、分割等三类）。特函达你处。[2]

1960年

5月7日，中华人民共和国主席特派中华人民共和国驻捷克斯洛伐克共和国特命全权大使曹瑛与捷克斯洛伐克共和国总统特派外交部长瓦茨拉夫·戴维在布拉格签订《中华人民共和国和捷克斯洛伐克共和国领事条约》，其中第十三条、第十四条分别规定：

第十三条　领事有权在领事的办公处所、领事的住宅或派遣国公民的住宅和在挂有派遣国国旗或国徽的船舶和飞机上进行下列工作：

（一）作成、公证证明和保管派遣国公民的遗嘱和单方面的文件；

1　该条约于1959年12月8日经中华人民共和国主席批准，又于同年8月10日经苏维埃社会主义共和国联盟最高苏维埃主席团批准，并于同年12月19日在莫斯科互换批准书。《中华人民共和国和苏维埃社会主义共和国联盟领事条约》，中华人民共和国外交部编：《中华人民共和国条约集第八集（1959）》，法律出版社1960年版，第20、23、24、26页。

2　北京司法行政志编纂委员会：《北京司法行政志（征求意见稿）》，北京市司法局2001年印，第249页。

（二）接受、作成或公证证明派遣国公民的申请书；

（三）作成或公证证明派遣国公民之间或派遣国公民同驻在国公民之间的法律行为的文件，如果这些文件内容只关系到派遣国领土上的利益或应在派遣国领土上办理的案件，并且这些文件内容不违反缔约任何一方的法令规定；

（四）公证证明派遣国公民在各种文件上的签字；公证证明派遣国或驻在国的机关、公职人员或私人所作成的文件副本、译文和摘录；认证派遣国或驻在国的机关和公职人员在各种文件上的签字和印章；

（五）保管派遣国公民的现款和贵重物品，但须不违反驻在国的有关法令规定；

（六）进行领事派遣国所委托的其他工作，只要这些工作不违反驻在国的有关法令规定。

第十四条　第十三条内所提到的由领事作成或公证证明的文件或译文，如果准备在驻在国使用，原则上可以不再经过驻在国有关机关的认证；但是如果按照驻在国法令规定，上述文件中有需要经过驻在国有关机关认证的，则仍应办理认证。[1]

是年，青海省全省共办理国内公证文书25件，比上年减少

1　该条约于1960年9月9日经中华人民共和国主席批准，又于1961年4月21日经捷克斯洛伐克社会主义共和国总统批准，于1961年6月8日在北京互换批准书。《中华人民共和国和捷克斯洛伐克共和国领事条约》，中华人民共和国外交部编：《中华人民共和国条约集第九集（1960）》，法律出版社1961年版，第52、55—57页。国名中文译名照录原书，有前后不一致处。

31件。[1]

1961年

3月7日，最高人民法院发出《关于涉外公证工作的补充通知》。该通知主要涉及七个方面，其中规定：

一、目前对外公证文件的文字，绝大多数是以中文为准，但为使用方便，有的公证文件在中文本之后附加译文。但也有的文件是事先在国外拟好格式，则以外文为主，另附中文译文。对外公证文件以中文为准，附加译文，是为在国外使用方便，如果以国外拟好的外文格式为正本，中文仅作译文，这样不仅使中文没有必要，而且有失国家尊严。今后凡对外公证文件的正本文字，应一律应用中文，另附译文，如文件使用地不需译文（如香港）就不必另附译文。

二、目前在办理公证文件中大量的是委托书，其公证词句较简单，只证明委托人签字属实，或委托行为属实。但资本主义国家往往强调要委托人当着公证人之面签字，如在公证词句中未说明委托人是在公证员面前签字，则在法律上不生效，权益受到损害的是我方。对这个问题，今后在公证词句中可以修改为“兹证明×××于××××年×月×日来到我处（院）公证员前，在上述文件上签名（盖章）”。但是在办理公证

1 青海省地方志编纂委员会编:《青海省志·司法行政志》，青海人民出版社2000年版，第109页。

文件中，除上述手续外，还必须本着实事求是的负责态度，审查委托行为是否属实，特别是在办理外侨要求我国公证机关公证证明的一些文件，更应掌握这个原则。

三、有的公证机关在公证文件上，只盖公章，而无公证员印章；有的只有公证员印章，而无公章。如果只有公证员印章则不符合我国的习惯，也不能说明他的法律身份；如果只有公章，亦不能说明是通过什么人办理的公证行为。因此今后应该两者兼有。[1]

4月6日，最高人民法院作出《关于对印尼归国华侨要求公证的请示的复函》致上海市高级人民法院，函云：

你院一九六一年二月十三日（61）沪高法刑发字第180号对印尼归国华侨要求公证的请示报告收悉。我们已与外交部、华侨事务委员会进行了研究，并于三月二日先用电话答复你院。现再函复如下：

1、同意对这些印尼华侨要求公证事项办理公证。

2、归侨把国外财产转让给在外亲属，出具财产转让声明，可能被解释为有代价的转让。驻在国可以借此说华侨进行套汇，为避免误解，以统一用赠与书形式为好。

3、在公证文书中直接表明将继承的权利转让给其亲属，不如在文书中明确写明将继承的某某财产（具体写明）赠与其亲属为好，以免对“权利”的含义发生争执。文书中凡用“充分的权利”字样，可以改为“完全

1　最高人民法院《关于涉外公证工作的补充通知》[（61）法行字第25号]，最高人民法院办公厅编印：《司法手册》第二辑，1964年10月，第423—425页。

的权利”。所附陈美兰的“声明书”可根据上述意见改为“赠与书”。

4、公证文书的印尼译文在上海翻译如有困难，可请北京华侨旅行服务社代为翻译，最好不用英文译本代替。这点要考虑到印尼方面的要求。[1]

5月9日，最高人民法院作出《关于归国华侨苏素玉公证事给福建省高级人民法院的复函》致福建省高级人民法院并转永春县人民法院，函云：

我们收到了永春县人民法院三月二十七日报来的对马来亚归国华侨苏素玉委托苏成为代理人的委托书所制作的公证文件和所附汇款十二元，经我们与外交部领事司研究，认为公证书与委托书的格式与内容均不妥当，需要重新制作。现在把原件并汇来的十二元人民币退给你们，并请转告永春县人民法院参照以下各点加以修改：

1、我国法院的公证认证文件以及我国公民的委托书都必须按照我国的规定来制作，决不能按照外国的有关规定来制作。你院所报送的委托书，首先摘引“马来亚联邦委托书条例”第三条，这是错误的，应该删去。其次，在委托书上标明“不能变更的委托书”也是不必要的，可将“不能变更的”字样删去。第三，委托书的具体内容，如考虑到该项委托书在马来亚使用能发生效力，可以按照所列各点不变，但文字用语应按照我国文

1　最高人民法院《关于对印尼归国华侨要求公证的请示的复函》[（61）法行字第32号]，最高人民法院办公厅编印：《司法手册》第二辑，1964年10月，第425—426页。

法加以修改。第四，委托书上的“证明人朱珍玉”应删去，因为朱珍玉是公证员，已在公证书上写明，这里不必再列作证明人。

2、公证书应按照我国的公证文件格式和我国的文法改写，如“我是委托人苏素玉的公证人官员”，“根据本人所知，根据诚实可靠的郑星火先生与刘连炮先生的证明”字样应删去，如马来亚方面对委托书必须有其他证明人时，可在委托书上载明。

3、委托书、公证书上的“签名盖章”“指印”“按捺”等字样应该删去……

以上各点希望参照外交部、司法部和华侨事务委员会一九五五年六月二十日“关于归国华侨、侨眷发往国外的文件办理公证认证的指示”和最高人民法院一九六一年三月七日“关于涉外公证工作的补充通知”修改后，按照一九五九年六月十二日我院和外交部“废止关于司法部在涉外文件上证明的规定”的联合通知，直接报送外交部领事司认证，不必再经我院收转，原件及人民币十二元退还。[1]

是年，湖北省高级人民法院确定武汉、黄石、沙市、宜昌、襄樊等市及专区选定 1—2 个重点县，再行试办公证，主要办理生产单位与机关、部队、学校、工商企业之间签订的加工订货合同公证。[2]

根据中共青海省委《关于加强经济合同管理工作的通知》精

1 最高人民法院《关于归国华侨苏素玉公证事给福建省高级人民法院的复函》[法研字第 5 号]，最高人民法院办公厅编印：《司法手册》第二辑，1964 年 10 月，第 429—430 页。

2 参见湖北省地方志编纂委员会编：《湖北省志 · 司法》，湖北人民出版社 1998 年版，第 354、359、360 页。

神，青海省恢复了经济合同公证业务，主要承办加工、修建、承揽、购销等方面的合同的公证工作。[1]

安徽省高级人民法院在其拟订的《在省公、检、法三长会议司法业务会上关于几个具体问题的解答》一文中提出：

> 关于公证工作搞不搞的问题，我们意见，已搞的合肥、芜湖、蚌埠、淮南、安庆等市，在党委的同意下，可以继续搞下去；其他市、县一般的不要再搞，也不要再对外宣传这项业务。[2]

1962年

春，哈尔滨市有关部门在处理苏侨财产时，苏联驻哈领事馆曾多次要求亲临死者现场查看遗产，并要求查阅遗产估价清单。哈尔滨市公证处据理力争，举出领事条约并没有规定查看权，只有询问权，驳回了苏联驻哈领事馆的要求。[3]

2月，哈尔滨市公证处根据全市开展清理定息工作这一实际情

1　当年青海全省共办理国内公证文书13件。青海省地方志编纂委员会编：《青海省志·司法行政志》，青海人民出版社2000年版，第108—109页。中共青海省委《关于加强经济合同管理工作的通知》具体发文日期与文件编号暂不详。

2　安徽省高级人民法院：《在省公、检、法三长会议司法业务会上关于几个具体问题的解答》，文号不详，安徽省司法厅司法志编辑室编：《安徽省司法行政志》，1990年版，无出版信息，第124页。据《安徽省司法行政志》记载，系安徽省高级人民法院拟定，是否正式发文，有待进一步考证。

3　黑龙江省地方志编纂委员会：《黑龙江省志·司法行政志》，黑龙江人民出版社1998年版，第291页。哈尔滨市公证处此时对内由哈尔滨市中级人民法院司法行政庭管理，名称从公证处已改为公证室。黑龙江省哈尔滨市哈尔滨公证处编：《哈尔滨公证处处志1946.8—2013.12》，哈尔滨公证处处志编委会2015年版，第16页。

况，恢复办理了国内公民定息继承事项。[1]

9月，河北省保定市市长办公会第35次会议研究确定，12月着手筹备恢复公证工作。[2]

11月，为适应公证工作的开展，南京市中级人民法院增加一名公证员，共有二名公证员办理公证事务。[3]

第四季度，南京市手工业管理部门召开产品购销会，本市和外地商业部门当场选购并签订购销合同，为保证合同的严肃性，南京市中级人民法院应市手工业局的要求派员前往会场公证，恢复了经济合同公证。当年南京市中级人民法院办理公证1595件，其中收养公证470件，经济合同公证1104件，其他21件。[4]

是年，黑龙江省哈尔滨市、齐齐哈尔市、牡丹江市开始恢复办理国内公证业务。1年内共办理公证事件2758件，其中国内公证业务2724件，占办理总数的98.8%。其中房产买卖公证2056件，继承公证321件，收养子女公证165件，委托公证102件，赠与公证22件，更名改姓公证18件，订货合同公证14件，名义变更公证10件，买卖契约、分析共有财产、证明亲属关系、事实证明等公证16件。[5]

1　黑龙江省哈尔滨市哈尔滨公证处编：《哈尔滨公证处处志1946.8—2013.12》，哈尔滨公证处处志编委会2015年版，第16页。

2　河北省地方志编纂委员会编：《河北省志·司法行政志》，河北人民出版社2012年版，第172页。

3　南京市地方志编纂委员会编：《南京司法行政志》，方志出版社2000年版，第133页。

4　南京市地方志编纂委员会编：《南京司法行政志》，方志出版社2000年版，第147页。

5　黑龙江省地方志编纂委员会：《黑龙江省志·司法行政志》，黑龙江人民出版社1998年版，第282页。据该书同页介绍，齐齐哈尔市和牡丹江市主要办理公民请求的房产买卖、收养子女公证事项；并与所在地的房产管理部门和公安部门协商，规定公民买卖房产、收养子女时必须公证，有关部门才能给契税、换发执照和给落户口。

遵照广东省高级人民法院指示，海口市、儋县等市、县恢复公证业务，主要办理涉外公证业务。[1]

1963年

1月6日，旅大市中级人民法院作出《一九六二年公证工作情况报告》，报告称：

一九六二年共处理公证案件八十二件。通过公证，维护了国家、集体的利益，保护了公民的合法权益。[2]

4月11日，外交部作出《复有关公证、认证文件上有“香港殖民秘书”字样的问题》致上海外事处，提出：

对在外国和港澳办理而寄往我国使用的公证、认证文件，不论是在认证词句和印章上有“香港殖民地殖民秘书或代理殖民秘书”字样，还是在文件的内容上出现“香港殖民地”字样，均可给予认证。因为认证具有上述字样的文件，只是一项具体的民事法律行为，它不影响香港地位问题。因此，对我部一九六二年十一月十一日（62）部领一字第甲5/87号函“关于修改认证方面的规定的通知”第一条规定中所述的“香港殖民地”，应删掉。[3]

---

1 海南省地方志办公室编:《海南省志·司法行政志计划管理志》，南海出版公司2006年版，第92页。

2 辽宁省大连市中级人民法院院志工作领导小组办公室编:《大连法院史资料选编（二）》，1987年2月，无出版信息，第148页。

3 外交部《复有关公证、认证文件上有“香港殖民秘书”字样的问题》[（61）部领一字第17/38号]，最高人民法院办公厅编印:《司法手册》第二辑，1964年10月，第431页。

5月8日，最高人民法院院长谢觉哉在江苏省和南京市司法干部会上讲话，其中他谈道：

> 最后要讲几个具体问题：……（4）我们司法干部要有信心，要有革命的事业心，也要有终身搞好这个工作的决心。在我们工作中有时会遇到困难的，有困难可以提意见，有些是可以自己解决的，有些是要上级解决的，你们提出意见，党委领导上会考虑你们的意见的。如编制、公证、法律顾问处等等，讲些道理，把它建设起来。搞这些事情的干部大都要三十、四十岁的同志，一般说年纪大些有社会经验，心情也不那么急躁。[1]

5月，河北省保定市人民委员会向该市所辖范围各有关部门正式下达了“关于恢复公证工作的通知”。[2]

6月1日，最高人民法院党组向中共中央提交《关于恢复、健全司法行政机构的请示报告》，该请示报告中提出：

> 关于司法行政工作的任务，我们研究了本院司法行政厅的工作范围，以管理干部和管理政法教育和干部训练工作为主，同时管理人民调解委员会、人民法庭、人

1 谢觉哉：《谈审判工作中的几个问题》，《谢觉哉文集》，人民出版社1989年版，第1136页，编后记落款全国政协《谢觉哉文集》编辑办公室，《谈审判工作中的几个问题》的标题是编者加的。谢觉哉于1959年4月27日被第二届全国人民代表大会第一次会议选举为最高人民法院院长。人民出版社编辑、出版：《中华人民共和国第二届全国人民代表大会第一次会议文件》，1959年7月，第92页。

2 河北省地方志编纂委员会编：《河北省志·司法行政志》，河北人民出版社2012年版，第172页。该书同页又有1962年5月，保定市人委正式下达“关于恢复公证工作的通知”。疑有误，或系同名文件，待考。

民陪审员，以及政策法律宣传、公证、法院的设置和编制等项工作。各地可以参考这个意见，自行规定。

以上报告妥否，请示。[1]

6月23日，中共中央转发《最高人民法院党组关于恢复和健全司法行政机构的请示报告》，提出：

各中央局，各省、市、自治区党委：

中央同意最高人民法院党组关于恢复和健全司法行政机构的请示报告。现转发你们，望照此执行。[2]

6月28日，最高人民法院作出《关于旅居国外华侨委托他人出售国内房屋的公证认证手续问题的复函》致广东省高级人民法院，提出：

关于我旅居国外的华侨，委托国内的亲属或朋友，出售其在广州房屋的公证问题，应由华侨在国外办妥公证认证手续后，寄回国内使用，我公证机关不宜直接受理。此复。[3]

---

1 最高人民法院党组《关于恢复和健全司法行政机构的请示报告》，中央档案馆、中共中央文献研究室编：《中共中央文件选集（1949年10月—1966年5月）》，第四十三册1963年4月—8月，人民出版社2013年版，第365—366页。

2 《中共中央转发最高人民法院党组关于恢复和健全司法行政机构的请示报告》，中央档案馆、中共中央文献研究室编：《中共中央文件选集（1949年10月—1966年5月）》，第四十三册1963年4月—8月，人民出版社2013年版，第365页。

3 最高人民法院《关于旅居国外华侨委托他人出售国内房屋的公证认证手续问题的复函》[（63）法司字第150号]，最高人民法院办公厅编印：《司法手册》第二辑，1964年10月，第433—434页。

7月6日，天津市中级人民法院提出《公证工作报告》，对公证工作进行了总结，提出：

对这项工作，依据国家政策和法律，认真审查，随到随办。既保护当事人合法权益，又有助于防止纠纷，杜绝诉讼。[1]

7月16日，最高人民法院办公厅作出《关于发给杨格非遗产继承权证明书问题的批复》致福建省高级人民法院，提出：

关于杨格非的遗产继承问题，我们同意根据在厦门的继承人向公证机关提出国外继承人已放弃继承权的证明，发给杨瑞田继承权证明书。

附：

福建省高级人民法院请示

（63）闽法行字第2293号

最高人民法院：

接厦门市中级人民法院函称：该市前政协委员杨格非，于1960年在厦门逝世，其生前持有香港“陶化大同有限公司”的股票419股，股票所有权人系写杨格非和他的大儿子杨瑞田的名字。现在杨瑞田拟办理过户手续，将股权转移到他自己一人的名下。故向该院申请办理继承权证明。

据中级法院调查，杨格非有妻及5个子女，现除

1 天津市高级人民法院院史编写组：《天津法院工作大事记》，第109页。无出版信息，编写说明落款时间为1986年7月。

一个儿子在美国，一个女儿在英国（已同英国人结婚）外，其余均在厦门。在厦门的各继承人已向法院表示同意该股权由被继承人的大儿子杨瑞田一人继承。在国外的继承人虽无法取得联系，但据在厦门的继承人申述：杨格非原系大同公司发起人之一，也是股东，其一生所积蓄的财产，在生前已大部分分给妻儿，上述股票乃是他本人留着养老的部分，后来为了要在他死后，将该股票留给大儿子杨瑞田，故又在股票上加上杨瑞田的名字。他的这一意愿，也曾告诉过各儿女，在他死后，在国外的女儿怕股票被公司冻结，也曾设法为杨瑞田办理过户手续奔走过。所以让杨瑞田继承，在国外的继承人也是没有意见的。

根据上述情况，是否可以接受杨瑞田的申请，发给继承权证明书。我们感到在手续上有些问题不甚明确。我们的意见：

一、在国外（或本国其他地区）的继承人如放弃继承，应向公证机关提出放弃继承权的声明书；方可发给某一个或一部分继承人继承权证明书。

二、凡有一部分继承人放弃继承权的，应在继承权证明书中加以说明，或将放弃继承权的继承人声明书交附接受继承的继承人。

三、关于杨格非的遗产问题，经在厦门的四个继承人证明："杨格非在生前早就表示要把该股票留给杨瑞田，在国外的两个继承人也表示放弃继承"，但没有提出确实的证据。类似情况本应设法征得在国外的继承人的意见后，再予办理公证手续为妥。但为了保护国内继承人的利益，防止股票被帝国主义冻结起见，我们认为法院也可以根据在厦的继承人向公证机关提出国外继承人已放弃继承权的证明，发给杨瑞田继承权证明书。

以上意见当否，请指示。

1963年6月24日[1]

8月13日，最高人民法院、公安部、外交部作出《复关于今后办理外侨各种证明问题》致黑龙江省高级人民法院、公安厅、外事处，提出：

几年以来，我各有关部门为离境外侨（主要是苏侨）出具了大量的工作、学历、出生、死亡、结婚、离婚等项证明文件，满足了他们的要求，对外产生了良好的影响。但是由于出具证明的部门很多，并且其中有些部门是不宜对外的军事、保密单位和机关、厂矿的基层单位；另外，由于没有统一的规定，各单位出具各项证明的格式也不一致。为了改进此项工作，今后为外侨出具上述各项证明，请按以下办法办理：

一、外侨要求出具解放后（或解放前）的工作、学历、出生、死亡、结婚、离婚等项证明，今后一律由有关部门协助提供情况，统一由法院或公证处出具证明。

二、为苏侨出具的上述各项证明，根据一九五六年中苏互免公证认证的协议不收公证费，但是我仍可照章征收工本费和手续费（此项费用统一规定为人民币五

1　最高人民法院办公厅《关于发给杨格非遗产继承权证明书问题的批复》[（63）法司字第163号]，最高人民法院研究室编：《中华人民共和国最高人民法院司法解释全集》，人民法院出版社1994年版，第1369—1370页。

元）。为其他国家侨民出具的上述各项证明，一律征收公证费（连工本费和手续费共十元）。

三、外侨要求我公证机关公证私人出具的解放前的上述各项证明，经调查情况属实者，可由法院或公证处公证，并照章征收公证费。

四、对为外侨出具的上述各项证明，我不必主动为其办理认证。但是如果申请人要求认证，可予办理并照章征收认证费。

五、外侨自境外直接来信请求办理上述各项证明，也可受理。

六、上述各项证明，可由有关部门直接交给国内申请人。若申请人已经离境回国，建交国公民的证明文件，可通过外事处或外交部领事司转其本国驻华使、领馆；未建交国公民的证明文件，可通过中国红十字总会转交。

七、外侨申请办理上述各项证明，如经调查了解，不能为其出具证明者，可将情况通过上述途径转告申请人。

八、对于外侨要求出具或公证我不宜承认的经历（如伪满警官、私人保镖，前外国租界巡捕等）、学历（如伪满“长春建国大学”的学员……）等项证明，则不予办理。[1]

1 最高人民法院、公安部、外交部《复关于今后办理外侨各种证明问题》[（63）法司字第171号、（63）公发（政）字第562号、（63）部领二字第8/8号]，最高人民法院办公厅编印：《司法手册》第二辑，1964年10月，第434—435页。上述文件标题另有资料记载不同，为“最高人民法院、公安部、外交部关于今后办理外侨各种证明问题的批复”，文件编号同。中华人民共和国司法部编：《中华人民共和国司法行政历史文件汇编（1950—1985）》，法律出版社1987年版，第413页。

8月，为适应公证工作的开展，南京市中级人民法院又增加一名公证员，共有三名公证员办理公证事务。[1]

9月11日，上海市高级人民法院就执行最高人民法院、公安部、外交部1963年8月13日（63）法司字第171号、（63）公发（政）字第562号、（63）部领二字第8/8号关于今后办理外侨各种证明问题给黑龙江省高级人民法院、公安厅、外事处的批复中遇到的一些问题报告请示最高人民法院。报告全文如下：

最高人民法院：

我院收到最高人民法院、公安部、外交部一九六三年八月十三日（63）法司字第171号、（63）公发（政）字第562号、（63）部领二字第8／8号关于今后办理外侨各种证明问题给黑龙江省高级人民法院、公安厅、外事处的批复的抄件。对此批复中的若干规定，我院在执行中遇到一些问题不够明确，特报告请示如下：

一、过去我院为苏侨出具有关工作、学历、出生、死亡、结婚、离婚等项证明，根据上海市人民委员会一九五七年批准施行的"上海市公证收费试行办法"一律征收公证费人民币三元，并在公证书上写明。根据你院批复第二项，今后为苏侨出具的上述证明，不收公证费，只收工本费和手续费五元。今后在公证书上是否要写明征收工本费和手续费五元？我院意见，在公证书上

1 南京市地方志编纂委员会编：《南京司法行政志》，方志出版社2000年版，第133页。

不写，另出收费收据。

二、批复内第二项规定："为其他国家侨民出具的上述各项证明，一律征收公证费（连工本费和手续费共十元）"。公证书上是否要写明：征收公证费人民币五元；或征收公证费十元；或公证费五元，工本费和手续费五元；或者都不写？我院意见：公证书上都不写，另出收费收据。

三、批复内第三项规定："外侨要求我公证机关公证私人出具的解放前的上述各项证明，经调查情况属实者，可由法院或公证处公证，并照章征收公证费"。按这一项的精神，是指法院公证某人的签字属实，所称"照章征收公证费"是否仍然指以上新规定征收公证费五元，另收工本费手续费五元？此处所称外侨是否包括苏侨？苏侨要求公证此项证明，是否只征收工本费手续费五元？

四、对于外侨要求公证委托、继承遗产、副本与原本相符、外文译本与中文本相符、签字属实等，今后是否仍按照我院原收费办法征收公证费？是否另须加收工本费和手续费？

五、过去我院对我国公民要求出具到国外使用的出生、死亡、结婚、离婚等项证明，与对外侨收费一样，一律征收公证费人民币三元。今后是否仍收公证费三元，还是征收公证费五元及工本费、手续费五元？我院意见：对我国公民要求出具上述证明，仍照我院原收费办法，只征收公证费三元。但为统一起见，今后在公证书上都不写明征收公证费多少。

六、批复内第八项规定："对于外侨要求出具或公证我不宜承认的经历、学历等项证明，则不予办理"。对于在外商工厂企业当门警、警卫、工头的外侨要求证明此项经历的，是否可予办理？我院过去对于这些外侨如发现有参加抄身等明显欺压中国工人行为的不予证明。否则仍予办理。这样做是否妥当？

以上各点请予批复指示。[1]

9月，当年6月至9月，哈尔滨市公证处共办理124件公证案件，其中中国公民权益公证案件113件，都是有关房产和房产定息、股东定息继承及委托、赠与公证，共收公证费（包括转入的代管费）2915.52元。[2]

11月5日至12日，安徽省高级人民法院召开了司法行政工作会议，根据安徽省人民委员会的指示，也研究了公证工作。据这次《司法行政工作会议纪要》记载：

此外，会议还研究了公证工作，认为各市可以恢复和开展公证工作，淮南、合肥、芜湖、蚌埠等市的公证机构应加以整顿。省人委指示：今后蚌埠市负责办理涉外公证，因此，蚌埠市的公证机构应当加强……各县一

1　上海市高级人民法院《上海市高级人民法院报告》[（63）沪高法证发字第1274号]，最高人民法院办公厅编印：《司法手册》第二辑，1964年10月，第438—440页。

2　黑龙江省地方志编纂委员会：《黑龙江省志·司法行政志》，黑龙江人民出版社1998年版，第310页。

般不必设公证机构，群众找来就办，不找就不办。[1]

11月25日，最高人民法院发出《关于办理华侨转让国外财产的转让书的通知》，提出：

关于我国华侨，将国外财产转让给国外亲属，应采用何种形式问题，我院一九六一年法行字第三十二号给上海市高级人民法院的函（抄送各地）中指出："归侨把国外财产转让给在外亲属，出具财产转让声明，可能被解释为有价转让。驻在国可以借此说华侨进行套汇，为避免误解，以统一用赠予书形式为好。"但据了解，转让不动产时，许多国家，尤其是英国，均按所在地法律处理，即由当事人办理一般契约（类似赠予书形式）和过户契约（类似转让备忘录形式），只有兼备该两种文件，特别是具备转让备忘录时，不动产的转让（赠予）才能在当地生效。近年来，在东南亚国家也发生过我赠予书不生效的事情。根据以上情况，为解决华侨的实际问题，今后如当事人需要办理转让备忘录（或按我国习惯称为转让书）时，可以给予办理，但在内容上要写明是"无偿转让"。[2]

1　安徽省司法厅司法志编辑室编：《安徽省司法行政志》，1990年版，无出版信息，第127页。

2　最高人民法院《关于办理华侨转让国外财产的转让书的通知》[（63）法司字第266号]，最高人民法院办公厅编印：《司法手册》第二辑，1964年10月，第428页。文件中所引的最高人民法院一九六一年度法行字第三十二号给上海市高级人民法院的函，似文字有误，应为"有代价的转让"，非"有价转让"；应为"赠与书"，非"赠予书"。最高人民法院《关于对印尼归国华侨要求公证的请示的复函》[（61）法行字第32号]，最高人民法院办公厅编印：《司法手册》第二辑，1964年10月，第425—426页。

11 月，昆明市人民委员会和云南省高级人民法院分别行文通知昆明市中级人民法院“停止办理各类经济合同公证，只继续兼搞民间权利义务方面的公证，如委托、收养、继承、析产、赠与等”。[1]

12 月 5 日，最高人民法院司法行政厅、外交部领事司作出《复关于外侨各项证明的工本费征收办法等问题》致旅大外事处，提出：

旅大外事处：

你处一九六三年十月二十八日（63）旅外处字第18 号函收悉。经商中国红十字总会后，现就来函所提问题答复如下：

1、出具外侨各项证明的工本费由谁出面向谁征收的问题：凡当事人本人在中国境内的，由公证处出面向申请者本人征收；凡是在境外的日本人或未建交国人，一般由中国红十字总会出面在将证明寄交本人时向本人索要（如本人不给，一般也不再追索）；凡是在境外的建交国家人民，一般由外交部或外事处出面向该国驻华使、领馆征收。以上代收款项将由代收机关转交公证处。

2、各地公证处为境外建交国人出具的各项证明，请连同该外国人向我索要证明的原信和地址，寄外交部领事司转该国驻华使馆，或请有关外事处转该国驻华领事馆。各地公证处为非建交国人出具的各项证明，请寄

1　昆明市司法局编：《昆明司法行政志》，1995 年 11 月印，无出版信息，第 136—137 页。

给中国红十字总会转寄当事人。[1]

12月15日，最高人民法院、外交部、公安部作出《关于办理外侨各种证明的公证费问题的联合批复》致上海市高级人民法院，全文如下：

上海市高级人民法院：

你院（63）沪高法证发字第1274号报告已悉。今将所请示的几个问题答复如下：

一、你院请示的第一、二、六等三个问题，同意你院的意见。

二、你院请示的第三、四两个问题，我们的意见是：根据一九五六年中苏互免公证认证的协议，凡是“我国家机关发出的，盖有正式印鉴的出生、死亡、结婚、学历、工作（经历）证书（中国文字的）”双方互免公证认证手续（见一九五六年六月十六日外交部、司法部联合通知）。法院或公证处为苏联公民出具的上述证明，不收公证费，只收工本费和手续费（共五元）。至于“私人出具的解放前的上述证明”法院或公证处只证明其签字属实。“照章征收公证费”即征收公证费十元（一般所说的公证费，包括工本费和手续费在内）。证明签字属实和委托书、副本与原本相符、外文译本与中文本相符、离婚、亲属关系证明等按件征收公证费的文件，过去各地收费标准不一，今后无论苏联公民或其

1 最高人民法院司法行政厅、外交部领事司《复关于外侨各项证明的工本费征收办法等问题》[（63）法司字第262号、（63）领二字第8/264号]，最高人民法院办公厅编印：《司法手册》，1964年10月，第436页。

他外国公民，一律按件征收公证费十元。另外，对遗嘱、赠予以及其他公证文件，过去各地收费办法不一，如是按件征收，即征收公证费十元，如是按比例征收，仍按过去办法办理，待以后，另行研究决定。

三、你院请示的第五个问题，我们的意见是：给我国公民办理的上述证明，过去各地收费标准不一，有几个高级法院提出，凡是按件征收公证费的，以每件征收公证费五元为宜。我们同意这个意见。但对有困难的，或符合其他减免条件的（如将财产赠予我社会团体）可根据具体情况减收或免收。公证书上亦不写征收公证费的数额，以便与给外国公民办理的公证文件相一致。至于给我国公民办理的按比例征收公证费的证明，仍按过去办法征收，暂不变动。[1]

下半年，遵照最高人民法院指示精神，天津市的公证业务由法院民庭移交司法行政处，指定专人办理。[2]

1964年

1月15日，最高人民法院发出《关于在国外办理商标注册使

1　最高人民法院、外交部、公安部《关于办理外侨各种证明的公证费问题的联合批复》[（63）法司字第282号、（63）部领会字第310号、（63）公发（政）914号]，最高人民法院办公厅编印：《司法手册》第二辑，1964年10月，第437—438页。上述文件标题另有资料记载不同，为“最高人民法院、外交部、公安部关于公证工作的几个问题的联合批复”，文件编号同。中华人民共和国司法部编：《中华人民共和国司法行政历史文件汇编（1950—1985）》，法律出版社1987年版，第415—416页。

2　河北省地方志编纂委员会编：《河北省志·司法行政志》，河北人民出版社2012年版，第184页。

用新的声明书等公证文件的通知》，提出：

随着我国对外贸易的发展，许多外贸公司要在国外办理商标注册，为此，需要国内办理声明书、证明书等公证文件。目前公证机关使用的这类文件，一般是按照外国注册机关的文本译制成的，在文字上有很多不确切之处和错讹语句。因此，经与外交部领事司、外贸部办公厅等有关单位研究，重新制成有关在国外办理商标注册的声明书、证明书等样本3种，随通知附发，请转知所属公证机关使用……[1]

1月22日，最高人民法院司法行政厅作出《关于外事机关代转外侨各项证明书工本费的汇费问题的函》致各高级人民法院，提出：

据外交部领事司反映，有的法院为外侨出具死亡证明书，经外交部领事司代收、代汇工本费时，不允许领事司扣除汇费。经研究，外事机关代转外侨各项证明书工本费的汇费，不应由外事机关垫付，应当在工本费内扣除，公证机关或法院，必须按工本费原数开给收据，并在收据存根上注明工本费内扣除汇费若干，以备查考。

上述办法，请转知所属公证机关参照执行。[2]

---

1 最高人民法院《关于在国外办理商标注册使用新的声明书等公证文件的通知》，文号不详，最高人民法院研究室编：《中华人民共和国最高人民法院司法解释全集》，人民法院出版社1994年版，第1978页。

2 最高人民法院司法行政厅《关于外事机关代转外侨各项证明书工本费的汇费问题的函》[（64）法司字第14号]，最高人民法院研究室编：《中华人民共和国最高人民法院司法解释全集》，人民法院出版社1994年版，第1978页。文号据中国社会科学院法学研究所民法研究室民诉组、北京政法学院民事诉讼法教研室合编：《民事诉讼法参考资料》第二辑·第三分册中所录文本补，中国社会科学院法学研究所民法研究室民诉组、北京政法学院民事诉讼法教研室合编：《民事诉讼法参考资料》第二辑·第三分册，法律出版社1982年版，第151页。

1月27日，最高人民法院司法行政厅作出《关于公证托收华侨遗产的有关事项问题的复函》致福建省高级人民法院，提出：

你院（63）闽法行字第3271号公证“托收华侨遗产的有关事项”问题的请示收悉。我们的意见如下：

一、关于归侨、侨眷委托中国银行代领或处理国外遗产问题。

这个问题要从维护华侨利益、增加国家外汇收入、有利于统一对外出发，具体做法暂不作死板规定。我们认为：凡中国银行在国外设有分支机构的可以动员委托人委托中国银行办理；中国银行在国外未设分支机构的，由委托人与中国银行或华侨事务委员会协商委托代理人；也可以由委托人自行委托代理人。在公证、认证等项手续办完之后，公证机关征得委托人同意，可以把该项文书直接寄给中国银行转交代理人；也可以交由委托人直接寄交代理人。

二、继承权证明书如何开列死者的配偶及后裔的人数问题。

继承权证明书，一般的是写死者的配偶及按照规定有继承权的人的姓名，没有继承权的后裔不需一一列举。但是，这样写法的继承权证明书，如果在国外不能生效，那么为了保护华侨的利益，也可以全部列举死者后裔的姓名。

三、今后出具死亡证明的问题。

今后一律由有关部门（死者所在地公安机关或生前工作单位、人民公社、医院）提供情况，由公证机关出具死亡证明。

四、征收公证费问题。

继承权证明书，一般应根据遗产金额，按比例征收。在不知道遗产价值的情况下，可以按件征收。

至于你省银行印发的有关资料下达与否，由省院自行决定。[1]

2月10日，最高人民法院司法行政厅作出《关于比利时侨民扬葛利斯的国籍公证证明问题的函》致浙江省高级人民法院，提出：

办理国籍证明，过去没有明确规定，经与公安部、外交部领事司研究，可以参照最高人民法院、公安部、外交部1963年8月13日“关于今后办理外侨各种证明问题”的批复中有关规定办理。由有关部门（公安和外事机关）协助提供情况，法院或公证处出具证明。办理公证和认证的手续，由申请人提出申请，说明没有加入中华人民共和国国籍的事实；法院或公证处审查属实，办理正式公证证明文件，报送外交部领事司认证。[2]

---

1 最高人民法院司法行政厅《关于公证托收华侨遗产的有关事项问题的复函》[（64）法司字11号]，中华人民共和国司法部编：《中华人民共和国司法行政历史文件汇编（1950—1985）》，法律出版社1987年版，第418—419页。

2 最高人民法院司法行政厅《关于比利时侨民扬葛利斯的国籍公证证明问题的函》，最高人民法院研究室编：《中华人民共和国最高人民法院司法解释全集》，人民法院出版社1994年版，第1979页。该书未录文号。另有资料记载不同，记载为最高人民法院司法教育行政厅《关于比利时侨民杨葛利斯的国籍公证证明问题的函》[（64）法司字第27号]，中华人民共和国司法部编：《中华人民共和国司法行政历史文件汇编（1950—1985）》，法律出版社1987年版，第420页。疑后书中发文机关有误，两书所录文件的数字、标点用法、个别词亦有差异，如后者中1963年8月13日“关于今后办理外侨各种证明问题”作一九六三年八月十三日“关于今后办理外侨各种证明问题”。比利时侨民究竟译作“扬葛利斯”还是“杨葛利斯”，存疑，暂按最高人民法院研究室编《中华人民共和国最高人民法院司法解释全集》确定。

2月26日，辽宁省高级人民法院向最高人民法院报送了《涉外公证工作情况的报告》。[1]

3月19日，内务部作出《关于如何处理涉外离婚案件的批复》致上海市民政局，提出：

> 离婚证或离婚判决书如送往国外使用，可根据当事人的要求向当地公证机关办理公证，并向外交部领事司和有关国家驻华使馆办理认证。[2]

9月2日，最高人民法院司法行政厅作出《关于发往国外的公证文件的生效问题的函》致广东省高级人民法院，提出：

> 你院（64）粤法行字第111号请示和附件均收到。关于陈义女的公证文件发往新加坡不生效问题，我们的意见如下：
>
> 一、发往国外使用的公证文件，应当以中文本为正本，并用我国公证书格式。外文译本只作副本。陈义女将国外律师拟成的公证文书，申请给予公证，你们不予批准，这是正确的；如果在国外拟成的公证文书内容，不违反我国政策、法律，不损害我国主权，为了保护华侨在国外的合法权益，可以摘取其内容，用中文语法和我国格式作成公证文件为正本，附外文译本。

---

1 《辽宁法院志》编辑室：《辽宁省高级人民法院审判工作大事记（1945—1985）》，1986年4月15日，无出版信息，第72页。

2 内务部《关于如何处理涉外离婚案件的批复》[（64）内民字第37号]，中国社会科学院法学研究所民法研究室民诉组、北京政法学院民事诉讼法教研室合编：《民事诉讼法参考资料》第二辑·第三分册，法律出版社1982年版，第178页。

二、陈义女申办的公证事件，台山县人民法院给她办理继承权证明书、委托书各一份是合适的。但使用的格式是前司法部拟制的，这种格式在国外已不适用。应当使用新的格式（新格式现尚未印发，可参照外交部曾经认证过的新格式）。

三、原委托书的受委托人"新加坡中国银行"，查卷是"中国银行新加坡分行"，是否有误？须查实。如果委托新加坡中国银行为代理人不生效，可与你省人民银行恰商，另行委托中国银行新加坡分行某一职员为代理人，较为妥当。一般不应直接委托新加坡的律师为代理人，以防某些律师借故刁难，从中勒索。

四、某些资本主义国家的政府和律师，对我国公证文件横加挑剔，诸多刁难，对此无理行径，必须进行坚决地原则性的斗争，你们的态度是对的。同时应当讲究策略，讲究实效。在这方面我们掌握的材料不多，经验不足。最近鞍山市中级法院发往马来亚的委托书，转让书，是坚持使用我国公证文书格式，以中文本为正本，附英文译本，经过斗争，而为马来亚的法院所接受的。你们可能也有不少此种事例，应当进行研究，积累经验。

以上意见，供你们研究办理。[1]

9月5日，最高人民法院司法行政厅作出《关于办理在香港领取劳工赔偿费的公证问题的函》致广东省高级人民法院，提出：

1　最高人民法院司法行政厅《关于发往国外的公证文件的生效问题的函》（文号不详），最高人民法院研究室编：《中华人民共和国最高人民法院司法解释全集》，人民法院出版社1994年版，第1979—1980页。

东莞县法院1964年6月10日致外交部领事司的复函及附件已由领事司转交我们。关于办理在香港领取劳工赔偿费的公证问题，经研究，我们的意见如下：

一、同意东莞县法院今后办理在香港领取劳工赔偿费的公证问题中，拟委托我香港南洋商业银行谢钿麟为代理人的意见。

二、对于香港劳工处对我公证文件借故留难问题，我们认为，对于香港劳工处的无理刁难行为，应进行坚决斗争，必须坚持按照我国的政策、法令办理公证。属于原则问题不能让步，但对非原则性问题不应一概视为无理刁难而加以反对，应当具体研究，分别对待。例如：香港劳工处要求提供"继承人与被继承人扶养关系证明"和"被继承人亲属关系证明"等问题。对前一问题，在办理公证文件时，应当把扶养关系写清楚，必要时还必须主动提供证据，如汇款单据、信件等。对后一问题，则应根据需要，分别提供证明。有的可以证明××亲属为唯一合法继承人；有的可以在证明文件上将有继承权的亲属一一列举出来；有的也可以在列举有继承权的亲属后，声明放弃继承权，等等。这样做，既不违背我国政策、法令，又可以减少香港有关方面的阻力，对保护侨胞在港的正当权益是有利的。

以上意见，请广东省高级人民法院考虑，如认为可行，望转知东莞县法院。[1]

1　最高人民法院司法行政厅《关于办理在香港领取劳工赔偿费的公证问题的函》（文号不详），最高人民法院研究室编：《中华人民共和国最高人民法院司法解释全集》，人民法院出版社1994年版，第1980页。

9月18日，最高人民法院作出《关于国家经租的房屋不允许继承问题的批复》致广东省高级人民法院，提出：

根据一九五六年一月十八日中共中央批转中央书记处第二办公室“关于目前城市私有房屋基本情况及进行社会主义改造的意见”和一九六四年一月十三日国务院批转国家房屋管理局“关于私有出租房屋社会主义改造问题的报告”的规定，国家经租房屋的性质是“对城市房屋占用者用类似赎买的办法，即在一定时期内给以固定的租金，来逐步地改变他们的所有制”。这就是说国家经租房屋的业主实际上已经丧失了所有权，因此业主死后，经租房屋不能允许他的家属继承，但可以继续领取国家给予的固定租金。是否需要办理领取固定租金的证明书公证，目前国家还没有统一的规定。如果广州市人委和房屋管理部门规定必须办理这种公证手续，则可以办理继承固定租金的证明书公证。对于公证费征收标准，请你院或广州市公证处与有关部门研究商定。此复。[1]

1　最高人民法院《关于国家经租的房屋不允许继承问题的批复》[（64）法研字第80号]，中国社会科学院法学研究所民法研究室民诉组、北京政法学院民事诉讼法教研室合编：《民事诉讼法参考资料》第二辑·第三分册，法律出版社1982年版，第244页。在最高人民法院研究室编的《中华人民共和国最高人民法院司法解释全集》中收录的此文件内容相同，只是数字按阿拉伯数字写，另文件编号的括号写法不同。参见最高人民法院《关于国家经租的房屋不允许继承问题的批复》[（64）法研字第80号]，最高人民法院研究室编：《中华人民共和国最高人民法院司法解释全集》，人民法院出版社1994年版，第1307—1308页。

9月23日，最高人民法院、公安部、外交部下发《关于严格涉外公证手续的通知》，提出：

近来违反涉外纪律和不按规定手续办理涉外证明的事件，不断发生。有的用乡长或生产大队长名义开具死亡证明书，发往新加坡使用；有的将生产大队开具的亲属关系证明，直接寄到英国驻我国代办处认证。这些违反涉外纪律的行为，已给我国的外事工作添了不少麻烦，有的造成了不好影响。为了避免这类事件再次发生，特规定如下：

我国公民申请办理出生、死亡，亲属关系等等涉外证明文件，统一由法院（公证处）办理。人民公社（乡）、生产大队及其他有关机关只能向法院（公证处）提供情况，均不得直接出具涉外证明文件寄往港澳地区或国外，也不得寄往外国驻我国的使、领馆。

华侨、侨眷较多的广东省、福建省，由公安厅采取措施，将本通知精神口头传达到公社和生产大队。[1]

11月9日，高等教育部发出《关于发给外国留学生的毕业证书或学习证明外文副本和公证问题》致各有关高等院校，文件同时抄送有关省、市外事办公室、高教（教育）厅（局），提出：

各院校发给外国留学生的毕业证书或学习证明（中

1 最高人民法院、公安部、外交部《关于严格涉外公证手续的通知》[（64）法司字第217号、（64）公发（治）611号、（64）部领一会字第63号]，中华人民共和国司法部编：《中华人民共和国司法行政规章汇编（1949—1985）》，法律出版社1988年版，第665页。标点符号均从该书中照录。

途退学的，也要发给学习证明），如本人要求我公证单位给予公证，可由本人直接去我当地公证单位办理，费用自负。[1]

12月5日，最高人民法院作出《关于发往香港使用的领取劳工赔偿费的证件不须认证问题的复函》致广东省高级人民法院，提出：

关于办理在香港领取劳工赔偿费的证件问题，经与外交部领事司研究，同意你院意见。即：证件由你院审查后，不经我外交部和英国驻华代办处认证，直接发往香港使用。[2]

12月20日，恢复沈阳市公证处组织机构，定编2人，列为国家机关事业编制。办公方式是和沈阳市中级人民法院司法行政处合署办公，在管理体制上受沈阳市中级人民法院领导。其主要任务是：负责办理外侨和国外华侨提出的工作证明、学历证明、履历书、委托书以及婚姻关系、姓名、出生、死亡、聘雇、赠与、劳保待遇、继承权等问题的公证事项。[3]

12月29日，最高人民法院作出《关于西藏地区涉外公证事件统一由中级人民法院办理的批复》致西藏分院，提出：

---

1 高等教育部《关于发给外国留学生的毕业证书或学习证明外文副本和公证问题》[（64）高留合密字第717号]，上海市档案馆13243-1-313号档案。

2 最高人民法院《关于发往香港使用的领取劳工赔偿费的证件不须认证问题的复函》（文号不详），最高人民法院研究室编：《中华人民共和国最高人民法院司法解释全集》，人民法院出版社1994年版，第1981页。

3 《沈阳司法行政志》编写组编辑：《沈阳司法行政志》，沈阳市司法局1990年版，第70页。

关于在西藏地区办理涉外公证手续问题，同意你院意见，即：公民申请办理出生、死亡、亲属关系等等涉外证明文件，统一由中级人民法院办理，报送你院审批。[1]

是年，东京华侨总会会长陈琨旺来京访问时，将伪满洲国立法院院长赵欣伯在日本遗有巨额遗产，国外不断有人冒充赵欣伯亲属要求取得这些遗产的情况反映给中侨委。从那时起北京市公证处开始为此案陆续办理有关公证事宜。[2]

1965年

2月22日，最高人民法院作出《关于出售在香港的房屋可否使用英文委托书问题的函》致浙江省高级人民法院，提出：

你省（65）浙法行字第543号请示“关于杭州市王序旭申请办理委托香港交通银行樊兆珑全权代理出售香港房屋的公证文件，是否可以使用英文本委托书”问题。并附来北京市公证处为吴和生办理同样的问题英文

1　最高人民法院《关于西藏地区涉外公证事件统一由中级人民法院办理的批复》（文号不详），最高人民法院研究室编：《中华人民共和国最高人民法院司法解释全集》，人民法院出版社1994年版，第1981页。

2　北京司法行政志编纂委员会：《北京司法行政志（征求意见稿）》，北京市司法局2001年印，第361—362页。此案错综复杂，遗产价值巨大，一直到1984年9月赵欣伯的妻子赵碧琰、儿子赵宗阳才在日本胜诉。在这个维权过程中，北京市公证处、广州市公证处出具的公证书发挥了重要作用。广州市地方志编纂委员会：《广州市志（卷十二）》，广州出版社1998年版，第303页。

本委托书影印本一套。经与外交部领事司和有关部门研究后，答复如下：

发往香港使用的公证文件，一般应以中文为正本，当事人只在中文本上签字。必要时附以英文译本作为副本。至于个别问题，如出卖香港房地产，也可以允许当事人在英文本委托书上签字，并给与公证。对英文本委托书的审查，可与当地外事部门联系，共同负责。王序旭的公证文件，可以参照吴和生的英文本委托书的样式办理。[1]

4月2日，最高人民法院司法行政厅作出《关于收养子女公证问题的函》致新疆维吾尔自治区高级人民法院，提出：

关于收养子女的公证问题，没有统一规定，多数地区不办理公证，由派出所办理户口登记；少数地方给予公证。请根据实际情况研究，如认为坚持要求公证的，可以办理公证，请提出意见连同收费标准，报请党委决定。

办理收养子女的公证，不仅应查明双方有无欺骗、强迫及其他不法情况，还应以阶级观点、政策观点查明他们的动机。如地主与贫农之间的收养关系，家居农村与家居城市之间的收养关系，等等，前者有的为了降低阶级出身，后者有的为了报入城市户口。

---

1 最高人民法院《关于出售在香港的房屋可否使用英文委托书问题的函》（文号不详），最高人民法院研究室编：《中华人民共和国最高人民法院司法解释全集》，人民法院出版社 1994 年版，第 1981 页。

收养子女公证文书的主要内容，同意你们意见。[1]

7月，经北京市委政法部同意，北京市停办国内公证业务，只办理涉外公证。[2]

12月5日，最高人民法院作出《关于公证文件上不得写香港“殖民地”字样的函》致广东省高级人民法院，提出：

据外交部领事司（65）领一发字第913号函略称：陈琼赞和陈梦华的英文本公证文件上有香港“殖民地”字样，考虑当前国际局势，应当将“殖民地”字样删去，方可以办理认证。为此，现将陈琼赞等原英文本转去，请你院通知广州市公证处，将该英文本上“殖民地”字样删掉，重新打字，重办公证后，再寄外交部领事司认证。[3]

12月30日，最高人民法院、外交部、公安部作出《复关于国外来信要求提供各种证件事》致上海市高级人民法院、公安局、外事处，提出：

---

1 最高人民法院司法行政厅《关于收养子女公证问题的函》[（65）法司字第47号]，中华人民共和国司法部编：《中华人民共和国司法行政历史文件汇编（1950—1985）》，法律出版社1987年版，第421页。

2 北京司法行政志编纂委员会：《北京司法行政志（征求意见稿）》，北京市司法局2001年印，第357页。据前书第357页介绍，1959年7月，北京市司法局被撤销，北京市公证处并入北京市人民法院接待科，附设公证室。第361页中又有北京市法院民庭办证组，对外挂北京市公证处牌子之说。

3 最高人民法院《关于公证文件上不得写香港“殖民地”字样的函》（文号不详），最高人民法院研究室编：《中华人民共和国最高人民法院司法解释全集》，人民法院出版社1994年版，第1982页。

上海外事处（65）沪会外一字第154号函悉。关于对国外来信要求提供各种证明的处理问题，我们意见如下：

一、外国政府部门或政府官员自境外来函，要求我为属该国国籍的外国人提供证明，对建交国政府部门或官员的来函，可予受理；对非建交国政府部门或官员的来函，一般不予置理。

建交国政府部门或官员（包括外国驻华使、领馆）如果要求我为该国公民以外的任何人（包括无国籍人）提供证明，可区别情况，不同处理，特殊情况可上报后处理。

二、外国人以个人名义（包括律师、公证人）自境外来信，要求为其本人或经委托要求为有关外国人提供证明时，不管来信者是否是建交国公民，均可受理。

三、如来信投寄单位与我国现有机构名称不符或我国无此机构，可按上述第1点或第2点的原则掌握，受理或不受理。受理后，在给来信者的答复里，可以简告机构名称不符或我国无此机构等情况。

四、受理后，有关证明文件的转递和公证费、邮寄费的收取办法，请仍按最高人民法院等三部门1963年8月13日（63）法司字第171号函及最高人民法院司法行政厅、外交部领事司1963年12月5日（63）法司字第262号函的指示精神办理。[1]

---

1 最高人民法院、外交部、公安部《复关于国外来信要求提供各种证件事》（文号不详），最高人民法院研究室编：《中华人民共和国最高人民法院司法解释全集》，人民法院出版社1994年版，第1982—1983页。

1966年

4月，唐山市涉外公证业务终止，此项业务一律由天津市中级人民法院办理。[1]

5月4日至26日，中共中央在北京举行政治局扩大会议。会议错误地批判了所谓彭真、罗瑞卿、陆定一、杨尚昆的“反党错误”，并决定停止和撤销他们的职务。罗瑞卿被停止中央书记处书记、国务院副总理等职务。[2]

6月初左右，最高人民法院下发《关于加强涉外公证工作的通知（稿）》，要求各地提出修改意见，其中提出：

> 一、涉外公证工作，必须突出政治，以毛泽东思想挂帅，在党的绝对领导下，贯彻“以我为主”的精神，维护我国主权，保护我国企业、团体、华侨、公民在国外的正当权益，促进我国社会主义建设事业。
>
> 二、涉外公证工作，必须紧跟国际阶级斗争形势，为党的对外政策总路线服务。有利于反对帝国主义、各国反动派和现代修正主义的斗争。以阶级观点分析各个国家、地区的特点，注意各国与我国的关系，防止单纯经济观点，坚持原则，讲究策略，全面考虑，区别对待。
>
> 三、办理涉外公证工作，必须全心全意为人民服务。依靠群众，依靠有关部门协作，查清事实，及时办

1 唐山市地方志编纂委员会编：《唐山市志》第四卷，方志出版社1999年版，第2564页。

2 《罗瑞卿传》编写组：《罗瑞卿传》，当代中国出版社2007年版，第413页。

理。一切从便利群众出发，对群众提出的问题，要帮助群众想办法解决。

……

五、办理涉外公证，凡政策、法令已有规定的，按规定办理；没有规定的，同有关部门协商，提出意见，报请党委决定。

六、申请办理涉外公证，有下列情形之一的，不给办理：

1. 损害我国主权、违反政策、法令和人民利益的；

2. 解放前的伪官吏、私人保镖、外国租界巡捕及其他不应当承认的经历、学历；

3. 解放前的经历、学历，查不清事实的；

4. 外侨收养中国小孩或携带已经收养的中国小孩出境的。

凡是不给办理的，必须说明道理，不要简单拒绝。

……

十三、涉外公证文书，经外交部审查，退回重办或停办的，公证处必须按照外交部的意见办理。[1]

上海市高级人民法院办理涉外公证 67 件，比上年减少 3 件。[2]

1 该通知（稿）是草稿。笔者所见稿无落款时间。据 1966 年 6 月 9 日福建省高级人民法院下发的（66）闽法司字第 40 号文件记载，最高人民法院寄来“关于加强涉外公证工作的通知（稿）”一份，要求我们提出修改意见，现转发给你们一份，请提出修改意见于 7 月 15 日前报给我们，以便汇总上报。最高人民法院下发具体时间待考。

2 《上海司法行政志》编纂委员会编：《上海司法行政志》，上海社会科学院出版社 2003 年版，第 158、162 页。

1967年

6月12日，外交部领事司、最高人民法院司法行政厅发出《关于改进办理外侨各种证明问题的意见》，提出：

关于办理外侨各种证明问题，最高人民法院、公安部、外交部曾于一九六三年八月十三日以〔63〕法司字第171号、〔63〕公发（政）字第562号、〔63〕部领二字第8/8号联衔函告在案。

近两三年来，苏联驻华大使馆送来了大量的照会，要求我们协助为已出境苏联公民出具各种证明文件。在有关法院、公证处和外事处的积极协助下，对苏方提出的要求都进行了认真的调查，并分别出具了证明文件或函告不能出具证明的原因。据了解，苏联公民索取工作、学历等证明，多是为了求职和领取养老金。从争取苏联劳动人民出发，今后对苏联人民的这一要求，仍应给予积极协助。今后为了更有效地进行此项工作，特提出改进意见如下：

一、为了减少转递手续，今后苏方请求为苏联公民出具证明文件，一律由外交部领事司直接与地方法院和公证处联系办理，不再经外事处转递。但地方法院和公证处在办理证明文件过程中如遇问题，可与当地外事处联系处理。

二、法院或公证处为苏联公民出具证明文件所收的工本费改由五元减为二元。对确实有困难，无力交付工本费的，可免收工本费。

三、通过我驻苏使馆征收的证明文件工本费，可直接作国库收入处理。通过外交部领事司征收的证明文件工本费，交外交部财务处作国库收入上缴。上述工本费均不再由外交部领事司汇寄有关法院或公证处。[1]

是年，上海市高级人民法院办理涉外公证 69 件。[2]

1968 年

是年，沈阳市公证处被取消。[3]

海南行政区革命委员会和下辖市、县革命委员会成立后恢复公证工作，公证员由各地革命委员会保卫组指定人员兼任。[4]

是年，北京市出具涉外公证书 51 件，比 1965 年减少 160 件。[5]

1　外交部领事司、最高人民法院司法行政厅《关于改进办理外侨各种证明问题的意见》[（67）领二发字第 218 号、（67）法司字第 64 号]，中国社会科学院法学研究所民法研究室民诉组、北京政法学院民事诉讼法教研室合编:《民事诉讼法参考资料》第二辑·第三分册，法律出版社 1982 年版，第 85—86 页。

2《上海司法行政志》编纂委员会编:《上海司法行政志》，上海社会科学院出版社 2003 年版，第 158、162 页。

3《沈阳司法行政志》编写组编辑:《沈阳司法行政志》，沈阳市司法局 1990 年版，第 70 页。

4　海南省地方志办公室编:《海南省志·司法行政志计划管理志》，南海出版公司 2006 年版，第 88 页。

5　1966、1967 年度数据未见。办理单位也暂不详。北京市当年及一直到 1979 年办理涉外公证数，笔者均未见，只查得出具涉外公证书数。有资料称为市法院军管会民事组内一名干部兼管。北京司法行政志编纂委员会:《北京司法行政志（征求意见稿）》，北京市司法局 2001 年印，第 249、384 页。1968 年 2 月 17 日，北京市人民检察院、人民法院军事管制委员会成立。《当代中国的北京》法院编写组编:《当代中国的北京》法院部分资料丛编（一），第 90 页。此书封面为北京市人民法院工作大事记（1949—1985），落款为北京市高级人民法院。封底前第二页则写北京市人民法院工作大事记，编辑：北京市高级人民法院，京文出版字第 87-026 号。

上海市高级人民法院办理涉外公证 41 件。[1]

1969 年

8 月，昆明市各级人民法院被正式宣布撤销，公证处工作由昆明市革命委员会人保组办案组代管，公证工作除涉东南亚国家公证事务（涉外公证）外，其他公证工作基本陷入瘫痪、停顿。[2]

是年，北京市出具涉外公证书 62 件。[3]

上海市高级人民法院办理涉外公证 30 件，办理涉外公证的件数是 1956 年以来上海市最少的一年。[4]

1970 年

是年，北京市出具涉外公证书 58 件。[5] 上海市高级人民法院办理涉外公证 54 件。[6]

1 《上海司法行政志》编纂委员会编:《上海司法行政志》，上海社会科学院出版社 2003 年版，第 158、162 页。

2 昆明市明信公证处编:《昆明市明信公证处志》，云南出版集团云南人民出版社 2011 年版，第 7 页。

3 北京司法行政志编纂委员会:《北京司法行政志（征求意见稿）》，北京市司法局 2001 年印，第 384 页。

4 《上海司法行政志》编纂委员会编:《上海司法行政志》，上海社会科学院出版社 2003 年版，第 158、162 页。

5 北京司法行政志编纂委员会:《北京司法行政志（征求意见稿）》，北京市司法局 2001 年印，第 384 页。

6 《上海司法行政志》编纂委员会编:《上海司法行政志》，上海社会科学院出版社 2003 年版，第 158、162 页。

1971年

9月24日，最高人民法院、外交部、外贸部、公安部发出《关于对出国信件中夹寄基层单位证明文件的处理意见》，提出：

关于对出口信件中夹寄加盖基层单位公章的证明文件的处理问题，我们认为：仍按一九六四年九月二十三日最高人民法院、公安部、外交部“关于严格涉外公证手续的通知”处理为宜。该通知规定：“我国公民申请办理出生、死亡亲属关系等等涉外证明文件，统一由法院（公证处）办理。人民公社（乡）、生产大队及其他有关机关只能向法院（公证处）提供情况，均不得直接出具涉外证明文件寄往港澳地区或国外，也不得寄往外国驻我国的使、领馆。”因此，今后对不符合上述规定的涉外证明文件，由公安机关予以扣留，由海关出面退原发文单位。[1]

1 最高人民法院、外交部、外贸部、公安部《关于对出国信件中夹寄基层单位证明文件的处理意见》[公发〔1971〕22号]，中国社会科学院法学研究所民法研究室民诉组、北京政法学院民事诉讼法教研室合编：《民事诉讼法参考资料》第二辑·第三分册，法律出版社1982年版，第87页。另有书收录文本稍有不同，“一九六四年九月二十三日”作“1964年9月23日”，也未录文号，最高人民法院、外交部、外贸部、公安部《关于对出国信件中夹寄基层单位证明文件的处理意见》(文号不详)，最高人民法院研究室编：《中华人民共和国最高人民法院司法解释全集》，人民法院出版社1994年版，第1983页。

是年，北京市出具涉外公证书 71 件。[1] 上海市高级人民法院办理涉外公证 69 件。[2]

1972 年

9 月 6 日，外交部领事司作出《复驻秘鲁使馆关于为华侨出具亲属关系证明书事》致我国驻秘鲁使馆，提出：

关于华侨为向秘鲁政府申请外汇，要求使馆出具亲属关系证明书事，同意使馆来函意见，以后由华侨告其国内亲属向所在地县、市人民法院或公证机关申请办理，经我司和秘鲁驻华使馆认证后由其亲属寄往国外使用。

请广东省革委会统战办公室通知各有关地、县、市办证机关，由于秘鲁政府规定，上述证件只限当年有效，而且兑换外汇的数额是按月计算的，已过了的月份就不给兑换（如七月份拿到证明，前六个月的外汇就不能兑换）。因此，在受理此项证件时，应尽速办理。

关于证件的西班牙译文，目前国内解决有困难，可否由华侨自行翻译，经使馆核对无误后给予译文认证。[3]

---

1 北京司法行政志编纂委员会：《北京司法行政志（征求意见稿）》，北京市司法局 2001 年印，第 384 页。

2 《上海司法行政志》编纂委员会编：《上海司法行政志》，上海社会科学院出版社 2003 年版，第 158、162 页。

3 外交部领事司《复驻秘鲁使馆关于为华侨出具亲属关系证明书事》[（72）领侨字第 1959 号]，中国社会科学院法学研究所民法研究室民诉组、北京政法学院民事诉讼法教研室合编：《民事诉讼法参考资料》第二辑·第三分册，法律出版社 1982 年版，第 186 页。

11月，广州市公证处恢复建制，以涉外民事公证为主。[1]

是年，北京市出具涉外公证书191件。[2]上海市高级人民法院办理涉外公证81件。[3]

1973年

1月，福建省高级人民法院发出《关于认真办理涉外民事案件和公证工作的通知》，明确华侨要求出具子女亲属关系证明书由县人民法院办理，经外交部领事司和外国驻华使馆认证后寄往国外使用。[4]

厦门市开始恢复办理涉外公证业务。[5]

4月，广东省召开涉外公证工作会议后，梅县人民法院民事审判庭庭长杨访贤被正式任命为公证员，并重新成立“梅县公证处”，由省统一规定名称、印鉴和牌衔，仍受县人民法院领导，接办一些

1　据广州有关地方志记载，1966年至1972年11月这段时间，由于“文化大革命”，公证业务基本停止办理。对个别非办不可的涉外公证，由广州市公安机关军事管制委员会办公室接办，盖广州市公证处印章。广州市地方志编纂委员会:《广州市志（卷十二）》，广州出版社1998年版，第302页。

2　北京司法行政志编纂委员会:《北京司法行政志（征求意见稿）》，北京市司法局2001年印，第384页。

3《上海司法行政志》编纂委员会编:《上海司法行政志》，上海社会科学院出版社2003年版，第158、162页。

4　福建省高级人民法院《关于认真办理涉外民事案件和公证工作的通知》，文件编号暂不详，福建省地方志编纂委员会编:《福建省志·司法行政志》，高等教育出版社2000年版，第140页。

5　厦门市司法局编:《厦门司法行政志》，2004年，无出版信息，第71页。该资料未记载具体由何单位经办公证业务。

涉外公证业务。[1]

6月16日，外交部领事司发出《关于回国旅行的外籍华人丢失护照要求我法院出具证明书事》，提出：

> 关于回国旅行探亲的外籍华人遗失护照要求我法院予以证明的问题，经商最高人民法院，认为不宜由法院直接出具证明，而可考虑采用如下的办法处理，即首先由本人写一份声明书，说于何时何地遗失何种护照，然后由遗失地点的接待单位，如华侨旅行社或国际旅行社出具证明，证明经调查核实其护照确系遗失。如本人要求法院（或公证处）证明，可由县、市以上人民法院（或公证处）证明旅行社的印章属实。[2]

7月23日，最高人民法院司法行政厅、外交部领事司发出《关于给国外华侨出具证明书的通知》，提出：

> 据我驻外大使馆反映，旅居国外华侨在港澳的亲属，因领不到我国有关部门出具的"亲属关系证明书"，而无法申请外汇，影响侨眷生活；还有一些华侨在国内使用的名字和在国外向侨居国当局报的名字不同，因此要求国内有关部门在办理公证书时以国内使用名字为主，加注在国外使用的名字和外文姓名。还建议国内办

1 梅县市司法局编：《梅县市司法行政志》，1988年，无出版信息，第25、29页。同书第29页，杨访贤写为"杨仿贤"，待考。

2 外交部领事司《关于回国旅行的外籍华人丢失护照要求我法院出具证明书事》[（73）领侨字第891号]，中国社会科学院法学研究所民法研究室民诉组、北京政法学院民事诉讼法教研室合编：《民事诉讼法参考资料》第二辑·第三分册，法律出版社1982年版，第270页。

理的各种证明书，均应以在国内居住的侨眷写为“申请人”，侨居国外的华侨，写为“关系人”。

我们的意见是：此类证明应由华侨在港澳的眷属回广州市或原籍申请办理证明书；或者由在国外的华侨以及在港澳的眷属个人写信给其仍在原籍的亲属、朋友代为办理，由申请人提供必要的证明，经法院（公证处）审查属实后，可出具证明书；证明书以华侨在国内使用的名字为主，加注华侨在国外使用的姓名，以及外文姓名（外文姓名统一由申请人提供，并证明无误）。请各省、市、自治区高级人民法院转告你们所属的单位。[1]

7月，恢复唐山市公证处，在市法院办公室配备一名公证员，只办理涉外公证。[2]

8月14日，最高人民法院司法行政厅发出《关于转发〈托收华侨国外遗产业务介绍〉的函》，提出：

涉外公证工作，是贯彻执行毛主席革命外交路线，和保护国外华侨正当权益的一项重要工作。随着毛主席革命路线的伟大胜利，我国对外关系不断扩大，海外华侨和港澳同胞与祖国的联系日益增多，涉外公证工作大量增加。许多地方人民法院的同志，要求我们提供一些

---

1 最高人民法院司法行政厅、外交部领事司《关于给国外华侨出具证明书的通知》[（73）法司字第88号、（73）领侨字第01012号]，中华人民共和国司法部编：《中华人民共和国司法行政规章汇编（1949—1985）》，法律出版社1988年版，第666页。

2 唐山市地方志编纂委员会编：《唐山市志》第四卷，方志出版社1999年版，第2564页。

参考性的资料。现将中国银行广州分行编印的《托收华侨国外遗产业务介绍》转发给你们，以供参考……[1]

8月，北京市公证处恢复办公，有3名同志专办公证，但只办理涉外公证业务。[2]

10月19日，最高人民法院、外交部作出《关于继承法问题的复函》致我国驻古巴大使馆，提出：

目前我国尚无成文的继承法。在处理有关继承案件时，是根据我国婚姻法有关规定和政府的政策。根据婚姻法第十二条规定“夫妻有互相继承遗产的权利”；第十四条规定“父母子女有互相继承遗产的权利”。在继承顺序上子女、配偶和缺乏劳动能力生活困难的父母是优先的，他们之间的继承顺序无明文规定。除上述直系亲属外，被继承人生前尽过赡养责任的较疏亲属，亦可酌情继承。我国公证机关和地方法院在出具“继承权证明书”时，一般不引用法律条文，只是证明某某人有继承权。

对古巴政府，可口头告诉他们，我国未颁布继承法，处理继承问题，是根据我国婚姻法以及有关的政策

1 最高人民法院司法行政厅《关于转发〈托收华侨国外遗产业务介绍〉的函》[（73）法司字第106号]，中国社会科学院法学研究所民法研究室民诉组、北京政法学院民事诉讼法教研室合编：《民事诉讼法参考资料》第二辑·第三分册，法律出版社1982年版，第368页。

2 该处系北京市人民法院的行政处内设公证科，对外挂“北京市公证处”的牌子。北京司法行政志编纂委员会编：《北京司法行政志（征求意见稿）》，北京市司法局2001年印，第249—250页。该书第284页又记载“1972年，北京市公证处的牌子在北京市人民法院正式挂出”，疑后者误。

规定，父母子女以及夫妻有互相继承遗产的权利，并可优先照顾子女、配偶和缺乏劳动力生活困难的父母。

另请你馆相机了解古巴有关继承法和养老金以及办理公证认证方面的规定和做法函告我们。[1]

10月，为适应公证工作的开展，南京市中级人民法院在民事审判庭设一至二名干部兼办公证事务，该院恢复办理市民申请的收养公证和涉外公证。[2]

11月29日，最高人民法院、公安部、外交部发出《关于出具涉外证明统一由法院或公证处办理的通知》，提出：

关于出具涉外证明问题，过去曾有明文规定，统一由法院（或公证处）办理。其他有关机关、单位，只能向法院提供情况，不得出具证明。但据有关方面反映，最近不断发现黑龙江、吉林、广东等地有些要求出境定居或探亲的外侨（特别是日侨）和华侨、侨眷，从他们所在工厂、学校、人民公社、生产大队和派出所等基层单位取得盖有公章的各种证明，寄往国外或外国驻华使馆。有的基层单位还直接向外国政府发函索要调查材料。这些随便索要和出具涉外证明的现象，对外将会造成政治上的不良影响，同时也给敌特和坏人提供伪造证件的方便条件。

1　最高人民法院、外交部《关于继承法问题的复函》[（73）法司字第128号、（73）部领侨字第378号]，最高人民法院研究室编：《中华人民共和国最高人民法院司法解释全集》，人民法院出版社1994年版，第1370页。

2　参见南京市地方志编纂委员会编：《南京司法行政志》，方志出版社2000年版，第133、147页。

为了防止此类事情的继续发生，现将最高人民法院、公安部、外交部一九六三年八月十三日《复关于今后办理外侨各种证明问题》和一九六四年九月二十三日《关于严格涉外公证手续的通知》重新印发给你们，今后请严格按照这两个文件的规定精神执行。这两个文件可转发到县以上的法院、公安机关和外事部门。此精神可传达到有外侨和华侨、侨眷的工厂、学校、人民公社、生产大队和派出所等基层单位的领导干部及掌管公章的人员。同时各地负责外侨管理的机构，应向外侨进行有关这一问题的教育，明确说明外侨在向外国驻华使馆提供证明手续，需要中国方面出具时，应由我法院（或公证处）公证后方为有效。对批准出境的华侨和侨眷，在发给出境通行证时应告诉他们，国内有关单位发给的结婚、离婚、出生、死亡、经历、学历等证明，需经当地人民法院（或公证处）予以公证，才能在国外生效。办理涉外公证业务较少的省、市、自治区高级人民法院，应指定若干县、市人民法院负责办理此项业务，并通知所属的单位。各地有关机关对申请办理涉外证明的我国公民也应按此精神进行教育。[1]

12月6日，辽宁省人保组、省高级人民法院、省外事办公室函转最高人民法院、公安部、外交部《关于出具涉外证明统一由法

1　最高人民法院、公安部、外交部《关于出具涉外证明统一由法院或公证处办理的通知》[公发（1973）105号]，中华人民共和国司法部编：《中华人民共和国司法行政规章汇编（1949—1985）》，法律出版社1988年版，第667—668页。

院或公证处办理的通知》。函中说：

> 我省涉外案件和涉外公证业务，仍按过去规定，由中级人民法院办理，报省高级人民法院审查批准。[1]

12月12日，广西壮族自治区高级人民法院、自治区公安局、自治区外事办联合转发最高人民法院、公安部、外交部《关于出具涉外证明统一由法院或公证处办理的通知》，自此广西壮族自治区涉外公证业务恢复。这时，涉外公证由自治区高级人民法院办理或由中级、基层人民法院办理并经自治区高级人民法院审批。[2]

12月13日，北京市高级人民法院、公安局联合转发了最高人民法院、公安部、外交部《关于出具涉外证明统一由法院或公证处办理的通知》，规定北京市的涉外公证业务今后统一由北京市公证处办理。[3]

上海市高级人民法院就关于涉外公证工作中几个问题请示最高

---

1 《辽宁法院志》编辑室：《辽宁省高级人民法院审判工作大事记（1945—1985）》，1986年4月15日，第87页。原资料中“最高人民法院”误印为“最高人民法法”。

2 另据该书介绍，1966年至1973年，广西壮族自治区涉外公证业务停办。广西壮族自治区地方志编纂委员会编：《广西通志·司法行政志》，广西人民出版社2002年版，第253页。原书中“最高人民法院、公安部、外交部《关于出具涉外证明统一由法院或公证处办理的通知》”，漏了“外交部”这三个字。

3 《当代中国的北京》法院编写组编：《当代中国的北京》法院部分资料丛编（一），第97页。此书封面为北京市人民法院工作大事记（1949—1985），落款为北京市高级人民法院。封底前第二页则写北京市人民法院工作大事记，编辑：北京市高级人民法院，京文出版字第87-026号。前书记载的联合转发的单位没有北京市外事部门，不知道是否遗漏。

人民法院，请示云：

最高人民法院：

近来，我们在办理涉外公证工作中遇到一些新的问题，如何处理，我们没有把握，特报告如下：

一、本市一些居民经批准出境去香港或国外，要求发给结婚证明、小孩出生证明或学历证明，但他们是在外地结婚、出生或在外地学校毕业，对此类证明书应由当地法院、公证机关出证，还是由我们批准出境地出证？如由我们出证证明在外地发生的法律事实是否妥当？我们意见对此涉及公证工作地区管辖范围，并为便于就地查明事实，似由结婚、出生、学校所在地司法机关出证为宜。

二、有不少经批准的本市居民要求将原在本市结婚登记机关所发的结婚证书调换由我公证机关所发的夫妻关系证明书。对此类申请应如何掌握？哪些结婚证书予以调换发给夫妻关系证明书，哪些不必调换？我们现对原结婚证书虽系区、县革委会所发，但在证书上印有最高指示、语录或系地区街道革委会所发的，给予换发，以便申请人在国外使用，对在文化大革命前由区、县人民委员会所发的结婚证书则不再换发。

三、本市居民拟出境去外国探亲或定居，由他们国外的亲属向侨居国有关部门申请办理入境手续，向我们要求发给亲属关系证明书以便申请入境，但在国内尚未向我公安部门申请入境或还未批准，对此类亲属关系证明是否可先发给？还是须待公安机关批准出境后再可发证？我们已收到几件这类案件，由于未办过，提不出具体意见。这样做是否妥当，我们亦无把握。

特此报告，请批示。[1]

12月28日，旅大市中级人民法院向中共旅大市委、辽宁省高级人民法院报送了《一九七三年审判工作总结报告》。报告中提到：

自三月一日市中级法院开展工作以来，配备干部六十二人，截至八月底十个县、区法院相继恢复，共配备干部一百八十六人……办理涉外公证案件二十五件。[2]

12月，福建省革命委员会、福建省高级人民法院联合发出通知，要求各级人民法院指定政治上可靠、政策水平较高的人员负责涉外公证工作，并规定今后办理涉外公证应逐级上报省高级人民法院审核。[3]

1 上海市高级人民法院《关于涉外公证工作中几个问题的请示》(文号不详)，最高人民法院研究室编：《中华人民共和国最高人民法院司法解释全集》，人民法院出版社1994年版，第1985页。有资料记载该文件文号为〔73〕沪公军审发字第244号，中国社会科学院法学研究所民法研究室民诉组、北京政法学院民事诉讼法教研室合编：《民事诉讼法参考资料》第二辑·第三分册，法律出版社1982年版，第256—257页。

2 辽宁省大连市中级人民法院院志工作领导小组办公室编：《大连法院史资料选编（二）》，1987年2月，无出版信息，第162页。

3 福建省革命委员会、福建省高级人民法院联合发出的通知名称与文件编号暂不详，福建省地方志编纂委员会编：《福建省志·司法行政志》，高等教育出版社2000年版，第140页。原书中福建省革命委员会简写为福建省革委会。

是年，最高人民法院召开涉外公证座谈会。[1] 北京市出具涉外公证书 1456 件。[2] 上海市高级人民法院办理涉外公证 204 件。[3]

为了落实中央有关涉外工作的指示精神，吉林省长春市中级人民法院等 6 个吉林省内市、州、地区中级人民法院附设公证处，共配备 8 名公证员。当年全省共办理涉外民事公证 22 件。[4]

随着沈阳市中级人民法院的重新恢复，沈阳市公证处的组织机构也迅速恢复起来。为了保护我国华侨在国外的合法权益，有利于发展我国的外交关系，经辽宁省高级人民法院批准，沈阳市公证处继续开办有关涉外公证事项，重新启用沈阳市公证处公章、钢印，编制由 2 人增加到 3 人。[5]

贵州省高级人民法院以贵阳市公证处名义办理公民因私出境的涉外公证书，公证书上署名公证员为该院副院长方运棋，仍属兼办，一直到 1979 年间。[6]

1　重庆市地方志编纂委员会：《重庆市志 · 第十四卷》，西南师范大学出版社 2005 年版，第 404 页。具体会议内容暂不详。

2　北京司法行政志编纂委员会：《北京司法行政志（征求意见稿）》，北京市司法局 2001 年印，第 384 页。

3　《上海司法行政志》编纂委员会编：《上海司法行政志》，上海社会科学院出版社 2003 年版，第 158、162 页。

4　田景春主编：《吉林省志 卷十二 · 司法公安志 · 司法行政》，吉林人民出版社 2000 年版，第 229、235 页。

5　参见《沈阳司法行政志》编写组编辑：《沈阳司法行政志》，沈阳市司法局 1990 年版，第 70 页。是年，辽宁省首先在沈阳、旅大、鞍山、抚顺、本溪等几个大城市的人民法院开展了公证业务。辽宁省地方志编纂委员会办公室主编：《辽宁省志 · 司法行政志》，辽宁民族出版社 2003 年版，第 142 页。

6　具体截至 1979 年何月何日，暂不详，贵阳市地方志编纂委员会办公室编：《贵阳市志 · 检察法院司法行政志》，贵州人民出版社 2005 年版，第 455—456 页。

广东省的台山、高鹤、大埔、平远、普宁、湛江、东莞、博罗、惠阳、中山、恩平、宝安等地公证处相继成立。[1]

青海省高级人民法院恢复后，在省高级人民法院领导下，西宁市中级人民法院恢复办理公证业务工作。[2]

经中共武汉市委批准，湖北省武汉市公证机构恢复建立，配备3名公证人员，负责办理武汉市的公证业务，并受湖北省高级人民法院委托，兼办全省的涉外公证业务。[3]

1974年

1月11日，经南昌市革命委员会批准，恢复南昌市公证处，受南昌市中级人民法院领导，专门办理全省涉外公证业务，江西省其他各市、县仍无公证机构。[4]

1月18日，最高人民法院发出《关于办理学历证明书的通知》，提出：

> 近来不少申请出国的归国华侨学生，为了便于在国外升学、就业，向我地方法院或公证处申请办理学历证明书时，由于原就读的学校已经撤销，遇到一些困难，甚至影响他们在国外升学、就业。

1 广东省地方志编纂委员会编：《广东省志·司法行政志》，广东人民出版社2003年版，第103页。

2 青海省地方志编纂委员会编：《青海省志·司法行政志》，青海人民出版社2000年版，第95页。

3 湖北省地方志编纂委员会编：《湖北省志·司法》，湖北人民出版社1998年版，第354页。

4 《江西省司法行政志》编委会编纂：《江西省司法行政志》，江西人民出版社1995年版，第66页。

为此，对那些经批准出国升学、就业的归国华侨学生，申请办理学历证明书，其原就读的学校已经撤销的，由批准出境地的县、市人民法院或公证处向他们原就读学校的接管单位进行调查。如属实，即可按规定给予办理学历证明书；如原就读学校无接管单位，或无案可查，则可向批准他们出国的公安机关查实；或由原就读学校的两名以上的工作人员证实后，给予办理。[1]

1月29日，台湾地区修正公布“公证法”。[2]

1月31日，最高人民法院作出《关于为出国公民办理各项证明问题的批复》致上海市高级人民法院，提出：

一、关于经批准去国外的我国居民，需要办理出生、学历、经历等证明应由何地人民法院（公证处）办理的问题。我们认为：由于出境人员的出生、读书、结婚有的不在批准出境地，甚至有的还分别在几个不同的地方。如让当事人到出生、读书、结婚地人民法院（公证处）办理，诸多不便。故此类证明应由批准出境地人民法院（公证处）办理。

二、关于我基层政权机关发给的结婚证书是否需要人民法院（公证处）予以换发的问题。我们认为：我基层政权机关发给的结婚证书，大小不同、格式不一；有

1 最高人民法院《关于办理学历证明书的通知》[（74）法办司字第3号]，中华人民共和国司法部编：《中华人民共和国司法行政规章汇编（1949—1985）》，法律出版社1988年版，第669页。

2 郑云鹏：《公证法新论》，元照出版有限公司2015年版，附录一公证法。修正主要内容可参见该书第37页。

的纸张太差，有的因保存不善已经破损；加之发证单位名称不一等情况，不宜带往国外。应一律换发我人民法院（公证处）出具的证明书。此项证明书要用道林纸印刷。（右上角贴当事人照片，并加盖钢印。）

三、关于亲属关系证明书应于何时办理的问题。我们认为：对那些因出境探亲或定居而要求办亲属关系证明书的，应在公安机关批准后办理。[1]

3月，吉林省全省7个市、地、州、盟的中级人民法院全部设立了公证处，配备了9名兼职公证人员办理涉外公证业务。[2]

5月6日，中国驻法国大使馆领事部就《关于旅法华侨养老金事》函告外交部领事司，提出：

……我们希望各地公证机关按照法养老金机关要求的日期出具生存证明，并在每年年初出具定居证明。

另外，我有些公证机关给华侨出具的证明页数很多，还系有带公证机关钢印的红绸带。这些证明寄到我

1　最高人民法院《关于为出国公民办理各项证明问题的批复》[（74）法办司字第4号]，最高人民法院研究室编：《中华人民共和国最高人民法院司法解释全集》，人民法院出版社1994年版，第1985页。文件标题有资料作：最高人民法院《关于经批准去国外的我国居民，其出生、学历、经历等证明应由何地人民法院（公证处）办理等问题的批复》[（74）法办司字第4号]，中国社会科学院法学研究所民法研究室民诉组、北京政法学院民事诉讼法教研室合编：《民事诉讼法参考资料》第二辑·第三分册，法律出版社1982年版，第254—255页。

2　田景春主编：《吉林省志 卷十二·司法公安志·司法行政》，吉林人民出版社2000年版，第235页。

部后，我们只是把其中有证明的一页取出，翻译认证后寄给法养老金机关，其余的都无用。故我们建议各种公证机关在给华侨出具生存证明及定居证明时只要做在一张质量比较好的纸上加盖公章即可，而不要加上封面、封底及白页并装订成本。这样即简化了公证机关的工作，又为国家节省了纸张。以上意见能否抄送各有关公证处，请领事司酌定。

附件：

拟需转抄的有关公证机关名单：

北京市公证处

河北省静海县人民法院

甘肃省兰州市中级人民法院

广东省阳春县人民法院

广州市公证处

安徽省泗县人民法院

江苏省沛县人民法院

江苏省靖江市人民法院

浙江省文成县人民法院

浙江省青田县人民法院

浙江省瑞安县人民法院

浙江省乐清县人民法院

浙江省温州市人民法院[1]

1 中国驻法国大使馆领事部《关于旅法华侨养老金事》（文号不详），最高人民法院研究室编：《中华人民共和国最高人民法院司法解释全集》，人民法院出版社1994年版，第1986页。

6月12日，最高人民法院办公室转发中国驻法国大使馆领事部《关于旅法华侨养老金事》的通知。[1]

6月14日，最高人民法院办公室、外交部领事司发出《关于公证文件中对中国血统外国籍人提法的通知》，提出：

近来，发现有的人民法院或公证处办理的涉外公证文件中，对已加入或取得外国国籍的中国血统的外国人仍称"华侨"。例如："×××侨居×国，持×国护照×号"、"×国归侨，持×国护照×号"、"侨居×国的华侨"等等。

上述提法，是不符合国务院国发〔1974〕1号文件精神的。国务院文件规定："凡自愿加入或取得当地国籍的华侨、华裔，就是外国人，就自动失去中国国籍"。

为执行国务院文件的统一规定和体现我国政府有关国籍问题的政策，各地人民法院或公证处，今后在办理公证文件中，对已加入或取得外国国籍的中国血统的外国人，不再称其为华侨或归侨，不再使用"侨居"等容易混淆国籍界限的词汇。如对关系人的国籍状况不清楚，在公证文件中可写"现住×国"，而不写"侨居×国"。

请你们转告所属的单位。[2]

1 最高人民法院办公室《关于转发我驻法国大使馆领事部〈关于旅法华侨养老金事〉的通知》（文号不详），最高人民法院研究室编：《中华人民共和国最高人民法院司法解释全集》，人民法院出版社1994年版，第1986页。

2 最高人民法院办公室、外交部领事司《关于公证文件中对中国血统外国籍人提法的通知》[（74）法办司字第13号、（74）领认字第253号]，中华人民共和国司法部编：《中华人民共和国司法行政规章汇编（1949—1985）》，法律出版社1988年版，第671页。

6月26日，最高人民法院作出《办理余惠子退出中国国籍证明的复函》致天津市高级人民法院，提出：

你院关于余惠子退出中国国籍如何证明的请示悉。同意你院意见，由批准退出中国国籍的部门发给批准证明即可。在执行中如仍有不能解决的具体问题，可直接请示市外办。[1]

7月2日，外交部领事司作出《关于办理"学历证明"、"工作证明"的几点意见》致最高人民法院司法行政处，提出：

最近，我们收到地方法院和公证处寄来办理认证的"学历证明"和"工作证明"，其中有的没有说明申请人被批准出国，是探亲，还是定居，因而需要逐件去函查询，另有些地方法院和公证处也来函询问，哪些人可办，"学历证明"或"工作证明"的问题。

据了解，出国的人申办"学历证明"或"工作证明"的目的，主要是为了在国外升学、谋职。他们中不少人原系我国家干部或职工。这些人有的是出国探亲，有的是定居。按有关归侨职工出国探亲假和工资待遇等规定，凡是出国探亲的，在假期内原工作单位为他们留职留薪；超假半年内虽停薪但仍为其留职。在这种情况下，发给"学历证明"或"工作证明"，他们凭此在国外升学、就业，势必造成一个人既是我国家干部或职

1　最高人民法院《关于办理余惠子退出中国国籍证明的复函》(文号不详)，最高人民法院研究室编：《中华人民共和国最高人民法院司法解释全集》，人民法院出版社1994年版，第1987页。

工，同时又是外国企业的职工，这是不合理的。为避免出现这一情况，我们建议按以下办法处理：

一、下列情况可出具“学历证明”或“工作证明”：

1. 凡出国定居，并在原工作单位办理了退职手续者；

2. 凡出国探亲，逾假不归，原工作单位已按规定作自动离职处理者；

3. 出国探亲后，本人来信或委托其亲友向原工作单位办理了退职手续者；

4. 凡随其父母出国的在学子女，需在国外继续升学者，可为其出具“学历证明”。[1]

二、下列情况不予出具“学历证明”或“工作证明”：

1. 凡出国探亲者；

2. 出国前，未办理退职手续者；

3. 本人自国外来信申请离职，但原工作单位尚未批准者；

4. 本人逾假不归，原工作单位尚未作自动离职处理者。

以上意见如无不当，请通知各地方法院和公证处。[2]

1 笔者所见资料，此处未有标点符号。外交部领事司《关于办理“学历证明”、“工作证明”的几点意见》[（74）领认字第276号]，中华人民共和国司法部编：《中华人民共和国司法行政历史文件汇编（1950—1985）》，法律出版社1987年版，第422—423页。

2 《外交部领事司“关于办理‘学历证明’、‘工作证明’”的几点意见》[（74）领认字第276号]，中华人民共和国司法部编：《中华人民共和国司法行政历史文件汇编（1950—1985）》，法律出版社1987年版，第422—423页。

7月4日，最高人民法院作出《关于办理亲属关系证明书和疾病证明书问题的批复》致福建省高级人民法院，提出：

关于旅居新加坡、马来西亚、菲律宾等国华侨需要回国探亲，侨居国移民局要求国内办理亲属关系证明书或国内亲属的疾病证明书后才给予办理探亲手续的，我公证机关可以给予办理他们需要的上述证明。

此复。[1]

7月6日，最高人民法院办公室转发《外交部领事司“关于办理‘学历证明’、‘工作证明’的几点意见”的通知》。[2]

7月9日，最高人民法院办公室作出《关于办理曹瑞群继承权证明书问题的函》致广东省高级人民法院，提出：

你省中山县法院报送外交部领事司关于补办曹瑞群继承权证明书的报告及原卷，经该司转我院阅处。

1 最高人民法院《关于办理亲属关系证明书和疾病证明书问题的批复》（文号不详），最高人民法院研究室编：《中华人民共和国最高人民法院司法解释全集》，人民法院出版社1994年版，第1988页。另有两种资料有不同记载，发文时间均为1974年7月5日，文件标题为最高人民法院《关于为旅居新加坡、马来西亚、菲律宾等国华侨办理回国探亲所需亲属关系证明书等问题的函》[（74）法办司字第16号]，中国社会科学院法学研究所民法研究室民诉组、北京政法学院民事诉讼法教研室合编：《民事诉讼法参考资料》第二辑·第三分册，法律出版社1982年版，第188页；中华人民共和国司法部公证律师司编：《公证工作手册》第一辑（文件汇编），第27页。该书无编印日期，据前言落款时间为1980年7月。

2 最高人民法院办公室《转发外交部领事司“关于办理‘学历证明’、‘工作证明’的几点意见”的通知》[（74）法办司字第17号]，中华人民共和国司法部编：《中华人民共和国司法行政历史文件汇编（1950—1985）》，法律出版社1987年版，第422页。

我们意见：根据我们对婚姻法施行前的重婚、纳妾“不告不理”、女方没有要求离婚“仍应让她们保持原来共同生活的关系”的原则，可以给曹瑞群办理继承权证明书。

但是在证明书的写法上要慎重，避免写那些“妾”、“应予以承认”等字句。因纳妾是违反我婚姻法的，“承认”是指事实还是指合法含混不清，易被曲解而造成不良影响。

证明书可以写以下几点：一点是曹瑞群与伍秉钧何时开始同居，这一点就可以说明他们的关系，而且是解放前的；一点是他们这种共同生活关系一直保持到伍死亡；最后的落脚点是伍的财产曹有继承权。

此外，以前的证明漏列了曹，可以加以说明。

你们对上述意见如无不同意见，望转告中山县法院。[1]

7月11日，最高人民法院办公室作出《关于涉外公证中几个问题的批复》致吉林省高级人民法院，共批复七点，其中提出：

三、关于外侨出国探亲，要带在中国收养的子女，可否给予出具亲属关系证明问题，同意你院的意见。

四、关于日侨要求出具其子女出生证明的问题，同意你院的意见。

……

1 最高人民法院办公室《关于办理曹瑞群继承权证明书问题的函》(文号不详)，最高人民法院研究室编：《中华人民共和国最高人民法院司法解释全集》，人民法院出版社1994年版，第1989页。

六、关于批准回国久居的日侨、华侨的子女出生证明是数人一证还是一人一证的问题，我们认为：对于日侨，可根据其要求办理。对于华侨，应考虑到数人一证，可以减少当事人公证、认证费的负担。如果当事人为了在国外使用方便而要求一人一证，也可以给予办理。此类问题，可根据实际情况和当事人的意见决定。

七、……

附件：

吉林省高级人民法院〔74〕第5号请示

一、吉林省高级人民法院吉高法〔74〕第5号请示提出的意见是：“外侨出国探亲要带在中国收养的子女，公证处可否给予出具亲属关系证明的问题，我们认为，对批准出境探亲的外侨，如果批准包括其在中国收养的子女出境时，公证处可以出具收养关系证明。”

二、吉林省高级人民法院吉高法〔74〕第5号请示提出的意见是：“我省通化地区日侨普遍要求对其子女出具出生证明书，据说是日本驻华大使馆对他们提出的，公证处可否给予公证问题。我们认为，凡有批准出境证明（包括其子女）的日侨，要求办理其子女出生证明的，可以办理……”[1]

1　最高人民法院办公室《关于涉外公证中几个问题的批复》[（74）法办司字第22号]，中国社会科学院法学研究所民法研究室民诉组、北京政法学院民事诉讼法教研室合编：《民事诉讼法参考资料》第二辑·第三分册，法律出版社1982年版，第91—92页。其中所录吉林省高级人民法院（74）第5号请示，余度系摘抄的文件。

7月12日，最高人民法院作出《关于我公民去加团聚办理亲属关系证明等问题的批复》致广东省高级人民法院，提出：

你院（74）粤法民字第60号请示报告收悉。经与外交部领事司研究答复如下：

一、关于在港澳居住的侨眷，要求出具亲属关系证明书，以便在当地向加拿大移民机构申办去加手续问题。我们认为：如果需要并调查属实，可予以办理。办理后由本人在港澳直接向加方申请。办理的办法仍应执行1973年7月23日〔73〕法司字第88号、〔73〕领侨字第01012号通知的规定，即本人回来办理或者委托其在原籍的亲友代为办理。

来文提出的港澳侨眷反映的问题，查（73）部领侨字第438号《关于我公民去加团聚的手续及接待加官员的通知》不包括港澳地区，也为未载有通过我驻加使领馆。

此外，上述通知中规定去加定居由公证机关办理的有关证明文件，不必经外交部认证；临时去加探亲无需办理有关证明文件。近据外交部领事司反映，你省尚有一些县大批送外交部领事司并要求加驻华使馆认证，既浪费外汇，又耽误时间，望加以解决。

二、关于为马来西亚华侨办理亲属关系证明书问题，中马建交后，可仍按过去的办法办理。不经外交部认证就可以发生效力的，应尽量减少报外交部认证。今后如有问题，再另行研究。

三、关于钢印问题，将另复。[1]

7月15日，最高人民法院办公室作出《关于给黄春眉办理证明问题的函》致广东省湛江市人民法院，提出：

你院一九七四年六月二十日〔74〕湛法政字第9号给外交部领事司的报告并附给黄春眉办的两个证明书及原卷，由该司转我院阅处。

经审阅原卷，发现有以下问题：

一、从墨西哥驻华使馆发给黄春眉的申请表抄件看，黄是以墨西哥国籍的身份申请返回墨西哥的。对这个问题，我有关部门事先是否知道，是否准许黄春眉填表，这是牵涉到我们承认黄是那个国籍的问题。

二、卷内墨西哥移民局给黄春眉之兄黄准祐的复函（译件）称："你弟妹墨国出生便是墨国人。他们的子女也是属墨国人。"如果办了黄的四个儿子的证明书，墨西哥根据上述规定将认为这四个人是墨西哥的侨民，我们当如何对待。

以上关于国籍问题，不是法院能够解决的，望请示党委或与有关部门研究，待上述问题解决后，再据以考虑办理公证手续……[2]

1　最高人民法院《关于我公民去加团聚办理亲属关系证明等问题的批复》（文号不详），最高人民法院研究室编：《中华人民共和国最高人民法院司法解释全集》，人民法院出版社1994年版，第1989—1990页。

2　最高人民法院办公室《关于给黄春眉办理证明问题的函》[（74）法办司字第21号]，中国社会科学院法学研究所民法研究室民诉组、北京政法学院民事诉讼法教研室合编：《民事诉讼法参考资料》第二辑·第三分册，法律出版社1982年版，第284页。

7月24日，最高人民法院作出《关于华侨黄锦汉生前患病情况可否给予公证问题的函》致广东省高级人民法院，提出：

你院〔74〕粤法民字第76号请示悉。同意你院意见，为了保护华侨、港澳同胞的正当权益，可以对黄锦汉生前患病情况给予公证。此复。

附：广东省高级人民法院关于华侨黄锦汉生前患病情况可否给予公证的请示。[1]

附件：

广东省高级人民法院

关于华侨黄锦汉生前患病情况可否给予公证的请示

（一九七四年七月九日〔74〕粤法民字第76号）

我院收到广州市公证处请示能否出具太平人寿保险公司香港分公司要求办理保险户黄锦汉先生在广东省人民医院病逝的患病经过情况证明问题。

根据该公司了解，黄锦汉生前患病经过情况是为了处理是否给赔偿，从保护华侨、港澳同胞的正当权益出发，我们认为可给予证明。但对国外机关来函要求办理证明的，我们还未办过，能否办理，没有把握，故特函请示，希尽速复示。[2]

---

1 最高人民法院《关于华侨黄锦汉生前患病情况可否给予公证问题的函》[（74）法办司字第23号]，中国社会科学院法学研究所民法研究室民诉组、北京政法学院民事诉讼法教研室合编：《民事诉讼法参考资料》第二辑·第三分册，法律出版社1982年版，第353页。

2 广东省高级人民法院《关于华侨黄锦汉生前患病情况可否给予公证的请示》[（74）粤法民字第76号]，中国社会科学院法学研究所民法研究室民诉组、北京政法学院民事诉讼法教研室合编：《民事诉讼法参考资料》第二辑·第三分册，法律出版社1982年版，第354页。

8月5日，最高人民法院办公室、外交部领事司发出《关于我公民去加拿大定居办理证明不需认证的通知》，提出：

各省、市、自治区高级人民法院（西藏除外）：

一九七三年十月二十四日，我国与加拿大就我公民去加与其家庭成员团聚问题达成了“谅解”。根据“谅解”精神，凡申请去加定居者，经我审查批准后，即凭公安部门发给的“通知书”，连同加方要求证明的信，到公证处（法院）办理所需证件。证件办妥后，无需经过外交部和加驻华使馆认证，便可在加拿大使用。

已在加定居而办理的证件（如在加华侨因需要向我公证机关办理的工作证明和学历证明）和侨眷在国内申请继承财产办理的有关证明等，仍需经外交部和加驻华使馆认证。

临时去加探亲的，不需要办理证明。

请将上述做法转发所属公证处（法院）遵照办理。[1]

8月20日，外交部领事司发出《关于在港澳居住者申请去加拿大办理亲属关系证明书事》，提出：

关于在港澳申请去加拿大定居或探亲者办理亲属关系证明书事，根据一九七三年十月二十四日我国政府和

1 最高人民法院办公室、外交部领事司《关于我公民去加拿大定居办理证明不需认证的通知》[（74）法办司字第25号、（74）领二字第146号]，中国社会科学院法学研究所民法研究室民诉组、北京政法学院民事诉讼法教研室合编：《民事诉讼法参考资料》第二辑·第三分册，法律出版社1982年版，第412页。

加拿大政府就我公民去加拿大与其家庭成员团聚问题达成的“谅解”精神，我们认为居住在港澳同胞也是我国的公民，仍应按照两国政府达成的“谅解”精神，这类的证件无需送我部和加驻华大使馆认证。[1]

10月23日，最高人民法院办公室发出《关于转发外交部领事司〈关于去荷兰使用的证明书的公证、认证事宜〉的函》，提出：

现将外交部领事司《关于去荷兰使用的证明书的公证、认证事宜》一文转发给你们，请转发所属办理公证工作的法院照此执行。[2]

附：

外交部领事司

关于去荷兰使用的证明书的公证、认证事宜

〔74〕领认文字第394号

最高人民法院司法行政处：

根据我驻荷兰使馆函告，我国出具的到荷兰使用的各种证明文件，虽有外交部领事司和荷兰驻华使馆的认证，或由我驻荷兰使馆认证，荷兰地方部门都以不懂文件内容为由，不予办理。如在原证明书上附上译文，则

1 外交部领事司《关于在港澳居住者申请去加拿大办理亲属关系证明书事》[（74）领认文字第344号]，中国社会科学院法学研究所民法研究室民诉组、北京政法学院民事诉讼法教研室合编：《民事诉讼法参考资料》第二辑·第三分册，法律出版社1982年版，第207页。

2 最高人民法院办公室《关于转发外交部领事司〈关于去荷兰使用的证明书的公证、认证事宜〉的函》[（74）法办司字第28号]，最高人民法院研究室编：《中华人民共和国最高人民法院司法解释全集》，人民法院出版社1994年版，第2177页。

可使用。为此，我驻荷使馆提出，今后凡申请荷方子女补助费和助学金的“出生证明”和“学历证明”，不必办理领事司和荷兰驻华使馆的认证。此类证件可由地方法院（公证处）据实出具后直接交当事人寄给国外亲属，由他们持该证明至我驻荷使馆重新办理公证，加附译文。其他用途的公证证明亦可按此办理……[1]

11月1日，最高人民法院转发外交部领事司《关于出具“亲属关系证明书”以减少交纳所得税事》的函，称：

各省、市、自治区高级人民法院：

兹转发外交部领事司复上海市高级人民法院函《关于出具“亲属关系证明书”以减少交纳所得税事》，望转知你们所属办理公证工作的法院照此办理。[2]

附件：

外交部领事司

关于出具“亲属关系证明书”以减少交纳所得税事

（一九七四年九月十七日〔74〕领认文字第372号）

上海市高级人民法院：

〔74〕沪高法刑字第239号函悉。

1 外交部领事司《关于去荷兰使用的证明书的公证、认证事宜》[（74）领认文字第394号]，最高人民法院研究室编：《中华人民共和国最高人民法院司法解释全集》，人民法院出版社1994年版，第2177页。

2 最高人民法院《转发外交部领事司〈关于出具“亲属关系证明书”以减少交纳所得税事〉的函》[（74）法办司字第30号]，中国社会科学院法学研究所民法研究室民诉组、北京政法学院民事诉讼法教研室合编：《民事诉讼法参考资料》第二辑·第三分册，法律出版社1982年版，第194页。

关于旅加华侨要求出具“亲属关系证明书”以减少向加方交纳个人所得税一事，经向我驻加拿大使馆了解：

一、华侨凡在申请加移民身份时，已经填报其在华的亲属姓名及关系者，在缴纳所得税时可凭汇款单据申请减交部分所得税；

二、如果在申请加移民身份时没有填报其在华的亲属姓名及关系者，则须出示“亲属关系证明书”以及汇款单据，才能减交部分所得税。

鉴此，你院可据实为申请人办理“亲属关系证明书”。寄我司认证时，请说明该证件作何用。[1]

11月5日，山西省高级人民法院发出《关于启用“太原市公证处印章”的通知》，提出：

经中共山西省委批准，我院成立“太原市公证处”。从一九七四年十一月五日起启用印章。特此通知[2]

11月18日，安徽省高级人民法院给蚌埠、合肥、芜湖三市中级人民法院发出院办（74）29号《关于办理公证的地区范围的通知》，其中指出：

根据最高人民法院的通知，我省已恢复办理有关涉

1 外交部领事司《关于出具“亲属关系证明书”以减少交纳个人所得税事》[（74）领认文字第372号]，中国社会科学院法学研究所民法研究室民诉组、北京政法学院民事诉讼法教研室合编：《民事诉讼法参考资料》第二辑·第三分册，法律出版社1982年版，第195页。

2 原文此处无标点符号，山西省高级人民法院《关于启用“太原市公证处印章”的通知》[晋法办〔1974〕14号]。

外公证文件。考虑到我省公证业务不多的情况，经省法院党的核心小组研究，暂委托蚌埠、合肥、芜湖三市中级人民法院分别代办各地公证工作，并指定专职或兼职公证员，对外名称统一为“×× 市公证处”。[1]

11 月 27 日，最高人民法院办公室作出《关于出具汽车驾驶员工作证明等问题的复函》致云南省高级人民法院，提出：

关于出具汽车驾驶员工作证明问题，根据公安部一九五九年六月六日《对携带我国机关、团体等单位所发证件、证章出境的处理办法》中，关于各单位发给个人不再收缴的各种证件、证章，如毕业证明书、汽车驾驶执照等准予携带出境的规定，今后应向申请人讲明，可持原执照出境，不必办理公证手续。如果申请人要求办理公证的，可以办理证明驾驶执照上印章属实的证明书。

对于申请办理学历证明的，如果所持的毕业证书在政治上没有问题，也可照此办理。

关于工作证明书中是否写明技术级别的问题，同意你们意见，可不写明。[2]

12 月 15 日，最高人民法院办公室作出《关于办理出国赴加拿大用的证件中对申请人的年龄问题的请示报告的复函》致广东省

---

1 安徽省司法厅司法志编辑室编：《安徽省司法行政志》，1990 年版，无出版信息，第 127 页。

2 最高人民法院办公室《关于出具汽车驾驶员工作证明等问题的复函》[（74）法办司字第 35 号]，中华人民共和国司法部编：《中华人民共和国司法行政规章汇编（1949—1985）》，法律出版社 1988 年版，第 672 页。

高级人民法院民庭，提出：

广东省高级人民法院民庭：

你庭〔74〕粤法民字第117号《关于办理出国赴加拿大用的证件中对申请人的年龄问题的请示报告》收阅。

同意所附广州市公证处的意见，但第一项建议没有必要。[1]

附件一：

广东省高级人民法院民庭
关于办理出国赴加拿大用的
证件中对申请人的年龄问题的请示报告

（一九七四年十一月十四日 〔74〕粤法民字第117号）

广州市公证处〔74〕穗法政字第667号关于办理出国赴加拿大的证件中对申请人的年龄问题的请示报告，经我院研究后，认为广州市公证处提出的三点意见是实际的，但考虑到这些问题是涉及到公证工作的原则问题，故特将广州市公证处的请示转报钧院，请指示。[2]

1 最高人民法院办公室《关于办理出国赴加拿大用的证件中对申请人的年龄问题的请示报告的复函》[（74）法办司字第38号]，中国社会科学院法学研究所民法研究室民诉组、北京政法学院民事诉讼法教研室合编：《民事诉讼法参考资料》第二辑·第三分册，法律出版社1982年版，第208页。

2 广东省高级人民法院民庭《关于办理出国赴加拿大用的证件中对申请人的年龄问题的请示报告》[（74）粤法民字第117号]，中国社会科学院法学研究所民法研究室民诉组、北京政法学院民事诉讼法教研室合编：《民事诉讼法参考资料》第二辑·第三分册，法律出版社1982年版，第209页。

附件二：

广州市公证处
关于办理出国赴加拿大用的证件中
对申请人的年龄问题的请示报告
（一九七四年十月十五日）

最近我们办理出国赴加用的出生、亲属关系证明中，发现部分申请人在国内报的出生日期与其在加亲人向加方申报的出生日期不相符，而申请人为了避免加方留难，往往要求我们按其在加亲人申报的年龄出具证件。我们感到这个问题涉及到公证机关的实事求是问题，也关系到一批人能否获得加方批准入境问题，需慎重处理。特将情况和意见报告如下：

目前碰到的年龄问题有几种情况：

1. 在加华侨报错。有些在加华侨出于各种原因，为国内亲人申请入境时，往往把年龄报大或缩小。如申请人林丽珍来我处申办证件时，自述本人实际出生日期是一九三六年十一月十四日。但其在加父亲为她申报入境时填报出生日期是一九三一年十一月十四日，相差五年。据林称，因其父回国时带了两个亲戚去加并把这两人认作儿子，其父为了这些人的年龄在加申报时不出现矛盾，故把林的出生日期作了更改。又如华侨张洁华，申请住加时，为了便于找职业，把年龄报少五岁。最近向加方申请在国内的四个子女入境时，因她早婚，自己过去又报少了五岁，以孩子的出生日期推算，变成了十二岁生小孩，怕不合情理被加方留难，除把大儿子假报为其夫前妻所生外，还分别将四个子女的年龄缩减了两岁。因其子女的户口簿记载的出生日期与张在加申报的日期不符，未能办理，最近张到处写信，要求按其在加申报的出生日期（包括她本人和子女）出证。对此，我们认为，如按申请人的请求把其出生日期将错就错地办理，则证明失却了真实性，如按申请人的真实的出生日期出证，则与在加华侨所申报的日期不相符，可能由此引起加方的留难，以至不获批准入境。但我们认为公证证明文件是涉及到国家的信誉和影响问题，应坚持准确性，不能将错就错，仍按申请人的真实出生日期办证为宜。至于能否获得加方批准入境，则由加方决定。

2. 申请人对农历和公历的使用不一致。有的申请人申报出生日期是农历，但在加华侨申报的是公历，时间对不上。我们认为对于这种情况需实事求是地处理。如申请人请求按在加华侨申报的时间出证，有单位组织证明和派出所同意更正户口簿出生时间，可以同意申请人的要求。

3. 关于解放前出生的申办人年龄的证据问题。有不少申办人是解放前出生的，而解放前出生的一般是没有出生的书面证明材料的（农村尤其是如此）。因此，当申办人要求改变年龄（出生日期）时，有的难以提供足资证明的材料，特别是申办人在香港写信回来托其亲友关系办证的，不好处理。我们认为，解放前出生的申办人，原证记载年龄是由他自报的，我们一般不作深入复核，现在要求更改，考虑到证件尚未使用，一般应着令申办人提供有关资料。如申办人住广州或原住广州的应由他（她）到派出所提出理由申请更正户口簿记载的出生日期。如派出所同意并已给予更改，我们则以派出所的记载作为根据，给予重办。否则，在上级没有新的指示以前，为慎重起见，不给重办……[1]

12月20日，最高人民法院办公室发出《关于为胡韵柔领取赔偿金所办公证问题的函》致广东省高级人民法院，提出：

收到外交部领事司转来你省开平县法院为胡韵柔领取赔偿金事所办公证一件。经研究，我们的意见是：如果按原证明书中用“原夫”、“原妻”之词，对胡领取这笔赔偿金没有任何影响，港英当局也不会提出异议，这样写也是可以的。根据你省办证的实践经验，是否有这样的把握？如无把握，在写法上就应加以考虑。因为（一）胡与死者的夫妻关系在死者死亡时是存在的，死者死亡后，胡的继承权和要求赔偿权即应已确定，而且胡与死者的父母一起立即向港英有关当局提出诉讼，要求确认这项权利，港英有关当局也不得不予确认。但时间拖的太长，致使胡在再嫁前不能行使其继承和要求赔偿的权利，其责任在港英有关当局而不在胡。（二）胡再嫁是死者死亡，并非与死者离婚而断绝夫妻关系，胡行使继承权是符合一九五三年三月十九日《中央人民政府法制委员会有关婚姻问题的若干解答》中问题六的解

1　广州市公证处《关于办理出国赴加拿大用的证件中对申请人的年龄问题的请示报告》[（74）穗法政字第667号]，中国社会科学院法学研究所民法研究室民诉组、北京政法学院民事诉讼法教研室合编：《民事诉讼法参考资料》第二辑·第三分册，法律出版社1982年版，第210—211页。文件编号中“政”疑为“证”。

答："寡妇结婚时，可以把应该归她继承的遗产带走，任何人都不能干涉"的精神的。因此，从保护我国公民利益出发，我们有责任帮助胡把这笔赔偿金领回来。

按照中国银行广州分行《托收华侨国外遗产业务介绍》的要求，申请人需要继承权证明书，为的是取得继承人的合法地位，并从而取得进行诉讼的资格。但现在香港法院已经颁布了命令，给胡赔偿金一万五千元，这就已经确认了胡与死者的关系和胡的继承权。因此，是否不再需要办理继承权证明书，而只办一件委托书，委托我在港银行代为领取即可。如果一定要办继承权证明书，是否可在该证明书上写明胡与死者的结婚年月日，说明他们的夫妻关系一直保持到死者死亡。根据我国法律规定，胡有权继承死者留下的财产，从而避免胡现在的婚姻状况。同样在委托书中也要注意避免这一点。

如果你们认为这样做都不妥当，是否可以在公证书中直接写明胡与死者是夫妻关系，以反映他们当时的婚姻状况。

如果办继承权证明书和委托书，那就不需要再办亲属关系证明书和结婚证明书。

以上意见，请你们研究，如无不同意见，请转开平县人民法院参照办理。[1]

12 月 24 日，最高人民法院办公室发出《转发外交部领事司

1　最高人民法院办公室《关于为胡韵柔领取赔偿金所办公证问题的函》[（74）法办司字第 39 号]，中国社会科学院法学研究所民法研究室民诉组、北京政法学院民事诉讼法教研室合编：《民事诉讼法参考资料》第二辑·第三分册，法律出版社 1982 年版，第 355—356 页。

〈关于我不出具“行为良好证明书”一事〉的函》，提出：

现将外交部领事司《关于我不出具“行为良好证明书”一事》一文转发给你们，请转发所属办理公证工作的单位照此办理。[1]

附件：

外交部领事司

关于我不出具“行为良好证明书”一事

（一九七四年十二月二十三日〔74〕领认文字第488号）

广东省高级人民法院：

关于秘鲁移民局根据秘鲁法律规定，要求申请来秘的外国公民提供“行为良好证明书”或“守法公民证明书”一事，我驻秘鲁大使馆已向秘移民局递交照会，说明我向无发“行为良好证明书”做法。请您院接函后通知有关地方法院和公证处，今后一律不对外出具“守法公民证明书”或“行为良好证明书”。

随函附去开平县周翠颜“守法公民证明书”二份，请你院阅后直接退开平县人民法院。

……[2]

---

1 最高人民法院办公室《关于转发外交部领事司〈关于我不出具“行为良好证明书”一事〉的函》[（74）法办司字第40号]，中国社会科学院法学研究所民法研究室民诉组、北京政法学院民事诉讼法教研室合编：《民事诉讼法参考资料》第二辑·第三分册，法律出版社1982年版，第272页。

2 外交部领事司《关于我不出具“行为良好证明书”一事》[（74）领认文字第488号]，中国社会科学院法学研究所民法研究室民诉组、北京政法学院民事诉讼法教研室合编：《民事诉讼法参考资料》第二辑·第三分册，法律出版社1982年版，第273页。文件中“您院”疑为“你院”。

12月26日，广东省高级人民法院作出《关于涉外公证工作几个问题的请示》报请最高人民法院，提出：

现将我们在办理涉外公证工作中遇到的几个问题和处理意见请示如下：

一、居住在港、澳的我国公民，申办证明文件，其政治情况难以查清，怎么办？

我们的意见：在办证过程中，要注意了解申办人有无政治问题。所需证明的问题查实后，如未发现申办人有现行特务、反革命或其他危害我国国家主权和安全的重大嫌疑时，可给予办理。

二、已经我公安机关批准出境的，原系地富反坏右分子，现已摘了帽子的，或是劳改释放人员，需要申办涉外证明，是否予以办理？

我们意见：遇到这种情况，公证机关应主动与批准出境的公安机关联系，如公安机关审批时已知其政治身份，而公证机关又无发现新的问题时，应予办理。

三、……

因此，我们认为：今后办理此类证明，如无当事人明确要求一事一证，可以按照实际情况，参照上述要求，办理一份证明文件。

以上问题的处理方法是否妥当，请批示。[1]

1　广东省高级人民法院《关于涉外公证工作几个问题的请示》[（74）粤法民字第124号]，中国社会科学院法学研究所民法研究室民诉组、北京政法学院民事诉讼法教研室合编：《民事诉讼法参考资料》第二辑·第三分册，法律出版社1982年版，第94页。

是年，北京市公证处出具涉外公证书999件。[1]上海市高级人民法院办理涉外公证325件。[2]重庆市人民法院恢复办理涉外公证，当年共办理涉外公证8件。[3]

云南省昆明市中级人民法院下属昆明市公证处开始恢复办理涉外公证。[4]

1975年

1月16日，最高人民法院作出《对广东省高级人民法院关于涉外公证工作的几个问题的请示的批复》致广东省高级人民法院，认为：

> 你院〔74〕院粤法民字第124号请示悉。其中第一、二两个问题，同意你们的意见。第三个问题，即申请去加拿大的人员办理证明文件的问题，经与领事司联系，据称：因加拿大方面建议，如果亲属关系证明书能包括加方要求的内容，办一份即可，我方正在研究，在与加方达成协议前，暂不改变，请按原办法处理。
>
> 此复。[5]

---

1 北京司法行政志编纂委员会：《北京司法行政志（征求意见稿）》，北京市司法局2001年印，第384页。

2 《上海司法行政志》编纂委员会编：《上海司法行政志》，上海社会科学院出版社2003年版，第158、162页。

3 重庆市地方志编纂委员会：《重庆市志·第十四卷》，西南师范大学出版社2005年版，第404页。

4 昆明市明信公证处编：《昆明市明信公证处志》，云南人民出版社2011年版，第7页。

5 最高人民法院《对广东省高级人民法院关于涉外公证工作的几个问题的请示的批复》[（75）法办司字第3号]，中国社会科学院法学研究所民法研究室民诉组、北京政法学院民事诉讼法教研室合编：《民事诉讼法参考资料》第二辑·第三分册，法律出版社1982年版，第93页。

福建省革命委员会作出闽革［1975］综007号《批复》致省公安局、省高级人民法院，其中提出：

四、同意在省法院和重点地、市设立公证机构，负责办理涉外公证工作。共配备干部三十名，从下放干部中抽调。一般地、市、县可指定一人兼管此项工作。[1]

1月24日，最高人民法院作出《关于来华治病的华侨和外籍人要求出具延期治疗证明问题的批复》致广东省高级人民法院，提出：

关于来华治病的华侨和外籍人要求出具延期治疗证明的问题，经与外交部、公安部共同研究，同意广州市公证处的意见，由医院据实出具证明。如果居住国要求办理公证手续，公证处可证明医院印章属实，不必送外交部认证。[2]

1月28日，最高人民法院作出《关于公证工作几个问题的批复》致吉林省高级人民法院，提出：

你院吉高法字（1974）第32号请示报告悉。现将你院请示的几个问题答复如下：

一、关于抗美援朝期间赴朝参战，出国后加入朝鲜民主主义共和国国籍的人员，现要求办理在中国时的家庭出身、工作经历、亲属关系等证明，可否给予办理的

1　福建省革命委员会《批复》[闽革〔1975〕综007号]。

2　最高人民法院《关于来华治病的华侨和外籍人要求出具延期治疗证明问题的批复》(文号不详)，最高人民法院研究室编：《中华人民共和国最高人民法院司法解释全集》，人民法院出版社1994年版，第1991页。

问题。去年7月11日我院（74）法办司字22号[1]批复中，曾答复你院“待有关部门研究后另行通知”。最近我们又与有关部门联系，据称，这个问题比较复杂，还没有研究出具体办法。我们认为：因实际工作中有些问题需要解决，在中央有关部门没有作出规定前，你们可以根据申请人的要求和具体情况，提出意见，报请党委决定。

二、关于公证员穿警服的问题。我们认为：公证处不是公安机关，公证员不是公安人员，没有必要穿警察服装。

三、关于国内群众收养子女是否办公证的问题。如纯属国内的子女收养，不予办理公证。[2]

2月25日，最高人民法院办公室转发外交部领事司《关于领取荷兰的子女补助费出具“亲属关系证明”的几点意见》的通知，提出：

现将外交部领事司“关于领取荷兰的子女补助费出具‘亲属关系证明’的几点意见”转发给你们。请你们转告所属的有关单位照此办理。[3]

---

1 笔者所见文本无“第”字，疑漏。最高人民法院《关于公证工作几个问题的批复》[（75）法办司字第6号]，最高人民法院研究室编：《中华人民共和国最高人民法院司法解释全集》，人民法院出版社1994年版，第1991页。

2 最高人民法院《关于公证工作几个问题的批复》[（75）法办司字第6号]，最高人民法院研究室编：《中华人民共和国最高人民法院司法解释全集》，人民法院出版社1994年版，第1991页。

3 最高人民法院办公室《转发外交部领事司〈关于领取荷兰的子女补助费出具“亲属关系证明”的几点意见〉的通知》[（75）法办司字第10号]，最高人民法院研究室编：《中华人民共和国最高人民法院司法解释全集》，人民法院出版社1994年版，第1991页。

附：

外交部领事司

关于领取荷兰的子女补助费

出具“亲属关系”证明的几点意见

（75）领认文字第093号

最高人民法院司法行政处：

我驻荷兰使馆最近来函，对领取荷方子女补助费的证明文件，根据目前办理的情况，提出了一些意见。现将这些意见抄告如下，如无不当，请转告各有关公证机关。

一、有的证明书对被证明的子女只写年龄，没有具体的出生日期，在荷兰无法使用，必须写明被证明子女的出生日期；

二、有些被证明的子女长期居住在香港，地方公证处对他们的现状难以核实，故对他们不宜提供证明；

三、出具子女证明书是为了领取子女补助费。这种补助费只发给15周岁以下的儿童或虽超龄但仍在校读书的青年。有的证明书把已出嫁的女儿和已独立工作的成年人都写上，这种做法不妥，对外影响不良；

四、有的子女证明采取一人一份，五个孩子出五份证明，无此必要，合做一份即可。[1]

2月28日，福建省高级人民法院发出《关于恢复人民法庭和设立公证机构的通知》，其中提出涉外公证的任务是：

1　外交部领事司《关于领取荷兰的子女补助费出具“亲属关系证明”的几点意见》[（75）领认文字第093号]，最高人民法院研究室编：《中华人民共和国最高人民法院司法解释全集》，人民法院出版社1994年版，第1992页。

办理我国公民申请出生、死亡、结婚、离婚、亲属关系等涉外证明文件和外侨要求出具解放后（或解放前）的工作、学历、出生、死亡等项证明。通过办理上述公证文件，以保护华侨、侨眷和港澳同胞的正当权利和利益。在办理公证工作时，要在党委的领导下，紧紧依靠群众，认真负责，查清事实，遵照党和国家的政策法令，按照涉外公证的各项规定和手续及时办理。[1]

3月15日，最高人民法院办公室转发外交部领事司《关于办理日侨赴日探亲、定居的公证文件的认证事》的函，提出：

现将外交部领事司《关于办理日侨赴日探亲、定居的公证文件的认证事》的函转发给你们，请转告所属的有关单位试行。[2]

附：

外交部领事司

关于办理日侨赴日探亲、定居的公证文件的认证事

（1975年3月5日）

最高人民法院司法行政处：

我司收到吉林省高级人民法院《关于简化办理日侨赴日探亲、定居涉外公证程序的通知》一份。考虑到日侨

1　福建省高级人民法院《关于恢复人民法庭和设立公证机构的通知》。笔者所见文件编号模糊，似为闽法〔1975〕4号。另参见厦门市司法局编：《厦门司法行政志》，2004年，无出版信息，第71页。

2　最高人民法院办公室《转发外交部领事司〈关于办理日侨赴日探亲、定居的公证文件的认证事〉的函》（文号不详），最高人民法院研究室编：《中华人民共和国最高人民法院司法解释全集》，人民法院出版社1994年版，第1992页。

的特殊情况，并为统一对外起见，我们考虑，今后凡日侨申请赴日探亲、定居所需办理的亲属关系等公证文件以及日侨及其配偶和子女去日本定居所需的工作证明等公证文件，都可免去外交部领事司和日本驻华使馆的认证。如在日本使用时需我认证，可到我驻日使馆申办认证。

除上述以外的去日本使用的其他各种公证文件，仍按正常程序办理认证。

以上意见是否妥当，如可行请转告有关地区的公证机关试行。[1]

最高人民法院办公室转发外交部领事司《关于美国驻华联络处办理认证事》的函，提出：

兹转发外交部领事司《关于美国驻华联络处办理认证事》的函，望转知所属办理公证的单位照此办理。[2]

附：

外交部领事司

关于美国驻华联络处办理认证事

（1975年3月13日）

最高人民法院司法行政处：

根据美国驻华联络处的正式通知，今后中国公民在

1　外交部领事司《关于办理日侨赴日探亲、定居的公证文件的认证事》（文号不详），最高人民法院研究室编：《中华人民共和国最高人民法院司法解释全集》，人民法院出版社1994年版，第1992—1993页。

2　最高人民法院办公室《转发外交部领事司〈关于美国驻华联络处办理认证事〉的函》（文号不详），最高人民法院研究室编：《中华人民共和国最高人民法院司法解释全集》，人民法院出版社1994年版，第1993页。

香港的美国总领事馆为申请入美签证所需的“结婚证明”、“出生证明”、“亲属关系”等各种公证文件，都不必办理美国驻华联络处的认证，只要经外交部领事司认证即可使用。

凡欲在美国境内谋职、升学所需的“工作证明”和“学历证明”、为进行法院诉讼所需和用于其他法律目的的各种公证文件，仍需办理美国驻华联络处的认证。

以上通知各有关公证机关参照执行。今后凡欲申办美联处认证的公证文件，均请附函说明作何用途。[1]

4月9日，最高人民法院办公室转发外交部领事司《关于欲往马来西亚使用的证件的认证事》的函，提出：

现将外交部领事司《关于欲往马来西亚使用的证件的认证事》的函转发给你们，请转告所属的有关单位参照执行。[2]

附：

外交部领事司

关于欲往马来西亚使用的证件的认证事

（1975年4月4日）

最高人民法院司法行政处：

根据马来西亚的有关规定，中国公证机关发出的中

1 外交部领事司《关于美国驻华联络处办理认证事》（文号不详），最高人民法院研究室编：《中华人民共和国最高人民法院司法解释全集》，人民法院出版社1994年版，第1993页。

2 最高人民法院办公室《转发外交部领事司〈关于欲往马来西亚使用的证件的认证事〉的函》（文号不详），最高人民法院研究室编：《中华人民共和国最高人民法院司法解释全集》，人民法院出版社1994年版，第1993页。

国公民的公证文件不需要办理马来西亚驻华使馆的认证，只要经外交部领事司和中国驻马来西亚大使馆的认证即可使用。如申请人为中国公民，而关系人为马来西亚公民，也按此办理。

因此，今后凡欲往马来西亚使用的各种证件，经外交部领事司认证后，由申请人将证件寄给其在马来西亚的亲属，向我国驻马来西亚大使馆申请认证即可。

以上请通知各有关公证机关参照执行。[1]

4 月 29 日，外交部领事司、公安部政保组、最高人民法院发出《关于简化填写和转递我公民去加团聚申请表等手续的通知》，提出：

各省、市、自治区（西藏除外）外事办公室（外事组）、公安局、高级人民法院，卫生部防治组，中国华侨旅行社总社，广东华侨旅行社，港澳工委，驻加拿大使馆，驻温哥华总领馆：

我国和加拿大就我公民去加与其家庭成员团聚问题于 1973 年 10 月 24 日达成了一项谅解。一年多来的实践证明，对某些具体手续有简化的必要。经协商，中加双方就简化[2]填写和转递“赴加永久居住申请表”和办

1　外交部领事司《关于欲往马来西亚使用的证件的认证事》（文号不详），最高人民法院研究室编：《中华人民共和国最高人民法院司法解释全集》，人民法院出版社 1994 年版，第 1994 页。

2　原书作“华”，显误，本书已改。外交部领事司、公安部政保组、最高人民法院《关于简化填写和转递我公民去加团聚申请表等手续的通知》（文号不详），最高人民法院研究室编：《中华人民共和国最高人民法院司法解释全集》，人民法院出版社 1994 年版，第 1994—1995 页。

理“亲属关系证明书”等手续达成了新的口头谅解。现将有关事项通知如下：

一、关于简化填写和转递“赴加永久居住申请表”

（1）在加拿大的亲属如要其在中国的亲属赴加团聚，应由本人告知其在中国的亲属。在中国的亲属可向中国地方当局提出申请，经公安机关批准并发给通知书（内容和格式与过去同）以后，即可向县、市公证机关或法院办理“亲属关系证明书”。并将此证书径寄在加亲属。

中国地方当局不批准的，应通知在中国的亲属，此案就此了结……

二、关于办理“亲属关系证明书”

根据新的谅解，今后申请人只要办一份“亲属关系证明书”即可。按加方要求，此“亲属关系证明书”需包括下列内容：

申请人同在加拿大申请人的亲属关系

申请人父母的姓名

申请人的21岁以下未婚子女的姓名

申请人配偶的姓名及结婚日期

申请人配偶的父母亲姓名

申请人本人、配偶和21岁以下未婚子女的出生地点和日期。

一户申请为2人以上者，可把他们写在一起，然后开列关系人姓名，再用文字说明申请人同关系人的关系。为使“亲属关系证明书”划一，我们初步拟就一式样，附去供参考。

此通知从1975年5月16日开始执行。加方过去寄送的“赴加永久居住申请表”在5月16日以前寄回加拿大驻华使馆的，仍按原规定办理。5月16日起停止寄回申请表，所遗留的申请表一概不予退回，也不再使用，即行作废……[1]

6月3日，最高人民法院办公室转发外交部领事司《关于改进公证、认证工作的几点意见》的通知，提出：

现将外交部领事司《关于改进公证、认证工作的几点意见》转发给你们，望转所属有关单位认真研究、执行，进一步改进公证工作。[2]

附：外交部领事司《关于改进公证、认证工作的几点意见》

近年来，涉外公证和领事认证的工作量大增，但目前办理公证认证的情况不能适应形势发展的要求。为了保证公证文件的质量，提高工作效率，不误申请人的使用，现提出如下改进意见：

一、涉外公证文件系我国对外的正式法律文件，必

1　外交部领事司、公安部政保组、最高人民法院《关于简化填写和转递我公民去加团聚申请表等手续的通知》(文号不详)，最高人民法院研究室编:《中华人民共和国最高人民法院司法解释全集》，人民法院出版社1994年版，第1994—1995页。

2　最高人民法院办公室《转发外交部领事司〈关于改进公证、认证工作的几点意见〉的通知》[(75)法办司字第25号]，中华人民共和国司法部编:《中华人民共和国司法行政历史文件汇编（1950—1985）》，法律出版社1987年版，第428页。

须保证质量。否则，不仅会影响域外使用效率，同时也会影响我国对外的声誉。如有严重错误，将会在政治上造成不良影响。为此，办理证件时必需坚持政治挂帅，仔细、认真、切实地保证公证文件的内容、格式和文字正确无误。公证文件一律由公证员签名或盖章，并加盖法院（公证处）公章。

二、公证文件必须保持整洁，用纸质量要好些，打印要清楚，每份证书要装订成册，封底前留一页空白纸供认证用，如不需办理认证，可不留此页；同一遗产继承案所需的各种公证书，如“继承权证明书”、“委托书”、“死亡证明书”等，可以合订成一册。

三、送领事司办理认证的公证书必须附函具体说明证书的用途和需送那一国驻华使馆认证；办理认证的公证书只寄一份即可，不必寄有关的卷宗材料；经领事司退回重办的公证书，请按要求重办后及时寄领事司办理认证。如因情况变化，不再办理，应来函说明，以便结案。

四、各国驻华使馆和我国驻外使馆通过领事司请各地公证机构提供的各种证件，务请设法抓紧调查办理，办理的快慢既体现我国机关办事的效率，同时也在一定程度上反映我与申办国的关系；证件寄领事司时应附函说明，如无法办理，亦请早日函复。

五、我人民法院和公证处不应公证在我国境外发生的法律行为，如有的法院（公证处）公证 ××× 于 × 年 × 月 × 日出生于马来西亚，或公证 ××× 与 ××× 于 × 年 × 月 × 日在泰国曼谷市结婚。

六、有关公证工作中的问题，请各地公证机构直接请示上级法院；有关认证工作中的问题，请与领事司联系；送领事司认证的公证书，一律通过法院（公证处）邮寄。

七、凡需驻华使馆认证的公证书，请尽量提前送领事司，以免时间紧迫造成不必要的“急件”，以至贻误申请人使用，造成损失。

八、认证费一律由法院（公证处）按“收费标准”代收，通过邮局汇寄领事司，不要多寄或少寄，一个案件一张汇票，在汇单附言中写明此款是谁的（姓名必须与公证书内的第一个当事人的姓名一致）和申请何国认证所需。

如果需要办理“收费标准”所列以外国家驻华使馆的认证，可在来函中说明，并先将领事司认证费寄来，暂不寄使馆所需的认证费，如该使馆收认证费，待认证办妥后再通知法院（公证处）汇寄。

九、因加拿大、智利、阿根廷等驻华使馆收费均按加币或美元收取，比价经常变动，为减少退款或补款手续，今后一律按现行的人民币数汇寄，如因比价变动而产生少量的余款或不足之款，一律不再退还或补交。

十、为简化手续，今后领事司办理认证不再开具认证费收据，改为在认证页上盖收费章，章内注明的款项系领事司认证费和驻华使馆认证费的总额。

另，为了改进工作，少出差错，现将证件中经常发现的差错，综合附后，供各地参阅……[1]

1　外交部领事司《关于改进公证、认证工作的几点意见》系最高人民法院办公室《转发外交部领事司〈关于改进公证、认证工作的几点意见〉的通知》[（75）法办司字第25号] 附件，未发现其发文字号，中华人民共和国司法部编：《中华人民共和国司法行政历史文件汇编（1950—1985）》，法律出版社1987年版，第428—432页。

6月4日，天津市高级人民法院、天津市公安局、天津市邮电管理局、中华人民共和国天津海关、天津市革命委员会外事办公室联合向天津市革命委员会报告，要继续贯彻1973年11月29日最高人民法院、公安部、外交部联合发出的《关于出具涉外证明统一由法院或公证处办理的通知》的规定，规定：

出具涉外证明统一由法院或公证处办理，其它有关机关单位，只能向法院提供情况，不得出具证明。[1]

6月9日，最高人民法院作出《关于为日侨证明亲属关系等问题的批复》致山东省高级人民法院，认为：

关于第一个问题，经与外交部领事司研究，最高人民法院办公室〔75〕法办司字第11号函中关于免除认证的规定，适用于日本血统的中国籍人。其余同意你们的意见。

第二个问题，同意你们意见……[2]

附件：

山东省高级人民法院

对公证工作中几个问题的请示

（一九七五年五月二十七日 〔75〕鲁法司字第47号）

最高人民法院：

近来，我们在办理涉外公证工作中遇到几个问题，

1 天津市高级人民法院院史编写组：《天津法院工作大事记》，第138页。无出版信息，编写说明落款时间为1986年7月。

2 最高人民法院《关于为日侨证明亲属关系等问题的批复》[（75）法办司字第27号]，中国社会科学院法学研究所民法研究室民诉组、北京政法学院民事诉讼法教研室合编：《民事诉讼法参考资料》第二辑·第三分册，法律出版社1982年版，第417页。

如何处理，感到没有把握，特报告请示：

一、最高人民法院办公室〔75〕法办司字第11号通知中规定："今后凡日侨申请赴日探亲定居所办理的亲属关系等公证文件，都可免去外交部领事司和日本驻华使馆的认证。如在日本使用时需要认证，可到我驻日使馆申办认证。"最近有的地区请示，为已加入中国籍的日本人出具的证明，是否需要认证的问题，我们认为既加入中国籍，即享受我公民的一切权利和义务，应是中国人。现在，这些人又赴日定居，申请办理亲属关系等证明，为照顾到这些人的实际情况，有利于对外关系，我出具的证明，可不写他们的国籍和我公民的字样，认证程序仍按高院的通知精神办理。

二、据了解，申请去日定居者，多数有中国籍的配偶，有的在日本还有配偶，现在一方去日定居，一方留在中国。有的地区提出，对这类情况，应当如何对待，我们意见：如果当事人在向法院申请办理公证文件的同时，双方同意离婚的，即予以办理离婚手续；如果当事人不提出离婚的，我们也不要主动提及他们的婚姻关系。

……[1]

6月13日，最高人民法院办公室转发外交部领事司《关于在

1　山东省高级人民法院《对公证工作中几个问题的请示》[（75）鲁法司字第47号]，中国社会科学院法学研究所民法研究室民诉组、北京政法学院民事诉讼法教研室合编：《民事诉讼法参考资料》第二辑·第三分册，法律出版社1982年版，第418页。

马来西亚使用的证件的认证事》的通知，提出：

现将外交部领事司《关于在马来西亚使用的证件的认证事》的函转发给你们，请转告所属的有关单位照此办理。

我们1975年4月9日（75）法办司字第19号函作废。[1]

附：

外交部领事司

关于在马来西亚使用的证件的认证事

1975年6月10日　（75）领认文字第262号

最高人民法院司法行政处：

马来西亚驻华大使馆最近通知，大使馆可以受理中国公证机关发出的各种公证文件的认证。为此，今后凡欲往马来西亚使用的各种公证文件，可送领事司认证后转马来西亚驻华大使馆办理认证。该馆免收认证费。

以上请通知各地公证处（法院），照此办理。[2]

7月28日，最高人民法院办公室、外交部领事司、中国银行总管理处发出《关于从国外和港澳地区来信要求办理公证书并夹寄外币支票处理问题的通知》，提出：

1　最高人民法院办公室《转发外交部领事司〈关于在马来西亚使用的证件的认证事〉的通知》[（75）法办司字第30号]，最高人民法院研究室编：《中华人民共和国最高人民法院司法解释全集》，人民法院出版社1994年版，第1998页。

2　外交部领事司《关于在马来西亚使用的证件的认证事》[（75）领认文字第262号]，最高人民法院研究室编：《中华人民共和国最高人民法院司法解释全集》，人民法院出版社1994年版，第1999页。

一、对这类境外来信，仍应按最高人民法院司法行政厅、外交部领事司一九七三年七月二十三日（73）法司字第88号、（73）领侨字第01012号《关于给国外华侨出具证明书的通知》中规定“此类证明，应由华侨在港澳的眷属回广州市或原籍申请办理证明书；或者由在国外的华侨以及在港澳的眷属个人写信给其仍在原籍的亲属、朋友代为办理，由申请人提供必要的证明，经法院（公证处）审查属实后，可出具证明书。”的精神办理。

凡是已发现来信人在境内有亲友的，可让其亲友将上述规定精神转告来信人。

未发现来信人在境内有亲友的，分别按下列办法处理：

1. 住在建交国的、住在美国的，将原信寄送外交部领事司，通过我驻外使、领馆、联络处将上述规定精神告诉来信人。来信人接到通知后，如果仍提不出国内亲友，我驻外使、领馆或联络处可根据申办人的具体情况和申办该项公证书的必要性，报外交部领事司转告有关公证机关，由公证机关对所证事项查证属实，则可办理。公证书由外交部领事司送我驻外使、领馆或联络处转交，公证费、认证费也由我驻外使、领馆或联络处代收后上交国库。

2. 住在港澳的，可以将原信寄中国银行总管理处，说明情况，写明转告事项，通过我设在港澳地区的银行转告来信人。

3. 住在未建交国的，暂不受理。

二、……[1]

8月19日至23日，福建省高级人民法院在福州召开了涉外公证工作座谈会，参加座谈会的有各地、市法院和重点县（市）法院的专职公证干部共二十五人。会议以党的基本路线为纲，认真学习了毛泽东主席关于理论问题、安定团结和把国民经济搞上去的三项重要指示，学习了中央有关文件以及涉外公证工作的方针、政策，回顾总结了近几年的工作情况，研究了今后工作意见。会议认为，福建省在国外和港澳的人占全国第二位，随着毛主席革命外交路线不断取得伟大胜利，今后涉外公证工作将日益繁重。为了紧紧跟上形势的需要，会议提出了进一步搞好涉外公证工作的意见。

一、学理论，抓路线，不断提高思想认识。

……搞好涉外公证，是贯彻执行毛主席革命外交路线，落实党和国家的政策法令，保护华侨和港澳同胞的正当权益，团结广大侨胞、侨眷，为无产阶级政治服务的一项重要工作。决不能把人民法院办理涉外公证看作是“可做可不做”的“额外负担”。还要克服那种把搞涉外公证说成是“为资产阶级服务”，把为继承华侨在国外遗产、领取养老金、补助费而申请办理涉外证明的华侨、侨眷，说成是“向资本主义国家伸手”等错误看法……

1　最高人民法院办公室、外交部领事司、中国银行总管理处《关于从国外和港澳地区来信要求办理公证书并夹寄外币支票处理问题的通知》[（75）法办司字第32号、（75）领会文字第937号、（75）银中二字第519号]，中华人民共和国司法部编：《中华人民共和国司法行政历史文件汇编（1950—1985）》，法律出版社1987年版，第433—434页。

二、明确公证工作任务，提高工作质量。

办理涉外公证，是为我国公民、国外华侨、港澳同胞以及外侨，出具在我国境外使用的各种证明文件。必须坚持无产阶级政治挂帅，坚决贯彻执行毛主席的革命外交路线，坚持“以我为主”，维护我国主权，保护华侨、港澳同胞的正当权益，为党的政治路线服务……办理的每件涉外公证，务必做到：

（一）符合受理范围，事实真实可靠……

（二）坚决按照党的政策和法律办事……

（三）保证公证文件的质量……

（四）严格执行既定的审核制度和认证手续……

三、加强党的领导，切实搞好公证队伍的组织建设和思想建设。

根据省委关于建立健全公证机构的决定，省法院和各地、市法院设立公证处，于今年十月一日正式对外挂牌办公，以后一律由地、市公证处出具涉外公证文件。但对涉外公证的受理、审查、核实材料和公证文件的拟草等具体工作，仍由基层法院负责办理……[1]

10月，厦门市中级人民法院成立公证处，主要办理涉外公证业务。[2]

11月7日，最高人民法院办公室发出《关于印发涉外公证书格式和说明试行的通知》，提出：

---

1 福建省高级人民法院《法院工作情况（20）》，1975年9月29日。

2 厦门市司法局编：《厦门司法行政志》，2004年，第71页。

近几年来，各地办了大量的涉外公证工作，作出了一定的成绩，取得了不少经验。但是各地所用的公证书格式不很一致，在工作中也存在一些问题，普遍要求统一公证书格式，统一公证工作某些作法。为此，我们根据各地的实践，选编了常用的涉外公证书格式十八式，并草拟了《关于涉外公证书格式的几点说明》，印发各地试行。试行中有什么问题和意见，望及时反映给我们。

涉外公证工作很复杂，不是十几个格式所能包括的。在具体工作中，能够套用的可以尽量套用；套用不了的，则应灵活运用，作必要的修改或另行草拟。

附件一：

关于涉外公证书格式的几点说明

一、关于坚持一事一证的问题

为了申请人使用方便，除另有规定者外，一般地以一事一证为好。只有在几项内容属于同一使用目的，而无需分开使用的，才可以几事一证。

关于装订，一般地也应一件公证书订成一册。只有办理继承财产的有关公证书，可以合订成一册。继承权证明书应排在委托书之前。

二、关于出生地问题

出生地一般地只写省、县（市）的名称，既简明，又可以避免因具体地名的变化而出现的矛盾。如果省、县（市）的名称有变化，则应写出生时的名称；如果出生时的名称现已不存在，则可在前边加一个“原”字。

三、关于年龄问题

为了准确起见，公证书不用岁数，而代之以出生年代。

出生日期一律用公历，必要时，可用括号注明农历日期。

四、关于日期问题

在证明委托书签字属实的证明书（简称委托书证明书）中，委托人立委托书日期、在委托书证明书中叙述委托人在公证员面前签字的日期和委托书证明书签署日期，三者应一致。（证明转让书和放弃继承权声明书签字属实的证明书同此要求。）

继承权证明书的签署日期和委托书中叙述的继承权证明书发给的日期应一致。

继承权证明书的签署日期和立委托书的日期以一致为好；前者也可以在前，但绝不能在后。

五、关于编号问题

一宗公证申请需要办几件公证书的，应按顺序每件编一个号，不要几件同编一个号。

继承问题的公证书，继承权证明书的编号应在委托书证明书之前。委托书是委托人出具的文件，不应编号，号应编在委托书证明书上。

六、关于签字与盖章的问题

公证机关的印鉴盖在年月日之中。

公证员一律采用签字或盖签名章的方法，不要使用小方名章。签字或签名章的字体要易于辨认，不宜太草。签字或签名章式样应报送外交部领事司备案。如换公证员时，应及时报送新任公证员的签字或签名章的式样。

申请人一般地应签字，不会写字的可以盖章，禁止捺指纹。证明签字或盖章属实的证明书中对申请人这一行动的叙述一定要准确。是签字的就证明签字，是盖章的就证明盖章，切忌前后不一，自相矛盾。

禁止在外国文件或外文译文上盖我公证机关的印鉴，公证员也不要在上面签字或盖章。

七、关于文字与标点符号

公证书要注意文字通顺，简洁明确，条理清楚，通俗易懂，标点符号使用准确，并不得使用未经国务院公布的简化字。

关于亲属的称呼，不要使用难懂的地方方言词汇，应使用惯用的通俗称呼，如夫、妻、父、母、子、女、儿媳、祖父、祖母、兄、弟、姐、妹、嫂、弟媳、叔、伯、姑、侄、姨、舅、甥、岳父、岳母、公、婆等等。

八、关于贴照片问题

经历证明书和作实体证明的学历证明书一律贴照片；结婚证明书和出生证明书，如果申请人提出正当理由（如使用地要求）要求贴照片的，也可以贴。照片一律用最近的一寸半身免冠照片，结婚证明书贴夫妇二人的单身照片。贴照片的位置，一般地在左中部，并加盖骑缝钢印。在钢印未刻制前，可暂不贴照片。

九、关于公证书页数排列

首先是封面；

其次是证明书，如果是证明申请人签字属实的证明书，则应把申请人提出的文件排在前面，公证机关的证明书排在后面；

再次是留待认证的空页，不需认证的，不留此空页；

如附有外文译文，应排在空页之后；如果是证明外文译文与中文原本相符，则应将译文排在公证机关的证明书之前。

最后是封底。

另有规定者除外。

十、关于纸张、印刷与装订问题

公证书应尽量选用质量好一些的纸张，包括封面在内，一律用白色的。

公证书版面排列、印刷要力求大方醒目，字迹清楚，包括封面在内一律用黑色。不要涂改，如发现错别字，应重新印。

封面一律铅印。办证不多、印刷有困难的县（市），可由省统一印制，为了便于印刷，也可不要下边的落款。过去已印好而未用完的，可继续使用。

证明书能铅印当然好，但如铅印困难、时间拖得太久，或成本太高，则可不必铅印，而用打字油印，但不要手写。

装订要力求美观，一般的用胶水粘，要粘得平正；页数多粘有困难的，则可用丝带系结。

为了防止偷梁换柱、伪造作假，在公证书装订好以后，应用钢印加封，即除封面、封底以外的所有各页（包括认证页）合在一起在左下角一次盖钢印。

送外交部领事司认证时必须装订好，勿散着送认证。[1]

最高人民法院发出《关于改变结婚证的公证办法的通知》，提出：

我院1974年1月31日（74）法办司字第4号《关于涉外公证工作的几个问题》一文中关于我基层政权发给的结婚证“应一律换发我人民法院（公证处）出具的证明书”的规定，在执行中发现一些问题，因此，今后申请人所持的结婚证如无政治问题或其他不良影响，可不再换发公证书，申请人要求给予公证的，可用我院办公室印发的涉外公证书格式第九式予以公证。[2]

最高人民法院发出《关于统一涉外公证费征收标准的通知》，提出：

目前，全国各地征收涉外公证费的标准不一致，现

1　最高人民法院办公室《关于印发涉外公证书格式和说明试行的通知》[（75）法办司字第45号]，中国社会科学院法学研究所民法研究室民诉组、北京政法学院民事诉讼法教研室合编的《民事诉讼法参考资料》第二辑·第三分册，中国社会科学院法学研究所民法研究室民诉组、北京政法学院民事诉讼法教研室合编：《民事诉讼法参考资料》第二辑·第三分册，法律出版社1982年版，第110—114页。另有记载发文时间、标题不同，作“《最高人民法院办公室关于印发涉外公证书格式和说明的通知》[（75）法办司字第45号]”，发文日期为“一九七五年一月七日”，中华人民共和国司法部编：《中华人民共和国司法行政历史文件汇编（1950—1985）》，法律出版社1987年版，第424—427页。疑后者误。

2　最高人民法院《关于改变结婚证的公证办法的通知》[（75）法办司字第46号]，最高人民法院研究室编：《中华人民共和国最高人民法院司法解释全集》，人民法院出版社1994年版，第2000页。

提出如下统一意见，望各地试行：

一、关于按件收费

仍按最高人民法院、外交部、公安部1963年8月13日《关于今后办理外侨各种证明问题的批复》、1963年12月15日《关于办理外侨各种证明的公证费问题的联合批复》和最高人民法院司法行政厅、外交部领事司1967年7月27日《关于改进办理外侨各种证明问题的意见》中的有关规定执行。即：

（一）对我国公民每件征收公证费五元。

（二）对外国公民（包括中国血统外籍人）：为苏联公民出具的出生、死亡、结婚、学历、工作（经历）证明，根据1956年中苏互免公证认证的协议，不收公证费，而征收工本费和手续费，每件二元；为苏联公民出具上述以外的按件收费的各项证明，以及为其他国家公民出具的按件收费的各项证明，每件一律征收公证费（包括工本费和手续费）十元。

按件收费标准适用于除下述按比例收费以外的各项证明。

二、关于按比例收费

前司法部公证律师司1956年2月22日拟发的《公证费征收标准暂行规定（稿）》中有关规定，计算复杂，执行标准也不一致，现参照各地现行标准，提出统一标准如下：

1. 此项标准适用于有关继承、赠予、转让、委托处理财产的证明。一宗公证申请需要办理几件证明的，只能有一件按比例收费，其余的均按件收费。

2. 收费标准：继承、委托处理财产按实际应得金额，赠予、转让按财产金额计算：

一千元以下的收百分之一，但不得低于按件征收标准；

超过一千元至五千元的收百分之二；

超过五千元至一万元的收百分之三；

超过一万元至三万元的收百分之四；

超过三万元至五万元的收百分之五；

超过五万元至八万元的收百分之六；

超过八万元至十万元的收百分之七；

超过十万元的收百分之十。

三、对有困难的，或符合其他减免条件的（如将财产赠予我社会团体等），可根据具体情况减收或免收。

四、通过外交部领事司办理的公证书，其公证费和工本费、手续费仍由领事司或我驻外使领馆代收后上交国库，不再汇寄有关法院或公证处。[1]

11月，甘肃省高级人民法院任命民庭审判员韩福喜为公证员，办理全省涉外公证业务，对外挂“兰州市公证处”牌子。[2]

12月20日，最高人民法院办公室发出《关于“遗产执管证”改为“遗产管理证明书”的函》，提出：

1　最高人民法院《关于统一涉外公证费征收标准的通知》[（75）法办司字第47号]，中华人民共和国司法部编：《中华人民共和国司法行政历史文件汇编（1950—1985）》，法律出版社1987年版，第435—436页。

2　甘肃省地方史志编纂委员会编纂：《甘肃省志·司法行政志》，甘肃人民出版社2009年版，第179页。

根据中国银行广州分行函告：

一、我过去使用的“遗产执管证”译词，港英遗产当局正式译为“遗产管理证明书”。

二、港英遗产当局要求“继承权证明书”中必须列明死者生前的详细住址和职业。

今后在办理有关遗产问题的公证书时，望注意上述要求……[1]

是年，北京市公证处出具涉外公证书1163件。[2]上海市高级人民法院办理涉外公证426件。[3]

吉林省全省共办理涉外民事公证121件，其中亲属关系公证72件，出生公证5件，死亡公证2件，婚姻状况10件，职务公证6件，经历公证9件，学历公证14件，其他事项公证3件。从使用目的上看，用于定居的48件、探亲的66件，其他的7件。[4]

1976年

1月10日，广西壮族自治区高级人民法院提出《关于办理涉

1 最高人民法院办公室《关于“遗产执管证”改为“遗产管理证明书”的函》[（75）法办司字第49号]，中国社会科学院法学研究所民法研究室民诉组、北京政法学院民事诉讼法教研室合编：《民事诉讼法参考资料》第二辑·第三分册，法律出版社1982年版，第245页。

2 北京司法行政志编纂委员会：《北京司法行政志（征求意见稿）》，北京市司法局2001年印，第384页。

3 《上海司法行政志》编纂委员会编：《上海司法行政志》，上海社会科学院出版社2003年版，第158、162页。

4 田景春主编：《吉林省志卷十二·司法公安志·司法行政》，吉林人民出版社2000年版，第236页。

外公证问题的请示》报请最高人民法院，提出：

近年来我们办理了一些归侨去印度尼西亚定居（继承产业）的有关涉外公证证明。但近来有少起申请人已经公安机关批准去印度尼西亚定居，并经我院给予办理有关公证证明，但其途经香港时，便停居香港，并从香港向其单位来信要求法院重出具公证证明，并称需寄外交部领事司认证后转英国驻中国大使馆签署。对这些要求，我们意见，只能根据申请人持的中华人民共和国公民出（入）国境通行证填写的出（入）境目的地——印度尼西亚，按我国规定的到印度尼西亚办理的涉外公证手续办理；他们到香港后，要求重办寄外交部领事司认证后转英国驻华大使馆签署的公证，不予办理。如此处理，不知当否？请指示。[1]

2月4日，最高人民法院办公室、外交部领事司、中国银行总管理处发出《关于改变从港澳地区来信要求办理公证书并夹寄支票转退办法的通知》，提出：

现将一九七五年七月二十八日《关于从国外和港澳地区来信要求办理公证书并夹寄外币支票处理问题的通知》作如下两点改变：

一、原通知中“2. 住在港澳的，可以将原信寄中国银行总管理处，说明情况，写明转告事项，通过我设在

---

1 广西壮族自治区高级人民法院《关于办理涉外公证问题的请示》[桂法司字（76）第1号]，中国社会科学院法学研究所民法研究室民诉组、北京政法学院民事诉讼法教研室合编：《民事诉讼法参考资料》第二辑·第三分册，法律出版社1982年版，第103页。

港澳地区的银行转告来信人。”改变为：“住在港澳的，给最高人民法院的来信，将原信寄中国银行总管理处，给省以下各级人民法院（或公证处）的来信，将原信寄各该省、市、自治区内或就近的中国银行分、支行，说明情况及转告事项，由各该银行转寄驻港总稽核室转告来信人。”

二、原通知最后一段中：关于夹寄的支票，“住在港澳的寄送中国银行总管理处，与转告来信人的同时，退给来信人。”改变为：“住在港澳的，夹寄在给最高人民法院的来信中的，寄送中国银行总管理处，夹寄在给省以下各级人民法院（或公证处）来信中的，寄送各该省、市、自治区内或就近的中国银行分、支行，与转告来信人的同时，退给来信人。”[1]

2月6日，最高人民法院作出《对广西壮族自治区高级人民法院关于办理涉外公证问题的请示的批复》致广西壮族自治区高级人民法院，提出：

据了解，要求去印尼定居的我国公民，需要在香港住一段时间，然后才可以在香港向印尼申请。他们在香港居住期间，如无必要的公证书，谋生就会遇到困难。从这种实际情况出发，为照顾他们的实际困难，对他们

1　最高人民法院办公室、外交部领事司、中国银行总管理处《关于改变从港澳地区来信要求办理公证书并夹寄支票转退办法的通知》[（76）法办司字第2号、（76）领会文字第120号、（76）银中二字第65号]，中华人民共和国司法部编：《中华人民共和国司法行政历史文件汇编（1950—1985）》，法律出版社1987年版，第437页。

提出办理在香港使用的公证书的申请，可以接受，予以办理，并可经外交部领事司送英国驻华使馆认证。已办过在印尼使用的公证书的，可以收回重办。[1]

3月8日至10日，山东省高级人民法院主持召开了全省涉外公证工作会议。济南、青岛市公证处及有关地、市、县法院负责同志出席。会议学习了最高人民法院有关涉外公证工作文件，回顾了几年来山东开展这项工作情况，研究了加强和改进涉外公证工作的意见。[2]

3月29日，外交部领事司、最高人民法院办公室发出《关于请地方公证处代收领事司认证费的通知》，提出：

随着形势的发展，领事认证的工作量自1973年以来逐年增加，1975年又比1974年增加六百余件。由于证件的增加，认证费的收缴工作量也随之增多，且手续繁杂。为了改进认证工作，简化收费手续，减少各地方公证处邮汇手续，提高工作效率，现对办理领事司认证的认证费收缴办法提出如下意见：

一、外交部领事司的认证费原来由地方公证处代收并邮汇领事司，然后集中缴库，作为中央预算收入。现经征得财政部预算司同意，改为由地方公证处代收后就

1　最高人民法院《对广西壮族自治区高级人民法院关于办理涉外公证问题的请示的批复》[（76）法办司字第3号]，中国社会科学院法学研究所民法研究室民诉组、北京政法学院民事诉讼法教研室合编：《民事诉讼法参考资料》第二辑·第三分册，法律出版社1982年版，第102页。

2　山东省高级人民法院编志办公室：《山东省人民法院大事记》，1986年5月印，无出版信息，第112页。原文中“山东省高级人民法院”简称为“省法院”，“最高人民法院”简称为“最高法院”。

地上交地方财政部门，作为地方预算收入，以“规费收入”科目缴库；认证费的收据如何出具，由各公证处根据具体情况酌定。

二、办理有关国家驻华使馆认证所需的认证费，仍由地方公证处代收后汇寄领事司，认证办理完毕，由领事司在认证页上盖收费章。

……

四、以上办法，自1976年5月1日起开始实行。在此办法开始实行前，仍按原规定办理。

以上办法，请参照执行。[1]

4月5日，最高人民法院发出《关于办理倪子廉长期与家庭失去联系的公证事的函》，提出：

广州市公证处〔76〕穗法证字第205号函报领事司认证的继承权证明书、委托书等，因有问题，领事司转给我院。

我们认为：象倪子廉这样与家庭长期失去联系的人，在有人提出“已在港死亡”的情况下，仍“作为合法继承人”是缺乏根据的。用“出一个证明倪子廉从何时起与家庭失去联系的证明书的办法加以解决”也是值得研究的。倪子廉是否生存，主要应通过调查研究解决。考虑到倪子廉解放前离家去港至今已二十多年，一

1 外交部领事司、最高人民法院办公室《关于请地方公证处代收领事司认证费的通知》[（76）领二字第163号、（76）法办司字第6号]，中华人民共和国司法部编：《中华人民共和国司法行政历史文件汇编（1950—1985）》，法律出版社1987年版，第438—439页。

直与家庭没有联系的情况，可以在进行调查的同时，由法院予以公告。张贴在法院门口和倪子廉去港前长期居住的地方或其他恰当处所。公告期不少于二个月。公告期满，如仍不能证明倪子廉尚且生存，即可由法院判决，推定倪子廉已经死亡。然后再办必要的公证证明。上述意见供参考，请你们根据具体情况决定。[1]

6月7日，最高人民法院办公室转发外交部领事司《关于办理泰国认证事》的通知，提出：

现将“外交部领事司关于办理泰国认证事”一文转发给你们，望转发所属有关单位照此执行。[2]

附件：

外交部领事司

关于办理泰国认证事

（一九七六年六月五日〔76〕领认文字第218号）

最高人民法院司法行政处：

据泰国驻华使馆通知，欲往泰国使用的中国各种公证书，可经中国外交部领事司认证后，申请泰国驻华使

1 最高人民法院《关于办理倪子廉长期与家庭失去联系的公证事的函》[（76）法办司字第10号]，中国社会科学院法学研究所民法研究室民诉组、北京政法学院民事诉讼法教研室合编：《民事诉讼法参考资料》第二辑·第三分册，法律出版社1982年版，第182页。该书未录受文单位。

2 最高人民法院办公室《转发外交部领事司〈关于办理泰国认证事〉的通知》[（76）法办司字第14号]，中国社会科学院法学研究所民法研究室民诉组、北京政法学院民事诉讼法教研室合编：《民事诉讼法参考资料》第二辑·第三分册，法律出版社1982年版，第423页。

馆认证；也可经中国驻泰国大使馆认证后申请泰国外交部认证。不论通过何种途径，都需附英文译文。

关于上述英译文问题，鉴于国内目前尚无专门机构承担该项业务，而由地方公证处或申请人自行解决也确有困难。故今后凡发往泰国使用的公证书，不必送领事司认证，可直接交给申请人，由其自行在香港或泰国设法提供译文，送我国驻泰国大使馆认证后申请泰国外交部认证。如果申请人或地方公证处有能力解决译文问题，亦可送领事司办理认证。

以上请通知各地（法院）公证处参照执行。[1]

8 月 25 日，最高人民法院作出《关于涉外公证文件的译文收费问题的批复》致上海市高级人民法院，认为：

关于涉外公证文件的译文收费问题，因法院缺乏翻译人员，一般是委托外单位代译。目前办理的这类证件极少，各代译单位的收费办法不一，故不宜作统一规定，你们可根据实际情况自行决定。[2]

10 月 1 日，南京市中级人民法院依据江苏省高级人民法院（76）第 15 号通知而成立的南京市公证处，自 10 月 1 日起启用

1 外交部领事司《关于办理泰国认证事》[（76）领认文字第 218 号]，中国社会科学院法学研究所民法研究室民诉组、北京政法学院民事诉讼法教研室合编：《民事诉讼法参考资料》第二辑 · 第三分册，法律出版社 1982 年版，第 424 页。

2 最高人民法院《关于涉外公证文件的译文收费问题的批复》[（76）法办司字第 16 号]，中国社会科学院法学研究所民法研究室民诉组、北京政法学院民事诉讼法教研室合编：《民事诉讼法参考资料》第二辑 · 第三分册，法律出版社 1982 年版，第 160 页。

新印，仍由民事审判庭2名干部兼管。[1]

是年，北京市公证处出具涉外公证书882件。[2]上海市高级人民法院办理涉外公证301件。[3]

为保证公证质量，广西壮族自治区涉外公证案件统归广西壮族自治区高级人民法院办理，并以广西壮族自治区高级人民法院名义出具证明，当年共办理涉外公证127件，比1975年增加46件。[4]

1977年

2月2日，外交部领事司作出《关于去墨西哥使用的证件办理认证的问题》致广东省高级人民法院，提出：

> 我驻墨西哥使馆报告：根据墨西哥政府的规定，凡在中国发出的欲往墨西哥使用的公证文件均须经外交部领事司认证，并翻译成西班牙文，送墨西哥驻华使馆办理认证后才能有效。凡未经墨驻华使馆认证的公证文件，即使办理了领事司认证或我驻墨使馆的翻译、认证，墨方均不承认。
>
> 一九七四年领事司考虑到由申请人或地方公证处在

1 南京市地方志编纂委员会编：《南京司法行政志》，方志出版社2000年版，第130—133页。

2 北京司法行政志编纂委员会：《北京司法行政志（征求意见稿）》，北京市司法局2001年印，第384页。

3 《上海司法行政志》编纂委员会编：《上海司法行政志》，上海社会科学院出版社2003年版，第158、162页。

4 广西壮族自治区地方志编纂委员会编：《广西通志·司法行政志》，广西人民出版社2002年版，第253页。

国内解决西班牙译文有一定的困难，故曾根据一般做法建议由申请人自行在墨解决译文，由我驻墨使馆办理认证后再申请墨西哥有关当局的认证。实践证明，此一作法在墨西哥不适用。

鉴此，请你院通知你省有关公证处按我驻墨使馆通知的办法申请认证。

关于公证书的西班牙译文问题，领事司无力提供，你院能否与广州市有关部门协商，解决此事。今后凡欲申请在墨西哥使用的公证书，都由地方公证处寄你院，由你院提供译文后寄领事司办理认证。[1]

4月18日，外交部、公安部、最高人民法院发布《关于简化对华侨、中国血统外籍人申请来华定居手续试行办法》，提出：

各省、市、自治区革命委员会、外事办公室、公安局、高级人民法院（不发西藏）、驻马来西亚、泰国、菲律宾使馆：

华侨、中国血统的外籍人申请来华定居，目前手续繁琐，等待批准时间较长，为了缩短审批时间，提高工作效率，经商有关省、市部门，决定自今年六月一日开始，对马来西亚、泰国、菲律宾华侨、外籍人申请来华定居审批手续，先行简化，试行一段，如发现问题，再作修正。具体办法如下：

1　外交部领事司《关于去墨西哥使用的证件办理认证的问题》[（77）领认文字第33号]，中国社会科学院法学研究所民法研究室民诉组、北京政法学院民事诉讼法教研室合编：《民事诉讼法参考资料》第二辑·第三分册，法律出版社1982年版，第425页。

一、泰、马、菲华侨、中国血统外籍人申请来华定居，可由其在华的配偶或直系亲属，向所在的县、市外事（或民政）部门提出申请，由县、市外事（或民政）部门参照国务院〔71〕国发48号文的规定，从严掌握，进行审查，商当地公安部门后，报省、市、自治区革命委员会或由它指定的机关审批。经批准后，由上述亲属凭县、市、自治区外事（或民政）部门发给的书面通知，向所在县、市公证处（人民法院）申请办理同意供养的声明书，并经公证处公证后，寄给国外申请人，不需办理认证。

申请来华定居者可持上述声明书向我驻外使馆提出申请。经审查确系年老、在外无亲属依靠、政治上未发现重大问题者，我使馆即可发给入境签证。签证目的地填至声明人所在的县、市。如发现个别人不宜批准来华定居者，使馆可暂缓发证，把情况告国内研处。

经省、市、自治区革命委员会批准来华定居者，如向驻在国政府申请离境，需向我公证处（人民法院）申请办理亲属关系证明书，我可予办理。

二、……[1]

4月23日，最高人民法院办公室转发外交部领事司《关于在西德申请减免所得税事》的通知，提出：

1　外交部、公安部、最高人民法院《关于简化对华侨、中国血统外籍人申请来华定居手续试行办法》[（77）部领一字第118号]，中国社会科学院法学研究所民法研究室民诉组、北京政法学院民事诉讼法教研室合编：《民事诉讼法参考资料》第二辑·第三分册，法律出版社1982年版，第288—289页。

现将外交部领事司《关于在西德申请减免所得税事》转发给你们，望转发所属有关单位周知。[1]

附件：

外交部领事司

关于在西德申请减免所得税事

（一九七七年四月五日〔77〕领认文字第101号）

最高人民法院司法行政处：

关于福建省高级人民法院请示的，是否能为刘永梓提供“亲属关系证明”以向西德方面申请外汇，寄款回国赡养母亲一事，经向我驻西德使馆了解，情况如下：

在西德工作的外国人，包括华侨，随时可向外国汇款，德方没有限制，不需要提供任何证明。

旅居西德华侨和中国血统的西德籍人可以向西德有关当局申请减免所得税，但需提供经过认证的“亲属关系证明”。我驻西德使馆为他们开具的这种证明，西德有关当局均予以承认。

以上情况请转告福建省高院，请他们根据情况决定是否为刘永梓提供所需证明。[2]

1　最高人民法院办公室《转发外交部领事司〈关于在西德申请减免所得税事〉的通知》[（77）法办司字第8号]，中国社会科学院法学研究所民法研究室民诉组、北京政法学院民事诉讼法教研室合编：《民事诉讼法参考资料》第二辑·第三分册，法律出版社1982年版，第198页。

2　外交部领事司《关于在西德申请减免所得税事》[（77）领认文字第101号]，中国社会科学院法学研究所民法研究室民诉组、北京政法学院民事诉讼法教研室合编：《民事诉讼法参考资料》第二辑·第三分册，法律出版社1982年版，第199页。

7 月 21 日，最高人民法院办公室转发外交部领事司《关于越南南方华侨要求办理亲属关系证明事》的函，提出：

现将外交部领事司《复关于越南南方华侨要求办理亲属关系证明事》的函，转发给你们，请转所属办理公证工作的单位照此执行。[1]

附件：

外交部领事司

复关于越南南方华侨要求办理亲属关系证明事

（一九七七年五月三十日〔77〕领一字第 243 号）

最高人民法院司法行政处：

关于越南南方华侨反映，越南政府规定越南南方华侨申请回国探亲、定居及自柬来越的华侨办理居留越南的手续，必须提供国内出具的亲属关系证明书事，迄今，我们没有接到越南政府关于此规定的通知。目前我在越南南方尚无领事机构，对越南南方华侨申请回国探亲的手续等尚未同越方商定；越南北方华侨回国探亲也从未向越方出具过亲属关系证明。根据最近自越南南方回国的我华侨干部反映，越南南方解放后，越南南方只批准来自香港、澳门和台湾的华侨离境，其他华侨申请出境一般均不批准，也未要求申请出境的华侨提供国内

1　最高人民法院办公室《转发外交部领事司〈关于越南南方华侨要求办理亲属关系证明事〉的函》[（77）法办司字第 17 号]，中国社会科学院法学研究所民法研究室民诉组、北京政法学院民事诉讼法教研室合编：《民事诉讼法参考资料》第二辑·第三分册，法律出版社 1982 年版，第 202 页。

亲属关系证明。

我们建议，我公证机关可暂不为上述越南华侨办理亲属关系证明，以后视需要再考虑。

以上请酌情转发有关部门。[1]

是年，北京市公证处出具涉外公证书1302件。[2]上海市高级人民法院办理涉外公证360件。[3]

1978年

4月18日，最高人民法院司法教育行政厅、外交部领事司发出《关于为加拿大“代替担保人宣誓书”办理公证事的函》致江苏省高级人民法院、江苏省革命委员会外事办公室，提出：

加拿大驻华使馆告，南京大学加拿大留学生MICHAELR PHILLIPS为向加拿大申请换发新的护照，所填写的表格“代替担保人宣誓书”（DECLARATION INLIEU OF GUARANTOR）需我公证机关予以公证，请我协助。

据加方规定，如申请人不能亲自到使馆办理换照手

1　外交部领事司《复关于越南南方华侨要求办理亲属关系证明事》[（77）领一字第243号]，中国社会科学院法学研究所民法研究室民诉组、北京政法学院民事诉讼法教研室合编：《民事诉讼法参考资料》第二辑·第三分册，法律出版社1982年版，第203页。

2　北京司法行政志编纂委员会：《北京司法行政志（征求意见稿）》，北京市司法局2001年印，第384页。

3《上海司法行政志》编纂委员会编：《上海司法行政志》，上海社会科学院出版社2003年版，第158、162页。

续者，均需填写此“宣誓书”并由所在地区官员作证。过去，上海、广州公证处曾为在华的中国血统加拿大籍人办过此种公证。今后，在华加拿大专家、留学生、中国血统加籍人，为换领新护照要求我为其填写的“代替担保人宣誓书”办理公证，可予受理并收费。

该项公证可由另纸作成，证词为：“兹证明×××（姓名）于×年×月×日来到我处，在我面前填写了前面的‘代替担保人宣誓书’并签字”。如有的“宣誓书”是请人代填的，可只证明其本人签字。公证办妥后，与“宣誓书”订在一起，交申请人自己使用，不必送领事司认证。[1]

4月25日，最高人民法院院长江华在北京召开的第八次全国人民司法工作会议上作报告。其中江华在报告第三部分“新时期人民司法工作的任务”中指出：

当前，必须抓紧做好以下几项工作：

（一）把揭批林彪、“四人帮”的斗争进行到底

揭批林彪、“四人帮”的斗争，是当前和今后一个时期内的中心任务……

要健全人民法院的组织机构，除设置刑庭、民庭、办公室外，高级、中级人民法院应设置司法行政机构，涉外公证业务多的人民法院应设置公证机构或专职公证

1　最高人民法院司法教育行政厅、外交部领事司《关于为加拿大“代替担保人宣誓书”办理公证事的函》（文号不详），最高人民法院研究室编：《中华人民共和国最高人民法院司法解释全集》，人民法院出版社1994年版，第2001页。

人员，少的也要有专人兼管。高级人民法院应设置政治工作机构，中级、基层人民法院可以设置政治工作机构或者专人管理政治工作。要加强人民法庭的建设，撤销了的人民法庭要尽快地恢复起来，还应当根据地区情况和工作需要增设人民法庭……[1]

5月25日，最高人民法院司法教育行政厅转发外交部领事司《关于在加拿大B·C省办理遗产继承的几个问题》的通知，提出：

现将外交部领事司《关于在加拿大B·C省办理遗产继承的几个问题》转发给你们。望转发所属各公证处，供办证时参考。[2]

5月29日，外交部领事司发出《关于为华侨提供未曾服兵役证明书事》致我国驻秘鲁共和国大使馆，认为：

关于为华侨提供未曾服兵役证明书事，我公证机关过去未对外提供此类证明。但考虑到我国鼓励华侨自愿加入当地国籍的政策和秘方对申请入籍的规定，经商最

1 江华:《江华司法文集》，人民法院出版社1989年版，第10、21—23页。1978年4月24日至5月22日，最高人民法院在北京召开了第八次全国人民司法工作会议。

2 最高人民法院司法教育行政厅《转发外交部领事司〈关于在加拿大B·C省办理遗产继承的几个问题〉的通知》[（78）法司字第29号]，中国社会科学院法学研究所民法研究室民诉组、北京政法学院民事诉讼法教研室合编:《民事诉讼法参考资料》第二辑·第三分册，法律出版社1982年版，第246页。附件外交部领事司《关于在加拿大B·C省办理遗产继承的几个问题》[（78）领二字第700号]，中国社会科学院法学研究所民法研究室民诉组、北京政法学院民事诉讼法教研室合编:《民事诉讼法参考资料》第二辑·第三分册，法律出版社1982年版，第247—249页。

高人民法院司法教育行政厅，同意你馆为麦学聪和麦学辉出具未曾服兵役证明书。[1]

6月8日，外交部领事司发出《关于我公民去加团聚办理“亲属关系证明书”的补充通知》，其中提出：

但在实际工作中，有的公证机关也发生过给未批准出境的人员出具“亲属关系证明书”的情况。也有的人因继承财产等原因向公证机关办理了“亲属关系证明书”，然后又用来向加方申请去加团聚。加方误认为这些人已经我批准去加而要求安排会见，并对我未予安排会见表示“费解”。为此，现补充通知如下，请转发所属单位：

1. 我公证机关应严格按〔75〕领四字第331号、〔75〕法办司字第20号文件的有关规定办理“亲属关系证明书”。

2. 我公证机关在出具“亲属关系证明书”文件的编号上加一个“定”字，即〔7×〕×证定字第××号，作为我已批准去加团聚人员使用的公证证明文件，以与其他证件相区别。这一做法已与加方达成口头谅解，并从七月十五日起开始办理。[2]

1　外交部领事司《关于为华侨提供未曾服兵役证明书事》[（78）领认文字第203号]，中国社会科学院法学研究所民法研究室民诉组、北京政法学院民事诉讼法教研室合编：《民事诉讼法参考资料》第二辑·第三分册，法律出版社1982年版，第276页。

2　外交部领事司《关于我公民去加团聚办理“亲属关系证明书”的补充通知》[（78）领二字第740号]，中国社会科学院法学研究所民法研究室民诉组、北京政法学院民事诉讼法教研室合编：《民事诉讼法参考资料》第二辑·第三分册，法律出版社1982年版，第215页。

6月12日，中共中央发出《中共中央批转〈第八次全国人民司法工作会议纪要〉的通知》，提出：

这次会议，联系司法战线实际，深入揭批了“四人帮”的反革命罪行，进一步分清了路线是非；认真研究了宣传贯彻新宪法，加强社会主义法制的问题，确定了新时期司法工作的任务。会议开得是好的。[1]

7月5日，外交部领事司作出《关于从西德回国定居的原海员办理领取保险金手续事》致上海市高级人民法院，其中提出：

原西德轮船公司海员办理领取保险金的手续是：先由申请人用德文填妥西德有关方面发给的“申请退还保险金表格”并在表格上签字，然后由地方公证处公证申请人签字属实，办妥后送外交部领事司和西德驻华使馆认证。表格送西德驻华使馆认证时必须同时附上申请人的海员证，如没有护照和证明国籍的身份证，公证处公证时则必须写明申请人的国籍。另办理此项手续，西德驻华大使馆不收认证费用。[2]

8月2日，外交部领事司作出《关于去菲律宾使用公证书认证

1　中共中央《中共中央批转〈第八次全国人民司法工作会议纪要〉的通知》（中发〔1978〕32号）。

2　外交部领事司《关于从西德回国定居的原海员办理领取保险金手续事》[（78）领认文字第253号]，中国社会科学院法学研究所民法研究室民诉组、北京政法学院民事诉讼法教研室合编：《民事诉讼法参考资料》第二辑·第三分册，法律出版社1982年版，第362页。

事》致北京市公证处，其中提出：

> 另据我驻菲使馆同志介绍，凡经我驻菲使馆公证或认证的文件，菲方都予承认。为此，为了方便申请人，凡是去菲律宾使用的证书，都不必办理领事司及菲驻华使馆的认证，可由申请人直接向我驻菲使馆申请认证……[1]

8月24日，最高人民法院下达江西公证人员编制213名，除南昌市公证处已恢复成立外，泰和、波阳等26个人民法院相继设立公证室。[2]

11月18日，中央政法小组成员陶希晋致信中央政法小组组长纪登奎，信中说：

> 昨天和苍壁同志谈《人民日报》“情况汇编”的文章时，联系谈及如下几点，特地报告你一下：
>
> 一、在研究最高法院组织法时，此间同志们一致认为中央应考虑恢复司法部的机构。否则，如全国政法院校的设置管理，各级各类法院的设置，律师、公证、法医、涉外事件，以及法律编纂和宣传等事，长此无人专管的状态是不行的，在国内外都会陷于很大被动。法院是审判机关，它不能也难以

1 外交部领事司《关于去菲律宾使用公证书认证事》[（78）领认文字第294号]，中国社会科学院法学研究所民法研究室民诉组、北京政法学院民事诉讼法教研室合编：《民事诉讼法参考资料》第二辑·第三分册，法律出版社1982年版，第426页。

2 《江西省司法行政志》编委会编纂：《江西省司法行政志》，江西人民出版社1995年版，第211页。

兼顾……[1]

11月22日，最高人民法院、公安部、外交部发出《关于办理出生、结婚和亲属关系证明书的通知》，提出：

关于出具涉外亲属关系证明书的时间问题，最高人民法院在一九七四年一月三十一日（74）法办司字第4号批复中曾经规定："对那些因出境探亲或定居而要求出具亲属关系证明书的，应在公安机关批准后办理。"目前，各地公证处均按此规定执行。

1　董必武法学思想研究会编:《陶希晋文集》，法律出版社2008年版，第126页。据董必武法学思想研究会所编的《陶希晋》记载，陶希晋于1978年6月9日到北京，任中央政法小组成员，负责日常工作。参见董必武法学思想研究会编:《陶希晋》，中央文献出版社2008年版，第220页。中央政法小组在同时期一些资料中又作"中央政法领导小组"、"中共中央政法领导小组"，是一个机构还是两个机构，待考。参见董必武法学思想研究会编:《陶希晋文集》，法律出版社2008年版，第126页注①，董必武法学思想研究会编:《陶希晋》，中央文献出版社2008年版，第220页。中共中央组织部、中共中央党史研究室、中央档案馆:《中国共产党组织史资料》第七卷（上）社会主义事业发展新时期（1976.10—1997.9），中共党史出版社2000年版，第237—238页。据《彭真年谱》第五卷中1979年4月9日条目中对"中央政法小组"的注释，"是一九七八年六月中共中央决定成立的，纪登奎任组长，黄火青、赵苍璧任副组长；中共十一届三中全会以后，由黄火青主持工作。一九八〇年一月，中央撤销政法小组，成立政法委员会"。《彭真年谱》第五卷中1980年1月24日条目中记载：中共中央决定成立中央政法委员会……原中央政法小组及其办公室撤销。《彭真传》编写组编:《彭真年谱》第五卷，中央文献出版社2012年版，第10、49页。纪登奎于1978年6月至1980年1月任中央政法小组组长。中共中央组织部、中共中央党史研究室、中央档案馆:《中国共产党组织史资料》第七卷（上）社会主义事业发展新时期（1976.10—1997.9），中共党史出版社2000年版，第237—238页。

但据我驻外大使馆和有关方面反映，美、法、荷兰等国规定，居住在这些国家的华侨和中国血统外籍人为来华探亲或其眷属去探亲和定居者，向当地移民局申办出、入境签证时，就需有我公证机关为其出具的出生、结婚或者亲属关系证明书，否则不予办理。我们原规定与某些国家的规定有矛盾，使申请人感到很为难。因此，他们建议：办理涉外公证与申请出境是两回事，似不应与批准出国或旅居国是否同意入境联系起来，只要申请人要求所证事项属实，便可出证。

我们共同研究决定如下：

一、凡为申请出、入境探亲或定居的华侨、中国血统外籍人和港澳同胞及其眷属，要求出具出生、结婚和亲属关系证明书的，可以在公安机关批准其出、入境之前办理。

二、人民法院或公证处对申请人要求出具上述证明书的，根据实际需要并经调查情况属实者，应予办理。

三、人民法院或公证处在办证时，必须向申请人指出，出具此类证明书，并非同意其出入境。出入境时，需另行向公安机关申请。

至于我国公民申请去加拿大、澳大利亚家庭团聚需要的证明文件，仍按有关规定办理。

请你们将此通知转发给各所属单位，依照办理。[1]

1 最高人民法院、公安部、外交部《关于办理出生、结婚和亲属关系证明书的通知》[（78）法司字第193号、（78）外会文字第3513号、（78）公会文字第443号]，中华人民共和国司法部编：《中华人民共和国司法行政规章汇编（1949—1985）》，法律出版社1988年版，第673—674页。

是年，北京市公证处出具涉外公证书 1760 件。[1] 上海市高级人民法院办理涉外公证 1425 件。[2]

1979 年

3 月 23 日，最高人民法院司法教育行政厅转发外交部领事司《关于今后不要再介绍申请人直接来我司办理认证事》的通知，提出：

现将外交部领事司〔79〕领认文字第 46 号函转发给你们，并请你们转告所属公证处照办。[3]

附件：

外交部领事司

关于今后不要再介绍申请人直接来我司办理认证事

（一九七九年三月五日 〔79〕领认文字第 46 号）

最高人民法院司法教育行政厅：

最近有不少人携带各地法院（公证处）介绍信及证件直接到外交部要求我司作为急件给予认证。随着我国

1 北京司法行政志编纂委员会：《北京司法行政志（征求意见稿）》，北京市司法局 2001 年印，第 384 页。

2 《上海司法行政志》编纂委员会编：《上海司法行政志》，上海社会科学院出版社 2003 年版，第 158、162 页。

3 最高人民法院司法教育行政厅《转发外交部领事司〈关于今后不要再介绍申请人直接来我司办理认证事〉的通知》[（79）法司字第 70 号]，中国社会科学院法学研究所民法研究室民诉组、北京政法学院民事诉讼法教研室合编：《民事诉讼法参考资料》第二辑 · 第三分册，法律出版社 1982 年版，第 419 页。

外交工作日益发展，来自全国及世界各地要求我司认证的证件也越来越多，如果由申请人直接来我司，使我们忙于接待，势必影响工效。因此请你们通知各法院，今后不要再介绍申请人直接来我司办理认证。如有急件可由法院函告，并提前将证件寄来，我们将尽快办理。[1]

3月26日，最高人民法院司法教育行政厅作出《对王德珠学历证明的批复》致江西省高级人民法院，提出：

外交部领事司转来你省南昌市中级人民法院〔79〕洪法公字第0061号给外交部领事司的请示报告。

经研究，我们同意南昌市中级人民法院的意见，你们如无不同意见，速请转告该院办理。[2]

附件：

江西省南昌市中级人民法院

关于王德珠学历证明的请示

（一九七九年二月十九日〔79〕洪法公字第0061号）

外交部领事司：

我省气象预报员王德珠同志（印尼归侨）经省公安

1 外交部领事司《关于今后不要再介绍申请人直接来我司办理认证事》[（79）领认文字第46号]，中国社会科学院法学研究所民法研究室民诉组、北京政法学院民事诉讼法教研室合编：《民事诉讼法参考资料》第二辑·第三分册，法律出版社1982年版，第420页。

2 最高人民法院司法教育行政厅《对王德珠学历证明的批复》[（79）法司字第74号]，中国社会科学院法学研究所民法研究室民诉组、北京政法学院民事诉讼法教研室合编：《民事诉讼法参考资料》第二辑·第三分册，法律出版社1982年版，第258页。

局批准去香港定居，来我院办理了一些公证文件，其中关于证明她的学历问题，我们感到难以处理，特请示如下：

王德珠于一九七五年九月入中国人民解放军二五四九部队气象专科学校学习，一九七六年八月毕业。该校原设在北京，现已迁往南京，校名改为中国人民解放军〇〇一部队空军第三专科学校。因王德珠所在学校是属于部队学校，我们考虑给她办出国用的学历证明不宜用部队番号的名称，校名是否可以写“北京气象专科学校”（因她毕业时学校在北京），请及时批示为感。[1]

3月27日，最高人民法院司法教育行政厅发出转发中国银行广州分行《关于香港新华银行成立信托公司暨有关办证事》的通知，提出：

现将中国银行广州分行〔79〕粤银外服字第35号《关于香港新华银行成立信托公司暨有关办证事》的函转发给你们，望转所属公证处参照办理。[2]

---

1 江西省南昌市中级人民法院《关于王德珠学历证明的请示》[（79）洪法公字第0061号]，中国社会科学院法学研究所民法研究室民诉组、北京政法学院民事诉讼法教研室合编：《民事诉讼法参考资料》第二辑·第三分册，法律出版社1982年版，第259页。

2 最高人民法院司法教育行政厅《转发中国银行广州分行〈关于香港新华银行成立信托公司暨有关办证事〉的通知》[（79）法司字第75号]，中国社会科学院法学研究所民法研究室民诉组、北京政法学院民事诉讼法教研室合编：《民事诉讼法参考资料》第二辑·第三分册，法律出版社1982年版，第365页。

附件：

中国银行广州分行

关于香港新华银行成立信托公司暨有关办证事

（一九七九年一月十九日〔79〕粤法银外服字第35号）

广东省公证处，各地、市、县公证处：

接香港总稽核函告，我新华银行已批准成立信托公司，全称为“新华银行信托有限公司”，地址在香港德辅道中一号A，已于一九七九年一月一日开始对外正式营业……

关于托收遗产办理公证文件问题，过去各地公证处所发出的“继承权证明书”、“死亡证明书”、“出生证明书”、“结婚证明书”，大部分都能有效地使用，但仍有一部分证件不合要求，未能发挥证件的应有效能，如有些继承权证明书，有几个继承人而只写一个继承人；有些继承人证明书词义不肯定，如写“某某人有权继承”；有些儿女继承父母或兄弟姐妹之间互相继承的遗产，但在继承权证明书上看不出是否全部继承人都已列齐；有些死亡证明书的死亡日期及死亡地点不够具体，死亡日期只写某年某月，死亡地点只写某县或某市；有些出生证明书的出生地点只写某县或某市，有些没有写父母的姓名；有些结婚证明书的结婚地点只写某县或某市。所以上述这些证件寄出去，往往不被接受而退回来更正或重办，影响办案速度。另外，有些公证文件印刷质量差，字迹模糊不清，有些只用订书机装订，有些寄递时将证件折叠，甚至证件上订有别针痕迹等等，这些都有损我涉外公证文件的严肃性。为提高涉外公证文件质量，更有效地发挥证件的效能，维护我国家机构威信，根据我驻外信托公司反映，港英有关当局对公证证件的要求，针对上述存在问题，特提出如下建议，请研究改进：

（一）继承权证明书，应将有继承权的继承人全部列明，不能遗漏，特别是同级的继承人（如子女、兄弟姐妹等），要使人一目了然，不发生质疑；确认继承权的语气要肯定，要用“应由某某人继承”或“某某及某某人共同继承”的语句，不要用“有权继承”等不完全的语气（因为如果有几个儿女，证件上没有列齐，未列上的儿女按法律规定也有权继承）。

（二）死亡证明书，死亡日期要写明某年某月某日，死亡地点要列明详细地址，在城镇死亡的要写明街道名称及门牌号码或医院名称；在农村死亡的要写明公社、大队、生产队或过去的区、乡、村。

（三）出生证明书，出生地点要写明详细地址，如上第二项所述。同时必须写明生父母的姓名。

（四）结婚证明书，结婚地点要写明详细地址，如上第二项所述。如向政府登记结婚的应在结婚地点之前，写明在何时何地向何机关正式登记。

（五）尽可能提高公证文件的印刷质量，不要用白报纸印制。寄递证件不要折叠，不要插别针损坏证件。

特此函达，请研究办理。[1]

1　中国银行广州分行《关于香港新华银行成立信托公司暨有关办证事》[（79）粤银外服字第35号]，中国社会科学院法学研究所民法研究室民诉组、北京政法学院民事诉讼法教研室合编：《民事诉讼法参考资料》第二辑·第三分册，法律出版社1982年版，第366—367页。

5月8日，最高人民法院作出《关于办理“学历证明”、“工作证明”请示的批复》致北京市高级人民法院，认为：

关于办理学历证明和工作证明是否需要退职或离职的问题，经我们与外交部领事司研究，同意你们的意见。

此复[1]

附：北京市高级人民法院请示报告

北京市高级人民法院

关于办理“学历证明”、“工作证明”的请示

（一九七九年四月十九日 （79）京高法字第41号）

最高人民法院：

你院办公室1974年7月6日（74）法办司字第17号转发外交部领事司“关于办理‘学历证明’、‘工作证明’的几点意见”的通知下达以后，我们在办理公证工作中，一直是按照此通知精神执行的，即对出国定居、探亲的归侨、侨眷要办理学历证明、工作证明的都必须在原工作单位办理了退职手续或原工作单位已作了离职处理以后，才予办理。近一个时期，尤其是批准出境的政策“放宽”以来，出国探亲、继承财产、自费留学的归侨、侨眷大量增加，其中少数人由于种种原因，提出不愿退职，也不要国家再发工资或退职金，由原单位介绍到公证处，要求办理学历证明、工作证明，而且原工

1　最高人民法院《关于办理“学历证明”、“工作证明”请示的批复》[（79）法司字第128号]，中华人民共和国司法部编：《中华人民共和国司法行政规章汇编（1949—1985）》，法律出版社1988年版，第675页。

作单位也同意支持他们的请求，我们考虑，归侨、侨眷出国探亲、定居、继承财产，在国外生活、求学、谋职需要一些证明书，为了方便他们，在法律上保护他们的合法权利和利益，只要申请人要求所证事项属实，公证处给他们办理一些必要的证明书是应该的。因此，我们的意见是关于办理学历证明和工作证明是否需要退职或离职的问题，可由原工作单位按照有关归侨职工出国探亲假工资待遇等规定，分别具体情况进行处理，不应当由公证处在办理公证时加以限制。公证处在办证过程中，只负责查清要办证明的事实是否真实，所办证明的内容是否符合我国的政策、法律精神。以上意见当否，请批示。[1]

5月30日，最高人民法院司法教育行政厅发出《转发外交部领事司关于改进公证、认证工作的几点意见的通知》，提出：

现将外交部领事司《关于改进公证、认证工作的几点意见》转发给你们，望转发所属各公证处参照执行，以保证公证质量，提高工作效率。[2]

附： 外交部领事司关于改进公证、认证工作的几

1 北京市高级人民法院《关于办理“学历证明”、“工作证明”的请示》[（79）京高法字第41号]，中华人民共和国司法部编：《中华人民共和国司法行政规章汇编（1949—1985）》，法律出版社1988年版，第675—676页。

2 最高人民法院司法教育行政厅《转发外交部领事司关于改进公证、认证工作的几点意见的通知》[（79）法司字第170号]，中华人民共和国司法部编：《中华人民共和国司法行政历史文件汇编（1950—1985）》，法律出版社1987年版，第440页。

点意见

（1979年5月17日）（79）领认文字第189号

最高人民法院司法教育行政厅：

随着我国外交工作的日益发展和我对中国公民出境放宽政策以来，来自全国及世界各地要求我司办理认证的证件激增，今年第一季度已超过1977年全年数量。为适应新形势发展的要求，保证公证认证文件的质量和提高工作效率，现重申如下意见，请转发各法院、公证处参照执行。

一、涉外公证文件系我国对外的正式法律文件，必须保证严肃性。否则，不仅会影响使用效率，同时在政治上也会有损于我对外的声誉。为此，办理证件时必需坚持真实、合法的原则，做到仔细、认真，以保证公证文件的内容、格式和文字准确无误。公证文件一律由公证员盖章或签字并加盖法院（公证处）公章。

二、公证文件必须保持整洁，打印字迹要清楚，装订齐整，邮寄时注明“对外证件请勿折损”。

三、需办驻华使馆认证的公证书和只办领事司认证的公证书，必须按户分别附函说明证书用途及需送那一国使馆认证，应一律通过法院（公证处）邮寄，不要交申请人专程来京办理。

凡需送外国驻华使馆认证的公证书，办理应及时，并请尽量提前送领事司，以免时间紧迫贻误申请人使用，造成损失。

四、有关公证工作中的问题，请各地公证处直接请示上级法院；有关认证工作中的问题，请与领事司联系。

五、认证费一律由法院（公证处）按“收费标准”（附后）代收后通过邮局汇寄领事司（少数地方仍可照用信汇），不宜由申请人汇寄。做到不多寄或少寄，一个案件一张汇票，在汇单附言中一定要写明此款是谁人的（姓名必须与来函和公证书内第一个申请人的姓名一致）和申请何国认证所需。

六、为便于我司登记、查核，现将申办公证书认证的来函的格式附后，供各地公证处参考。

七、为便于各地公证处确定证书送领事司或何国驻华使馆认证，现将《部分国家驻华使馆办理认证的情况和要求》附后。这些情况仅供参考。随着形势的发展，各国对我国涉外公证书认证的要求可能会有变化，希各地公证处注意收集申请人的反映，及时转告我司。

八、为了改进工作，少出差错，现将证件中经常发现的差错，综合附后。

另对我司认证工作有何意见，也请随时提出……

附件 4：错情综合

一、有的证书中既未盖法院（公证处）的印章，也未盖公证员的印章（或签名）。

例如 1978 年 11 月 13 日某一公证处将一份既未盖公证处的印章又没有公证员的签字的蔡丽香的“亲属关系证明书”发往香港地区使用。香港当局将该证书通过英国驻华大使馆照会领事司要求对该证书予以认证。

1979 年 3 月 19 日某市公证处将一份发往秘鲁使用的曹秀英的亲属关系证明书送领事司转秘鲁驻华大使馆认证，但证书上均没有公证处的印章亦没有公证员的印章（或签字）。

二、公证与事实不符。

1. 有的“委托书”中写明委托人为“杨子定、杨子材、杨子梅、杨宗峰、杨宝剑”五人到公证员面前签名，而签名时则一人代签，故无效。应由他们分别签名或盖章。

2. 有的证书中委托人的姓名用打印的姓名，不是当事人的亲笔签字或印章，而公证员还证明委托人 × 月 × 日到其面前签字，这一作法无法律效力。

3. 有的公证书证词中有“……来到我处公证员面前，在前面的文件上签字”。但在证书中却没有公证员的签名或盖章。如公证处无公证员，可写“……来到我处，在前面的文件上签字（或盖章）”。

4. “委托书”中委托人的签署日期、公证处公证委托人“来到我院”的日期和公证员签署日期，三者应完全一致，但仍有不少“委托书”中这三者的日期不一致。

例如有一委托书上签署的日期为 1978 年 7 月 28 日，而公证员签署日期却是 1978 年 2 月 28 日。

三、有的“亲属关系证明书”中只有申请人，没有关系人，申请人均居住在国内，没有证明其与居住在国外的亲属的关系。

四、有的经历公证书中，证明 ××× 于 1938 年 × 月至 1949 年在伪广东省 × 处任主任医生，伪广东省 × 区任主任医生。“伪”是“假”和不合法的意思，这样不易被国外理解。我们的意见可将“伪”字改为“前”字。

五、有的公证处证明 ××× 于 × 年 × 月 × 日出生于印尼，不知根据是否可靠。对在我国境外发生的行为，因查实有困难一般不宜出具证明，如对某些行为的真实性确有把握也可出具。[1]

5月31日，最高人民法院转发外交部、国务院侨务办公室、公安部《关于简化我国公民去澳大利亚团聚或探亲的手续事》，提出：

现将外交部、国务院侨务办公室、公安部〔79〕部领四字第67号《关于简化我国公民去澳大利亚团聚或探亲的手续事》转发给你们，望转发所属公证处参照执行。[2]

附件：

外交部、国务院侨务办公室、公安部

关于简化我国公民去澳大利亚团聚或探亲的手续事

（〔79〕部领四字第67号）

各省、市、自治区（西藏除外）侨办、外办、公安局、卫生局、中国旅行社总社、广东省华侨旅行社、驻澳大利亚使馆：

根据国务院侨务办公室、公安部、外交部一九七九

1 外交部领事司《关于改进公证、认证工作的几点意见》[（79）领认文字第189号]，中华人民共和国司法部编：《中华人民共和国司法行政历史文件汇编（1950—1985）》，法律出版社1987年版，第440—450页。

2 最高人民法院《转发〈关于简化我国公民去澳大利亚团聚或探亲的手续事〉》[（79）法司字第171号]，中国社会科学院法学研究所民法研究室民诉组、北京政法学院民事诉讼法教研室合编：《民事诉讼法参考资料》第二辑·第三分册，法律出版社1982年版，第219页。

年二月六日《关于简化我国公民因私出国办理外国签证手续的通知》的规定："决定自一九七九年三月一日起，中国旅行社总社不再为归侨、侨眷及其他中国公民因私出国代办外国签证，可由申请人直接同有关驻华使馆联系办理。"为此，关于我国公民申请去澳团聚的手续事，经商澳方同意，在办理出境手续方面进行简化，现通知如下：

一、申请人居住在广东的，仍按〔76〕部领二字第781号《关于我公民去澳团聚或探亲的手续及接待澳官员的通知》的规定，继续由广东省华侨旅行社负责办理。

二、申请人居住在其他省、市的，中国华侨旅行社总社不再办理该项签证业务，由申请人直接与澳驻华使馆联系办理。其手续是，申请人向当地公安部门提出申请，经审批同意后，由公安部直接发给申请人护照和通知书（格式附后）。申请人将通知书直接寄给澳大利亚驻华使馆索取澳方简易申请表；凭护照去县（市）公证机关或法院办理亲属关系证明书……[1]

6月5日，最高人民法院发出《关于办理过继和收养关系公证的通知》，提出：

近年来，华侨和港澳同胞要求在他们亲友中，过继

1　外交部、国务院侨务办公室、公安部《关于简化我国公民去澳大利亚团聚或探亲的手续事》[（79）部领四字第67号]，中国社会科学院法学研究所民法研究室民诉组、北京政法学院民事诉讼法教研室合编：《民事诉讼法参考资料》第二辑·第三分册，法律出版社1982年版，第220—221页。

或收养子女出境的逐渐增加。由于我国目前没有负责办理收养关系登记的机构，申请人便直接到公证处要求出证，而过继和收养子女是否都须经过批准，也无明文规定，因此，各地公证机关在办理上述证明时，需要请示并同有关部门反复商量，不能及时办理。这种状况与当前形势发展的要求很不适应。为了保护华侨和港澳同胞的正当权益，照顾其实际需要，经与外交部、公安部、民政部和侨办共同研究，暂作如下规定：

一、华侨、港澳同胞要求过继和收养他们亲友的子女，确是为了接管产业和照顾生活的，不受年龄限制，只要双方当事人自愿，被收养人同意，经查属实，公证处即应为其出具过继或收养关系证明书。

二、过继和收养双方已有过继或收养协议的（包含口头的），经查属实者，公证处可以为其补办公证手续。

三、中国血统外籍人，要求过继或收养他们在华亲属的子女，可参照上述规定办理。

请你们将此通知转发给所属单位，依照办理。[1]

6 月 15 日，中央政法小组向中共中央报送《关于恢复司法部机构的建议》。[2]

7 月 19 日，最高人民法院司法教育行政厅转发外交部领事司《关于赴美定居所需公证书事》的通知，提出：

---

1 最高人民法院《关于办理过继和收养关系公证的通知》[（79）法司字第 126 号]，中华人民共和国司法部编：《中华人民共和国司法行政规章汇编（1949—1985）》，法律出版社 1988 年版，第 677 页。

2 参见《中国司法行政年鉴》编辑委员会编：《中国司法行政年鉴 1995》，法律出版社 1996 年版，第 1233 页。

现将外交部领事司〔79〕领认文字第261号《关于赴美定居所需公证书事》的函转发给你们，请通知各公证处照此办理。[1]

附件：

外交部领事司

关于赴美定居所需公证书事

（一九七九年七月十八日 〔79〕领认文字第261号）

最高人民法院司法教育行政厅：

最近美国驻华大使馆通知，凡申请赴美国定居的人，需向美方提供一式三份由中国公证机关出具的出生证明（包括出生时间、地点、父母姓名，如系养子女等关系也应注明）和结婚证明（或离婚证明、配偶死亡证明）。这两种证明可合订一册。其中一份需提供英文译文，经外交部领事司和美国驻华使馆认证后，由申请人交其在美国的亲属提交美国移民局。其他两份均不必认证，也不必提供英文译文，由公证处办妥后交申请人，待向美国驻华使馆申请入美签证时交美国使馆。

据美方介绍，他们认为出生、死亡、婚姻状况等证明书已体现出申请人家庭成员之间的关系，故各公证处今后不必再为赴美定居者办理“亲属关系证明书”。

……

1 最高人民法院司法教育行政厅《转发外交部领事司〈关于赴美定居所需公证书事〉的通知》[（79）法司字第272号]，中国社会科学院法学研究所民法研究室民诉组、北京政法学院民事诉讼法教研室合编：《民事诉讼法参考资料》第二辑·第三分册，法律出版社1982年版，第222页。

对赴美探亲者，一般不需要办理任何公证书。

关于赴美定居者是否需要办理经历、学历、学习成绩等证明书，美方没有统一规定，要视美国有关机构要求而定。今后凡要求出具此类证明，均由各公证处根据申请人需要办理。请各公证处注意向申请人了解和收集美方有关规定，并及时函告我司，以便交流情况，改进工作。

以上请尽快通知各有关人民法院、公证处参照执行……[1]

7月，全国司法行政座谈会在北京召开，会议确定了要逐步完成的八项工作，其中第六项为积极推行律师制度，认真开展公证工作。[2]

8月1日，中央决定筹建司法部，魏文伯任司法部部长、党组书记，李运昌任第一副部长、党组副书记。[3]

8月13日，外交部领事司作出《关于是否出具“行为良好证明书”事》致安徽省蚌埠市中级人民法院，认为：

一九七九年七月二十八日你院潘同志电话询问能否出具“行为良好证明书”事，根据我国现行作法，一般对外不提供法律处分、行为良好等类似证明。但为解决

1　外交部领事司《关于赴美定居所需公证书事》[（79）领认文字第261号]，中国社会科学院法学研究所民法研究室民诉组、北京政法学院民事诉讼法教研室合编：《民事诉讼法参考资料》第二辑·第三分册，法律出版社1982年版，第223页。

2　田景春主编：《吉林省志卷十二·司法公安志·司法行政》，吉林人民出版社2000年版，第231页。

3　《中国司法行政年鉴》编辑委员会编：《中国司法行政年鉴1995》，法律出版社1996年版，第1233页。

申请人实际问题，你院可酌情为曹秋风出具在中国居住期间无法律处分的证明。

此复。[1]

9月13日，第五届全国人大常委会第11次会议决定设立司法部，任命魏文伯为部长。[2]

9月21日，外交部、国务院侨务办公室、公安部发出《关于变更我公民去加拿大探亲或定居手续的通知》，其中提出：

二、凡申请去加定居者，获准后，由公安部门发给护照。申请人凭护照向县、市公证机关或法院办理“亲属关系证明书”（文件编号须加“定”字）……[3]

9月17日，司法部部长魏文伯就司法部的工作任务等问题答新华社记者问，其中提出管理律师组织、公证机关的工作是司法部的任务之一。[4]

---

1 外交部领事司《关于是否出具“行为良好证明书”事》[（79）领认文字第358号]，中国社会科学院法学研究所民法研究室民诉组、北京政法学院民事诉讼法教研室合编：《民事诉讼法参考资料》第二辑·第三分册，法律出版社1982年版，第277页。

2《中国司法行政年鉴》编辑委员会编：《中国司法行政年鉴1995》，法律出版社1996年版，第1233页。

3 外交部、国务院侨务办公室、公安部《关于变更我公民去加拿大探亲或定居手续的通知》[（79）部领四字第289号]，中国社会科学院法学研究所民法研究室民诉组、北京政法学院民事诉讼法教研室合编：《民事诉讼法参考资料》第二辑·第三分册，法律出版社1982年版，第216—217页。

4《设立司法部是完善社会主义法制的重要措施——魏文伯部长就司法部的工作任务等问题答新华社记者问》，《中国司法行政年鉴》编辑委员会编：《中国司法行政年鉴1995》，法律出版社1996年版，第211页。

10月28日，中共中央、国务院发出《关于迅速建立地方司法行政机关的通知》，其中指出：

为了健全我国社会主义法制，加强司法行政工作，以保障四个现代化建设的顺利进行，依照中华人民共和国人民法院组织法第十七条“各级人民法院的司法行政工作由司法行政机关管理”的规定，人大常委会已经通过决定设立司法部，各地也需尽快建立相应的司法行政机关，负责管理本地区人民法院的设置、机构、编制；有关司法制度的建设；管理和培训司法干部；领导律师组织、公证机关的工作；组织开展法律宣传和法制教育活动；协同有关部门管理政法院、校，培养各地司法专业人员，以及指导人民调解委员会等项工作。[1]

12月1日，最高人民法院发出《关于去加拿大、澳大利亚定居的手续问题》，提出：

根据外交部、国务院侨务办公室、公安部一九七九年五月八日《关于简化我国公民去澳大利亚团聚或探亲的手续事》和九月二十一日《关于改变中国公民申请去加拿大定居和探亲的手续的通知》的两文规定，申请去澳大利亚、加拿大两国定居的我国公民，凭我公安部门发的护照即可向公证机关或法院办理“亲属关系证明书”，申请去加的公证书文件编号须加“定”字，公证

1　中共中央、国务院《关于迅速建立地方司法行政机关的通知》[中发〔1979〕77号]，中华人民共和国司法部编：《中华人民共和国司法行政规章汇编（1949—1985）》，法律出版社1988年版，第3页。

处办妥后交申请人使用。

望通知所属单位，照此办理。[1]

12月4日，最高人民法院转发外交部领事司《关于改变寄送认证费和公证书办法事》的通知，提出：

现将外交部领事司〔79〕领认文字第580号《关于改变寄送认证费和公证书办法事》函，转发给你们。望转嘱各公证处照此办理。[2]

附：

外交部领事司

关于改变寄送认证费和公证书办法事

（一九七九年十一月二十九日〔79〕领认文字第580号）

最高人民法院司法教育行政厅：

目前，各地邮寄我司办理认证的各类公证书数量激增，但是认证费仍按人头汇寄，收到后需逐件入账，费时费事，与当前的工作不相适应。

为提高工作效率，现拟将寄送公证书和汇款的办法作如下的改变：

1　最高人民法院《关于去加拿大、澳大利亚定居的手续问题》[（79）法司字第478号]，中国社会科学院法学研究所民法研究室民诉组、北京政法学院民事诉讼法教研室合编：《民事诉讼法参考资料》第二辑·第三分册，法律出版社1982年版，第218页。

2　最高人民法院《转发外交部领事司〈关于改变寄送认证费和公证书办法事〉的通知》[（79）法司字第400号]，中国社会科学院法学研究所民法研究室民诉组、北京政法学院民事诉讼法教研室合编：《民事诉讼法参考资料》第二辑·第三分册，法律出版社1982年版，第161页。

一、送往不同国家认证的公证书，分别包装邮寄我司，内附公函，上写证书总本数、认证费总金额，及填写“办证登记表”（详见附件一、二格式）。

二、汇款单的“附言”上，必须注明公函号，证书总本数和办认证的国家名称（详见附件三格式）。

鉴于公证书是对外使用的文件，建议有关人民法院和公证处严格校对制度。有关人民法院和公证处如向我司查询或催办案件，来函时务必注明有关公函号和日期。

以上，你厅如同意，请通知地方人民法院和公证处。[1]

12月14日，外交部领事司发出《寄送〈关于涉外公证书的格式〉和〈姓名汉语拼音检字册〉事》致广东省海南行政区公证处，提出：

公证书上的姓名翻译，请均采用汉语拼音方案。如有必要，可在汉语拼音的姓名后，用括号注上他们在国外使用的姓名或地方方言译音姓名。[2]

12月18日，《人民日报》发表了杨荣新的《加速推行公证制

1　外交部领事司《关于改变寄送认证费和公证书办法事》[（79）领认文字第580号]，中国社会科学院法学研究所民法研究室民诉组、北京政法学院民事诉讼法教研室合编：《民事诉讼法参考资料》第二辑 · 第三分册，法律出版社1982年版，第162页。

2　外交部领事司《寄送〈关于涉外公证书的格式〉和〈姓名汉语拼音检字册〉事》[（79）领认文字第641号]，中国社会科学院法学研究所民法研究室民诉组、北京政法学院民事诉讼法教研室合编：《民事诉讼法参考资料》第二辑 · 第三分册，法律出版社1982年版，第137页。

度》一文，文章指出：

董必武同志在中国共产党第八次全国代表大会上的讲话中曾经指出：公证制度是认证机关团体和公民法律行为的一种良好制度，应该加速推行。但是，由于种种原因，从那时到现在，二十三年过去了，我国的公证制度始终没有很好推行。现在是加速推行公证制度的时候了。

……

随着国家社会主义建设事业的发展，国内经济生活的活跃和国际交往的频繁，我们的公证工作还需要大大加强，公证制度还需要不断完善。我们认为当前应该抓好以下几个方面的工作：

第一，各地公证机关在继续办好涉外公证的同时，应该积极创造条件，逐步开展国内公证业务。建议司法行政部门迅速健全公证机构，充实公证人员，提高业务水平。

第二，即将制定的中华人民共和国民法，应当规定某些较为重大的法律行为和具有法律意义的文书、事实，必须经过公证，才能发生法律效力。因为法律规定必须经过公证，可以促使当事人在签约时慎重从事，签约后认真履行。

第三，有一些债务文书，可以明显地看出债权人的权利和债务人的义务。如果债务人有履行能力而拒不履行时，债权人可向公证机关申请，公证机关审查债务文书符合法律规定，即可在债务文书上作许可执行的签证。这种签证相当于发生法律效力的法院判决和裁定，能够直接提请人民法院强制执行。因此，即将制定的中华人民共和国民事诉讼法，应对这个问题作出明确的规定。

第四，建议司法部总结各地公证机关的工作经验，制定中华人民共和国公证条例，报请国务院批准颁行。[1]

12 月 25 日，司法部公证律师司转发外交部领事司《关于广东省外事办公室和美国驻广州总领事馆开始承办认证业务的通知》，提出：

广东省、广西壮族自治区高级人民法院：

现将最高人民法院司法教育行政厅转来外交部领事司〔79〕领认文字第 658 号《关于广东省外事办公室和美国驻广州总领事馆开始承办认证业务的通知》转发给你们，请尽快通知所属公证处照此办理。[2]

附件：

外交部领事司

关于广东省外事办公室和美国驻

广州总领事馆开始承办认证业务的通知

（一九七九年十二月二十日〔79〕领认文字第 658 号）

最高人民法院司法教育行政厅：

鉴于美国已在广州建立了总领事馆，并已开始办理领事认证业务，故今后广东省、广西壮族自治区高级人民

1　杨荣新《加速推行公证制度》,《人民日报》1979 年 12 月 18 日。

2　司法部公证律师司《转发外交部领事司〈关于广东省外事办公室和美国驻广州总领事馆开始承办认证业务的通知〉》[（79）司公字第 1 号]，中国社会科学院法学研究所民法研究室民诉组、北京政法学院民事诉讼法教研室合编：《民事诉讼法参考资料》第二辑 · 第三分册，法律出版社 1982 年版，第 427 页。

法院下属的公证处所办的凡需送美方认证的公证书，从一九八〇年一月一日起一律直接送广东省外事办公室认证后转美国驻广州总领事馆认证，无需再寄外交部领事司。外事办公室的认证费仍由地方公证处代收上缴。美国驻广州总领事馆的认证费，径寄广东省外事办公室转交美方。

对在其他国家和港澳地区使用，而又需办理有关国家驻华使馆认证的公证书或只需办理领事司认证的公证书，仍按过去规定，送外交部领事司办理。

以上如无不妥，请通知广东省、广西壮族自治区高级人民法院尽快转发其所属公证处执行。[1]

12月28日，最高人民法院发出通知，因司法部已正式办公，最高人民法院司法行政厅即行撤销，自即日起，地方各级人民法院的司法行政工作，由司法部管理。[2]

是年，北京市公证处出具涉外公证书3590件。[3]**上海市高级人民法院办理涉外公证5805件。**[4]

1　外交部领事司《关于广东省外事办公室和美国驻广州总领事馆开始承办认证业务的通知》[（79）领认文字第658号]，中国社会科学院法学研究所民法研究室民诉组、北京政法学院民事诉讼法教研室合编:《民事诉讼法参考资料》第二辑·第三分册，法律出版社1982年版，第428页。

2《当代中国的北京》法院编写组编:《当代中国的北京》法院部分资料丛编（一），第125页。此书封面为北京市人民法院工作大事记（1949—1985），落款为北京市高级人民法院。封底前第二页则写北京市人民法院工作大事记，编辑：北京市高级人民法院，京文出版字第87—026号。最高人民法院通知原件笔者尚未查到。

3　北京司法行政志编纂委员会:《北京司法行政志（征求意见稿）》，北京市司法局2001年印，第384页。

4《上海司法行政志》编纂委员会编:《上海司法行政志》，上海社会科学院出版社2003年版，第158、162页。

图书在版编目(CIP)数据

中国公证史编年.1902～1979/蔡煜著.—上海：
上海人民出版社，2018
ISBN 978-7-208-15663-0

Ⅰ.①中… Ⅱ.①蔡… Ⅲ.①公证制度-编年史-中国 Ⅳ.①D926.6

中国版本图书馆 CIP 数据核字(2019)第 005334 号

责任编辑 夏红梅
封面设计 夏 芳

中国公证史编年(1902—1979)
蔡 煜 著

出 版 上海人民出版社
(200001 上海福建中路 193 号)
发 行 上海人民出版社发行中心
印 刷 江阴金马印刷有限公司
开 本 890×1240 1/32
印 张 16.5
插 页 12
字 数 398,000
版 次 2019 年 4 月第 1 版
印 次 2019 年 4 月第 1 次印刷
ISBN 978-7-208-15663-0/D・3355
定 价 88.00 元